W0055169

Vorwort

Berlin wird langsam erwachsen. Wenn das heißt, dass Großbaustellen wie der Flughafen oder das Humboldt-Forum endlich fertig werden, ist das sicher eine gute Sache. Wenn es bedeutet, dass die Stadt langweilig, teuer und intolerant wird, finden wir das nicht so toll. Und da kommt Ihr ins Spiel: Kommt nach Berlin! Wir brauchen viele junge Leute damit Berlin jung, offen und tolerant bleibt, eine Stadt der Chancen und der Freiheit.

Das wusste schon der Preußenkönig Friedrich II („jeder nach seiner Fasson…"), die ganze Welt hat es vor 30 Jahren miterlebt, als nach einer friedlichen Revolution die Mauer fiel und es ist auch noch heute so: In Berlin ist man mit jeder Nationalität, Glaubensrichtung oder sexuellen Orientierung zumindest geduldet, bei den meisten Berlinern sogar willkommen.

Das Buch beginnt mit dem historischen Überblick, dann kommen verschiedenen Arten die Stadt zu erkunden, ein Überblick über das kulturelle Leben der Stadt und dann das Kapitel ▶ Kieze/Szenen.

Jeder Kiez zeigt eine eigene Art in Berlin zu leben. Damit Ihr Euch nicht verlauft, haben wir in den Kiezplänen ein paar interessante Straßen markiert. Wenn Ihr Euch zu Fuß oder mit dem Fahrrad auf diesen Linien bewegt, lernt Ihr den Kiez ganz gut kennen, ohne große Umwege.

Zum Schluss schlagen wir Euch noch ein paar Ausflüge vor, an die Ränder der Stadt und nach Potsdam.

Für's eigene, geliehene oder geteilte Fahrrad oder für den Elektroroller gibt es unsere Kieztouren und Ausflüge jetzt auch auf **www.young-berlin.de**, als **gpx** download und bei **komoot**, Europas Nr. 1 Outdoor-Abenteuer-App, mit stressfreier Sprachnavigation und Ein-Klick-Offline-Karten.

Mit unserer App **Young Berlin** bleibt Ihr immer up to date. Probiert sie aus und Ihr habt noch mehr aktuelle Tipps für den Tag und die Nacht. Die Daten werden ständig aktualisiert. Wenn Ihr Ideen habt, was wir besser machen können, schreibt uns einfach, wir freuen uns auf Eure Anregungen.

Eine schöne Art die Stadt mit Block und Zeichenstift zu entdecken ist urban sketching. Die Zeichnung auf dem Umschlag ist von Marisa Kirko, die anderen haben wir bei den Urban Sketchers Berlin gefunden. Mehr dazu auf Seite 2.

Willkommen in Berlin!

Martin Herden

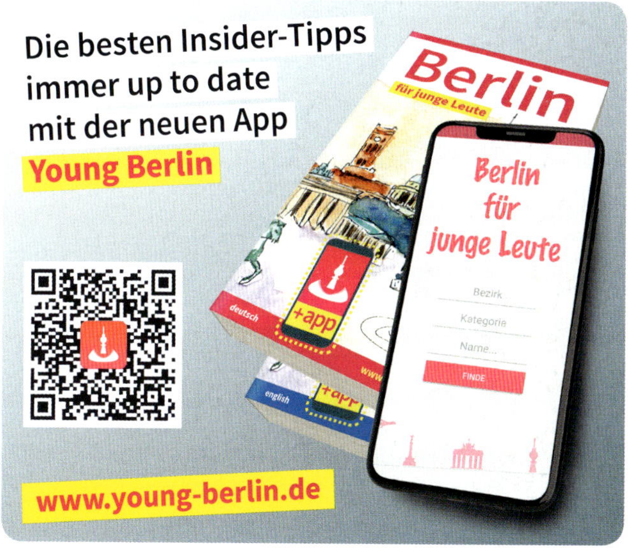
Die besten Insider-Tipps
immer up to date
mit der neuen App
Young Berlin
Berlin
für junge Leute
deutsch
english
+app
Berlin
für
junge Leute
Bezirk
Kategorie
Name...
FINDE
www.young-berlin.de

MyPostcard
DEIN FOTO ALS
ECHTE POSTKARTE
Jetzt 1 versenden* mit Code BERLIN4YOU
* Nur für Neukunden inkl. Weltweitem Versand. Kostenlos herunterladen:
App Store
Google play

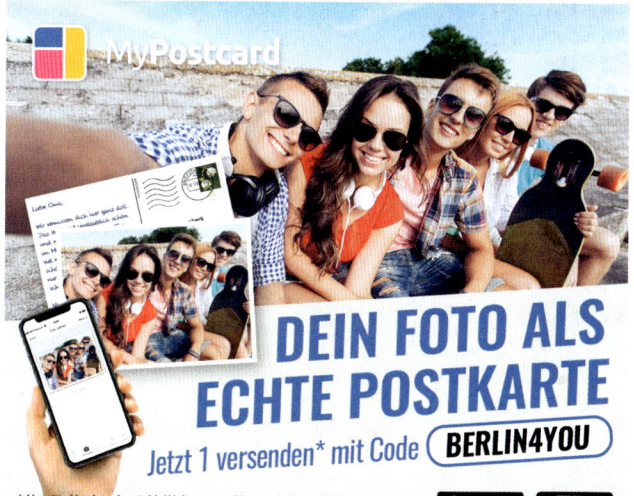

Herden Veranstaltungen

Goltzstr. 52 | D-10781 Berlin
Tel. + 49-30-283923-0
info@herden.de | www.herden.de

Herden Veranstaltungen organisiert Veranstaltungen: Tontechnik, Lichttechnik, Simultantechnik, Mobiliar und Zelte, Videotechnik, Catering, Dekoration, Dokumentation, Werbung, Öffentlichkeitsarbeit.

Redaktion: Christoph Gattnar, Martin Herden, Miriam Herden, Peter Kondratowski, Christoph Ortner, Madeleine Schallock, Mikael Schallock, Kerstin Stiller, Stephanie Ulbrich

Artikel von: Michael Bienert, Prof. Andreas Nachama
Layout, Satz: Andrea Jaschinski, vitamin-a-design
Druck und Bindung: Druckhaus Berlin-Mitte
Stadtplan (Anhang): Berlin Story Verlag - Alles über Berlin GmbH
Stadtpläne (Innenteil): auf Grundlage von www.openstreetmap.org
Daumenkino: Philine Rasch, Angélique Gurulé

Redaktionsschluss: 10. April 2019
Für die Angaben (Preise, Öffnungszeiten etc.) übernehmen wir keine Gewähr. Die Meinungen sind die der jeweiligen Autoren bzw. Redakteure.

ISBN deutsche Ausgabe: 978-3-9817997-4-3
ISBN englische Ausgabe: 978-3-9817997-5-0

urban sketchers berlin

Umschlagseite und S.65: Marisa Kirkorowicz:
Berlin-Wahrzeichen, www.art-marisa-kirko.de
S. 5 Rolf Schröter „Breitscheidplatz"
S. 19 und 259 Peter Guckes „Bikini-Haus" und „Soluna"
S. 115 Detlef Surrey „Zigarrenladen"
S. 227 Katrin Merle „Pavillon im Zoo", www.katrinmerle.de

Urban sketcher gehen raus in die Stadt und malen da wo sie die Stadt erleben, nie aus dem Gedächtnis oder anhand von Fotos. Manchmal treffen sie sich zum gemeinsamen Zeichnen „Sketchcrawl". Wenn Ihr mitmachen oder an einem der Malworkshops teilnehmen wollt, wendet Euch an die Berliner Urban Sketcher: *www.berlin.urbansketchers.org*

Berlin

Eine Stadt – viele Welten

von Prof. Andreas Nachama, Leiter der Stiftung Topographie des Terrors und Rabbiner in Berlin

Als 1237 die Brandenburger Markgrafen das Abkommen über die Stadtgründung schlossen, lag Berlin im Wilden Osten. So wie der Wilde Westen Amerikas kolonialisiert wurde, musste zunächst Berlin für die abendländische Zivilisation erschlossen werden. Einen ersten Schritt dazu hatte ca. 400 Jahre zuvor Karl der Große getan, als er „die Sachsen auf das Haupt schlug" „so dass sie Plattfüße bekamen", wie es unzählige Schülergenerationen als Konsekutivsatz eingetrichtert bekamen. Dahinter stand die Jahrhunderte während langsame Verschiebung der politischen Machtzentralen von Rom über das Rheinland gen Osten.

Berlin wird gegründet

Am 28. Oktober 1237 schlossen die Brandenburger Markgrafen einerseits und der Bischof, der Domprobst, sowie das Domkapitel von Brandenburg andererseits einen Vertrag, der ihren bereits Jahre währenden Streit um das Zehntrecht in einem großen Teil der Diözese beilegte. Am 28. Februar 1238 wurde die Übereinkunft dann endgültig von drei päpstlich ermächtigten Schiedsrichtern bestätigt und mit ihren und den Siegeln der Vertragspartner beglaubigt.

Das zweite Dokument, das ebenfalls in dreifacher Ausfertigung die Jahrhunderte überdauerte, bestätigte „im Jahre des Herren 1244, am 26. Januar" den Verzicht der Markgrafen von Brandenburg auf das Spolienrecht (Verfügungsgewalt über den beweglichen Nachlass der Geistlichen). Wie damals bei solcherart Rechtsakten üblich, wurden auch hierfür Zeugen angemessenen Standes, jedoch aus verschiedenen Wohnorten angeführt.

Obwohl die beiden Kaufmannssiedlungen Cölln und Berlin durch die Spree getrennt waren und obwohl sie getrennte Verwaltungen mit einem jeweils eigenen Rathaus hatten, bildeten sie ein Handelsund Verteidigungsbündnis und im Laufe der Zeit setzte sich der Name Berlin als Bezeichnung für diese Doppelsiedlung durch. Sie erlebte als Handels- und Umschlagplatz an einem wichtigen Ost-West-Handelsweg im Mittelalter einen wirtschaftlichen Aufschwung, der 1415 zum Anschluss an das bedeutende norddeutsche Handelsbündnis „Hanse" führte. Die Entwicklung Berlins zu einer eigenständigen, selbstverwalteten Stadt brachte es aber in Widerspruch zu den Herrschaftsvorstellungen der neuen Lehnsherren, der Hohenzollern und Kurfürsten der Mark Brandenburg. Diese wollten Berlin zur Residenzstadt ihres Besitzes machen, stießen dabei aber auf zeitweise heftigen Widerstand der Berliner Bürger. 1443 wurde mit dem Bau des Residenzschlosses auf der Spree-Insel, dem ursprünglichen Cölln, begonnen, 1447/48 kulminierten die Auseinandersetzungen zwischen den Landesherren und

den Bürgern in einem offenen Auf-
ruhr, dem „Berliner Unwillen".

Die Reformation in Berlin

Während des 16. Jahrhunderts setz-
ten sich in Berlin die Lehren des
Reformators Martin Luther durch.
Der Kurfürst Joachim II. verhinderte,
dass Berlin durch Glaubenskämpfe
zerstritten und aufgerieben wurde.
Er bekannte sich entschieden zur
Reformation, so dass sie 1539 als
neue Kirchenordnung in der Mark
Brandenburg eingeführt wurde.
Berlin entwickelte sich zu einem
Zentrum des Protestantismus.

Der Dreißigjährige Krieg verwüstet Berlin

Der Dreißigjährige Krieg (1618-1648)
überzog Berlin mit all seinen grausamen Folgen. Mehrfach wurde die
Stadt von kaiserlichen oder von
schwedischen Truppen oder auch
von der „Soldateska des Kurfürsten"
verwüstet. Freund und Feind verwüsteten das Land so, dass niemand
mehr darin wohnen wollte. Durch
die Kriegseinwirkungen und durch
Epidemien sank die Einwohnerzahl
Berlins von 12.000 auf 6.000.

Die Zeit des großen Kurfürsten

Unter Friedrich Wilhelm, dem Großen Kurfürsten, begann der Wiederaufbau. Um den großen Bevölke-
rungsverlust auszugleichen, nahm
er Glaubensflüchtlinge aus vielen
Teilen Europas auf: Im Jahre 1671
aus Wien vertriebene Juden und
1685 die in Frankreich verfolgten
Hugenotten. Der Kurfürst gewährte
den angeworbenen Franzosen Steu-
ererleichterungen; in dem von ihm
am 29. Oktober 1685 unterzeichneten

„Edikt von Potsdam" sicherte er
ihnen außerdem eine eigene Verwaltung, eigene Schulen und freie Reli-
gionsausübung zu. Die Hugenotten
waren vor allem Verwaltungsfach-
leute, Kaufleute und Handwerker;
durch sie kamen neue Manufaktur-
betriebe nach Berlin. Noch heute
zeigen sich in Berlin Traditionen der
hugenottischen französischen Ein-
wanderung. Noch immer gibt es eine
französische Kirchengemeinde; der
Französische Dom, der 1983 seine im
Zweiten Weltkrieg zerstörte Kuppel
wiedererhielt, gehört zu den Wahrzeichen der Stadt.

Gendarmenmarkt: links Schauspielhaus,
rechts Französischer Dom
© Jhintzbe CC BY-SA 3.0

Außerdem existieren im Berliner
Dialekt noch zahlreiche sprachliche
Relikte (so wird in Berlin eine sonst
„Frikadelle" genannte Fleischspeise
als „Boulette" bezeichnet). An den
Großen Kurfürsten und an seine
tolerante Herrschaft erinnern sich
noch heute am Reiterstandbild vor
dem Charlottenburger Schloss die
Hugenotten am „Tag des Refugies".

Berlin wird Hauptstadt Preußens

Im Jahre 1701 krönte sich der herr-
schende Kurfürst in Königsberg
Friedrich I., zum König in Preußen.
Die Residenz Berlin wurde unter
seiner Regentschaft zur wichtigsten
Stadt des neuen Königreiches. Mit
einigen Vorstadtsiedlungen wurden

Cölln und Berlin 1709 zu einer noch größeren Stadt zusammengeschlossen. In der Regierungszeit von Friedrich II., der Preußen zur Großmacht führte, wurde Berlin zu einem Zentrum der Wissenschaften, der Kultur und der Aufklärung. Der Monarch, der als Friedrich der Große in die Geschichte einging, zog Philosophen, Künstler und Gelehrte an seinen Hof nach Sanssouci in Potsdam und prägte das „geistige Klima" Berlins. Bekannt ist der philosophische Gedankenaustausch Friedrich II. mit dem französischen Aufklärer Voltaire, der in vielen Briefen festgehalten ist.

Bilanz einer Versuchung

Als im Laufe des 18. Jahrhunderts aus den Territorien, die Reste der Hohenzollern waren, sich langsam das herauskristallisierte, was im 18. Jahrhundert ein dann auch zunehmend mehr in sich geschlossenes Territorium Preußen wurde, wurde dieser Staat vor allem wegen seiner Tugenden von den einen hoch gelobt und von den anderen gehasst. Preußen war der Staat der Toleranzpolitik in dem „jeder nach seiner Façon selig" werden sollte. Aber auch der Staat des militärischen Gehorsams. Hier prägte die ostelbische Landwirtschaft mit ihren großen Gehöften das agrarische Bild, hier steht aber auch die Wiege zum industriellen take off – Borsig, Siemens und die Metropole Berlin stehen für die Moderne. Die teilweise verkrusteten gesellschaftlichen Strukturen wurden durch Revolutionäre aus Königsberg, wie Johann Jacoby, oder die Barrikadenkämpfe im März des Jahres 1848 in Berlin aufgebrochen – die

nationale Einigung Deutschlands ist untrennbar mit Bismarcks Politik verbunden. Preußens Farben waren schwarz-weiß und sein Bild in der Geschichte könnte nicht besser als mit diesen Farben beschrieben werden. Als nach dem Zweiten Weltkrieg Deutschland in Schutt und Asche lag, wurde Preußen vom alliierten Kontrollrat als Staat aufgehoben – weil es aus der Sicht der Siegermächte Hort des Militarismus war. Gleichwohl ist der deutsche Widerstand ohne die in der preußisch-adligen Tradition stehenden Familien nicht denkbar.

Von Moltkes Schloss Kreisau ist heute eine Internationale Jugendbegegnungsstätte
© Robert Friebe CC BY-SA 3.0

Blickt man heute bilanzierend zurück, so könnte man zusammenfassen, dass die Versuchung, Preußen für seine Vorzüge zu überhöhen so abwegig ist, wie es für seine Schwächen zu verdammen. Preußen hat sich in vielen historischen Stunden als tolerantes und dem Fortschritt zugewandtes Land bewährt und dazu gehörten die Hohenzollern, wie der Adel und im 19. Jahrhundert zunehmend mehr seine Bürger. Militär und Gehorsam sind, als kritisch einzuleitendes Phänomen, gleichwohl historischer Fakt.

Als Staat ging Preußen unter, kurz nachdem die Preußen als politische Kraft aus der Geschichte traten – als kulturelles Erbe bleibt es ein Eckstein deutscher Geschichte seit 300 Jahren.

Die Besetzung Berlins durch Napoleon

Zu Anfang des 19. Jahrhunderts wurde der Aufschwung Berlins erneut durch äußere Einwirkungen unterbrochen. Im Jahre 1806 zog Napoleon durch das Brandenburger Tor in die Stadt ein, Berlin erlebte eine zweijährige französische Besatzungszeit. Diese Zeit nutzte Preußen zu umfangreichen Verwaltungs- und Heeresreformen. Die Reformen des Freiherrn vom Stein sollten später zur Grundlage der kommunalen Verwaltung im gesamten Deutschen Reich werden. Nach Beendigung der Besatzungszeit konnten die Berliner 1809 ihre erste Stadtverordnetenversammlung wählen. Allerdings war der Kreis der Wahlberechtigten durch das nach Berufsständen geordnete Wahlrecht noch eingeschränkt.

Berlin im Zentrum der Revolution von 1848

In der Folgezeit, in der ersten Hälfte des 19. Jahrhunderts, baute Berlin seine Stellung als bedeutende Manufaktur- und Industriestadt aus. Durch die beginnende Industrialisierung kamen in steigender Zahl Arbeiter in die Stadt. Dadurch verschärften sich die sozialen Konflikte. Die für heutige Vorstellungen undenkbaren Arbeitsbedingungen in den Fabriken führten zu Spannungen. Mit den Forderungen der politischen, vor allem studentischen Opposition nach deutscher, nationaler Einheit entluden sich diese Spannungen in der Märzrevolution von 1848, die gegen den König Friedrich Wilhelm IV. gerichtet war. Vor dem Königsschloss in Berlin kam es zu blutigen Auseinandersetzungen zwischen königlichen Truppen und Bürgern, Arbeitern und Studenten. Dabei verloren mehr als zweihundert Berliner, vor allem Arbeiter und Handwerksgesellen, ihr Leben. Der König zog daraufhin seine Truppen zurück und ging scheinbar großmütig auf die Forderungen der Aufständischen ein. Er gestand ihnen eine preußische Nationalversammlung zu, die eine Verfassung ausarbeiten sollte. Aber schon bald nach ihrer Einsetzung wurde diese Nationalversammlung vom Militär vertrieben. Eine vom König nach seiner Gunst eingesetzte preußische Regierung erließ eine Verfassung; sie bestimmte u.a. das Dreiklassenwahlrecht, das gesellschaftliche Ungleichheiten in Preußen bis 1918 festschrieb.

Berlin zur Zeit der industriellen Revolution

Die Industrie breitete sich in Berlin immer mehr aus. Durch die Einführung von Maschinen in den gewerblichen Arbeitsprozess veränderten sich die traditionellen Strukturen. Man sprach von der „Industriellen Revolution". Mit der Zahl der Fabriken stieg natürlich auch die Zahl der in Berlin lebenden Arbeiter an. Für sie mussten neue Wohnungen gebaut werden, es entstanden die berüchtigten Berliner „Mietskasernen" mit ihren typischen lichtarmen Hinterhöfen. Heinrich Zille, der das Leben der Bewohner in dieser tristen Umgebung mit dem Zeichenstift festhielt, wurde durch seine treffenden Milieuschilderungen bekannt.

Durch die neuen Arbeiterbezirke weitete sich Berlin über die bisherigen Stadtgrenzen aus. Zur Erschließung dieser Vorstädte wurde mit dem Bau der Straßenbahn begonnen, wurde die Elektrifizierung, die Wasserversorgung und später der Telefondienst ausgeweitet. Berlin entwickelte sich zu einem der größten Industriezentren Europas, bis zum Jahre 1910 sollte die Einwohnerzahl einen Stand von 3,7 Millionen erreichen.

Berlin wird Reichshauptstadt

Im Jahre 1871 wurde unter der Führung Preußens das Deutsche Reich gegründet; im Mittelpunkt stand Berlin als neue Reichshauptstadt. Um die Bedeutung der Stadt zu unterstreichen, ließ Kaiser Wilhelm II. repräsentative Bauten errichten: den Berliner Dom, den Reichstag und die Gedächtniskirche. Im kaiserlichen Berlin dieser Zeit entwickelten sich die impressionistische Malerei und der Jugendstil als Kunstrichtung; das Theater gewann an Bedeutung als gemeinsamer Mittelpunkt des kulturellen Lebens. Zugleich war Berlin aber auch ein Schwerpunkt der sozialdemokratischen Arbeiterbewegung. Als Gegenpol zum starken Reichskanzler Bismarck, der von 1871 bis 1890 im Amt war, wuchs die Sozialdemokratische Partei (SPD) immer mehr an; bei den Reichstagswahlen im Jahre 1912 gewann sie schließlich drei Viertel aller Stimmen.

Berlin im Ersten Weltkrieg

Von Berlin ging in den Vorkriegsjahren ein starkes Nationalgefühl auf das übrige Deutsche Reich aus. Auch die Sozialdemokraten stimmten unter dem Eindruck dieses Gefühls im Reichstag der Bewilligung von Kriegskrediten für den Kaiser zu. Die Auswirkungen des Ersten Weltkrieges griffen auch auf Berlin über. Die dramatische Einschränkung der Lebensmittelzuteilungen führte dazu, dass die ausgehungerte Bevölkerung zum Ende des Krieges gegen die ihr auferlegten Maßnahmen streikte.

Die Weimarer Republik

Nachdem das Deutsche Reich den Krieg verloren hatte, dankte der Kaiser ab, die Zeit der Monarchie war zuende. In der Folgezeit war Berlin Schauplatz heftiger Auseinandersetzungen zwischen Sozialdemokraten und Kommunisten, aber auch zwischen Links- und Rechtsextremisten, die eine neue Republik einrichten wollten. Die Sozialdemokraten setzten sich mit ihren Vorstellungen einer parlamentarischen Demokratie durch; Reichspräsident wurde Friedrich Ebert (SPD). In diese Zeit fiel eine für die Entwicklung der Stadt bedeutsame Entscheidung. Durch ein Gesetz, das am 27. April 1920 der Preußische Landtag verabschiedete, wurde aus Berlin, sieben anderen Städten, 59 Gemeinden und 27 Gutsbezirken eine neue einheitliche Stadtgemeinde, die den Namen Groß-Berlin erhielt. In einem Stadtgebiet von 878 km2 lebten rund vier Millionen Einwohner. Berlin entwickelte sich zur europäischen Metropole. In der kurzen Zeit zwischen politischen Nachkriegsunruhen und den Auswirkungen der Weltwirtschaftskrise erlebte Berlin einen kulturellen Höhepunkt: Die „Goldenen Zwanziger Jahre" mit ihren ausschweifenden Zügen hatten in Berlin ihre „Hauptstadt"; Malerei, Film, Musik und das Zeitungswesen fanden heute kaum noch vorstellbare Bedeutung. Die durch den New Yorker Börsenkrach ausgelöste Weltwirtschaftskrise traf Berlin in voller Härte. Arbeitslosigkeit, Steuererhöhungen bei gleichzeitigen Lohnsenkungen und soziale Verarmung führten zu einer Stärkung der radikalen Parteien. Kommunisten und Nationalsozialisten lieferten sich blutige Straßenschlachten. Zwischen diesen Extremen wurden die demokratischen Parteien zerrieben. Die Nationalsozialisten proklamierten auf ihrem Weg zur Macht den „Kampf um Berlin".

Berlin unter nationalsozialistischer Herrschaft

Nach der Machtübernahme durch den Führer der Nationalsozialisten, Adolf Hitler, der sich im Reichstag die Mehrheit für ein undemokratisches Ermächtigungsgesetz verschaffte, bekam auch Berlin die Folgen der neuen Herrschaft zu spüren. Die kommunale Selbstverwaltung wurde aufgelöst, die Verwaltung der Stadt übernahm ein nationalsozialistischer „Staatskommissar". Erstes Fanal war die von den Nationalsozialisten inszenierte Zerstörung des Reichstages, die ihre eigene Position stärken sollte. Berlin wurde nach 1933 Zentrale und Mittelpunkt des Naziterrors. Hier verbrannten die Nazis auf dem Opernplatz die Bücher von ihnen missliebigen Autoren, hier stand das Hauptquartier der Geheimen Staatspolizei (Gestapo), hier hatte auch der Volksgerichtshof, der durch seine grausamen und obrigkeitshörigen

Urteile traurige Berühmtheit erlangte, seinen Sitz. Am 9. November 1938 erlebte die Stadt die „Kristallnacht", ein Pogrom, bei dem Synagogen und jüdische Geschäftshäuser zerstört wurden. In Berlin fand auch die „Wannsee-Konferenz" (20. Januar 1942) statt, die die menschenverachtende so genannte „Endlösung der Judenfrage" festlegte.

Holocaust-Mahnmal   © Herden

Heute leben in Berlin wieder über 12.000 Juden, viele aus der ehemaligen Sowjetunion – vor der nationalsozialistischen Herrschaft waren es 160.000 Juden. Berlin war aber auch der Ausgangspunkt der Widerstandsbewegung gegen Hitler und den Nationalsozialismus. Widerstandskämpfer gab es in den Arbeiterbewegungen und im Militär, in kirchlichen Kreisen und in bürgerlichen Gruppen. 89 Opfer gehörten zum Kreis um Oberst Stauffenberg. Das Attentat auf Hitler (20. Juli 1944) sollte den längst als verloren erkannten Krieg beenden. Auch Berlin wäre viel erspart geblieben. An diesen Widerstand erinnern heute u.a. die Gedenkstätte Plötzensee, wo eine Vielzahl von Todesurteilen vollstreckt wurde, und die „Gedenkstätte Deutscher Widerstand" in der Stauffenbergstraße. 1987 kam als weitere Gedenkstätte die Topographie des Terrors hinzu, die auf dem

Prinz-Albrecht-Gelände die Terror- und Verfolgungszentralen des „Dritten Reiches" dokumentiert.

Folgen des Zweiten Weltkrieges

Der Zweite Weltkrieg zerstörte Berlin nahezu vollständig. Die Stadt, von der aus die Nazis den „totalen Krieg" ausgerufen hatten, wurde sein größtes Opfer. Als nach dem Einmarsch der sowjetischen „Roten Armee" die Stadt am 2. Mai 1945 kapitulierte, zeigte sich die Bilanz des Krieges: Berlin beklagte 80.000 Tote, die Stadt war unter 75 Millionen Kubikmeter Schutt – ein Siebtel aller Trümmermassen in Deutschland – begraben. Es gab keinen Strom, kein Gas und nur in wenigen Ortsteilen am Stadtrand noch fließendes Wasser. Die Versorgung mit Lebensmitteln war weitgehend dem Schwarzmarkt überlassen. Mit Beginn des Winters wurde auch Heizmaterial zur Mangelware, so dass den Berlinern nichts anderes übrig blieb, als Bäume in Parks und Alleen zu fällen.

Die Nachkriegsvereinbarungen der Alliierten

Bereits während des Krieges war sich die „Anti-Hitler-Koalition", bestehend aus den USA, Großbritannien und der Sowjetunion im Grundsatz darüber einig, was mit Deutschland geschehen sollte. Nach Kriegsende trat Frankreich in die bestehenden Vereinbarungen ein. Deutschland wurde in vier Besatzungszonen eingeteilt, die von den Vier Mächten getrennt zu verwalten waren. Für die ehemalige Reichshauptstadt war eine Sonderregelung vorgesehen: Das Gebiet von Groß-Berlin war von den Vier Mächten gemeinsam zu besetzen und zu verwalten. Dazu wurde Berlin in vier Sektoren, einen amerikanischen, einen sowjetischen, einen britischen und einen französischen Sektor aufgeteilt.

Unter Aufsicht der Besatzungsmächte fanden am 20. Oktober 1946 in ganz Berlin zum ersten und bis zur Wende auch zum letzten mal freie Wahlen zur Stadtverordnetenversammlung statt. Der Wahlkampf wurde von den demokratischen Parteien mit dem erklärten Ziel der Ablösung der von der sowjetischen Militärregierung 1945 eingesetzten und unter kommunistischem Einfluss stehenden Magistrats- und Bezirksverwaltungen geführt. Die SPD erhielt 48,7%, die CDU 22,2%, die SED 19,8% und die LDP 9,3% der abgegebenen gültigen Stimmen. Die Wahlbeteiligung betrug 92,3%. Die Wahlen waren ein deutliches Votum gegen die Sowjetunion, die SPD erhielt – auch im sowjetischen Sektor – die Hälfte aller Stimmen, die zwangsgebildete SED nur ein Fünftel; nach Ost-Berliner Sicht angeblich durch „Druck, antikommunistische Hetze, aber auch mit betrügerischen Versprechungen". Am gleichen Tag trat die von den Alliierten erlassene Verfassung von Groß-Berlin in Kraft.

Die Zeit der Blockade

Die Ereignisse des Jahres 1948 haben dramatisch zu der uneinheitlichen Entwicklung in beiden Teilen der Stadt beigetragen: Um ihre starke Position in und um Berlin herum zu demonstrieren, blockierte die Sowjetunion die Verbindungswege von Berlin (West) nach Westdeutschland zu Lande und zu Wasser. Die

Sowjetunion wollte ganz Berlin in ihren Machtbereich integrieren und die West-Alliierten zum Abzug, zur Aufgabe West-Berlins zwingen. Doch sie unterschätzte den starken Freiheitswillen der Berliner und das Engagement der westlichen Alliierten für die Stadt. In einer beispiellosen Aktion wurde Ende 1948 die „Luftbrücke" eingerichtet. Bis zu 12.000 Tonnen Versorgungsgüter täglich wurden Minute für Minute nahezu ein ganzes Jahr lang in die Stadt geflogen. Als die Sowjetunion die Ergebnislosigkeit der Blockade eingesehen hatte, wurde diese nach elf Monaten abgebrochen.

Die Arbeit der kommunalen Selbstverwaltung Groß-Berlins wurde im Herbst 1948 zerstört. Kommunistische Demonstranten vertrieben die demokratisch gewählten Vertreter Berlins aus dem im Ost-Sektor gelegenen Roten Rathaus. Diese zogen dann in den West-Sektor und wählten dann – nur für West-Berlin – einen neuen Magistrat und Ernst Reuter zu ihrem Oberbürgermeister. Die Stadt war damit auch in der Verwaltung getrennt; nach wie vor war es aber möglich, in allen Sektoren zu arbeiten. U- und S-Bahnen fuhren ungehindert über die Sektorengrenze.

Informationszentrum Black Box Kalter Krieg
© Herden

Der Volksaufstand

Der Volksaufstand im Jahre 1953 machte deutlich, wie es in den ersten Jahren nach Gründung der DDR um diesen Staat bestellt war. Am 17. Juni 1953 entlud sich in Ost-Berlin und in der DDR die Unzufriedenheit mit dem politischen und ökonomischen System der DDR in Demonstrationen, Streiks und Unruhen. Der Aufstand wurde blutig niedergeschlagen und die UdSSR hatte mit ihrem gewaltsamen Eingreifen deutlich gemacht, dass sie nicht bereit war, eine Änderung des politischen und ökonomischen Systems in der DDR zuzulassen.

Das Chruschtschow-Ultimatum

Im Jahre 1955 endete in der Bundesrepublik Deutschland die Besatzungszeit. Der Deutschlandvertrag trat in Kraft. Die Westmächte behielten sich nur noch Rechte für „Deutschland als Ganzes" und Berlin vor. Parallel dazu legten die Westmächte in einer Erklärung vom 5. Mai 1955 fest, Berlin übe seine Rechte, Machtbefugnisse und Verantwortlichkeiten aus – so wie es seine Verfassung von 1950 vorsieht. Bestehen blieben alliierte Rechte und Vorbehalte in Fragen des Status und der Sicherheit der Stadt. Im gleichen Jahr erhielt auch die DDR von der Sowjetunion ihre „Souveränität". Dank der Hilfe des amerikanischen Marshall-Planes ging der Wiederaufbau in Berlin (West) deutlich zügiger voran als im östlichen Teil der Stadt. Dieser Umstand und der allgemein höhere Lebensstandard ließen Berlin (West) zu einem „Schaufenster des Westens" gegenüber dem Ostblock werden. 1958 unternahm die

Sowjetunion einen erneuten Versuch, diese für sie kritische Lage zu verändern. In einer als „Chruschtschow-Ultimatum" bekannten diplomatischen Note forderte der Vorsitzende des sowjetischen Ministerrats den Abzug der westlichen Truppen und die Umwandlung der West-Sektoren von Berlin in eine „selbstständige politische Einheit – eine freie Stadt". Er setzte eine Frist von sechs Monaten, nach deren Ablauf er der DDR die Kontrolle über alle Zugangswege nach Berlin (West) übertragen wollte. Die Westmächte lehnten die sowjetischen Forderungen strikt ab.

Der Bau der Mauer

Nachdem die Sowjetunion hatte einsehen müssen, dass die Berlin-Frage gegen den Widerstand der westlichen Mächte in ihrem Sinne nicht zu lösen war, dachte sie über andere Möglichkeiten nach. Dabei stand sie unter großem zeitlichem Druck: Täglich flüchteten viele Menschen aus der DDR und Berlin (Ost) in die West-Sektoren der Vier-Mächte-Stadt Berlin. Allein 1961 kamen 200.000 Menschen in den Westen, davon 152.000 über Berlin. Dies waren vornehmlich Techniker und qualifizierte Arbeiter. In der Nacht vom 12. auf den 13. August wurde die noch offene Grenze von der DDR geschlossen; um die westlichen Sektoren Berlins herum wurde ein Wall aus Stacheldraht, Betonplatten und Steinen gezogen. Östliche „Volkspolizei" und SED-Kampfgruppen bewachten diese Grenze in den darauf folgenden Tagen, ehe die endgültige Mauer gebaut wurde. Familien wurden dadurch gewaltsam getrennt, nur weil sie in verschiedenen Sektoren lebten, Arbeitende konnten von heute auf morgen ihren Arbeitsplatz in den West-Sektoren nicht mehr erreichen. Innerhalb kürzester Zeit waren die Verbindungen zwischen den beiden Teilen der Stadt unterbrochen; die DDR mauerte sich ein. Obwohl es lebensgefährlich war, die Mauer von Ost nach West zu überwinden, kann es immer wieder zu dramatischen Fluchtversuchen. Oft wurden diese durch Schüsse der DDR-Grenztruppen brutal beendet. 152 Flüchtlinge und Fluchthelfer verloren in den Jahren bis zur Wende allein in Berlin ihr Leben.

Berlin nach dem Mauerbau

Auch nach dem Bau der Mauer stand die Stadt nach wie vor inmitten west-östlicher Meinungsverschiedenheiten. Besuche der Staats- oder Regierungschefs der Westmächte wurden zu beeindruckenden Kundgebungen der Berliner für das westliche Bündnis. Um Besuche der auseinander gerissenen Familien und Freunde zu ermöglichen, vereinbarte der Senat von Berlin mit der Regierung der DDR „Passierscheinabkommen", die während christlicher Feiertage ab Dezember 1963 Besuche von West-Berlinern im Ostteil der Stadt möglich machten. In diesen Vereinbarungen klammerten beide Seiten statusrechtliche und unvereinbare Fragen von vornherein aus, um menschliche Erleichterungen nicht daran scheitern zu lassen.

Entspannungspolitik und Vier-Mächte-Abkommen

Ende der 60er Jahre trat eine Beruhigung der internationalen „politischen Großwetterlage" ein. Die Machtbereiche der beiden Blöcke hatten sich im Laufe der

Nachkriegsjahre gefestigt. Voraussetzung für die Entspannungspolitik war das gegenseitige Anerkennen bestehender Verhältnisse. Dies hieß für die Bundesrepublik Deutschland, die willens war, die Entspannungspolitik im Einklang mit den Westalliierten mitzutragen, Zugeständnisse in der Frage der nach dem Zweiten Weltkrieg festgesetzten Realitäten zu machen.

Die damalige sozial-liberale Regierung unter Kanzler Willy Brandt schloss mit der Sowjetunion am 12. August 1970 den „Moskauer Vertrag", in dem sie die Nachkriegsgrenzen im Sinne des Gewaltverzichts als unverletzlich und als Realität anerkannte. Ausdrücklich wies die Bundesregierung aber auf die Einheit Deutschlands als langfristig zu erreichendes Ziel hin. Als Gegenleistung für diese Anerkennung der Realitäten konnte die Bundesregierung ein Entgegenkommen der Sowjetunion in der Berlin-Frage erwarten.

Mit dem am 3. September 1971 unterzeichneten Viermächte-Abkommen über Berlin haben die vier Siegermächte, unbeschadet ihrer unterschiedlichen Rechtspositionen, praktische Regelungen getroffen, die den Zugang nach Berlin sicherten und verbesserten, die Bindungen der Stadt an den Bund festigten und das Leben der Berliner und ihre Kommunikation mit der Umwelt erleichterten. Das Abkommen ließ den Viermächte-Status für ganz Berlin unberührt, die ursprünglichen Rechtsgrundlagen blieben auch in den Bereichen ungeschmälert erhalten, in denen konkrete neue Regelungen getroffen wurden. Die

Position der drei Westmächte in den West-Sektoren wurde bestätigt und gestärkt.

Der Fall der Mauer

Berlin war eine Stadt mit verschiedenen gesellschaftlichen Systemen. Berlin (Ost), Hauptstadt der DDR und Berlin (West), der Garant für die Freiheit Europas. Jede der Stadthälften entwickelte sich eigenständig.

Durch die Politik Michail Gorbatschows – Glasnost und Perestroika (Offenheit und Wiederaufbau demokratischer Strukturen) – kam die Chance, die staatliche Einheit wiederherzustellen.

Forderungen nach Meinungsfreiheit wurden in der DDR spätestens 1988 unüberhörbar. Zwar zeigten sich Lockerungen auf kulturellem Gebiet, so kamen zu den 38. Berliner Festwochen erstmals Künstler aus der DDR nach Berlin (West), doch es blieb der politische Grundwiderspruch. Während sowjetische Politiker zu mehr Offenheit und Freizügigkeit rieten, blieben westdeutsche Politiker zurückhaltender und zeigten sich überrascht, als der damalige US-Präsident Reagan bei seinem Berlin-Besuch am 12. Juni 1987 in einer Rede vor dem Brandenburger Tor den sowjetischen Präsidenten Gorbatschow aufforderte, die Mauer abzureißen.

Im Sommer 1989 begann eine Massenflucht aus der DDR. Über die Bonner Botschaften in Budapest, Warschau und Prag kamen die Menschen in Sonderzügen in die Bundesrepublik. Im weiteren Verlauf der friedlichen Revolution begannen im September in Leipzig die Montagsdemonstrationen mit der Parole: „Wir sind das Volk". Zur größten Kundgebung kam es am 4. November in Berlin zwischen dem Alexanderplatz und dem Marx-Engels-Platz. Zwischen 500.000 und 800.000 Menschen demonstrierten für Freiheit und Demokratie, für einen „Sozialismus mit menschlichem Antlitz". Inzwischen gab es erste Reformversuche der Politiker, Erich Honecker wurde abgelöst und Egon Krenz sein Nachfolger. Am 9. November 1989 verkündete Günter Schabowski eher beiläufig im Rahmen einer Pressekonferenz den Beschluss zur Reisefreiheit, der noch in derselben Nacht spontan zur Öffnung der Mauer führte.

30 Jahre Friedliche Revolution – Mauerfall
© Kulturprojekte Berlin unter Verwendung eines Fotos von Harf Zimmermann und eines historischen Fotos der dpa

Noch in der Nacht setzte ein Sturm der Ostberliner nach West-Berlin ein. Wildfremde Menschen lagen sich in den Armen, die Euphorie war unvorstellbar. Allerdings war niemand so überrascht wie die politische Führung Berlins (West) und der Bundesrepublik. Der Kanzler weilte zu einem Staatsbesuch in Warschau. Helmut Kohl eilte am Vormittag – eben diesen Staatsbesuch unterbrechend – herbei, und sang zusammen mit anderen Politikern auf dem Balkon des Rathauses Schöneberg, auf dem John F. Kennedy bekannte, ein Berliner zu sein, das Lied „Einigkeit und Recht und Freiheit sind des Glückes Unterpfand", das eine neue Bedeutung erhalten hatte.

Die „Zwei-plus-vier-Gespräche" (bestehend aus den Außenministern von DDR, BRD und Alliierten) bereiteten den Einigungsprozess vor. Der 3. Oktober wurde zum Tag der Deutschen Einheit erklärt. Am 2. Dezember 1990 fanden die ersten gesamtdeutschen Wahlen statt.

Die Stadt wuchs zusammen. Sehr schnell war von der anfänglichen Euphorie nichts mehr zu spüren. Die Strukturreformen, die Auflösung etlicher Betriebe in der ehemaligen DDR und ihre Übernahme in das westliche Wirtschaftssystem führten zu hohen Arbeitslosenzahlen. Die Unzufriedenheit wuchs.

30 Jahre nach dem Fall der Mauer kann dennoch festgestellt werden, dass der Glücksfall der Geschichte, die Einheit Deutschlands 45 Jahre nach Ende des Zweiten Weltkrieges wieder hergestellt zu haben, ein wirklicher Glücksfall der Geschichte bleibt.

Eine Stadt – viele Welten

Dieses Glück musste dann im Dickicht des durch Jahrzehnte aufgebauten Doppelberlin mühselig zusammengeführt werden. Straßen wurden über den Todesstreifen hinweg wieder geöffnet, Bahnlinien zusammengeführt, Telefonleitungen zusammengeflickt, Wasser- und Stromleitungen miteinander verbunden.

Mit einem gewaltigen Investitions-programm ist in den Jahren seit der Vereinigung der zur Einöde verkommene Potsdamer Platz zu einem neuen urbanen Zentrum des 21. Jahrhunderts, die Friedrichstraße zu einer – dem Kurfürstendamm gleichstehenden – Flaniermeile entwickelt worden und ein Regierungsviertel entstanden, dass das Gebiet zwischen Reichstag und Schlossplatz wieder zur Guten Stube Berlins verändert hat. Auch zwischen Hackeschen Höfen und Neuer Synagoge entstand ein Quartier, eine mit jüdischer Symbolik und Inhalt gefüllte Meile, die ihresgleichen im Nachkriegsdeutschland suchen kann. Die goldene Kuppel der Neuen Synagoge gehört wieder zu den Wahrzeichen der Stadt. Hieß es in der eingemauerten Spreemetropole in der legendären Frontstadtradiosendung des RIAS: „Der Insulaner", dass aus der Insel wieder ein Festland werden möge, sagte man zur 750-Jahr-Feier 1987: Eine Stadt – zwei Welten, so könnte man heute sagen: Eine Stadt – viele Welten: Vom Kiez in Neukölln, über die Einkaufswelten am Potsdamer Platz, den Industriestandorten in Siemensstadt, den türkischen Basaren in Kreuzberg, den jüdischen Lebenswelten in Mitte, dem Flair der Kunstmetropole zwischen Museumsinsel, Schloss Charlottenburg, Kulturforum und den vielen neuen Galerien bis hin zum Regierungsviertel mit seinen alten und neuen Botschaften.

Mit dem Beschluss des Deutschen Bundestages vom 20. Juni 1991, den Parlaments- und Regierungssitz von Bonn nach Berlin zu verlagern, hat sich das Zentrum der politischen Entscheidungen entsprechend verschoben. Die Hauptstadtfunktion Berlins wurde im Rahmen der Föderalismusreform im Jahr 2006 in Artikel 22 des Grundgesetzes festgeschrieben. Inzwischen siedeln sich immer mehr Organisationen, Verbände und Institutionen mit ihren Zentralen oder wenigstens mit einer Dependance in Berlin an.

Reichstag, Sitz der Regierung   © Herden

13,5 Millionen Touristen im Jahr sind ein Indiz dafür, dass sich Berlin als multikulturelle Metropole im besten Sinne entwickelt. Dazu trägt natürlich auch die positive Entwicklung Berlins als Wirtschafts-, Bildungs- und Messestandort bei. Nicht zuletzt setzt die prosperierende Entwicklung in den Bereichen Kunst, Neue Medien und der Musikwirtschaft Anreize, dass Menschen aus aller Welt temporär oder auch für immer in der Stadt leben und arbeiten.

Im Jahr 2012 feierte die Stadt das Jubiläum „Berlin wird 775". Es war nach 1937 und 1987 das dritte Mal, dass die Berliner Stadtgeschichte präsentiert wurde. Vier Jahre nach der Machtübernahme 1933 nutzten die Nationalsozialisten die 700-Jahr-Feier für ihre Propagandazwecke. Die Feierlichkeiten dauerten eine Woche. Sie fanden überwiegend im Freien statt und richteten sich insbesondere an die Berlinerinnen und Berliner selbst. Demgegenüber führte die Medienpräsenz zu den Feierlichkeiten im Jahr 1987, die in Ost- und Westberlin mit dem jeweils eigenen Blick auf die Geschichte begangen wurden, zu landesweiter Aufmerksamkeit. Wie im Jahr 1987, so zogen sich auch im Jubiläum 2012 die Veranstaltungen, Präsentationen und Ausstellungen über das ganze Jahr hin. Die Themen reichten von der „Stadt im Mittelalter" bis hin zur „Stadt der Vielfalt". Einige Fundorte sensationeller Ausgrabungen der letzten Jahre wurden im Herbst des Jubiläumsjahres Besuchern der Stadt präsentiert, bevor sie mit neuen Straßen, Plätzen und Häusern überbaut werden. Mit auffälligen temporären Markierungen zeichneten sich die ursprünglichen mittelalterlichen Kaufmannssiedlungen Cölln und Berlin als Doppelsiedlung ab. Die Inszenierungen mittelalterlicher Orte gaben den Blick frei auf die Ursprünge der Stadt.

Heute prägen Menschen aus aller Welt das Bild einer weltoffenen Metropole und sorgen mit dafür, dass Berlin in seiner Vielfalt an Attraktivität gewinnt. Die etwa 3,5 Millionen Berlinerinnen und Berliner stammen aus über 180 Staaten. Das Wirtschaftswunder der 50er Jahre zog neben den überwiegend türkischen auch Gastarbeiter aus den Mittelmeerländern an. Nach der Teilung Deutschlands kam es zu völlig unterschiedlichen Entwicklungen der Arbeitsmigration in Ost- und Westdeutschland. Zwei Drittel der in der DDR beschäftigten so genannten Vertragsarbeitsnehmer stammten aus Vietnam. Während damals die deutsche Industrie in Ost und West aktiv um Arbeitskräfte aus dem Ausland warb, kamen später insbesondere im Westen Wirtschafts- und politische Flüchtlinge ins Land.

„Preuße wird keiner denn durch Not ...", so konstatiert ein Flugblatt aus dem 18. Jahrhundert. Was für die Glaubensflüchtlinge der in Frankreich verfolgten Hugenotten oder der böhmischen Protestanten galt, trifft erst recht auf die heutige Flüchtlingssituation zu, die auch die Stadt Berlin vor große Herausforderungen stellt. Es müssen ja nicht zwei Drittel der Staatseinnahmen sein, die einst Friedrich Wilhelm für Integrationsmaßnahmen einsetzte. Allen ist klar, Integration kann nur als Prozess verstanden werden, an dem sich viele Institutionen und insbesondere Menschen beteiligen müssen, damit die Gesellschaft gerade auch in einer prosperierenden Metropole die Anstrengungen und Zumutungen tragen kann.

In den Jahren des Wirtschaftswunders schloss die Bundesrepublik Anwerbeabkommen mit diversen europäischen, afrikanischen und asiatischen Ländern. Nach der Wiedervereinigung strömten 220.000 jüdische Kontingentflüchtlinge aus den GUS-Staaten nach Deutschland, davon etwa 30.000 nach Berlin. Zwei Beispiele, die erklären, warum etwa eine Million der knapp 3,5 Millionen Berlinerinnen und Berliner einen Migrationshintergrund aufweisen.

Keine Frage, die Herausforderungen sind immens. Beispiele aus der Geschichte zeigen, es kann gelingen, zum Wohle aller. Berlin war schon immer eine tolerante und offene Stadt. Sie könnte es auch bleiben ...

Stadterkundungen

„Bikini"-Haus

Zoo Palast

urban
sketchers

So kommt Ihr voran

Es gibt viele Möglichkeiten Berlin zu entdecken. Wer ein paar Tage hier ist stellt schnell fest, dass es mehr zu sehen gibt als Kurfürstendamm, Hackesche Höfe, Reichstag und Brandenburger Tor. Aber natürlich muss man auch die Standard-Sehenswürdigkeiten gesehen haben, gerade wenn man das erste Mal in Berlin ist. Die wichtigsten Sehenswürdigkeiten nennen wir weiter hinten. Ihr könnt sie, wie auf den kleinen Plänen gezeigt, durch eine Tour miteinander verbinden. Am Ende des Kapitels, im Adressteil, werden diese und andere Sehenswürdigkeiten mit einem kleinen Text beschrieben. Dort findet ihr auch eine Auswahl touristischer Anbieter und andere wichtige Adressen.

Fast jeder Bezirk hat seinen eigenen Charakter und man kann sich Berlin auch aus ganz speziellen Blickwinkeln wie Geschichte, Architektur oder Literatur ansehen. Oder aber nur das Nachtleben mitbekommen. Am besten erlebt man die Atmosphäre Berlins, wenn man auf den unterschiedlichsten Wegen durch die Stadt zieht und sie sich aus verschiedensten Perspektiven anschaut, z. B. mit dem Bus, mit dem Schiff, zu Fuß oder mit dem Fahrrad.

Natürlich kann man auch einfach Autos mieten, aber das ist irgendwie uncool in so einer schönen Stadt. Zur Not geht es wenn es Elektroautos sind und man es ‚car-sharing‘ nennt. Das hat zwar nichts mit der

Berlin von oben

Es gibt viele Aussichtspunkte, die einen Ausblick über Berlin versprechen und der Blick von oben auf Berlin ist fast unverzichtbar geworden im Sightseeing Programm. Informationen zu Preisen und Öffnungszeiten findet ihr im Adressteil.

260 Grad
der neue Ausblick auf der neuen East Side Mall

Berliner Dom
270 Stufen und die Museumsinsel liegt euch zu Füßen

BallonGarten mit Hi-Flyer
mit dem Fesselballon in 150m Höhe

Fernsehturm
mit 368 Metern das Höchste was Berlin zu bieten hat

Glockenturm am Olympiastadion
im gläsernen Aufzug geht es hoch, mit der Ausstellung verbinden!

Grunewaldturm
am Wannsee, im Grunewald, nur für Menschen die noch Treppen steigen können

Klunkerkranich
Party-Schrebergarten über den Dächern Neuköllns

Tugend des Teilens zu tun, aber es klingt doch netter und eher nach ‚smart mobility'. Verschiedene Firmen kämpfen gerade um den neuen Markt. Die großen sind im Moment Drive-Now (BMW), car2go (Daimler) und We Share (VW).

Interessanter wird es wenn man die bestehenden Möglichkeiten vernetzt, mit dem Ziel, die Leute in U-Bahn, S-Bahn, Bus und Straßenbahn zu holen. Genau das macht die BVG, unser öffentlicher Verkehrsdienstleister, mit der neuen App **Jelbi**. Damit kann man die verschiedenen Fortbewegungsarten kombinieren und zusammen buchen: Fahrräder, Mietwagen, Taxis, Elektroroller etc. von diversen privaten Anbietern und natürlich die gelben (auf Berlinerisch „die jelben") Busse und U-Bahnen der BVG.

Berlin mit dem Bus

Die „normalen", öffentlichen Sightseeing-Bus-Touren starten am Kudamm oder Alexanderplatz. Dabei sieht man die klassischen Attraktionen wie Brandenburger Tor, Reichstagsgebäude, Schloss Charlottenburg etc. und bekommt von den Stadtführern oder über Kopfhörer noch etliche Informationen zu Vergangenheit und Zukunft der Stadt. Das macht man mit den roten Bussen von **Top Tour Sightseeing** oder in den gelben **City-Circle-Bussen** von **BEX.** Hier werden die Informationen in einzelnen, „ohrgerechten" Häppchen serviert. Die Stadtrundfahrt mit Tonbandbegleitung in 20 Sprachen kann an 30 Haltestellen (z. B. Alexanderplatz, Brandenburger Tor, KaDeWe, Potsdamer Platz, Jüdisches Museum u.a.) so oft und so lange unterbrochen werden wie man möchte.

Monkey Bar
der Blick von oben in den Zoo und auf den Breitscheidplatz mit Gedächtniskirche

Motel One Terrasse
rechts mit dem Lift in die 10. Etage, einmal durch die Bar, auf die Terrasse, mit Blick auf Breitscheidplatz und City West

Panoramapunkt
mit dem schnellsten Aufzug Europas hoch über den Potsdamer Platz

Park Inn Dachterrasse
auf dem Dach des Hotels am Alexanderplatz

Puro Sky Lounge
Aussichtspunkt und Lounge im Europa-Center

Reichstagskuppel
ein Blick aufs Regierungsviertel und die Parlamentarier

Siegessäule
Der Himmel über Berlin

Solar
Skybar im 17. Stock im Kreuzberger 70er Jahre Hochhaus

Teufelsberg
auf Weltkriegstrümmern stehn und den Sonnenuntergang sehn

Viktoriapark
ganz oben auf dem Kreuzberg, nicht nur zu Silvester gut

Weekend
Club und Dachterrasse im ehemaligen Haus des Reisens, Alexanderplatz

Alle 10 Minuten kommt ein Bus: „hop-on-hop-off". Die Best of Berlin Tour kostet 22 €. Außerdem kann man die Bustour auch mit einer Schiffstour verbinden.

Wer Berlin schon kennt und bestimmte Seiten näher kennenlernen möchte, dem empfehlen wir eine Tour mit dem **Videobus** von Zeitreisen. Eine Überblickstour oder Thementouren (Kaiserzeit, 20er Jahre, Nationalsozialismus, Berlin als Filmstadt) werden durch Ton- und Videodokumente ergänzt. Die **Musictours Berlin** zeigt die Musikgeschichte der Stadt. Dabei geht es nicht nur um internationale Stars, wie Iggy Pop, David Bowie oder U2, die in Berlin gelebt und ihre Platten aufgenommen haben, sondern auch um Berliner Bands und Künstler wie Rammstein, Die Ärzte, Seeed, Wir sind Helden, Sido & Bushido u.a. Weiterhin werden die Anfänge und Entwicklungen der Clubkultur in Berlin mit legendären Clubs und Events dokumentiert, sowie ständig brandaktuelle Konzert- und Partytipps ausgegeben. Auch hier werden Videos und Tondokumente eingespielt.

Wer nicht unbedingt eine Erklärung zu den Sehenswürdigkeiten braucht, kann sich natürlich auch eigen-

ständig auf den Weg machen und die Stadt mit den **öffentlichen Verkehrsmitteln** und diesem Buch erschließen. Dazu bieten sich bestimmte Buslinien an, weil sie entweder berühmte Sehenswürdigkeiten passieren oder die Stadt einmal von Norden nach Süden oder Westen nach Osten durchqueren, oft mit Doppeldeckerbussen, die eine super Aussicht bieten.

Die sehr bekannten und damit oft sehr vollen öffentlichen Busse sind die **Linien 100 und 200**. Der 100er fährt vom Bahnhof Zoo nördlich des Tiergartens bis zum Alexanderplatz. Auf der Strecke seht ihr einen Großteil der bekannten Berliner Sehenswürdigkeiten, wie die Siegessäule und das Schloss Bellevue, die Reichstagskuppel, das Brandenburger Tor, die Staatsoper Unter den Linden, die Museumsinsel, das Berliner Rathaus und den Alexanderplatz mit dem Fernsehturm. Die Linie 200 fährt vom Bahnhof Zoo südlich des Tiergartens entlang des Botschaftsviertels über Alexanderplatz bis zum Prenzlauer Berg. Ihr passiert u.a. das Kulturforum, die Philharmonie oder den Potsdamer Platz. Ab Herbst 2019 kommt noch der **300er** dazu. Auf dieser neuen Linie fahren ausschließlich Elektrobusse, vom U-Bahnhof Schlesisches Tor, über die Oberbaumbrücke, East-Side-Gallery, Alexanderplatz, Karl-Liebknecht-Str., Unter den Linden, Glinkastr., bis zur Philharmonie.

Der Bus **M29** durchquert in ca. 1 Stunde die Stadt einmal von West nach Ost, von Grunewald den Kudamm rauf, über Kreuzberg zum Hermannplatz in Neukölln. Ihr durchfahrt gemächlich die unterschiedlichsten Stadtteile. Von den klassischen Sehenswürdigkeiten

seht ihr Kurfürstendamm, Europa-Center, Potsdamer Platz, Checkpoint Charlie, die Oranienstraße und zum Schluss das echte Neukölln.

Eine andere Route als die üblichen Sightseeing-Busse fährt der **Bus 104**. Er durchquert die Stadt vom Westend nach Alt-Stralau (Friedrichshain). Weit über eine Stunde könnt ihr z. B. den Theodor-Heuss-Platz, das Messegelände, das Rathaus Schöneberg, das Tempelhofer Feld und den Treptower Hafen an euch vorbei ziehen lassen.

Für die Straßenbahn nennen wir exemplarisch zwei Linien: die Tram **M1** fährt von Pankow über Prenzlauer Berg (Schönhauser Allee, Eberswalder Straße) bis Mitte (Zionskirchplatz, Hackescher Markt, Oranienburger Straße, Friedrichstraße); die **M10** startet am Nordbahnhof an der Gedenkstätte

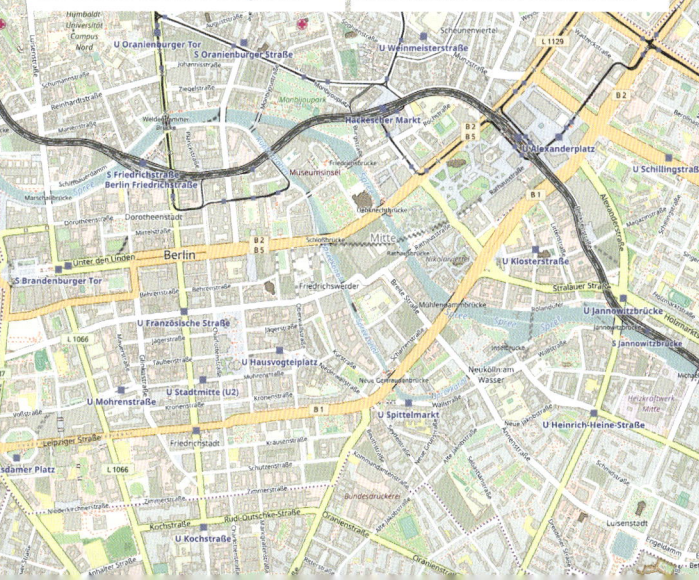

Berliner Mauer und fährt über Prenzlauer Berg nach Friedrichshain in die Warschauer Straße. Sie verbindet auf dem letzten Stück die beiden Ausgehbezirke und da man in Berlin schon auf dem Weg in den Club feiert, findet man sich hier abends oft in einer mit feiernden jungen Leuten überfüllten Party-Tram wieder. Den genauen Verlauf der Linien findet ihr unter *www.bvg.de*.

Für diese Touren reicht ein Einzelfahrschein – erhältlich für 2,80 € beim Busfahrer oder am Automaten. Er ist zwei Stunden in einer Fahrtrichtung gültig und man kann unterwegs so oft aus- und wieder einsteigen, wie man will. Achtung: Ihr müsst das Ticket noch im Automaten entwerten, auf dem Bahnsteig, bzw. im Bus. Da ihr in zwei Stunden mit Berlin sicher nicht fertig seid, kauft euch lieber gleich ==eine Tageskarte für 7 €== dann könnt ihr euch bis drei Uhr des Folgetages frei mit allen öffentlichen Verkehrsmitteln bewegen. Für die, die mehrere Tage unterwegs sein wollen, lohnt sich vielleicht die WelcomeCard, mit der ihr neben der freien Nutzung aller öffentlichen Verkehrsmittel auch zahlreiche Ermäßigungen in touristischen Einrichtungen bekommt.
▶ BVG-Tarife ▶ letzte Seite, neben dem Streckennetz

Berlin mit dem Schiff

Berlin ist eine Stadt am Wasser und hat, so unwahrscheinlich es klingen mag, mehr Brücken als Venedig. Es lohnt sich, Berlin vom luftigen Bootsdeck aus zu entdecken und sich entspannt über Spree, Havel und Kanäle schippern zu lassen.

Die Klassiker unter den Schiffstouren sind die 1-stündigen Fahrten der **Reedereien Riedel** und **Stern und Kreisschiffahrt** oder die Touren von **Exclusiv Yachtcharter** & **Schifffahrtsgesellschaft** und **BWSG Berliner Wassersport- und Service GmbH**. Diese Touren zeigen viele Sehenswürdigkeiten der Innenstadt, wie Nikolaiviertel, Museumsinsel, Regierungsviertel, Haus der Kulturen der Welt oder Berliner Ensemble aus einer neuen, interessanten Perspektive. Erklärungen gibt es live oder vom Band.

30 Jahre nach dem Mauerfall folgt die 2-stündige EAST-SIDE-TOUR der **BWSG** einem Teil des ehemaligen Grenzverlaufs zwischen Friedrichshain und Kreuzberg: East-Side-Gallery, Radialsystem, Mercedes-Benz Arena, Universal, Viacom (ehem. MTV), Badeschiff, große und kleine Strandbars und die schönste Verbindung zwischen Kreuzberg (West-) und Friedrichshain (Ost-Berlin): die **Oberbaumbrücke**.

Wer Lust hat, kann aber auch sein eigener Kapitän sein, ein Boot chartern und selber über die Berliner Gewässer schippern. In Köpenick könnt ihr bei **Solar Waterworld** stundenweise Boote mieten. Die Boote bieten bis zu 8 Personen Platz und können führerscheinfrei ausgeliehen werden. Habt ihr etwas mehr Zeit und sogar einen Sportbootführerschein, dann holt euch hier ein sportliches Konsolenboot und genießt das wunderschöne Wasserwandergebiet Dahme-Spree mit Müggelsee und Neu-Venedig oder die ehemalige olympische Regattastrecke Grünau.

Am Treptower Park, in bester Lage gleich an der Insel der Jugend, gibt es den Bootsverleih **Rent a Boat** und etwas weiter nördlich zeigen uns die Stand-up-Paddler wie cool man sein kann und wie ineffizient man sich auf dem Wasser fortbewegen kann .

Die beliebten runden **Grill-Boote**, die hier letzten Sommer noch lagen sind ans andere Ende der Stadt gezogen, an die Spandauer See-Brücke bei Eiswerder, an der Havel. Von diesem Ende der Stadt aus geht's auch nach Potsdam oder Amerika (wenn man bereit ist sich von Tretboot, Stand-up-Paddeln und Grillboot zu verabschieden). Die **Greenwichpromenade** in Tegel wurde inzwischen als Flusskreuzfahrthafen ausgebaut.

Auf, am und im Wasser

Badeschiff
die coole Bade- und Partylocation, Panoramablick inklusive

Bootshaus Stella am Lietzensee
idyllisches Entspannen im alten Westberlin

Capital Beach
zwischen Hauptbahnhof und den Gebäuden aus denen die Hauptstadt regiert wird

Club der Visionäre
bildet zusammen mit **Freischwimmer, Birgit & Bier und Burg Schnabel** eine Water-Chill-Area mit Dauerparty

Dorfkirche Stralau
ganz in Frieden

Holzmarkt-Gelände
der Kreativ-Spielplatz der Enkel der legendären Bar 25

Kudamm Beach
am Halensee gibt es Cocktails auf den VIP-Pontons

Rent a Boat
im Treptower Park, gleich neben der Insel der Jugend

Stadtkernfahrt
eine ideale Möglichkeit die Innenstadt und ihre Architektur mal vom Wasser aus zu beobachten. Schiff ahoi!

Strandbad Müggelsee
das Meer des Berliner Ostens, Eintritt frei

Strandbad Wannsee
Europas größtes Binnestrandbad, frisch saniert

Strandbad Weißensee + Übersee Bar
Naherholung mit Wellnessrefugium und Jurten

Strandbar Mitte
kein Sand, dafür aber ein überzeugender Blick aufs Bode-Museum

Wannsee-Terrassen
Sonnenuntergang über der Havel mit Blick auf den Nacktbadestrand

Zoologischer Garten Aquarium
Krokodile, Schlangen und alles was in der Berliner Wasserwelt fehlt

Berlin zu Fuß

Für alle die sich Kunst, Kultur und Geschichte auf lebendige Weise erschließen wollen, bieten verschiedene Veranstalter in mehreren Sprachen themenorientierte Rundgänge und Rundfahrten an. Wer spezielle Interessen hat erfährt hier wesentlich mehr, als wenn er auf eigene Faust loszieht.

Stadtrundgänge gibt es reichlich. Viele findet Ihr in diesem Kapitel, alles weitere zu aktuellen Themen und Terminen der regelmäßig stattfindenden Rundgänge entnehmt ihr der Tagespresse, den Stadtmagazinen und natürlich diversen Internetpräsenzen.

Berlin mit dem Fahrrad

Berlin ist erstaunlich fahrradfreundlich: fast so flach wie Amsterdam, sehr grün, und auch in der Innenstadt gibt es ruhige Nebenstraßen und Fahrradwege – man muss sie nur finden. Wenn man erstmal auf einer der ausgeschilderten Fahrradrouten ist, ist es ganz leicht. Der Europaradweg R1 ist vielleicht etwas lang (3000 km von Calais bis St. Petersburg), aber den Berliner Abschnitt kann man schon fahren, 68 km quer durch die ganze Stadt, von der Havel im Westen durch die Mitte zum Müggelsee im Osten.

Mit keinem anderen Fortbewegungsmittel sieht man so viel, bekommt man so viel mit vom Leben auf den Straßen und den verschiedenen Atmosphären. Erleichtert wird Radfahren in Berlin durch die Möglichkeit, sein Fahrrad in der U-, S-Bahn und Tram zu transportieren. Für die Mitnahme des Fahrrads

muss zusätzlich zum eigenen Ticket ein Fahrradticket gekauft werden. Außerdem sind die Waggons, in die ein Rad mitgenommen werden darf, durch ein großes Fahrrad an der Tür gekennzeichnet. So kann man beispielsweise mit den S-Bahnen 1 und 7 zum Wannsee rausfahren und vom S-Bahnhof Wannsee aus über die Havelchaussee zu einem der netten Strände radeln.

Oder ihr fahrt mit der S-Bahn an den Stadtrand und dann auf dem gut ausgeschilderten **Mauerweg**. Früher fuhren hier die Grenzsoldaten, jetzt sind es Radfahrer und Skater, ohne Ampeln, mit Infotafeln zu Mauer, DDR und sonstigen Sehenswürdigkeiten. Details gibt's im Internet: *www.mauerweg.com*.

Tipp: Wenn ihr mal liegen bleiben solltet, kommt die rollende „Radambulanz" auf Zuruf (oder SMS oder whatsapp) im Westen der Stadt: 0162-8010122. Ost-Berlin, Kreuzberg und Neukölln bedient „Verrücktritt": 0151-59267681. Beide jedoch nur Mo-Sa von 10-19 Uhr. Wer kein eigenes Fahrrad hier in Berlin hat, leiht sich einfach eins aus. Das geht in vielen kleinen Fahrradläden und z. B. bei **Stadt und Rad** (das ist **Fat Tire Bike Tours** auf Deutsch) oder bei unseren Freunden von **Berlin on Bike**.

Falls ihr spontan und kurz ein Fahrrad braucht, liegen in der Innenstadt im Moment ungefähr 15.000 Fahrräder rum. Von den asiatischen Anbietern haben einige inzwischen aufgegeben aber es kommen immer neue dazu, wahrscheinlich so lange bis kein Fußgänger mehr Platz hat auf dem Fußgängerweg. Etwas ordentlicher und stabiler sind die blauen Fahrräder von **Nextbike** und in grün-gelb die **Lidl Bikes.** Das ganze geht natürlich auch mit elektrischer Unterstützung, z. B. mit den kleinen e-scootern auf dem Fußgänger- oder Fahrradweg, oder mit den grünen Elektrorollern von **COUP** oder mit den roten von **Emmy**. Einfach die jeweilige App runterladen und los.

Natürlich kann man sich auch auf dem Rad durch die Stadt führen lassen. **Berlin on Bike** zum Beispiel bietet interessante Touren an, die an der Kulturbrauerei starten: „Osten ungeschminkt" thematisiert Plattenbauten, Industriebrachen, Stasi-Knast und Heldenverehrung. Die „Nightseeing-Tour" führt vorbei an beleuchteten Gebäuden zu den quirligen Szenetreffpunkten der Stadt und die Tour „Oasen der Großstadt" stellt überraschende, originelle, wenig bekannte Orte in Berlin vor. Ganz ohne Anmeldung könnt ihr mit **Stadt und Rad** vom 1. April bis zum 1. November tägl. um 11 Uhr ab Bahnhof Zoologischer Garten losfahren: 10 km in 4,5 Stunden mit vielen Fotopausen und Erklärungen für 21 € (erm. 19 €).

Nicht ganz billig (3 Std. für 67 € p.P.), aber dafür originell ist die **City Segway Tour**. Die sich selbst ausbalancierenden Segway-High-Tech-Zweiradroller könnten das städtische Fortbewegungsmittel der Zukunft sein – wäre da nicht das schlicht geniale Fahrrad.

Wenn euch das alles zu anstrengend ist, könnt ihr euch auch ein **Velotaxi**

nehmen. Damit überwindet ihr kürzere Strecken entlang des Kudamms, Unter den Linden oder zwischen Europa-Center und Brandenburger Tor und Potsdamer Platz und Friedrichstraße und, und und...

Berlin zum Abhaken ☑

Die meisten Städte haben nur ein Zentrum – Berlin hat drei. Durch die lange Teilung der Stadt haben wir
1. eine City-West ▶ S.28, rund um den Kurfürstendamm,
2. eine City-Ost ▶ S.30, zwischen Pariser Platz und Alexanderplatz und da, wo früher Mauer und Nichts war, unser drittes Zentrum:
3. die Gegend um Potsdamer Platz, Regierungsviertel und Hauptbahnhof ▶ S.32.

Im Folgenden findet ihr eine Auswahl der wichtigsten Sehenswürdigkeiten, die zu einem kleinen Rundgang kombiniert werden können. Ihr findet sie als Zahlen gekennzeichnet auf den kleinen Plänen. Am Ende des Kapitels gibt es dann noch eine Beschreibung dieser und weiterer Sehenswürdigkeiten.

Wenn ihr den Spaziergang genau in dieser Reihenfolge macht geht es am schnellsten. Jeder Schlenker in eine Seitenstraße ist gefährlich: Ihr riskiert Zeitverlust und unerwartete Entdeckungen. Der Besuch einer Gedenkstätte ist übrigens auch zwingend. Schaut einfach mal in die Beschreibungen im Adressteil weiter hinten im ▶ Kapitel 2. Museen findet ihr im ▶ Kapitel 3 Kulturelles. Wenn euch Berlin im Detail und im wirklichen Leben interessiert, müsst ihr in die Kieze. ▶ Kapitel 4

1. City-West

Berlin zum Abhaken ☑

① KaDeWe ☐
② Tauentzienstraße ☐
③ Europa-Center ☐
④ Kaiser-Wilhelm-Gedächtniskirche ☐
⑤ Bikini-Haus ☐
⑥ Zoo ☐
⑦ Fasanenstraße ☐
⑧ Savignyplatz ☐
⑨ Kurfürstendamm ☐

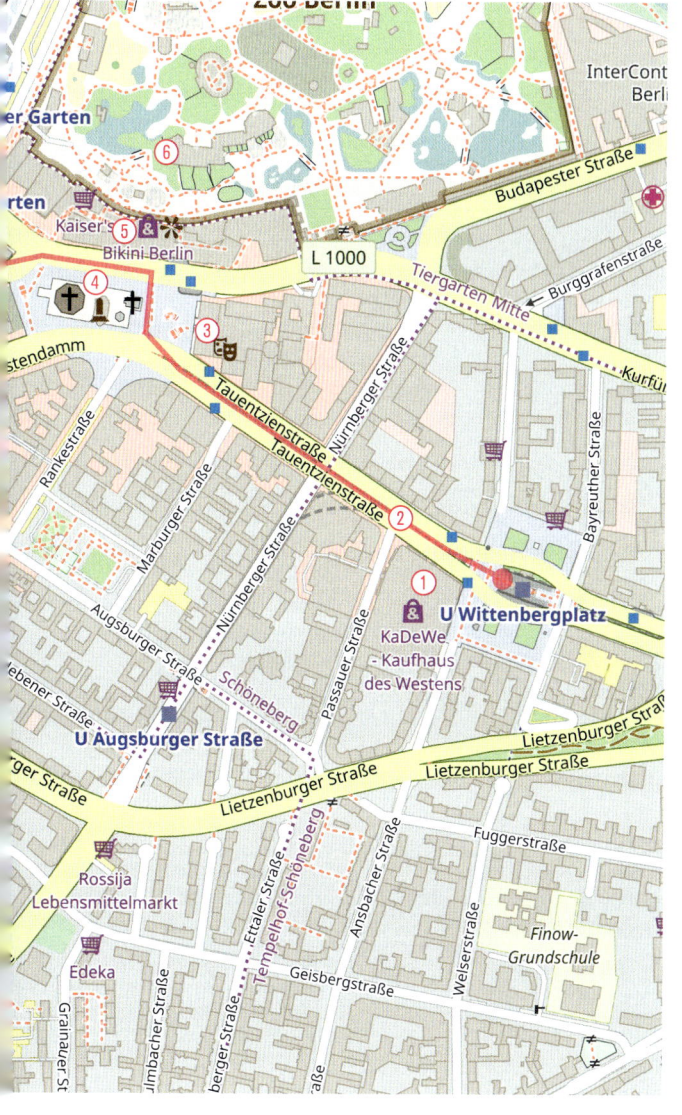

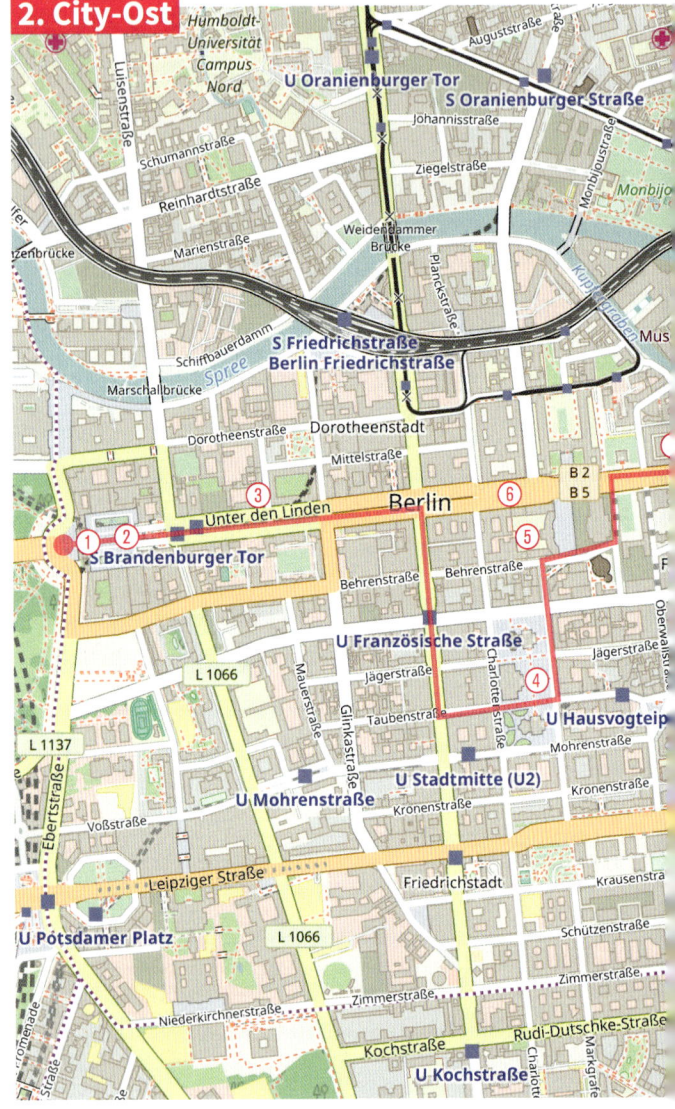

2. City-Ost

Berlin zum Abhaken ☑

1. Brandenburger Tor ☐
2. Pariser Platz ☐
3. Forum Willy Brandt ☐
4. Gendarmenmarkt ☐
5. Denkmal zur Erinnerung an die Bücherverbrennung ☐
6. Unter den Linden ☐
7. Deutsches Historisches Museum ☐
8. Stadtschloss / Palast der Republik / Humboldt-Forum ☐
9. Berliner Dom ☐
10. Museumsinsel ☐
11. Nikolaiviertel ☐
12. Berliner Rathaus / Rotes Rathaus ☐
13. Fernsehturm ☐
14. Hackescher Markt ☐

3. Potsdamer Platz und Regierungsviertel

Berlin zum Abhaken ☑

Kulturforum:
① Neue Nationalgalerie ☐
② Staatsbibliothek ☐
③ Gemäldegalerie ☐
④ Philharmonie ☐

⑤ Potsdamer Platz ☐
⑥ Denkmal für die ermordeten
　 Juden Europas ☐
⑦ Pariser Platz ☐
⑧ Deutscher Bundestag /
　 Reichstagsgebäude ☐
⑨ Marie-Elisabeth-Lüders-Haus ☐
⑩ Paul-Löbe-Haus ☐
⑪ Bundeskanzleramt ☐
⑫ Berliner Hauptbahnhof ☐

Institutionen

Berlin Partner für Wirtschaft und Technologie GmbH

Wirtschafts- und Technologieförderung für Unternehmen, Investoren und Wissenschaftseinrichtungen in Berlin – das bietet die Berlin Partner für Wirtschaft und Technologie GmbH. Zahlreiche Fachexperten bilden mit maßgeschneiderten Services und einer exzellenten Vernetzung zur Wissenschaft ein optimales Angebot, um Innovations-, Ansiedlungs-, Expansions- und Standortsicherungsprojekte zum Erfolg zu führen. Als einzigartiges Public Private Partnership stehen hinter Berlin Partner für Wirtschaft und Technologie sowohl der Senat des Landes Berlin als auch über 280 Unternehmen, die sich für ihre Stadt engagieren. Berlin-Partner sind u. a. Berliner Verkehrsbetriebe, GreenTec Awards, IBB Investitionsbank Berlin, Süddeutsche Zeitung GmbH, Ströer Deutsche Städte Medien GmbH, Vattenfall Europe Wärme GmbH oder WALL AG. Mit diesen starken Partnern kann Berlin Partner das weltweite Marketing für die deutsche Hauptstadt umsetzen.

Ludwig Erhard Haus, Fasanenstr. 85,
Charlottenburg, U + S Zoologischer
Garten, Bus M45, M49
Tel. 399800
www.berlin-partner.de |
www.businesslocationcenter.de |
www.sei.berlin.de | www.berlin-
sciences.com | www.emo-berlin.de

Bundesrat

Über den Bundesrat nehmen die Länder an der Gesetzgebung des Bundes teil. Alle Gesetzesentwürfe der Bundesregierung, alle Gesetzesbeschlüsse des Deutschen Bundestages sowie weitere Vorlagen werden im Bundesrat beraten. Hausführungen und andere Angebote nur nach Voranmeldung.

Leipziger Str. 3-4, Mitte
U + S Potsdamer Platz, Bus M48, 200
Tel. 189100179
www.bundesrat.de

BVG Berliner Verkehrsbetriebe

Rund um die Uhr erreichbar für alle Fragen des öffentlichen Nahverkehrs. Informationen zu Tickets und Preisen gibt's am Ende dieses Buchs, neben dem Stadtplan.

Holzmarktstr. 15-17, Mitte
U + S Jannowitzbrücke
Tel. 19449
Mo-Mi 9:30-17, Do 9:30-17:45,
Fr 9:30-14 Uhr, www.bvg.de

Deutscher Bundestag / Reichstagsgebäude

Ein Symbol der deutschen Geschichte. Immer wieder Schauplatz historischer Momente. Bis 1918 Parlament des Deutschen Kaiserreichs, 1933 Reichstagsbrand, 1945 völlig zerstört, 1995 Verhüllung von Christo und Jeanne-Claude und seit 1999 Sitz des Deutschen Bundestages. Von der gläsernen Kuppel, die für Besucher tägl. 8 bis 24 Uhr (Einlass bis 21:45 Uhr) geöffnet ist, hat man einen grandiosen Blick über Berlin. Inzwischen gibt es zum spontanen Besuch der Kuppel (ca. 2 Std. Vorlaufzeit) auch eine Außenstelle des Besucherdienstes (Nov-Mär tägl. 8-18 Uhr; Apr-Okt tägl. 8-20 Uhr), direkt neben dem Reichstag, in der Scheidemannstr. Terminanfragen für den Besuch einer Plenarsitzung, Vorträge auf der Besuchertribüne, Führungen und Besuch der Kuppel bitte nur schriftlich an den Besucher-

dienst des Bundestages: www.bun-
destag.de/besuche/formular.html
Platz der Republik, Tiergarten
U55 Bundestag, Bus 100, 123
Tel. 22732152
www.bundestag.de

Erlebnis Europa – die Ausstellung im Europäischen Haus Berlin

Nur ein paar Schritte vom Brandenburger Tor entfernt die Europäische Union spielerisch entdecken. Im 360 Grad-Kino den Europaabgeordneten bei der Arbeit zuschauen oder im Rollenspiel selber aktiv werden. Und dann ein Selfie aus Europa schicken. Dies und noch viel mehr kann man in der Ausstellung zur Europäischen Union im Europäischen Haus entdecken. Und das in 24 Sprachen. Der Eintritt ist frei, nach vorheriger Anmeldung gibt es auch Rollenspiele und Kurzvorträge.
Unter den Linden 78, Mitte
U + S Brandenburger Tor, Bus 100, TXL
Tel. 2280 2900
tägl. 10-18 Uhr, frei
www.europarl.de

Flughafen Berlin-Brandenburg (BER)

Ja, wir warten weiter - auf unseren neuen, schönen, großen Flughafen, aber mit der Eröffnung klappt erstmal gar nichts. Ziemlich peinlich, aber Tegel ist ja auch sooo niedlich. Vielleicht klappt's 2020? Oder 2021? Oder gar nicht?
Willy-Brandt-Platz 1, Schönefeld
www.berlin-airport.de

Industrie- und Handelskammer Berlin (IHK)

Die Arbeit der IHK Berlin fußt auf drei Säulen: Sie setzt sich u.a. gegenüber Politik und Verwaltung für das Gesamtinteresse der Berliner Wirtschaft ein, sie versteht sich als Dienstleister der Wirtschaft mit einem eigenen Servicecenter, und sie nimmt hoheitliche Aufgaben wahr (z. B. duale Berufsausbildung). Die IHK Berlin versteht sich als Anwalt eines fairen Wettbewerbs und als Förderer des ehrbaren Kaufmanns.
Fasanenstr. 85, Charlottenburg
U + S Zoologischer Garten,
Bus M45, M49
Tel. 315100
Mo - Do 8 - 17, Fr 8 - 16 Uhr
www.ihk-berlin.de

Jelbi

Die neue App Jelbi soll ab Sommer 2019 Berliner und Gäste in die gelben (auf Berlinerisch „jelb") U-Bahnen und Busse bringen. Mit der App kann man die verschiedenen Fortbewegungsarten kombinieren und zusammen buchen: Fahrräder, Mietwagen, Taxis, Elektroroller, und – sobald das auf deutschen Straßen genehmigt wird – elektrische Tretroller, und natürlich Buss, S- und U-Bahn.
www.jelbi.de

visitBerlin

visitBerlin ist Berlins offizielle Organisation für Tourismus- und Kongressmarketing, informiert über das touristische Angebot der Stadt, bietet Hotelübernachtungen und Tickets, Pauschalangebote, Gruppenservice und Souvenirs an und ist Herausgeber des offiziellen Touristentickets, der Berlin WelcomeCard. Kauft sie gleich, wenn ihr ankommt:

Damit könnt ihr günstig zwei, drei oder fünf Tage lang Berlin und Potsdam erleben. Die App „Going local Berlin" ist der etwas andere Reiseführer: Mit mehr als 700 persönlichen Berlin-Tipps, Veranstaltungen und Restaurant-Empfehlungen könnt ihr Berlin wie ein echter Berliner entdecken. Auch dabei: Touren und Videos.

Es gibt 6 Berlin Tourist Infos:
- Brandenburger Tor, Pariser Platz, südliches Torhaus, täglich 9:30-18 Uhr, Apr-Oct 9:30-19 Uhr
- Hauptbahnhof, Erdgeschoss/ Eingang Europa-Platz, täglich 8-21 Uhr
- Europa Center, Tauentzienstraße 9 (Erdgeschoss), Mo-Sa 10-20 Uhr
- Park Inn by Radisson am Alexanderplatz, Alexanderplatz 7, Mo-Sa 7-21 Uhr, So 8-18 Uhr
- Flughafen Berlin-Tegel, Terminal A, Gate 1, tägl. 8-22 Uhr
- Zentraler Omnibusbahnhof, Masurenallee 4-6, tägl. 8-16 Uhr.

Am Karlsbad 11, Tiergarten
U2 Mendelssohn-Bartholdy-Park,
Bus M29, M48, M85
Tel. 25002333
www.visitberlin.de

Stadterkundungen und Schifffahrten

BallonGarten mit Hi-Flyer
Direkt neben dem Checkpoint Charlie lädt der Ballongarten zum Pausieren ein. Hier startet auch der berühmte Hi-Flyer („WELT-Ballon"), einer der größten Heliumballons der Welt. Auf den kleinen Dachterrassen der Verkaufsstände (bboxen) lässt es sich gut entspannen, dem Ballon beim Auf- und Absteigen zuschauen und 'ne Berliner Currywurst essen.

Zimmerstr. / Ecke Wilhelmstr., Kreuzberg
U2 Spittelmarkt, U6 Kochstr., Bus M29
Tel. 53215321
tägl. ab 10 Uhr, 25 €, erm. 20 €,
Kinder (3-10 Jahre) 12 €
www.air-service-berlin.de

Berlin City Tour
Auf drei Touren die Stadt erkunden, frei kombinierbar, inklusive Stadtrundgang. In den grün-beigen Bussen erklärt ein lebendiger Stadtführer auf Deutsch und Englisch die Stadt – in den roten CitySightseeing Bussen kommt das vom Band über Kopfhörer, dafür aber in 13 Sprachen. Oder direkt mit einer Schiffstour durch die City.

Industriestr. 36/37, Tempelhof
Tel. 68 30 26 41
ab 22 €, erm. 20 €, Kinder (6-14 J.) 11 €
www.berlin-city-tour.de

Berlin Musictours
Berlin hat eine Musikgeschichte und aktuelle Szene wie keine andere Stadt! Internationale Stars wie David Bowie, Iggy Pop, Depeche Mode, U2, Nick Cave und viele andere haben hier großartige Alben aufgenommen und teilweise in Berlin gelebt. Es geht bei diesen besonderen Stadttouren aber nicht nur um die legendäre Rock-, Pop- und Clubmusikgeschichte, auch die aktuelle Berliner Musikszene & Bands und Künstler wie Rammstein, Die Ärzte, Peter Fox & Seeed, Beatsteaks, Paul van Dyk, Fritz & Paul Kalkbrenner, Sido & Bushido, Marteria und viele andere sind Teil der Music Tours. Es

gibt Bustouren, Walking Tours, Studio Touren in den legendären Hansa Tonstudios und Bandspecials.
Mitte
Tel. 30875633
Bustour auf Deutsch: Sa 12:30 Uhr
ab ADLON Hotel (29 € p.P.)
www.musictours-berlin.de

Berlin on Bike

Die Spezialisten für geführte Radtouren für Schulklassen und Uni-Seminare. Dazu gibt es über 60 öffentliche Touren pro Woche auf Deutsch, Englisch, Niederländisch und Französisch. Ungewöhnliche und szenige Thementouren wie Kreuzberg und Spreeufer, Oasen der Großstadt oder Osten ungeschminkt. Tourstarts täglich um 10 und 15 Uhr. Die komfortablen Fahrräder werden auch ohne Tour vermietet.
Knaackstr. 97, (in der Kulturbrauerei), Prenzlauer Berg
U2 Eberswalder Str., Tram M1, M10
Tel. 43739999
geführte Touren ab 24 €, erm. ab 20 € inkl. Fahrrad; nur die Fahrradleihe 24 Std 10 €. Voranmeldung empfohlen.
www.berlinonbike.de

Berliner Unterwelten

Berliner Stadtgeschichte aus einer anderen Perspektive! Führungen durch unterirdische Bauwerke rund um den Bahnhof Gesundbrunnen, aber auch an anderen Stellen in der Stadt.
Brunnenstr. 105, Wedding
U + S Gesundbrunnen, Bus 247
Tel. 49910518
saisonabhängig
12-15 €, erm. 10-12 €
www.berliner-unterwelten.de

BEX Sightseeing

Hop-on-Hop-off in Berlin: Mit den gelben City Circle Bussen kann man an 30 Haltepunkten aus- und zusteigen, wie man möchte. Erklärungen zu den touristischen Sehenswürdigkeiten gibt es in 20 Sprachen. Haupt-Abfahrtsstellen: Kurfürstendamm / Ecke Tauentzienstr. (gegenüber der Gedächtniskirche), 10789 Berlin + Alexanderplatz, vor dem Park Inn Hotel, 10178 Berlin.
Tel. 35195270
tägl. 10-17, im Sommer -18, Fr + Sa -19 Uhr
1-Tagesticket ab 22 €, Kinder (7-14 Jahre) ab 11 €, 2-Tagesticket ab 26 €, Kinder ab 13 €
www.bex.de/sightseeing

BWSG Berliner Wassersport- und Service GmbH

Mit der BWSG auf der Spree! Ob City-Spreefahrt (1 Std.) durch die alte und neue Berliner Mitte oder zusätzlich mit der EAST-SIDE-TOUR (2,5 Std.) den Berliner Osten vom Wasser aus entdecken oder mit der neuen Land-Wasser-Kombination ArchitekTour (1,5 Std.) Berlin mit anderen Augen sehen! Vom 30. März bis 3. November täglich ab Station „Alte Börse", 10178 Berlin, Burgstr. Nähe S Hackescher Markt. Reservierung unter 030-6513415 oder Online-ticketkauf.
S Hackescher Markt S5, S7, S75, Tram M4, M5, M6
Tel. 6513415
ab 15 €, erm. ab 7,50 €
www.bwsg-berlin.de

City Segway Tours

Nicht ganz billig (67 € p.P.) und nur mit Führerschein, aber dafür originell ist die Berlin City Segway Tour. Auf

so einem Selbstbalance-Elektro-Roller seht ihr ziemlich cool aus. Die erfahrenen Guides weisen euch vor dem Losfahren ein und füttern euch während der Tour nicht nur mit Geschichte, sondern unterhalten auch mit Tipps und Anekdoten.
Panorama Str. 1a, Mitte
U + S Alexanderplatz,
Bus 100, 200, M48,
Tram M2, M4, M5, M6
Tel. 24047991
3 Std. Tour 67 €
www.fattiretours.com/berlin/tours/
city-segway-tour

COUP

COUP ist mit einer Flotte von über 1000 eScootern im inneren des S-Bahn Rings unterwegs. App runterladen und los. Damit die Fahrt Euch noch mehr Freude macht gibt es in der neuen Ausgabe von „Berlin für junge Leute" einen Sign Up Code für 3 x 10 Minuten Freeride: YOUNGBERLIN
Tel. 568 380 25
2,10 € für die ersten 10 Min, dann 21 Cent/Min., Tag pauschal (7-19 Uhr) 20 €, Nacht pauschal (19-7 Uhr) 10 €
www.joincoup.com

Emmy Elektroroller-Sharing

Zur Zeit stehen 350 Elektroroller für euch bereit. Ladet euch die App runter, damit ihr einen der roten Flitzer in der Nähe findet. In jedem Emmy gibt es zwei Helme. Kein Schalten, kein Kuppeln, kein Krach, kein Gestank, kein Öl. Tempo 45 ist möglich.
Tel. 46828024
19 cent pro Minute
www.emio-sharing.de

Exclusiv Yachtcharter & Schifffahrtsgesellschaft

Tägliche Touren auf Spree und Landwehrkanal vom 14. Mär – 1. Nov. Los gehts jeweils vom Holsteiner Ufer 32, Nähe S-Bhf. Bellevue. 7x täglich beginnt hier die 1- oder 2,5-stündige Cityschiffsfahrt (mit Halt an der East-Side-Gallery und am Märkischen Ufer). Um 11 Uhr startet die 3-stündige Brückenfahrt über Spree und Landwehrkanal. Ab 16. April bis 16. Oktober zusätzlich „Berlin am Abend" (2 Std.) am Mittwoch um 18:30, Do, Fr und Sa um 19 Uhr. Schiffsvermietung für Anlässe aller Art von 2 bis 80 Personen.
Tel. 43666836
www.berlin-cityschiffsfahrten.de

Stadterkundungen und Schifffahrten

Free Berlin - authentische Fahrradtouren

3 Stunden mit dem Rad durch die City – authentisch, informativ und vielseitig. Vier geführte Touren stehen täglich zur Auswahl, z. B. „Berliner Mauer/III. Reich", „Arm, aber sexy" oder „Top Secret". Extra-Service und Rabatte für Gruppen. Zentraler Startpunkt und Radverleih vor der Nikolaikirche (Propst-/Poststr.).
Poststr. 11, Mitte
U + S Alexanderplatz,
U2 Klosterstr., Tram M4, M5, M6
Tel. 28704492
tägl. 10:24 + 14:24 Uhr
16 €, erm. 12 € (Leihrad +5 €)
www.fahrradtouren-berlin.com

History to go - Schnitzeljagd mit Wundertüten

Erster Tag in Berlin? Die History to go – Schnitzeljagd gibt spielerisch den ersten Überblick über das Zentrum der Stadt zwischen Potsdamer Platz und Brandenburger Tor bzw. Reichstag. In 5er Teams, mit Fragen aus Geschichte und Gesellschaft, einer 3D-Karte und versiegelten „Wissenswundertüten" inkl. eines Souvenirs werden sich bekannte und unbekannte Sehenswürdigkeiten erlaufen!
Tel. 5344312
ab 12,59 €
www.historytogo.de

Insider Tour

Reguläre Stadtrundgänge auf Englisch und Hebräisch, über die Geschichte, Berliner Mauer, Leben im geteilten Berlin und mehr. Treffpunkte: neben McDonald's am Bhf. Zoologischen Garten, Apr - Okt 10 + 13:30 Uhr, Nov - Mär nur 10:00 Uhr.
Auch vor dem AM to PM am S-Bhf. Hackeschen Markt:
Apr - Okt 10:30 + 14 Uhr,
Nov - Mär nur 10:30 Uhr.
Tel. 6923149
14 €, erm. 12 €
www.insidertour.com

M.S. Schiffskontor

Berlin vom Wasser aus erleben mit der schönsten Charterflotte der Stadt, für 2 - 100 Personen, individuell geplant und auf Wunsch mit ausgesucht guten Speisen und Getränken. Alternativer Aktiv-Spass: Ruderbootverleih an Stralauer Inselspitze.
Tel. 246479960
www.schiffskontor.de

Mike's SightRunning

Sightseeing beim Laufen & Jogging. Die Touren führen durchs Regierungsviertel, zum Schloss Charlottenburg, oder „Auf Champions-Spur" entlang der 10km WM Marathon Strecke.
Tel. 53066866
www.mikes-sightrunning.de

Original Berlin Walks

Wenn Mal Besuch aus England oder Übersee kommt: The specialist for English walking tours. 4 Stunden „Discover Berlin" starts at Hackescher Markt, vor Starbucks, April - Oktober tägl. 10:30 + 14 Uhr. Neu ist die „Berlin Street Art Tour" (gibt's auch auf deutsch).
Hackescher Markt, Mitte
U + S Zoologischer Garten,
Bus 100, 200, S Hackescher Markt
Tel. 44339379
www.berlinwalks.com

Reederei Riedel

Leinen los und auf zu Stadt-, Tages-
und Sonderfahrten bei Tag oder
Nacht. Zumindest die 1-stündige
Tour (ab Moltkebrücke/Hauptbahn-
hof) durch das Zentrum ist Pflicht für
einen Berlin-Besuch! Die Touren sind
moderiert und Gastronomie ist auch
an Bord.
Tel. 6913782
ab 15 €, Kinder 7,50 €
www.reederei-riedel.de

S.R.ComedyBus

Die Zeit der schnöden Stadtrund-
fahrten bei denen Jahreszahlen
runtergebetet werden ist vorbei.
Entertainer und Komiker führen
durch Berlins Straßen! Die Künstler
des ComedyBus sind Top Comedians
der deutschen Comedyszene, die für
das Publikum die Rolle des Stadtfüh-
rers übernehmen.
Nollendorfplatz 3, Schöneberg
U1 + 2 + 3 + 4 Nollendorfplatz, Bus M19
Tel. 61101313
jeden Fr + Sa, 25 €
www.comedy-im-bus.de

Solar Waterworld

Im Solarboot-Pavillon gibt´s neben
dem schwimmenden Solarcafé einen
Verleih von führerscheinfreien Solar-
booten in verschiedensten Größen.
Schon für 40 € könnt ihr zu acht eine
Stunde shippern, allerdings nicht in
der Innenstadt.
Müggelheimerstr. 1d, Köpenick
S Bahnhof Köpenick,
Tram 62, 63, 68 oder Bus 169
Tel. 6309997
Mo-Fr 12-20, Sa + So 11-20 Uhr
www.solarwaterworld.de

stadt im ohr - urban sounds to go

Berlin erkunden im Hörspielformat.
Audiotouren, die Fakten und Fiktion
mit vielen Originaltönen und ortsbe-
zogener Musik in einer spannenden
Dramaturgie verweben.
Tel. 20078841
www.stadt-im-ohr.de

Stadt und Rad

Fahrradvermietung: günstig gelegen
unter dem Fernsehturm. Geführte City Tour (4,5 Std.), Mauer-Tour
(5 Std.) durch die turbulente Haupt-

stadt, oder eine Tour durch die Gärten und Schlösser Potsdams (6 Std.).
Panoramastr. 1 A, Mitte
U + S Alexanderplatz oder
U + S Zoologischer Garten
Tel. 24047991
4,5 Std-Tour inkl. Fahrrad:
deutsch 21-25 €,
erm. 19-23 €
www.stadtundrad.de

StattReisen Berlin

Ein umfangreiches Angebot an Stadterkundungen zu Fuß, mit dem Rad oder öffentlichen Verkehrsmitteln - besonders für Schulklassen. Themen sind z. B. Berlin quer, die geteilte Stadt, Olympia 1936, Kreuzberg oder Graffiti in Berlin. Bekannte Sehenswürdigkeiten werden aus ungewöhnlichen Blickwinkeln betrachtet und unbekannte Plätze jenseits ausgetretener Pfade aufgesucht.
Liebenwalder Straße 35a
Tel. 4553028
www.StattReisenBerlin.de

Stern und Kreisschiffahrt

Die größte Berliner Reederei. Sie bietet nicht nur Citytouren, sondern auch wunderschöne Seenrundfahrten ab Wannsee oder abendliche „Stern-Stunden" an.
Tel. 5363600
ab 15 €
www.sternundkreis.de

Top Tour Sightseeing

Jeden Tag, das ganze Jahr über, alle 15 Minuten in 15 Sprachen über Kopfhörer Hop-on Hop-off durch die Stadt.
www.top-tour-sightseeing.de

Trabi-XXL

Eine ganz außergewöhnliche Stadtrundfahrt in Berlin ist die Tour in der Trabant Stretchlimousine. Dieser weltweit einmalige XXL-Trabi verbindet Berliner Geschichte, eine individuelle Stadtführung und großen Spaß miteinander und sorgt für ein sicherlich unvergessliches Erlebnis. Wer mit mehr Leuten unterwegs ist, kann auch den brandneuen Superstrech VW-T3 - im Volksmund auch bekannt als ‚Bulli' - wählen.
Tel. 0174 - 1505020
365 Tage / 24 Std. (nach vorheriger Absprache), 199 € (1 Std.),
299 € (2 Std.) für bis zu 5 Pers.
www.trabi-xxl.de

Velotaxi

Unterwegs sind die flotten Dreirad-Riksha-Taxen von März bis Oktober im Stadtzentrum. Man kann sich das „Taxi" einfach ranwinken, oder auch unter 0178-8000041 vorbestellen. Den Flitzern gelingt selbst im Dauerstau eine freie Fahrt und sie sind eine preiswerte und umweltschonende Alternative zum benzinschluckenden Vierrad-Taxi.
tägl. 10-20 Uhr
30 Min. 24 €, 60 Min. 42 €
www.velotaxi.de

Videobustour Berlin

Eine andere Art, Berlin und seine faszinierende Geschichte zu entdecken! Auf der Videobustour „Zeitreise durch Berlin" werden an den wichtigsten Sehenswürdigkeiten im Bus historische Film- und Bilddokumente gezeigt und von den Guides live kommentiert. Die Stadtrundfahrt wird so anschaulicher, emotionaler und informativer. Jeden Samstag um 11 Uhr startet die Überblickstour

„Zeitreise durch Berlin", Unter den
Linden 40.
Tel. 44024450
23 €, erm. 17,50 €
www.videosightseeing.de

Gedenkstätten

BlackBox Kalter Krieg
Am Checkpoint Charlie informiert
eine schwarze Infobox mit 16 Me-
dienstationen und einem kleinen
Kino über den Kalten Krieg und
die historischen Zusammenhänge
der deutschen Teilung. Schwarz
und kantig setzt sich die Black Box
vom Touristentrubel ab, der den
geschichtsträchtigen Ort dominiert:
Souvenirs, verkleidete Schauspieler,
eine Trabi-Safari knattert vorbei.

Später soll hier ein „Zentrum des
Kalten Krieges" entstehen. Das
klappt allerdings nur, wenn die
Berliner Politik sich einigt. Aus dem
Ausland, besonders aus den USA,
gibt es bereits viel positive Resonanz
und tatkräftige Unterstützung.
Friedrichstr. 47, Mitte
U6 Kochstr., U2 + 6 Stadtmitte,
Bus M29
tägl. 10-18 Uhr
5 €, erm. 3,50 €, Schüler ab 14 Jahre
2 €, Kinder unter 14 Jahre frei, Kombi-
ticket BlackBox / asisi Panorama
12,50 € erm. 10,50 €
www.zentrum-kalter-krieg.de

Brecht-Weigel-Museum
Die Wohnungen von Bertolt Brecht
und Helene Weigel im Originalzus-
tand. Besuche nur mit Führung zu
jeder halben Stunde (sonntags jede
Stunde, je max. 8 Pers.). Zur Vertie-
fung empfiehlt sich das Archiv und
das Literaturforum am Brecht-Haus.
Nebenan auf dem Dorotheenstädtischen Friedhof ruhen Brecht und
Weigel unweit der Gräber von Hegel,
Fichte, Heinrich Mann und Hanns
Eisler.
Chausseestr. 125, Hof, Seitenflügel,
1. Etage, Mitte
U6 Oranienburger Tor, S Friedrichstr.,
Tram M1, M6
Tel. 20057-1844
nur mit einer Führung, Zeiten -> www
5 €, erm. 2,50 €, Schüler/Studenten-
gruppen 1,50 €
www.brecht-museum.de

Denkmal für die ermordeten
Juden Europas
Das Denkmal im Zentrum Berlins ist
die zentrale Holocaustgedenkstätte
Deutschlands, ein Ort der Erinnerung
und des Gedenkens an die bis zu

sechs Millionen jüdischen Opfer des Holocaust. Das zwischen Brandenburger Tor und Potsdamer Platz gelegene Denkmal besteht aus dem von Peter Eisenman entworfenen Stelenfeld und dem unterirdisch gelegenen Ort der Information. Die Ausstellung im Ort der Information dokumentiert die Verfolgung und Vernichtung der Juden und die historischen Stätten der Verbrechen. Sie wird jährlich von fast einer halben Million Gäste besucht. Im Tiergarten, in unmittelbarer Nähe, befindet sich das Denkmal für die im Nationalsozialismus verfolgten Homosexuellen, das Denkmal für die ermordeten Sinti und Roma Europas und der Gedenk- und Informationsort für die Opfer der nationalsozialistischen „Euthanasie"-Morde.

Cora-Berliner-Str. 1, Mitte
U + S Brandenburger Tor, U + S Potsdamer Platz, Bus 100, 200, M48, M85
Tel. 26394336
Stelenfeld: tägl. 24 Std. frei zugänglich; Ausstellung im Ort der Information: Apr - Sep Di - So, 10 - 20 Uhr; Okt - Mär Di - So, 10 - 19 Uhr; letzter Einlass 45 Min. vor Schließung frei, Audioguides 3 €, erm. 2 €
www.holocaust-mahnmal.de

Denkmal zur Erinnerung an die Bücherverbrennung

Das Denkmal erinnert an die öffentliche Bücherverbrennung vom 10. Mai 1933, bei der 20.000 Bücher von NS-Regimetreuen zeremoniell verbrannt wurden. Mitten auf dem Bebelplatz symbolisiert eine in den Platz eingelassene Glasplatte, unter der sich grellweiße, leere Bücher-

regale befinden, die Unterdrückung aller geistigen Freiheiten im Nationalsozialismus.

Bebelplatz, Mitte
Bus 100, 200

Deutsch-Russisches Museum Berlin-Karlshorst

Das Museum – einst als Offizierskasino einer Wehrmachtspionierschule errichtet – erinnert am historischen Ort an die bedingungslose Kapitulation der deutschen Wehrmacht in der Nacht vom 8. auf den 9. Mai 1945. Mit diesem Akt endete der Zweite Weltkrieg in Europa. In seiner Dauerausstellung thematisiert das Museum als einziges in Deutschland den Vernichtungskrieg gegen die Sowjetunion von 1941 bis 1945. Dieser Krieg zählt wie der Völkermord an den europäischen Juden und die Ermordung weiterer Bevölkerungsgruppen zu den großen Verbrechenskomplexen des Nationalsozialismus.

Zwieseler Str. 4, Lichtenberg
S Karlshorst + Bus 296,
U5 Tierpark + Bus 296
Tel. 50150810
Di-So 10-18 Uhr; kostenlose öffentliche Führung: So + feiertags 15 Uhr frei
www.museum-karlshorst.de

Die Berliner Mauer – Geschichte in Bildern

Anlässlich des 25. Jahrestages des Mauerfalls am 9. November 2014 hatte der rbb - Rundfunk Berlin Brandenburg eine umfangreiche Webseite zum Thema ins Netz gestellt. Über eine Zeitleiste kann man die Entwicklung nachvollziehen und über eine digitale Karte Informationen zum jeweiligen Ort abrufen. In 250 Filmen wird das Leben in der

geteilten Stadt von 1961 bis 1989 dokumentiert. Geht auch unterwegs, denn die Webseite ist für die Mobilnutzung optimiert.
www.berlin-mauer.de

Die Mauer – Asisi Panorama zum geteilten Berlin

Am Checkpoint Charlie kann man die Mauer im Maßstab 1:1 wieder sehen, als großes Panoramabild von Yadegar Asisi, der zu Mauerzeiten selbst in Kreuzberg gewohnt hat. Von außen sieht es aus wie ein Gasometer (18 Meter hoch, 28 Meter Durchmesser), innen hat man einen grandiosen Blick auf die Mauer in Kreuzberg, Sebastian- Ecke Luckauer Straße an einem fiktiven Herbsttag in den 80er Jahren. Wer zu den Bildern Fakten und Hintergrundwissen sucht, findet sie gleich gegenüber in der „Black-Box Kalter Krieg".
Friedrichstr. 205 / Eingang Zimmerstr., Mitte
U6 Kochstr., Bus M29
Tel. 3555340
tägl. 10-18 Uhr
10 €, erm. 8 €, Kinder 4 €, Kombiticket mit BlackBox 12,50 €, erm. 10,50 €
www.asisi.de

Dokumentationszentrum der Stiftung Flucht, Vertreibung, Versöhnung

Ende 2020 soll hinter der denkmalgeschützten Fassade des Deutschlandhauses ein modernes Museum fertig sein. Dann zieht die „Stiftung Flucht, Vertreibung, Versöhnung" ein. Neben der Dauerausstellung soll es Wechselausstellungen zu einzelnen historischen Aspekten und zu aktuellen Entwicklungen geben. Das Haus wird dann zum Dokumentations- und

Informationszentrum mit Bibliothek, Mediathek und Archiv.
Stresemannstr. 90, Kreuzberg
S Anhalter Bhf, Bus M19
Tel. 20629980
www.sfvv.de

Dokumentationszentrum NS-Zwangsarbeit Berlin-Schöneweide

Unweit der großen Industrieanlagen von Ober- und Niederschöneweide befinden sich die Baracken des ehemaligen Zwangsarbeiterlagers, die als komplettes Ensemble erhalten geblieben sind. Ein Teil davon wird als Dokumentationszentrum genutzt. Eine Dauerausstellung, Führungen sowie Seminare gewähren Zugang zum Thema Zwangsarbeit.
Britzer Str. 5, Treptow
S Schöneweide, Bus 160, 165 (Haltestelle Dokumentationszentrum NS-Zwangsarbeit)
Tel. 63902880
Di-So 10-18, Do bis 20 Uhr, kostenfreie öffentliche Führungen
www.dz-ns-zwangsarbeit.de

Erinnerungsstätte Notaufnahmelager Marienfelde

Das Notaufnahmelager Marienfelde wurde 1953 eröffnet. Bis 1990 passierten 1,35 Mio. Übersiedler und Flüchtlinge aus der DDR das Lager, bevor sie in die Bundesrepublik weiter reisten. Heute informiert am historischen Ort im ehemaligen Verwaltungsgebäude des Aufnahmelagers eine Ausstellung über die deutsch-deutsche Fluchtbewegung: In sieben Themenräumen spannt sie den Bogen von den Fluchtgründen über die Fluchtwege und das Aufnahmeverfahren bis zu den Herausforderungen bei der Integration.

Mit Originaldokumenten, Fotografien und Filmen werden wichtige politische Entwicklungen der deutsch-deutschen Geschichte und die Lebensumstände im Notaufnahmelager beleuchtet. Eine große Rolle spielen dabei die Lebensgeschichten von Zeitzeugen, die der DDR den Rücken kehrten. Neben Führungen bietet die Erinnerungsstätte nach Voranmeldung auch Gespräche mit Zeitzeugen an.

Marienfelder Allee 66/80, Tempelhof
S Marienfelde, Bus M77
Tel. 75008400
Di-So 10-18, öffentliche Führungen So 15 Uhr, frei, Audioguides 2,50 €, erm. 1,50 €, Überblicksführung 3,50 €, erm. 2,50 € p.P., Führung + Zeitzeugengespräch 5,00 €, erm. 3,00 € p.P.
www.notaufnahmelager-berlin.de

Gedenk- und Bildungsstätte Haus der Wannsee-Konferenz

In idyllischer Lage am Wannsee wurde über die organisatorische Durchführung der bereits beschlossenen Deportation und Ermordung der Juden Europas beraten. Eine Ausstellung dokumentiert die Konferenz, ihre Vorgeschichte und Folgen. Im Bildungsbereich der Gedenkstätte finden Studientage zum Nationalsozialismus und zur jüdischen Geschichte statt.

Am Großen Wannsee 56-58, Zehlendorf
Bus 114
Tel. 8050010
tägl. 10-18 Uhr, frei,
öffentl. Führungen Sa + So 16 + 17 Uhr
www.ghwk.de

Gedenkkirche Maria Regina Martyrum

In der Nähe der Hinrichtungsstätte Plötzensee, in der zwischen 1933 und 1945 fast 3000 Menschen hingerichtet wurden, gibt es seit 1963 dieses Gotteshaus zum Gedächtnis der Blutzeugen für die Glaubens- und Gewissensfreiheit. Die Skulpturen und Gemälde, das Spiel mit dem Tageslicht… dieses architektonische Meisterwerk muss man gesehen haben!

Heckerdamm 232, Charlottenburg
U7 Jakob-Kaiser-Platz, Bus 109, M21
Tel. 3641170
www.gedenkkirche-berlin.de

Gedenkstätte Berliner Mauer

Die Bernauer Straße trennt die Bezirke Wedding und Mitte, bis 1989 verlief hier die Berliner Mauer. Im November 1999 wurde hier das Dokumentationszentrum zur Geschichte der Teilung Berlins eröffnet. Die Gedenkstätte zeigt ein Stück der Berliner Mauer und vermittelt einen Eindruck der Grenzanlagen, sowie der dramatischen Ereignisse an diesem Ort.

Bernauer Str. 119, Mitte
U8 Bernauer Str., S Nordbahnhof, Tram M10
Tel. 4641030
tägl. 8 - 22,
Besucherzentrum Di - So 10 - 18 Uhr frei, So 15 Uhr öffentl. Führung 3 € p.P.
www.berliner-mauer-gedenkstaette.de

Gedenkstätte Berlin-Hohenschönhausen

Zwischen 1947 und 1951 fungierte das Lager als zentrales sowjetisches Untersuchungsgefängnis. Untergebracht waren vor allem mutmaßliche politisch-ideelle Widersacher und

Nationalsozialisten. 1951 wurde das Untersuchungsgefängnis in den Zuständigkeitsbereich der DDR übergeben und bis 1989 vom Ministerium für Staatssicherheit als zentrale Untersuchungshaftanstalt für politische Häftlinge betrieben. Neben der Dauerausstellung „Gefangen in Hohenschönhausen: Zeugnisse politischer Verfolgung 1945 bis 1989" gibt es Sonderausstellungen wie „Stasi in Berlin: Überwachung und Repression in Ost und West" (noch bis 31. März 2020).

Genslerstr. 66, Hohenschönhausen
Tram M5, M6, Bus 256
Tel. 98608230
tägl. 9-18, öffentl. Führungen Mär-Nov Mo-Fr stündl. 11-15, Dez-Feb Mo-Fr 11, 13, 15 Uhr, Sa + So + feiertags stündl. 10-16 Uhr; Engl. Führung: Mär-Okt tägl. 10:30, 12:30, 14:30, Nov-Feb 10:30, 14:30 Uhr; jeden 3. Mi im Monat Blindenführung: 15 Uhr
Führung 6 €, erm. 3 €, Schüler 1 €
www.stiftung-hsh.de

Gedenkstätte Deutscher Widerstand

Die Gedenkstätte Deutscher Widerstand ist ein Ort der Erinnerung, der politischen Bildungsarbeit, des aktiven Lernens, der Dokumentation und der Forschung. Mit einer neu gestalteten, umfangreichen Dauerausstellung, wechselnden Sonderausstellungen und einem vielfältigen Veranstaltungs- und Veröffentlichungsangebot, informiert sie über den Widerstand gegen den Nationalsozialismus. Sie will zeigen, wie sich einzelne Menschen und Gruppen in den Jahren 1933 bis 1945 gegen die nationalsozialistische Diktatur gewehrt und ihre Handlungsspielräume genutzt haben.

Stauffenbergstr. 13-14, (Eingang über den Ehrenhof), Tiergarten
U1 Kurfürstenstr., U + S Potsdamer Platz, Bus M29, M48, M85, 200
Tel. 26995000
Mo-Mi + Fr 9-18, Do 9-20, Sa + So + feiertags 10-18 Uhr
frei, Audioführung in 7 Sprachen / Videoführung in deutscher Gebärdensprache, So 15 Uhr öffentliche Führungen kostenfrei
www.gdw-berlin.de

Gedenkstätte Plötzensee

Die Gedenkstätte Plötzensee ist ein Ort des stillen Gedenkens für die Opfer des Nationalsozialismus. Hier wurden zwischen 1933 und 1945 fast 3000 Menschen hingerichtet. Neben dem Raum, in dem die Hinrichtungen stattfanden, informiert ein Infoterminal über Biografien der Opfer und es wird dokumentiert wie die nationalsozialistischen Unrechtsurteile zu Stande kamen.

Hüttigpfad, Charlottenburg
Bus 123
Tel. 3443226
Mär - Okt tägl. 9 - 17,
Nov - Feb tägl. 9 - 16 Uhr
frei
www.gedenkstaette-ploetzensee.de

Gedenkstätte und Museum Sachsenhausen

Die am Reißbrett als idealtypisches Konzentrationslager konzipierte Anlage sollte dem Weltbild des Nationalsozialismus architektonischen Ausdruck geben und die Häftlinge auch symbolisch der absoluten Macht der SS unterwerfen. Über 200.000 Häftlinge aus vielen Ländern Europas wurden zwischen 1936-45 nach Sachsenhausen deportiert, Zehntausende wurden ermordet

oder starben an den Haftbedingungen. 1945-50 wurden im Kernbereich des ehemaligen KZ vom sowjetischen Geheimdienst 60.000 Menschen inhaftiert, 12.000 starben an Hunger und Krankheiten. Heute befindet sich hier ein internationaler Gedenk- und Lernort, an dem Führungen und Projekttage und andere bildungsorientierte Veranstaltungen durchgeführt werden. In den erhaltenen Gebäuden sind 13 Dauerausstellungen zu sehen, wie „Jüdische Häftlinge im KZ Sachsenhausen", „Der ,Alltag' der Häftlinge im KZ Sachsenhausen", „Medizin und Verbrechen", „Die Stadt und das Lager", „KZ Sachsenhausen. Ereignisse und Entwicklungen", „Mord und Massenmord", zwei Ausstellungen zur „Konzentrationslager-SS" sowie „Sowjetisches Spezilager". Im weitgehend original erhaltenen Gebäude der „Inspektion der Konzentrationslager" informiert die Dauerausstellung „Die Zentrale des KZ-Terrors" über die Geschichte der seit 1938 in Oranienburg ansässigen Verwaltungszentrale aller Konzentrationslager. Gruppen können in der Jugendherberge „Haus Szczypiorski" unterkommen, der ehemaligen Dienstvilla des „Inspekteurs des Konzentrationslagers".
Straße der Nationen 22,
16515 Oranienburg
RE, S Oranienburg, Bus 804 (stündl.),
20 Min. Fußweg
Tel. 200200
tägl. 8:30-16:30, 15. Mär - 14. Okt bis
18 Uhr, montags sind die Museen
während der Winteröffnungszeit ge-
schlossen

frei, öffentl. Führungen jeden 2. + 3. So
im Monat, Juli - Sept. jeden Sonntag
14 Uhr, 3 €, erm. 2 €
www.gedenkstaette-sachsenhausen.
de

Gleis 17

Seit Januar 1998 erinnert das Mahnmal „Gleis 17" an die Deportation jüdischer Bürger mit der Reichsbahn während des Nationalsozialismus. Insgesamt wurden in Berlin ab 1941 über 55.696 Menschen in die osteuropäischen Ghettos (Lodz, Riga, Warschau) und später in die Konzentrationslager Auschwitz, Sachsenhausen und Theresienstadt deportiert. Beiderseits des Gleises 17, von dem die ersten Deportationszüge abfuhren, wurden Stahlplatten verlegt. An den so entstandenen „Bahnsteigkanten" dieser Platten sind in chronologischer Folge alle Fahrten von Berlin mit Anzahl der Deportierten und dem Zielort dokumentiert. Die Vegetation zwischen den Schienen ist Bestandteil des Mahnmals. Sie steht symbolhaft dafür, dass von diesem Gleis nie wieder ein Zug abfahren soll. Das Mahnmal wurde von der Deutschen Bahn AG errichtet.
Am Bahnhof Grunewald, Grunewald
S Grunewald, Bus M19

Mauermuseum - Museum Haus am Checkpoint Charlie

Am bekanntesten Grenzübergang wird die Geschichte der Berliner Mauer dokumentiert. Neben Filmen, Originalaufnahmen, Fotos und Texten erzählen Gegenstände von teilweise spektakulären Fluchtgeschichten. Für den direkten Kontakt zur DDR-Vergangenheit werden Gespräche mit Zeitzeugen angeboten, auch Führungen sind möglich.

Friedrichstr. 43-45, Kreuzberg
U6 Kochstr., Bus M29
Tel. 2537250
tägl. 9-22 Uhr
14,50 €, erm. 9,50 €, Schüler, Kinder
von 7 bis 18 Jahre 7,50 €
www.mauermuseum.de

Museum Blindenwerkstatt Otto Weidt

Die Ausstellung „Blindes Vertrauen - Versteckt am Hackeschen Markt" zeigt drei Räume der ehemaligen Blindenwerkstatt Otto Weidt. Hier arbeiteten während der Zeit des Nationalsozialismus jüdische und nichtjüdische Gehörlose und Blinde unter dem Schutz des Kleinfabrikanten Weidt, der in seinem offiziell als „wehrwichtig" anerkannten Betrieb Besen und Bürsten herstellen ließ.
Rosenthaler Str. 39, Mitte

S Hackescher Markt,
Tram M1, M4, M5, M6
Tel. 28599407
tägl. 10-20 Uhr, frei
öffentl. Führungen So 15 Uhr
www.blindes-vertrauen.de

Museum in der Kulturbrauerei

Die Dauerausstellung „Alltag in der DDR" richtet ihren Blick auf das Leben in Ostdeutschland in den 1970er und 1980er Jahren.
Knaackstr. 97, Prenzlauer Berg
U2 Eberswalder Str., Tram M1, M10
Tel. 46777790
Di-So 10-18, Do 10-20 Uhr, frei
www.hdg.de/berlin

Sowjetisches Ehrenmal

Gedenkstätte für die Soldaten des „Großen Vaterländischen Krieges", die 1945 in der Schlacht um Berlin

fielen - ein wichtiges Zeugnis stalinistischer Kunst in Berlin. Sie ist gleichzeitig Grabstätte für 5.000 sowjetische Soldaten und liegt mitten im Treptower Park.

Treptower Park, Treptow
S Treptower Park,
Bus 166, 265, 365

Stasimuseum Berlin / Gedenkstätte Normannenstraße

Die Gedenkstätte befindet sich in der ehemaligen Zentrale des MfS. Im Haus 1 sind auf drei Etagen die im Originalzustand erhaltenen Amts- und Arbeitsräume Erich Mielkes, des letzten Ministers für Staatssicherheit, sowie die Dauerausstellung „Staatssicherheit in der SED-Diktatur" zu besichtigen. Im Innenhof ist rund um die Uhr und bei freiem Eintritt eine Open-Air-Ausstellung zur Friedlichen Revolution und zum Mauerfall zu sehen. Seit Juni 2018 ist auf vier Etagen im Haus 7 eine neue Dauerausstellung zu sehen: „Einblick ins Geheime". Der Besuch dieser Ausstellung ist kostenlos. www.einblick-ins-geheime.de
Ruschestr. 103, Lichtenberg
U5 Magdalenenstr.,
U5 Frankfurter Allee, Tram M13
Tel. 5536854
Mo-Fr 10-18,
Sa + So + feiertags 11-18 Uhr
8 €, erm. 6 €, Schüler 3 €, öffentliche
Führungen Do-Mo 13 Uhr (Englisch
15 Uhr), www.stasimuseum.de

Stolpersteine

Die 10x10 cm großen Messingsteine mit Namen und Daten eines Opfers des Holocausts findet man überall im Berliner Pflaster, jeweils vor dem letzten freiwillig gewählten Wohnort. Die Idee des Künstlers Gunter Demnig war so erfolgreich, dass es inzwischen über 47.000 Steine in etwa 900 Städten gibt.
www.stolpersteine-berlin.de

Topographie des Terrors

Neben dem Martin-Gropius-Bau, gegenüber dem Preußischen Landtag, hinter einem angenagten Mauerrest befindet sich das „Prinz-Albrecht-Gelände". Hier waren zwischen 1933 und 1945 die Zentralen der wichtigsten Überwachungs- und Verfolgungsapparate des NS-Regimes untergebracht. Mit inzwischen über einer Million Besuchern im Jahr gehört die „Topographie des Terrors" zu den meist besuchten Erinnerungsorten und Museen Deutschlands. 2010 wurde das neue Dokumentationszentrum eröffnet. Die Hauptausstellung „Topographie des Terrors. Gestapo, SS und Reichssicherheitshauptamt in der Wilhelm- und Prinz-Albrecht-Straße", ist im neuen Gebäude auf einer Ausstellungsfläche von 800 qm zu sehen. Im Untergeschoss steht eine Bibliothek mit ca. 33.000 Medieneinheiten zur Verfügung. Seit August 2010 werden entlang der Ausgrabungen an der Niederkirchnerstraße während der Sommermonate wechselnde Ausstellungen gezeigt. Ein Rundgang mit 15 Stationen stellt den Besuchern das Gelände in seiner historischen Dimension vor. Dazu gibt es einen Audioguide als App für Android und iPhone, auf Deutsch, Englisch und für Gehörlose (mit Gebärdensprache).
Niederkirchnerstr. 8, Kreuzberg
U + S Potsdamer Platz, S Anhalter
Bahnhof, Bus M29, M41, M48, 200
Tel. 25450950

*tägl. 10-20, Bibliothek 10-17 Uhr
kostenfrei, öffentl. Führungen So
14 Uhr (dt.), So 15:30 Uhr (engl.) frei
www.topographie.de*

Tränenpalast

Der Tränenpalast - die ehemalige Abfertigungshalle für die Ausreise aus der DDR nach West-Berlin am Bahnhof Friedrichstraße. Die Ausstellung „TRÄNENPALAST. Ort der deutschen Teilung" veranschaulicht das Leben angesichts von Teilung und Grenze.
*Reichstagufer 17, Mitte
U + S Friedrichstr., Tram M1, 12
Di-Fr 9-19, Sa + So + feiertags 10-18 Uhr
Eintritt und Audioguide (dt., engl.,
ital., franz., span) frei, barrierefrei
www.hdg.de/traenenpalast/*

Wall Museum East Side Gallery

Die Mauer ist ein Bestseller. Deswegen hat Berlin seit 2016 ein 4. Mauermuseum in bester Lage, im früheren Mühlenspeicher zwischen East Side Gallery und Oberbaumbrücke. Sie erzählt in moderner Form die Geschichte der Mauer, u.a. unter der Beratung von Mikhail Gorbatschow, Hans Dietrich Genscher und Kuratoren wie Professor Guido Knopp. Im Museum werden Exponate, Ereignisse und Filme gezeigt, die dem Besucher die Teilung Deutschlands, den Kalten Krieg und den Mauerfall erklären.
*Mühlenstr. 78-80, Friedrichshain
S-U Warschauer Str.,
U1 Schlesisches Tor
Tel. 63962662
tägl. 10-19 Uhr
12,50 €, erm. 6,50 €,
Kinder bis 7 Jahre frei
www.thewallmuseum.com*

Bauwerke, Parks & Attraktionen

Abgeordnetenhaus von Berlin

Der Prachtbau im Stil der italienischen Hochrenaissance hat eine wechselhafte Geschichte vorzuweisen. 1899 erbaut war das Haus bis 1918 Sitz des Preußischen Abgeordnetenhauses und von 1921 bis 1933 Sitz des Preußischen Landtages. Zu DDR-Zeiten war es zeitweilig Wirkungsort des Ministerpräsidenten und ist seit der Wiedervereinigung Sitz des Berliner Parlaments. Hier kann man sich die Dauerausstellung „Das Abgeordnetenhaus von Berlin - Ein Haus mit Geschichte" im Erdgeschoss ansehen und sich durch das Haus führen lassen – kostenlos.
*Niederkirchnerstr. 5, Mitte
S Anhalter Bahnhof, S + U Potsdamer
Platz, Bus M29, M41, M 48, M85, 200
Tel. 23251064
Mo-Fr 9-18 Uhr, frei
www.parlament-berlin.de*

Alter Jüdischer Friedhof

An diesen ehemaligen jüdischen Friedhof, der zusammen mit dem Altersheim 1943 von den Nazis zerstört wurde, erinnern heute ein schlichtes Gedenkgrab für den Philosophen der Aufklärung Moses Mendelssohn und eine Gedenkstätte für die deportierten Berliner Juden. Von 2007-2008 wurde der Friedhof wieder instand gesetzt und ist jetzt als solcher wieder erkennbar. Samstags und an jüdischen Feiertagen geschlossen.
*Große Hamburger Str. 26-27, Mitte
U8 Weinmeisterstr.,
S Hackescher Markt, Tram M1, M6*

Alter St. Matthäus Friedhof

Einer der kulturhistorisch interessantesten Friedhöfe Berlins mit vielen Grabmälern aus der Gründerzeit, darunter das der Gebrüder Grimm. Vor oder nach der Erkundung des Friedhofs findet ihr Ruhe im gemütlichen Friedhofscafé, dem Finovo.

Großgörschenstr. 12-14, Schöneberg
U + S Yorckstr., Bus M19
tägl. 8-17 Uhr
www.zwoelf-apostel-berlin.de

AquaDom & Sea Life Center

Es gibt da diesen interessanten Aufzug, mit dem man vom Erdgeschoss 25 Meter durch exotische Riffe bis ins Dachgeschoss fahren kann. Ansonsten gibt es viel Fisch in 35 Becken. Ziemlich teuer. Den Vergleich mit dem „richtigen" Aquarium im Zoologischen Garten müsst ihr selber ziehen.

Spandauer Str. 3, Mitte
U + S Alexanderplatz,
Bus M48, 100, 200, Tram M4, M5, M6
Tel. 992800
tägl. 10-19, letzter Einlass: 18 Uhr
19 €, Kinder (3-14 Jahre) 15,50 €
www.sealife.de

Berlin Dungeon

Eine 60-minütige Reise in das schaurig-schöne Berlin: 700 Jahre dunkelster Berliner Geschichte vom Mittelalter bis ins 19. Jahrhundert. Entdeckt die Neuheit: Berlin's höchsten indoor Freifall-Turm Exitus!

Spandauer Str. 2, Mitte
S Hackescher Markt, U + S Alexanderplatz, Bus 100, 200, TXL, M48, Tram M1, M4, M5, M6, M12
Tel. 300148671
tägl. 10-18 Uhr (letzte Show 17 Uhr)
21,50 €, Kinder (10-14 Jahre) 17,50 €
www.thedungeons.com/berlin

Berliner Dom

Berlins größte und imposanteste Kirche bietet neben dem gottesdienstlichen Angebot und vielen kulturellen Veranstaltungen auch die Möglichkeit zur Besichtigung der Predigtkirche, der Tauf- und Traukirche, des Kaiserlichen Treppenhauses, des Dom-Museums und der Hohenzollerngruft. Vom ebenfalls begehbaren Kuppelumgang hat man einen grandiosen Blick auf die historische Mitte Berlins!

Am Lustgarten, Mitte
U + S Alexanderplatz,
Bus 100, 200, TXL
Tel. 20269119
tägl. 9-20 Uhr, Okt-Apr bis 19 Uhr
7 €, erm. 5 €, bis 18 Jahre frei, inkl. Kuppel, Audioguide (dt., eng., franz., russ., span., it.) 4 €, Jahreskarte 29 €
www.berlinerdom.de

Berliner Rathaus (Rotes Rathaus)

Seit 1991 wieder Sitz des Regierenden Bürgermeisters. In Berlin bekannt als „Rotes Rathaus". Der Name meint nicht die Berliner Politik, sondern nur die rot-leuchtenden Backsteine.

Jüdenstr. 1-9, Mitte
U + S Alexanderplatz,
Bus M48, 100, 200
Tel. 90260

Botanischer Garten und Botanisches Museum

Der Botanische Garten in Berlin-Dahlem, umfasst eine Fläche von über 43 ha und gehört somit zu den größten und bedeutendsten Botanischen Gärten der Welt. Rund 20.000 verschiedene Pflanzenarten werden hier kultiviert und können entdeckt werden. Zahlreiche Events locken zudem hierher.

Königin-Luise-Str. 6-8, Dahlem
U3 Dahlem-Dorf, S Botanischer
Garten, U + S Rathaus Steglitz,
Bus 101, X83, M48
Tel. 83850100
tägl. 9-20 Uhr
6 €, erm. 3 €, bis 6 Jahre frei
www.botanischer-garten-berlin.de

Brandenburger Tor

1789-91 als Siegestor von C. G. Lang-hans erbautes, einziges erhaltenes der 18 Stadttore Berlins. Die Propy-läen in Athen dienten als Vorbild, die Quadriga ist römisches Stilelement. Im Krieg stark zerstört, wurde das Tor 1957 restauriert. Mit der Mauer avancierte es zum Wahrzeichen und zum Symbol der Teilung und Wieder-vereinigung Deutschlands.

Pariser Platz, Mitte
U + S Brandenburger Tor, Bus 100, 200

Britzer Garten

Jährlich im Frühling lockt die große Tulpenschau „Tulipan im Britzer Gar-ten" und im Anschluss an die Tulpen-blüte bis in den Juni die gärtnerische Sonderschau zum Thema Rhodo-dendren und Azaleen mit dem Titel „Zauberblüten im Rhododendron-hain". Das Blütenjahr beschließt im Herbst - bis zum ersten Frost - die große Dahlienschau „Dahlienfeuer".

Mohriner Allee 145, Neukölln
Bus 181,179, M44
Tel. 70090680
tägl. ab 9 Uhr bis es dunkel wird
Sommer 3 €/Winter 2 €,
Kinder (6-14 J.) 1,50/1 €, erm. 1,50/1 €
www.gruen-berlin.de

Bundeskanzleramt

Die zentrale Koordinierungsstelle für die gesamte Regierungspolitik. Die Angelegenheiten der Ministerien werden hier begleitend bearbeitet – daher der Begriff „Spiegelreferate". Das imposante Gebäude hat den Spitznamen „Waschmaschine". Geht hin und seht selbst warum dies wohl so ist.

Willy-Brandt-Str. 1, Mitte
U55 Bundestag,
U + S Brandenburger Tor,
U + S Hauptbahnhof, Bus 100
Tel. 40002187/88
frei
www.bundesregierung.de

Coral World

Wo man heute Piraten, Besetzer und Zeltbewohner trifft, soll bald für 40 Millionen ein Wasserpark gebaut werden. Dazu gehört auch ein neuer Park an der Rummelsburger Bucht, der öffentlich zugänglich bleiben soll. Wer jetzt schon wissen möchte wie es wird schaut sich die anderen Wasser-Parks von Benjamin Kahn an, in Israel, Australien, auf Mallorca und Hawaii.

Paul-und-Paul-Ufer, Lichtenberg
S Ostkreuz
www.coralworld.com

Deutscher Dom

Südlicher Teil des prächtigen En-sembles am Gendarmenmarkt. Zu sehen ist hier die Ausstellung „Wege, Irrwege, Umwege - Die Entwicklung der parlamentarischen Demokra-tie in Deutschland" des Deutschen Bundestags.

Gendarmenmarkt, Mitte
U2 + 6 Stadtmitte,
U6 Französische Str.
Tel. 22730431

Okt - Apr Di - So 10 - 18,
Mai - Sep -19 Uhr, frei
www.bundestag.de/ausstellungen

Dorotheenstädtischer Friedhof

Ein wirklicher Prominentenfriedhof: Bertolt Brecht, Hanns Eisler, Anna Seghers, Heinrich Mann, Karl Friedrich Schinkel, Georg Wilhelm Friedrich Hegel, Johann Gottlieb Fichte, Bernhard Minetti, Heiner Müller und viele andere berühmte Tote.
Chausseestr. 126, Mitte
U6 Naturkundemuseum, Tram M6, M8

East Side Gallery

Das mit 1,3 km längste erhaltene Stück Berliner Mauer und eine Freiluftgalerie. Es finden sich reichlich Kunstwerke zu den Themen „Umwelt, Toleranz und Frieden" auf der Mauer, die alle nach 1989 entstanden sind und 2009 von den Künstlern erneuert wurden.
Oberbaumbrücke/Mühlenstr.,
Friedrichshain
U + S Warschauer Str., Tram M10, M13
www.eastsidegallery-berlin.com

Englischer Garten im Tiergarten

Nördlich der Siegessäule, zwischen Schloss Bellevue und Hansaviertel, entstand in den 50er Jahren dieser schöne Garten als Schenkung Großbritanniens. Im Sommer gibt es sonntags Konzerte (bei freiem Eintritt!) und das Café mit großer Terrasse lädt zur Pause ein.
Altonaer Str. 2, Tiergarten
U9 Hansaplatz, S Bellevue, Bus 100
Konzerte im Sommer (Jul-Aug), jeden Sonntag um 16 + 19 Uhr
www.konzertsommer-berlin.de

Fernsehturm

Siegessäule, Reichstag, Hauptbahnhof – hier im Berliner Fernsehturm bekommt ihr schnell einen Gesamtüberblick über die deutsche Hauptstadt. In 40 Sekunden bringen die Aufzüge euch auf 203 m Höhe in die Panorama-Etage mit Berlins höchster Bar. Eine Etage höher könnt ihr im Drehrestaurant die Highlights der Stadt in Ruhe begutachten.
Panoramastr. 1A, Mitte
U + S Alexanderplatz,
Bus M48, 100, 200
Tel. 2423333
Mär-Okt 9-24, Nov-Feb 10-24 Uhr
ab 16,50 €, Kinder 4-14 Jahre 9,50 €;
ohne Wartezeit: 21,50 € bzw. 12 €
www.tv-turm.de

Flughafen Tempelhof

Gebaut wurde er während des Krieges von den Nazis – jetzt ist das ehemalige Flughafengebäude das größte Baudenkmal Europas. Unten entsteht gerade ein Besucherzentrum, oben wird ab ca. Mitte 2019 das 1,2 Kilometer lange Dach für alle zugänglich sein. Geplant war es als Tribüne für bis zu 80.000 Menschen. Jetzt soll hier eine Geschichtsgalerie entstehen und unten, in Hangar 7, zieht das AlliiertenMuseum aus Dahlem ein.
Platz der Luftbrücke, Tempelhof
U + S Tempelhof, U6 Paradestr.,
Bus 104
Tel. 200 03 74-72
Führungen 15 €, erm. 10 €,
Kinder bis 14 J. 7 €
www.thf-berlin.de

Französischer Dom - Französische Friedrichstadtkirche

Was unter der Bezeichnung „Französischer Dom" bekannt ist, sind

eigentlich zwei Gebäude: die ältere Französische Friedrichstadtkirche und das etwas jüngere Turmgebäude „Französischer Dom". Die Kirche der Hugenotten wurde 1705 von protestantischen Flüchtlingen aus Frankreich gebaut. Die Kirche und der Turm, in dem sich heute das Hugenottenmuseum befindet, gehören zusammen mit dem Deutschen Dom und dem Konzerthaus zum Ensemble des Gendarmenmarkts. Turm und Museum sind zur Zeit wegen aufwändiger Sanierung geschlossen.
Gendarmenmarkt 5, Mitte
U2 + 6 Stadtmitte,
U2 Hausvogteiplatz, Bus 147
Tel. 2291760
www.franzoesischer-dom.de

Gärten der Welt

Sucht ihr einen Grund, um nach Marzahn zu fahren? Die Gärten der Welt sind es sicher! Viele fremde Gartenwelten laden zum Staunen ein: Gärten aus China, Japan, dem Orient und Korea. Zu entdecken gibt es auch den Christlichen Garten, den Karl-Foerster-Staudengarten, einen Irrgarten und ein Labyrinth. Und verpasse nicht die Seilbahn, ein Vermächtnis der Internationalen Gartenausstellung 2017.
Eisenacher Str. 99, Marzahn
S Marzahn, U5 Hellersdorf,
Bus 195
Tel. 700906699
tägl. ab 9 Uhr bis Einbruch der Dunkelheit (Japanischer Garten wochentags erst ab 12 Uhr)
7 €, erm. 3 €, inkl. Seilbahn 9,90 €, erm. 5,50 €, 1. Nov - 28. Feb 4 €, erm. 2 €, inkl. Seilbahn 6,90 €, erm. 4,50 €, bis 5 Jahre frei
www.gaerten-der-welt.de

Gasometer Berlin-Schöneberg

Der markante Niedrigdruckgasbehälter wurde 1913 in Betrieb genommen und erst in den 90ern stillgelegt. Seit 2009 befördert der EUREF-Campus hier den Übergang von fossilbasierter Energie zur erneuerbaren Energie. Auf dem Gelände entsteht gerade Berlins erstes CO_2-neutrales Stadtquartier, mit Instituten der TU und interessanten Startups. Seid Ihr mutig und schwindelfrei? Dann bucht eine geführte Tour und schaut aus 78 m Höhe auf Berlin.
Torgauer Str. 12-15, Schöneberg
S Schöneberg
www.euref.de

Gendarmenmarkt

Flankiert vom Deutschen und Französischen Dom, mit Konzerthaus und Schiller-Denkmal einer der wenigen baulich geschlossenen Plätze Berlins und für viele Betrachter einer der schönsten Europas. Das ‚Wohnzimmer Berlins' wird nachts besonders hübsch mit Licht in Szene gesetzt. Im Dezember findet ein Weihnachtsmarkt hier die entsprechende Kulisse.
Gendarmenmarkt, Mitte
U2 + 6 Stadtmitte
www.gendarmenmarkt.de

Glienicker Brücke

Die weltberühmte Brücke, die Berlin mit Potsdam verbindet. Hier wurden während des „Kalten Krieges" Top-Agenten zwischen den Großmächten ausgetauscht. Wunderbarer Ausblick auf den Jungfernsee, die Havel und das Schloss Babelsberg. Gleich gegenüber in Potsdam könnt ihr das Thema in der Villa Schöningen vertiefen.
Königsstr./ Berliner Str., Zehlendorf
S Wannsee, dann Bus 114, 316, 318

Glockenturm und Ausstellung Olympische Spiele 1936

Mit einem gläsernen Aufzug geht es den Glockenturm hoch, von wo aus man einen fantastischen Blick über das Olympiagelände und Berlin genießt. Auf zwei Etagen informiert eine Dokumentationsausstellung des Deutschen Historischen Museums (Geschichtsort Olympiagelände 1909-1936-2006) über die wechselvolle Bau- und Nutzungsgeschichte des Olympiageländes.

Am Glockenturm, Charlottenburg
S Bahnhof Pichelsberg, Bus M49, 218
Tel. 3058123
Apr-Okt tägl. 9-18 Uhr
5 €, Kinder 3 €
www.glockenturm.de

Görlitzer Park

Leider, leider, leider hat sich der schlechte Ruf des „Görli" als Drogenumschlagplatz bewahrheitet und ein entspanntes Verweilen ist zwischen Anmache, Razzia und Touristenhysterie nicht mehr möglich.

Haupteingang Skalitzer Str.,
Kreuzberg
U1 Görlitzer Bhf., Bus M29

Grunewaldturm

Der 1897-99 auf dem Karlsberg am Havelufer zum Gedenken an Kaiser Wilhelm I. errichtete Turm aus Backstein lässt sich über 204 Stufen erklimmen. Den anschließenden Ausblick kann man an schönen Tagen gen Süden bis Potsdam und im Norden bis Spandau genießen. Danach kann man im Restaurant im Grunewaldturm einkehren.

Havelchaussee 61, Wilmersdorf
Bus 218
Tel. 3041203
tägl. ab 10 Uhr, 3 €
www.restaurant-grunewaldturm.de

Hackesche Höfe

Diese hübsche Mischung aus Kommerz, Kunst und Wohnkultur erfreut sich seit dem Fall der Mauer eines regen Zulaufs. Zugegeben: Die Busladungen mit Touristen sind für die Bewohner nicht immer erfreulich, aber das Jugendstil-Ensemble aus acht miteinander verbundenen Hinterhöfen sollte man gesehen haben.

Rosenthaler Str. 40-41, Mitte
S Hackescher Markt,
Tram M1, M4, M5, M6

Hauptbahnhof

Der größte Kreuzungsbahnhof Europas wurde 2006 fertig gestellt. In dem neuen Verkehrskonzept führt die neue Nord-Süd-Verbindung in einem Tunnel unter Tiergarten und Spree entlang. Im Obergeschoss gibt es vier Bahnsteige in Ost-West-Richtung. Auf den vier Etagen lässt es sich nebenbei auch gut Shoppen.

Europaplatz 1, Mitte
U + S Hauptbahnhof, Bus M41, M85,
Tram M5, M8, M10
www.berliner-hbf.de

Humboldt-Forum

Das Residenzschloss der Hohenzollern wurde nach dem Krieg abgerissen. Dann stand hier ein paar Jahrzehnte der Palast der Republik und jetzt entsteht hier in Windeseile - für Berliner Verhältnisse - das neue alte Stadtschloss. Es wird das Humboldt-Forum beherbergen, ein Forum der Kunst, Kultur und Wissenschaft. Das klingt erstmal nicht nach viel, ist aber das bedeutendste

Museumsprojekt Deutschlands. Am 14. September 2019, dem 250. Geburtstag von Alexander von Humboldt, wird es einen Festakt geben und ab 30. November soll dann etappenweise eröffnet werden. So wird das Jahr 2020 zum Jahr der Eröffnungen und Events.
Unter den Linden 3, Mitte
S Hackescher Markt, Bus 100, 200
kostenfrei
www.humboldt-forum.de |
www.sbs-humboldtforum.de

Humboldt-Universität
1748-66 für den Bruder Friedrichs II., Prinz Heinrich, als Palais erbaut. Seit 1809 ist es die erste Universität, heute benannt nach ihren geistigen Vätern Wilhelm und Alexander von Humboldt. Im Vorhof gibt's bei gutem Wetter eine Bücherbörse.
Unter den Linden 6, Mitte
U + S Friedrichstr.,
Bus 100, 200, Tram M1
Tel. 20932951
www.hu-berlin.de

Jüdischer Friedhof Schönhauser Allee
Wer sich auf die Suche nach Spuren des verlorenen jüdischen Lebens in Berlin macht, findet hier u.a. die Grabstätten der großen jüdischen Familien Berlins: z. B. jene von Liebermann, Ullstein, Meyerbeer. In der nordöstlichen Ecke erinnert eine kleine weiße Stele an ein unbekanntes jüdisches Mädchen, das in der Nähe versteckt war und kurz vor der Befreiung im Mai 1945 durch Granatsplitter getötet und hier begraben wurde. 2003 wurde der Judengang zwischen Senefelder Platz und Kollwitzplatz neu hergerichtet.

Schönhauser Allee 23-25,
Prenzlauer Berg
U2 Senefelderplatz
Tel. 4419824
Mo-Do 8-16, Fr 7:30-13 Uhr,
Sa, So + feiertags geschlossen

Jüdischer Friedhof Weißensee
Mit über 115.000 Grabstellen ist er einer der größten jüdischen Friedhöfe und als einzigartiges kulturhistorisches Denkmal hoffentlich bald auf der UNESCO-Welterbeliste. Am Eingang des Friedhofs findet ihr eine Tafel mit einem QR-Code, der euer Smartphone zum Wegweiser macht. Wer die Liste der Namen der hier Begrabenen sieht, ahnt was aus Deutschland hätte werden können wenn da nicht 1933…
Herbert-Baum-Str. 45, Weißensee
Tram M4, M13, Bus 200
Tel. 9253330
Mo-Do 7:30-17, Fr 7:30-14:30,
So 8-16 Uhr, am Schabbat und an
jüdischen Feiertagen geschlossen
www.jewish-cemetery-weissensee.org

Kaiser-Wilhelm-Gedächtniskirche
Von der Ende des 19. Jh. erbauten und im Krieg zerstörten Kaiser-Wilhelm-Gedächtniskirche blieb nur eine Turmruine als Mahnmal an den Zweiten Weltkrieg erhalten. Heute mit Neubau von Egon Eiermann eine skurrile Mischung aus alter und moderner Baukunst.
Breitscheidplatz, Charlottenburg
U + S Zoologischer Garten,
Bus M19, M29, M46, 100, 200
Tel. 2185023
tägl. 9-19 Uhr, frei
www.gedaechtniskirche-berlin.de

Kammergericht

Heute wie früher das „höchste
Berliner Gericht der ordentlichen
Gerichtsbarkeit", aber das war
zwischendurch anders, z. B. als hier
1944 der Prozess des Volksgerichts-
hofs gegen die Hitler-Attentä-
ter des 20. Juli 1944 statt-
fand. Danach war es Sitz
des Alliierten Kontroll-
rats und zum Schluss,
bis 1990, nur noch die
Luftsicherheitszentrale
der Alliierten.
Elßholzstr. 30-33,
Schöneberg
U7 Kleistpark, Bus M48, M85
Tel. 90150

Kienbergpark

Seit der Internationalen Gartenausstellung Berlin 2017 ist dieser
neue kostenfreie Park neben den
Gärten der Welt eine Reise wert,
mit Seilbahn und der Ausstellung
„Von Gletscherseis und Gummistie-
feln" ganz oben auf dem Berg, im
Gastronomiebereich Wolkenhain.
Hellersdorfer Str. 159, Marzahn
U5 Kienberg - Gärten der Welt
(ehem. Neue Grottkauer Str.)
Seilbahn tägl. 10-17 Uhr, frei
www.kienbergpark.de

Legoland Discovery Centre Berlin

Berlin aus den berühmten kleinen
Steinen und dazu eine Spielwiese
und ein 4D Kino. Der neue Flughafen
BER wurde hier übrigens schon im
März 2013 eröffnet.
Potsdamer Str. 4, Mitte
U + S Potsdamer Platz
Tel. 30104012
tägl. 10-19 Uhr (letzter Einlass 17 Uhr)
19,50 €
www.legolanddiscoverycentre.com

Little BIG City Berlin

Best of Berlin – vom kleinen Café
Achteck über die Mauer bis zum
großen Brandenburger Tor. Die
Geschichte Berlins im Maßstab 1:24.
Über 100 historische Gebäude, 30
Beamer, 15 Hologramme, viele Pro-
jektionen, Licht- und Soundeffekte
und über 6.000 Bewohner. Tickets
gibt's bei 365tickets.de
Panoramastr. 1A, Mitte
S + U Alexanderplatz, Bus M48, 100,
200, Tram M2, M4, M5, M6
Tel. 257106
tägl. 10-17 Uhr, Sa + So und 1. April -
20.Okt. 10-19 Uhr, letzter Einlass
jeweils 1 Std. vor Schluss
16 €, Kinder (3-14 J) 12 €
www.littleBIGcityBerlin.de

Madame Tussauds Berlin

Während der Französischen Revo-
lution nahm Marie Tussaud noch
abgeschlagene Köpfe als Modelle für
Figuren – jetzt würde es fast reichen,
wenn sie den Fernseher anschaltet,
denn da sind sie alle: Lady Gaga,
Justin Bieber, Helene Fischer, George
Clooney, Barack Obama, der Rat der
Jedi, die Kanzlerin …
Unter den Linden 74, Mitte
U + S Brandenburger Tor,
Bus 100, 200, TXL
Tel. 40004610
Mo-Fr 10-19, außer Do 10-18 Uhr
25 €, Kinder (3-14 Jahre) 20,50 €
madametussauds.com/berlin

Mauerpark

Dieser Park ist eine autonome
Rummelbude rund um die Uhr und
keine Grünfläche. So viel sei quasi
gewarnt. Der ganze Kiez sucht hier in
abgesteckten, unsichtbaren Grenzen
sein spezifisches Vergnügen auf
Teufel komm raus. Grillende Jung-

familien, Punks mit Hundemeuten, esoterische Weltverbesserer. Kein Ort weit und breit bietet so ein menschliches Kaleidoskop wie dieser. Besonders beliebt sind am Sonntag Flohmarkt und Freiluftkaraoke.
Schwedter Str. / Eberswalder Str. / Gleimstr., Prenzlauer Berg
U2 Eberswalder Str., Tram M1, M10
www.mauerpark.info

Mauerweg

An der Mauer gab es schon immer einen asphaltierten Weg für die Grenzsoldaten. Jetzt genießen Berliner und Touristen, dass es hier weder Soldaten noch Autos noch Ampeln gibt. Mehr dazu auch unter
www.berlin.de/mauer/mauerweg/index/index.de.php
www.mauerweg.com

Mercedes-Benz Arena

Die Eishockey-Stars der Berliner Eisbären haben in dieser riesigen Multifunktionshalle gegenüber der East Side Gallery ihr Zuhause und auch rund 150 Großveranstaltungen und Konzerte finden hier jährlich statt. Die weitläufigen Parkplatzflächen mit dem schönen glatten Asphalt sind besonders bei den Skatern beliebt.
Mercedes-Benz-Platz 1, Friedrichshain
U + S Warschauer Str.
www.mercedes-benz-arena-berlin.de

Molecule Man

An der Kreuzung zwischen Kreuzberg, Treptow und Friedrichshain stehen mitten in der Spree drei 30 Meter hohe Männer aus Aluminium: Kunst und von weitem auch ganz hübsch.
An den Treptowers/Hoffmannstr., Treptow, nur mit dem Schiff erreichbar

Monbijoupark

Ein echtes Juwel ist dieser kleine zentral gelegene Park, der von Touristen wie Einheimischen gern genutzt wird. Vorsicht ist geboten wenn man weitere Pläne hat, da gerade die Plätze mit Blick auf die Museumsinsel zu einem langen Verweilen verführen.
Oranienburger Str., Mitte
S Hackescher Markt

Müggelturm

Nach 20 Jahren Verfall ist das beliebteste Ausflugsziel am Müggelsee renoviert und wieder offen. 126 Stufen bis zur Aussichtsplattform und man hat den schönsten Rundum-Blick mit einer Fernsicht bis zu 60 km: Müggelsee, Alexanderplatz, Flughafen Schönefeld und bis zum Tropical Islands.
Straße zum Müggelturm 1, Köpenick
Bus X69, Tram 62, Fähre bis Wendenschloss + 1-2 km Fußweg
Tel. 65489950
tägl. 10-20 Uhr
4 €, erm. 2 €
www.müggelturm.berlin

Museumsinsel

Zwischen Spree und Kupfergraben liegt malerisch dieses weltberühmte Eiland, das von der UNESCO zum Weltkulturerbe ernannt wurde. Vertreten sind Altes und Neues Museum, Pergamonmuseum (wg. Sanierungsmaßnahmen bis 2023 ohne Pergamonaltar), Alte Nationalgalerie und Bode-Museum. Die Ruhe nach dem Kulturflash genießt man am besten im schönen Lustgarten mit Blick auf Berliner Dom und Humboldt-Forum.
Am Lustgarten 1, Mitte
S Hackescher Markt, Bus 100, 200, Tram M1, M4, M5, M6

alle Ausstellungen der Museumsinsel:
18 €, erm. 9 €
www.smb.museum

Nikolaikirche

Die Nikolaikirche ist das älteste erhaltene Bauwerk Berlins mit großer Bedeutung für die Geschichte der Stadt. Vom spätgotischen Triumphkreuz bis zu Schlüters berühmten Gruftportal bilden Architektur und künstlerische Ausstattung den Hintergrund für acht Themeninseln der neuen Dauerausstellung.
Nikolaikirchplatz, Mitte
U + S Alexanderplatz,
U2 Klosterstr., Bus M48
Tel. 240020
tägl. 10-18 Uhr
5 €, erm. 3 €, inkl. Audioguide,
bis 18 Jahre frei
www.stadtmuseum.de

Nikolaiviertel

Das Nikolaiviertel wurde als historisierender Plattenbau Mitte der 80er Jahre anlässlich der 750-Jahr-Feier Berlins innerhalb kürzester Zeit wieder aufgebaut. Es gruppiert sich um die wiederaufgebaute älteste Kirche der Stadt und dient als Ersatz für die im Krieg zerstörte Altstadt. Besonders hübsch ist das Ephraim-Palais direkt an der Spree.
Propststr. 9, Mitte
U + S Alexanderplatz, U2 Klosterstr.,
Bus M48, 100, 200
www.berlin-nikolaiviertel.com

Nordische Botschaften

Gemeinschaftskomplex der fünf nordischen Länder Dänemark, Finnland, Island, Norwegen und Schweden. Im Gemeinschaftshaus, dem Felleshus, kann man aktuelle Ausstellungen sehen und bei Lesungen, Konzerten, Diskussionen und vielen weiteren Veranstaltungen nordische Kultur erleben. Im 2. OG gibt es eine sehr gute Kantine, auf der Ausstellungsfläche eine „Kaffeebar".
Rauchstr. 1, Mitte
Bus 100, 187, 200
Tel. 50506660
Mo-Fr 10-19h, Sa + So 11-16h
www.nordischebotschaften.org

Oberbaumbrücke

Die schönste Brücke Berlins verbindet, was nicht zusammengehört: Kreuzberg und Friedrichshain. Eines der beliebtesten Fotomotive der Stadt und ein schöner Platz für den Sonnenunter und -aufgang.
Oberbaumbrücke, Kreuzberg
U1 Schlesisches Tor,
U + S Warschauer Str.

Olympiastadion

Das Olympiastadion Berlin war Mittelpunkt der für die Olympischen Spiele 1936 geplanten Sportanlage. Auf den ersten Blick hat sich seit dem Umbau 2004 nicht viel geändert. Tatsächlich verbirgt sich hinter dem klassischen Torso des Stadions jedoch eine der modernsten Multifunktionsarenen, die Europa zu bieten hat. Besonders bestaunt wird die Flutlichtanlage, bei der der grüne Rasen und die blaue Tartanbahn (blau ist die Farbe des Fußballclubs Hertha BSC) leuchten und 74.475 Fans im Dunkeln sitzen. In unmittelbarer Umgebung liegen der Olympiapark Berlin und der Glockenturm mit einer interessanten Ausstellung über das Gelände!

Olympischer Platz 3, Charlottenburg
U + S Olympiastadion
Tel. 25002322
Nov–Mär 10-16 Uhr, Apr–Okt 9-19 Uhr,
Aug 9-20 Uhr, letzter Einlass 30 Min
vor Schluss, keine Besichtigung und
Führungen an Spiel- und Veranstal-
tungstagen
Besichtigung 8 €, erm. 5,50 €, Kinder
4 €, Family Card 19 € (2 Erw.+3 Kinder),
Multimedia guide +4 €
www.olympiastadion.berlin

Palast der Republik
Einfach weg! Ein Schock für jeden
Wiederholungstäter unter den
Touristen. Gegenüber vom Lustgarten tagte früher die Volkskammer
der DDR. Der „Palazzo Prozzo" war
ein beliebter Treffpunkt in der DDR,
mit Theater und viel Amusement
für das Volk. Als es keine DDR-Re-
gierung mehr gab, die dort tagen
wollte, wurde Asbest entdeckt und
entfernt. Jetzt wächst hier das neue
Stadtschloss / Humboldt-Forum in
den Himmel.
Schloßplatz, Mitte
U + S Alexanderplatz, Bus 100, 200
Mo 8-16:30, Di ganztägig, Mi 10-20,
Fr 9-21, Sa ganztägig, So 10-17 Uhr

Panoramapunkt
am Potsdamer Platz
Mit dem schnellsten Aufzug Europas
geht es in nur 20 Sekunden auf 100
Meter Höhe. Oben erwarten Euch ein
360° Blick auf Berlin, das rundumver-
glaste Panoramacafé und die Open
Air Ausstellung „BERLINER BLICKE
auf den Potsdamer Platz" über die
bewegte Geschichte des Potsdamer
Platzes.
Potsdamer Platz 1, Tiergarten
U + S Potsdamer Platz,
Bus M41, M48, M85, 200

Tel. 25937080
Sommer tägl. 10-20, Café 11-19 Uhr,
Winter tägl. 10-18, Café 11-17 Uhr
7,50 €, erm. 6 €, Kinder bis 6 Jahre frei
www.panoramapunkt.de

Park am Gleisdreieck
Zwischen Technikmuseum und
Yorckstraße, zwischen Kreuzbe-
rg und Schöneberg gibt es einen
neuen, großen, schönen Park für
Sporttreibende, Sonnenanbeter und
Picknicker.
Trebbiner Str. 9, Kreuzberg
U1 + 2 Gleisdreieck, U + S Yorckstr.
www.gruen-berlin.de

Park Inn Dachterrasse
Ja, ihr könnt ruhig einfach reinmar-
schieren, in dieses Hotel. Für 4 €
fahren euch die Fahrstühle nach
ganz oben zu einer kleinen aber feinen Dachterrasse. Aus Liegestühlen
könnt ihr dann je nach Wetterlage
und Auslastung etwas länger oder
nur ganz kurz die Aussicht genießen.
Alexanderplatz, Mitte
U + S Alexanderplatz, Tram M2
Tel. 23890
tägl. 12-22, Winter bis 18 Uhr, 4 €
www.parkinn-berlin.de

Pfaueninsel
Mit der Fähre geht es über die Havel
zum ältesten Landschaftsgarten Ber-
lins, wo Pfauen frei herumstolzieren.
An der Westspitze liegt malerisch
ein weißes Schlösschen im Stil einer
Ruine. Einfach paradiesisch: der Ro-
sengarten, die Volière mit prächtigen
Vögeln.
Pfaueninselchaussee, Zehlendorf
Bus 218 (ab S Wannsee), dann Fähre
Tel. 80586830
tägl. Nov- Feb 10-16, Mär + Okt 9-18,
Apr–Jun + Sep 9-19, Jul + Aug 9-20 Uhr

*(Besichtigung nur mit Führung, letzter
Einlass jeweils 30 Min. vor Schließung)
Fähre 4 €, erm. 3 €,
Schloss (inkl. Führung) 6 €, erm. 5 €
www.pfaueninsel.info*

Rathaus Schöneberg

Von 1948 bis 1991 war das Rathaus Schöneberg Sitz der West-Berliner Landesregierung. Im Glockenturm (aus Sicherheitsgründen leider bis auf Weiteres geschlossen) befindet sich die berühmte Freiheitsglocke, ein Geschenk des amerikanischen Volkes zum Ende der Blockade. Vor 56 Jahren, am 26.6.1963, rief hier J.F. Kennedy den berühmten Satz: „Ich bin ein Berliner." Der Bezirk Schöneberg zeigt hier die Ausstellung „Wir waren Nachbarn".

*John-F.-Kennedy-Platz, Schöneberg
U4 Rathaus Schöneberg, Bus M46, 104
Tel. 75600*

Raum der Stille

Im nördlichen Brandenburger Tor gibt es einen 30 qm großen Raum, den nicht viele kennen, der aber vielleicht wichtiger ist als das lärmige Drumrum aus Regierungsviertel, Botschaften und Lobbyisten. Nach dem Vorbild des Meditationsraums im UNO-Gebäude in New York lädt dieser Raum alle Nationalitäten und Weltanschauungen ein innezuhalten, zur Ruhe zu kommen und sich zu entspannen.

*Pariser Platz, Mitte
U + S Brandenburger Tor, Bus 100
Tel. 3059583
Mär - Okt 11 - 18, Nov + Feb 11 - 17,
Dez - Jan 11 - 16 Uhr, frei
www.raum-der-stille-im-branden-
burger-tor.de*

Schloss Bellevue

Der erste königlich-preußische Schlossbau in klassizistischem Stil in Preußen. 1785 von August Ferdinand von Preußen erbaut, wurde es noch bis 1918 von den Hohenzollern bewohnt. Nach der starken Zerstörung im 2. Weltkrieg wurde es wieder aufgebaut und ist seit 1959 Sitz unseres Bundespräsidenten.

*Spreeweg 1, Tiergarten
S Bellevue, Bus 100, 187
Tel. 390840
www.bundespraesident.de/DE/
Die-Amtssitze/Schloss-Bellevue/
schloss-bellevue-node.html*

Schloss Charlottenburg

Die größte und bedeutendste Schlossanlage der brandenburgischen Kurfürsten, preußischen Könige und deutschen Kaiser in Berlin. Besondere Attraktionen sind im Alten Schloss, entstanden um 1700, das Porzellankabinett, die Schlosskapelle und das Schlafzimmer Friedrichs I. – im Neuen Flügel sind es zwei der schönsten Rokokoschöpfungen Europas: die Weiße Saal und die Goldene Galerie.

*Luisenplatz, Charlottenburg
U7 Richard-Wagner-Platz,
U + S Jungfernheide, weiter mit
Bus M45
Tel. 32091440
Di-So Apr-Okt 10-17:30,
Nov-Mär 10-16:30 Uhr
Altes Schloß (inkl. Führung oder
Audioguide) 12 €, erm. 8 €;
Neuer Flügel (inkl. Audioguide) 10 €,
erm. 7 €.
Kombiticket Charlottenburg + (gültig
für Altes Schloss und Neuer Flügel,
Neuer Pavillon, Belvedere und Mauso-
leum an einem Tag) 17 €, erm. 13 €
www.spsg.de*

Schloss Glienicke

1826 von Schinkel für den Prinzen Carl von Preußen zur Sommerresidenz im italienischen Landhausstil umgebaut. Beherbergt das Hofgärtnermuseum, das sich mit der Tätigkeit des Hofgärtners beschäftigt. Vom Casino aus hat man den schönsten Blick über das Wasser nach Potsdam. Im Park gibt es nach Norden hin mehr Wald mit alpinen Elementen (Jägerhof, Teufelsbrücke). Die Anlage gehört zum UNESCO-Welterbe.

Königstr. 36, Zehlendorf
Bus 316 (ab S Wannsee);
Tram 93 (ab Potsdam Hbf)
Tel. 8053041
Apr-Okt Di-So 10-17:30,
Nov + Dez + Mar Sa + So 10-16 Uhr,
Besichtigung nur mit Führung möglich, 6 €, erm. 5 € (inkl. Führung)
www.spsg.de

Schloss Schönhausen

Schloss Schönhausen gehört zu den wenigen Schlossbauten Berlins, die den Zweiten Weltkrieg unversehrt überstanden haben. 1740 schenkte Friedrich II. (der Große) das Anwesen seiner Gemahlin Elisabeth Christine, die es bis zu ihrem Tode 1797 bewohnte. In der Nachkriegszeit diente das Schloss zunächst als Sitz des Präsidenten der DDR, später als Gästehaus. Herausragend sind die in weiten Teilen noch vorhandenen Raumausstattungen des späten 17. und des 18. Jahrhunderts, darunter der prachtvoll stuckierte Festsaal.

Tschaikowskistr. 1, Pankow
U + S Pankow, Bus 250, Tram M1
Tel. 4039492622
Apr-Okt Di-So 10-17:30, Di-Fr Besichtigung nur mit Führung,
Nov-Mär Sa + So 10-16 Uhr,
Besichtigung nur mit Führung, letzter Einlass jeweils 30 Min. vor Schließung
6 €, erm. 5 €
www.spsg.de

Selbstmörderfriedhof

Es bleibt nicht viel zu sagen, angesichts der Tatsache, dass seit Ende des 19. Jhd. hier Selbstmörder begraben liegen, die nach Lesart der Kirche nirgends einen Ort verdienen. Die perfekt schaurige Idylle in der auch Nico von Velvet Underground ihre letzte Ruhe fand.

Im Jagen 135 (Schildhornweg),
Wilmersdorf
Bus 218

Siegessäule

Sie steht für die preußischen Siege über Österreich, Dänemark und Frankreich in den Einigungskriegen bis 1871. Einst vor dem Reichstag steht sie nun seit 1939 am Großen Stern. Die 70 m hohe Säule wird von der Siegesgöttin „Victoria" abgeschlossen. Im Volksmund wird sie „Goldelse" genannt. Innen gibt's die Ausstellung „Europas Geschichte in Denkmälern, Wahrzeichen und Monumenten".

Straße des 17. Juni, Tiergarten
U9 Hansaplatz, S Bellevue, Bus 100
Apr-Okt Mo-Fr 9:30-18:30, Sa + So 9:30-19, Nov-Mär Mo-So 9:30-17:30 Uhr
3 €, erm. 2,50 €
www.berlin.de/sehenswuerdigkeiten

Spreepark Plänterwald

Der ehemals einzige Vergnügungspark in der DDR rostet seit Jahren vor sich hin. Jetzt wird aufgeräumt und ab 2021 könnte er schrittweise wieder eröffnen. Es entsteht ein neuartiger öffentlicher Park, in dem die bewegte Vergangenheit des

Vergnügungsparks in einen spannenden Dialog mit heutigen Formen und Medien der Kunst tritt. Und hoffentlich bleibt ihm auch etwas vom morbiden Charme den er jetzt hat erhalten.

Kiehnwerderallee 1-3, Treptow
S Plänterwald, S Treptower
Park, Bus 265
Tel. 7009060
www.gruen-berlin.de/
spreepark

Tempelhofer Feld

Ein paar Jahre vor seiner Eröffnung hat uns der neue Flughafen BER eine neue, große Freifläche mitten in der Stadt geschenkt. Auf dem Gelände des ehemaligen Flughafens Berlin-Tempelhof fahren wir jetzt mit Inline-Skates oder Fahrrädern über die Rollbahn, im Sommer wird gegrillt, im Herbst steigen die Drachen, und im Winter kommen die Ski-Langläufer.

Columbiadamm 10, Gebäude D2,
Tempelhof
Eingänge: Tempelhofer Damm
(U + S Tempelhof und U6 Paradestr.),
Columbiadamm (Bus 104),
Oderstr. (Bus 344)
Tel. 70090620
von Sonnenauf- bis -untergang, frei
www.gruen-berlin.de/
tempelhofer-feld

Teufelsberg

Nichts Echtes, kein Vulkan oder so, es ist nur ein Trümmerberg. Auf dem Schutt wurde in den 1950er Jahren ein „Horchposten" der USA zum Abhören und Stören des Ostblock-Funkverkehrs eingerichtet. Inzwischen ist aus dem Trümmerhaufen eine Touristenattraktion geworden, mit Sport und Kulturevents.

Teufelsberg, Charlottenburg
S Grunewald, Bus M19
und 20 Min. Fußweg
Mi-So 11-18 Uhr
5-20 €, Jahresticket 50 €
https://teufelsberg-berlin.de/

Thaipark – Preußenpark

In der Woche ist der Preußenpark ein ganz normaler Park, aber an Sommerwochenenden wird es hier richtig bunt. Auf der Wiese trifft sich die Thai Community und verkauft auf der Wiese leckere exotische Gerichte und Drinks. Das Besondere: Ganz Preußen schaut weg und ignoriert alle Vorschriften zu Hygiene etc.

Fehrbelliner Platz 8, Wilmersdorf
U3 + 7 Fehrbelliner Platz
Apr-Okt Fr-So 11-22 Uhr
thaipark.de

Tiergarten

Der Park ist die grüne Lunge Berlins. Bereits im 16. Jahrhundert wurde er als „Thier- und Lustgarten" genutzt. Im 19. Jahrhundert wurde er dann von Lenné im Stil eines englischen Parks angelegt. Nach dem Zweiten Weltkrieg wurde der Tiergarten vollständig abgeholzt, um Feuer- und Bauholz sowie landwirtschaftliche Nutzfläche zu gewinnen. Im Sommer tummeln sich hier die Berliner zum Flanieren, Faulenzen, Joggen, Rudern und Picknicken, aber leider nicht mehr zum Grillen, denn das ist hier inzwischen verboten.

Straße des 17. Juni, Tiergarten
S Bellevue, S Tiergarten,
U + S Zoologischer Garten,
U + S Potsdamer Platz, Bus 100, 200

Tierpark Berlin

In diesem Landschaftstierpark kann man knapp 9.000 Tiere aus über 700 verschiedenen Arten beobachten und wunderbar spazieren gehen. Auf 160 Hektar befinden sich großzügige Freianlagen für Huftierherden, große Wasserflächen für Gänsevögel und Flamingos sowie imposante Tierhäuser.

Am Tierpark 125, Lichtenberg
U5 Tierpark,
Tram M17, 27, 37, Bus 296, 396
Tel. 254010
tägl. ab 9 Uhr
14 €, erm. 9 €, Kinder (4-15 Jahre) 7 €
www.tierpark-berlin.de

Treptower Park

Schöner, großer Park am Rande des Herzens von Berlin. Von der S-Bahn links an der Spree liegt der Treptower Hafen mit Stern- & Kreisschiffahrt, Imbissen und Fischräucherei. Viele Liege- und Ballspielwiesen bis hinunter zur Insel der Jugend, Eierschale Zenner und dem Wasserflugzeugliegeplatz inkl. Gastronomie; verlängert wird das Ganze durch den Plänterwald. Jenseits der Puschkinallee liegt das Sowjetische Ehrenmal, die Archenhold Sternwarte und der - abgesehen von den vielen Hunden - idyllische große Karpfenteich.

zwischen Puschkinallee und
Am Treptower Park, Treptow
S Treptower Park

Viktoria-Luise-Platz

Einer der ganz malerischen Plätze Berlins, mit Springbrunnen, netten Lokalen wie dem Potemkin, Grafik- und Modedesignstudenten vom Lette-Verein und auf dem Rasen um den hohen Springbrunnen spielende Kinder und Freiluftgenießer.

Viktoria-Luise-Platz, Schöneberg
U4 Viktoria-Luise-Platz

Viktoriapark

Von hier oben hat man bei klarem Wetter eine fantastische Sicht über Kreuzberg. Ein großes Denkmal erinnert an die Freiheitskriege gegen Napoleon. Eine Großstadtoase mit Wasserfall, Weinberg(!), dem populären Biergarten Golgatha, Kleintierzoo und natürlich Liege- bzw. Sportwiesen. Ab und an Jahrmärkte und ein Multikultifest im Sommer.

Haupteingang Kreuzbergstr.,
Kreuzberg
U6 + 7 Mehringdamm, Bus 140

Volkspark Friedrichshain

Grüne Lunge im Ostteil Berlins mit vielfältigen Sportangeboten und im Sommer großem Freiluftkino. Sehenswert ist der imposante Ehrenfriedhof der gefallenen Revolutionäre. Der liebliche Märchenbrunnen ist das Wahrzeichen des Bezirks und im Sommer ein beliebter Aufenthaltsort.

Am Friedrichshain / Friedenstr.,
Friedrichshain
Bus 200, Tram M4, M5, M6, M8

Volkspark Hasenheide

Die Hasenheide gehört zu den ältesten und größten innerstädtischen Parks. Nomen est omen, der Park war kurfürstliches Hasengehege. Neben Spiel- und Liegewiesen gibt es im Sommer ein Freiluftkino, einen Rosengarten und vieles mehr. Es sei darauf hingewiesen, dass der Park nachts als gefährlich gilt und auch tagsüber mit nicht gewollten Angeboten zu rechnen ist.

zwischen Hasenheide und
Columbiadamm, Neukölln
U7 Südstern, U7 Hermannplatz
www.volkspark-hasenheide.de

Weltkulturerbe – Berliner Siedlungen

Und hier was für die Architekten - die 6 Siedlungen aus den 20er Jahren sind seit 2008 auf der UNESCO Welterbe-Liste: Gartenstadt Falkenberg (Tuschkastensiedlung), Siedlung Schillerpark, Großsiedlung Britz (Hufeisensiedlung), Wohnstadt Carl Legien, Weiße Stadt und Großsiedlung Siemensstadt.
www.initiative-welterbe.de

Weltzeituhr

Zum 20. Jahrestag der DDR 1969 wurde die zehn Meter hohe Urania-Weltzeituhr zusammen mit dem Fernsehturm in Betrieb genommen - die Technik von damals verrichtet noch immer ihren Dienst. Die Zeit von 148 Städten ist auf der Rotunde ablesbar, die 24 Ecken stehen für die Zeitzonen der Erde und obenauf dreht sich das Sonnensystem mit den Planeten. Als Treffpunkt leistet sie hervorragende Dienste auf dem belebten Platz.
Alexanderplatz, Mitte
U + S Alexanderplatz

Zitadelle Berlin (Spanau)

Die Spandauer Zitadelle ist eine der bedeutendsten und besterhaltenen Renaissancefestungen Europas. Heute finden in ihren Räumen Konzerte, Kunst-/ Geschichtsausstellungen und im Innenhof Open-Air-Veranstaltungen, wie das sommerliche Citadel Music Festival, statt. Im ehemaligen Proviantmagazin sind in einer Dauerausstellung politische Denkmäler zu sehen, die vom 18. Jahrhundert bis in die Gegenwart

das Berliner Stadtbild geprägt haben, z. B. der riesige Kopf des durch den Film „Good bye, Lenin!" bekannt gewordenen Lenin-Denkmals.
Am Juliusturm 64, Spandau
U7 Zitadelle, Bus X33
Tel. 3549440
www.zitadelle-berlin.de

Großer Panda Jiao Qing   © Zoo Berlin

Zoo Berlin

Der älteste und meistbesuchte Zoo Deutschlands ist mit über 20.000 Tieren in über 1.400 Arten auch der artenreichste weltweit. Zu seinen Bewohnern gehören unter anderem die einzigen Großen Pandas in Deutschland! Und dann gibt es auch das sehr schöne Aquarium mit Medusen, Echsen, gärtnernden Ameisen und den spektakulärsten Farben und Formen, die das Tierreich zu bieten hat.
Hardenbergplatz 8, Tiergarten
U + S Zoologischer Garten,
Bus 100, 200
Tel. 254010
tägl. ab 9 Uhr, Winter bis 16:30 Uhr,
Sommer bis 18:30 Uhr. Die Kassen
schließen jeweils eine Stunde vor
Schluss
Zoo oder Zoo-Aquarium: 15,50 €,
erm. 10,50 €, Kinder (4-15 Jahre) 8 €.
Kombiticket: 21 €, erm. 15,50 €,
Kinder 10,50 €
www.zoo-berlin.de

Kulturelles

Kultur in der Hauptstadt *von Michael Bienert*

Der Autor publiziert neben Büchern auch aktuelle Kulturnachrichten auf www.text-der-stadt.de und der Facebookseite facebook.com/text.der.stadt

Und der Haifisch, der hat Zähne

„Berlin ist eine wundervolle Angelegenheit, kannst du nirgends 500 Mark stehlen und kommen? Alles ist überfüllt von Geschmacklosigkeiten, aber in was für einem Format, Kind!", schreibt der junge Bertolt Brecht im kalten Februar 1920 an seinen Freund Caspar Neher in Augsburg. Kurz nach seinem 22. Geburtstag ist Brecht zum ersten Mal in die Hauptstadt gereist und berauscht von den Menschenmassen, der U-Bahn, den Kaufhäusern, dem Kulturleben: „Der Schwindel Berlin unterscheidet sich von allen andern Schwindeln durch seine schamlose Großartigkeit. Die Theater sind wundervoll: Sie gebären mit hinreißender Verve kleine Blasensteine. Ich liebe Berlin, aber m. b. H."

Brecht, der seinen Freunden freche Verse zur Gitarre vorkrächzt und Stücke verfasst, will ans Theater. Mit seinem Schulfreund und späteren Bühnenbildner Caspar Neher wird er Theatergeschichte schreiben. Aber die Eroberung Berlins ist schwierig, es laufen einfach zu viele junge Leute herum, die sich für geniale Künstler halten. Bis 1926 reist Brecht neun Mal für längere Zeit in die Hauptstadt, um Kontakte zu knüpfen. Endlich verschafft ihm ein befreundeter Regisseur eine Dramaturgenstelle am Deutschen Theater.

Die Schauspielerin Helene Weigel, seine spätere Ehefrau, überlässt ihm ihre Berliner Wohnung. Der Rest steht in den Schulbüchern. In Berlin entwickelt sich Brecht zu einem der wichtigsten Theatermacher des 20. Jahrhunderts, hier feiert er 1929 einen Sensationserfolg mit seiner „Dreigroschenoper". Aber er schreibt auch für Zeitungen, dreht mit Freunden den ersten proletarischen Tonfilm und arbeitet mit Musikern. Heutzutage würde man von einem Multimediakünstler reden, der mit allen möglichen Stoffen und Formen experimentiert. Brecht will die Gesellschaft verändern, er wird Kommunist und muss 1933 vor den Nazis aus Deutschland fliehen.

Brecht-Statue vor dem Berliner Ensemble *© Bienert*

Fünfzehn Jahre später kehrt er zurück in die „Stadt, die klug macht". Mit Helene Weigel baut er bis zu seinem Tod 1956 das **Berliner Ensemble** auf, ein Theater mit Weltruf. Brechts letzte Wohnung an der

Chausseestraße 125 ist heute ein Museum, das Grab auf dem Dorotheenstädtischen Friedhof eine Pilgerstätte.

Vor dem Berliner Ensemble sitzt der Dichter in Bronze gegossen, der Platz trägt seinen Namen. Kinder nutzen das Denkmal gern für Kletterübungen. Im Theater nebenan wird seit zwölf Jahren die „Dreigroschenoper" in einer Inszenierung des amerikanischen Regisseurs Robert Wilson gespielt, seit über 20 Jahren und 400 Vorstellungen steht Brechts „Arturo Ui" in der Inszenierung von Heiner Müller auf dem Spielplan. Auch die seit 2017 amtierende Intendanz von Oliver Reese hat das Repertoire bereits um sehenswerte Brecht-Aufführungen bereichert: „Der kaukasische Kreidekreis" in Michael Thalheimers Inszenierung erweist sich als hochaktuelles Stück über Krieg und Flüchtlingsschicksale, und Frank Castorfs sechsstündige „Galilei"-Bearbeitung stellt nachdrücklich die Frage, wem die Erfindungen von Wissenschaftlern eigentlich nützen.

Magnet Berlin

Berlin hat sich seit den Tagen Brechts stark verändert, doch seine Anziehungskraft auf Künstler und Kreative hat nicht nachgelassen. Sie strömen nicht nur aus der Provinz nach Berlin. In den letzten Jahren waren auf den großen Gegenwartskunstausstellungen rund um den Globus auffällig viele Künstler vertreten, die in Berlin ihr Atelier, aber anderswo ihre Wurzeln haben. Der isländische Installations- und Lichtkünstler Olafur Eliasson leitete hier von 2009 bis 2014 ein „Institut

für Raumexperimente", sein chinesischer Kollege Ai Weiwei lehrte von 2015 bis 2018 an der Universität der Künste; nun zieht der in seinem Heimatland China unerwünschte Künstler weiter durch die Welt, behält aber sein großes Atelier in Berlin. Neben dem regen Kulturleben gibt es ganz profane Gründe für die Anziehungskraft der Stadt. Verglichen mit anderen Metropolen kann man in Berlin immer noch relativ preiswert leben. Es gibt Kulturförderprogramme, von denen auch zugewanderte Künstler profitieren. Anregend wirken die Sprödigkeit und Unaufgeräumtheit Berlins. Die historischen Brüche und die sozialen Verwerfungen liegen dicht an der sichtbaren Oberfläche. Ein „Trainingslager für den vorurteilsfreien Blick" nannte der ehemalige Festspieleintendant Ulrich Eckhardt die Stadt und eine „Relaisstation für Expeditionen ins Ungewisse."

Zehntausende schlagen sich in der Stadt als Maler, Bildhauer, Medienkünstler, Schauspieler, Regisseure, Filmleute, Autoren, Musiker, Tänzer, Architekten durch. Die meisten leben am Existenzminimum. Deshalb hat sich 2012 eine „Koalition der Freien Szene" zusammen gefunden, die eine gerechtere Verteilung der öffentlichen Kulturausgaben forderte. Von den über 450 Millionen Euro, die Berlin jährlich für die Kultur ausgibt, fließen über 90% in feste Strukturen, in denen etwa 2000 Menschen beschäftigt sind. Schätzungsweise zehnmal so viele Künstler balgen sich um den kümmerlichen Rest und um das, was der kommerzielle Medien- und Kunstmarkt an Künstlerhonoraren abwirft. Die Koalition der Freien Szene hat einige Verbesserungen durchgesetzt, zum Beispiel dass nun Mindesthonorare gezahlt werden müssen, wenn der Senat ein Projekt fördert. Es fließt mehr Geld in die Freie Szene, aber bei Weitem nicht genug. Und für einkommensschwache Künstler wird es immer schwieriger, Wohnungen, Ateliers und Proberäume anzubieten. Berlin wächst derzeit um mindestens 20.000 Einwohner pro Jahr, der Wohnungsbau hält damit nicht Schritt. Das führt zu rapide steigenden Mieten und Lebenshaltungskosten. Der knappe Wohnraum ist zum begehrten Anlageobjekt für Spekulanten aus aller Welt geworden. Freiräume für unangepasste Künstler verschwinden, das nach Berlin strömende Geldkapital ist mittlerweile eine Bedrohung für das schöpferische Kapital der Stadt.

Wenigen Kreativen gelingt eine glanzvolle Karriere wie Brecht. Aber die Stadt profitiert eben auch von denen, die nicht den Sprung ins strahlende Rampenlicht schaffen. Dass die Kreativen immer noch das wichtigste Kapital von Berlin sind, stellt heute kein Politiker mehr in Frage. Wirtschaftlich hat die Stadt die jahrzehntelangen Teilung, die Abwanderung vieler Unternehmen nach dem Mauerbau aus West-Berlin und den Zusammenbruch der Industrie im Osten nach dem Mauerfall noch nicht verwunden. Doch als Kultur- und Wissensmetropole kann Berlin mit Paris, London oder New York konkurrieren und lockt damit auch Firmen und Start-Ups an. Nicht zu vergessen die Touristen, deren Zahl sich in den vergangenen zehn Jahren verdoppelt hat, davon kamen 45% aus dem Ausland. Wieviele genau es sind, weiß niemand – die amtliche Statistik erfasst lediglich mehr als 31 Millionen Übernachtungen pro Jahr.

Netzwerke, Plattformen, Off-Szene

Im 19. und 20. Jahrhundert traf sich die künstlerische Bohème in Salons, Kneipen und Cafés, von denen manche legendär wurden, wie das „Café des Westens" um 1900 oder das „Romanische Café" in den wilden Zwanzigern. Diese beiden Lokale am Kurfürstendamm existieren nicht mehr. Authentisch sind noch der **Zwiebelfisch** am Savignyplatz für die älteren Herren der 68-er Generation und das **Kaffee Burger** in der Torstraße, in dem seit gut 20 Jahren Lesungen, Konzerte und Tanzabende mit Russenpop für Stimmung sorgen.

Lesebühne im Kaffee Burger   © Bienert

Im Umkreis solcher Lokale suchten sich Künstler schon immer gerne eine Bleibe. So existierte bis 1933 um den Kurfürstendamm herum ein engmaschiges Netz von Künstleradressen, das sogenannte „Industriegebiet der Intelligenz".

Für die aufmüpfigen Studenten im West-Berlin der 60er und 70er Jahre waren die Universitäten der zentrale Ort der geistigen und politischen Auseinandersetzung, von dort eroberten sie die Straßen. In den Achtzigern und frühen Neunzigern wurden leerstehende Altbauwohnungen (im Osten vor allem in Prenzlauer Berg) und ganze Häuser (im Westen vor allem in Kreuzberg) von jugendlichen Aussteigern besetzt. Dort organisierten sie Punkkonzerte, Performances, Lesungen und Ausstellungen. Alternative Kulturzentren wie der **Mehringhof**, die **Kulturbrauerei** und der **Pfefferberg** sind Überbleibsel aus jener Ära. Endgültig geräumt wurde 2012 das weltweit bekannte Kunsthaus „Tacheles" an der Oranienburger Straße. Dieses Schicksal drohte auch dem **Schokoladen** in der Ackerstraße, überraschend wurde die Immobilie jedoch im März 2012 von einer Schweizer Stiftung gekauft, die das Kulturzentrum dadurch dauerhaft sicherte.

Jüngere Kreative vernetzen sich via Internet und Handy, sie sind weniger auf fixe Treffpunkte angewiesen. Um Publikum in einen neuen Club oder zu einer Insiderparty in einen leerstehenden Lokschuppen oder eine Sparkassenfiliale zu lotsen, nutzt man heute einfach Facebook oder Whatsapp. Wurden Nerds mit dicken Brillen und Laptops auf den Knien vor ein paar Jahren noch als „digitale Bohéme" gefeiert, so gehört das Smartphone in der Hand heute zum Ausstattungsstandard der Berlinerin, ob alt oder jung.

Eine neue Gründerzeit ist in Berlin angebrochen. Die Stadt gefällt sich in der Rolle als Mekka der Internet-Startups und europäisches „Silicon Valley". Was vor hundert Jahren das „Café des Westens" für die Kreativszene war, wurde um 2010 das Café **Sankt Oberholz** am Rosenthaler Platz: Ideen- und Kontaktbörse der Gründerszene, erweitert um Gästeappartements und Ko-Working-Space mit anmietbaren Schreibtischen und Konferenzraum. Das Modell hat Schule gemacht, inzwischen planen sogar die städtischen Wohnungsbaugesellschaften den Bau von Mikroappartements und „spacelabs" für „urban living".

Ganz ohne geeignete Orte, an denen Künstler und Kreative Projekte entwickeln und sie einer breiteren Öffentlichkeit vorstellen können, geht es eben auch im Zeitalter der permanenten elektronischen Kommunikation via Smartphone nicht. Nur ist die Verbindung zwischen der Kunst und bestimmten Orten lockerer geworden. Früher war es leichter, Adressen einzelnen Künstlerpersönlichkeiten, Gruppen, Trends oder Positionen zuzuordnen. Das Theater am Halleschen Ufer war in den Siebzigern ganz klar die Bühne des Regisseurs Peter Stein und seines damals jungen Schaubühnenensembles. Seit 2004 heißt es „**HAU**" und wurde – zusammen mit dem 100-jährigen **Hebbel-Theater** – seither zu einer der wichtigsten Theateradressen in Europa ausgebaut – ganz ohne eigenes Schauspielerensemble. Freie Theatergruppen aus Berlin und der ganzen Welt geben sich im HAU die Klinke in die Hand. Shooting Stars des deutschsprachigen Theaterbetriebs wie die Regisseure von „Rimini Protokoll", die ihre Theaterabende mit „Experten des Alltags" statt mit Profischauspielern realisieren, fühlen sich am HAU besser aufgehoben als an etablierten Häusern mit festeren Strukturen.

Die Türen bleiben offen, damit auch Theatermacher Mitte Zwanzig weiterhin ihre Chance erhalten: zum Beispiel beim jährlichen Festival „100° Berlin", bei dem an einem langen Wochenende bis zu 120 Berliner Theater- und Performancegruppen nonstop im Stundentakt auftreten.

Eine ähnlich erfolgreiche Startrampe für Künstlerkarrieren wie das HAU sind schon seit 1996 die **Sophiensaele** in Mitte.

Im Hof der Sophiensäle   © Bienert

Die Choreografin Sasha Waltz wurde mit ihrem Tanzkollektiv dort berühmt, wechselte dann für ein paar Jahre an die **Schaubühne** und machte sich – ernüchtert von den Erfahrungen an einem festen Haus – 2005 wieder selbstständig. Als ihr Basislager für Projekte in der ganzen Welt dient das **Radialsystem V**, ein stillgelegtes Abwasserpumpwerk am Spreeufer, das sich seit seiner Eröffnung im September 2006 als

„new space for the arts" etabliert hat. Es ist Produktionsort und Aufführungsort, ganz darauf ausgelegt, künstlerische Grenzüberschreitungen zu ermöglichen. Alte und neueste Musik treffen im Radialsystem V aufeinander, viel experimentiert wird mit neuen Konzertformen, die Musik, Gespräch und Tanz zusammenführen. Das Konzept des Hauses ist so erfolgreich, dass der Senat plant, es zu kaufen, um es dauerhaft als Kulturstandort zu sichern.

Das Radialsystem an der Spree   © Bienert

Populärer und kommerzieller ausgerichtet als das Radialsystem ist das Mischprogramm aus Musik, Theater und Show in der Treptower „arena", einem ehemaligen Omnibusdepot, das seit 1995 ganz viel Platz für alle möglichen Kulturveranstaltungen und Messen bietet. Der Erfolg beim Publikum war so groß, dass die damaligen Betreiber um den Impresario Falk Walter es wagten, 2006 auch den alten **Admiralspalast** am Bahnhof Friedrichstraße wiederzueröffnen – mit einer Inszenierung von Brechts „Dreigroschenoper", in der Frontmann Campino von den „Toten Hosen" den Mackie Messer spielte. In dem vor dem Ersten Weltkrieg gebauten Vergnügungspalast gastieren internationale Showproduktionen, es gibt auch kleinere Säle für Kammerspiele und Jugendtheaterproduktionen, im unterkellerten

Innenhof einen Club und an der Straßenfront ein Lokal: Die Mischung muss stimmen und ein möglichst breites Publikum ansprechen, damit sich der Kulturstandort wirtschaftlich selber tragen kann. 2010 musste der bis dahin als Wunderkind der Szene gefeierte Falk Walter für die „arena" und den „Admiralspalast" Insolvenz anmelden, der Vergnügungsbetrieb geht aber – zumindest im Admmirlspalast – auch ohne den Gründer weiter.

Die populären Kulturorte haben in Berlin eine besondere Affinität zum Wasser: Im Admiralspalast konnte man in den Zwanzigern rund um die Uhr baden. Im konkurrierenden Tempodrom am Anhalter Bahnhof kann man vor dem Konzert- oder Zirkusbesuch in einem **Liquidrom** planschen. Das **Velodrom** an der Landsberger Allee, die bislang größte Veranstaltungshalle, befindet sich unter einem Dach mit dem modernsten Berliner Hallenbad. Am **Badeschiff**, das zur „arena" in Treptow gehörte, werden im Sommer auch Freiluftkonzerte für die Badegäste geboten.

An der Spree baute ein amerikanischer Investor zuletzt eine multimedial hochgerüstete Sport- und Konzerthalle für bis zu 17.000 Zuschauer: die vormalige O2-World heißt seit Mitte 2015 **Mercedes-Benz Arena Berlin**. Sie hat sich als Ort für Auftritte von Weltstars wie Madonna, Lady Gaga und Rihanna fest etabliert, ebenso für die Heimspiele der „Berliner Eisbären", des stärksten Eishockeyteams der Hauptstadt, und des Basketballteams von „Alba Berlin". Wie das Haus der Kulturen

der Welt, die ehemalige Kongresshalle im Tiergarten, verfügt auch die Mercedes-Benz-Arena über einen Schiffsanleger.

Weltkultur und Migration

Das **Haus der Kulturen der Welt** ist aus dem „Horizonte"-Festival der Berliner Festspiele hervorgegangen. Der Schwerpunkt liegt auf den außereuropäischen Ländern und der Kultur der Migranten in aller Welt. Das Haus erweitert und korrigiert unsere Vorstellung von anderen Kulturen, so wie wir sie aus den Medien oder durch den internationalen Kunst- und Musikmarkt kennen. Der ursprüngliche Impuls, andere Kulturen wie in einem Schaufenster zu präsentieren, ist in den vergangenen Jahren von der Idee abgelöst worden, ihnen eine offene Plattform zu bieten und die internationale Vernetzung voranzutreiben: Auswärtige Kuratoren prägen Veranstaltungsreihen, die eingeladenen Künstler schaffen oft ganz neue Werke für den Auftritt in Berlin.

Haus der Kulturen der Welt   © Herden

Das Haus ergänzt das breite Angebot der vielen Kulturinstitute anderer Staaten, die „ihre" Künstler in Berlin präsentieren. Die in Berlin ansässigen Minderheiten pflegen ebenfalls ihre Traditionen und stellen sie beim jährlichen „Karneval der Kulturen" selbstbewusst aus. Die Berliner

Migrantenkultur ist äußerst viel-
schichtig: Das Spektrum reicht vom
Konservatorium für traditionelle
türkische Musik bis zum Hiphop
der Migrantenkinder, in dem orientalische Klänge, deutsche Sprache
und Rap zusammenfließen.
Für die Jungen gehört das
so selbstverständlich
zusammen wie für die
älteren Berliner der
Curry zur Wurst.

Dennoch vermissten
Künstler, die aus Ein-
wandererfamilien stammen,
aber in Deutschland aufgewachsen
sind, bisher ein eigenes Theater.
Die künstlerische Leiterin Shermin
Langhoff machte seit 2008 aus dem
Ballhaus Naunynstraße in Kreuzberg ein Forum für die „postmigran-
tische" Kultur. Daran knüpft sie am
finanziell besser ausgestatteten
Maxim Gorki Theater an, das sie
seit Herbst 2013 mit dem Dramatur-
gen Jens Hillje leitet: mit einem eth-
nisch bunt zusammengewürfelten
Ensemble vom Schauspielerinnen,
mit Autoren und Regisseuren, die
kreativ aus ihrem „Migrationshintergrund" schöpfen. Diese Öffnung
des Stadttheaters hin zur Realität

Maxim-Gorki-Theater   © Nils Tammer

eines Einwanderungslandes war
überfällig, sie kommt beim Publikum gut an, aber auch bei den Fach-
leuten: 2014 wählten Theaterkritiker
das Maxim-Gorki-Theater zum
„Theater des Jahres", 2016 wurde die
Leitung mit dem Theaterpreis Berlin
ausgezeichnet.

Festival das ganze Jahr

Unüberschaubar wie die Veranstaltungsorte sind die internationalen
Kulturfestivals, die in Berlin stattfinden. Bis zum Mauerfall waren die
Berliner Festspiele in West-Berlin
der wichtigste Veranstalter, mittlerweile gibt es so viele Festivals, dass
die Organisation 2001 ein eigenes
Haus bezogen hat, um sichtbar und
unterscheidbar zu bleiben. In der
ehemaligen Freien Volksbühne ist
reichlich Platz für das jährliche
Theatertreffen, zu dem die zehn „be-
merkenswertesten" Inszenierungen
einer Saison eingeladen werden, für
das Jazzfest, die avantgardistische
„MaerzMusik" und das „Internationale Literaturfestival". Nachwuchs-
künstler zwischen 10 und 21 Jahren
aus dem ganzen Bundesgebiet laden
die Festspiele zum jährlichen „Theatertreffen der Jugend", zum „Treffen
Junge Musik-Szene" und zum „Treffen junger Autor*innen" ein. 2012
übernahm der Autor und Dramaturg
Thomas Oberender, Jahrgang 1966,
die Leitung der Berliner Festspiele,
die er noch stärker zu einem Ort für
spannende Experimente gemacht
hat.

Das Festival mit der größten Ausstrahlung ist die Berlinale, bei der
in zwei Wochen rund 400 neue
Filme vor fast 500.000 Zuschauern

präsentiert werden. Spannender als der Wettbewerb und sein Glamour sind dabei meistens die Entdeckungen im „Forum" und anderen Nebenreihen – viele der dort gezeigten Filme schaffen es nie in einen deutschen Verleih, für manche ist die Berlinale das Sprungbrett dazu. Mehr als die großen Filmfestivals in Cannes und Venedig ist die Berlinale ein Fest für die ganz normalen Kinogänger, mit Spielorten auch in kleineren Kinos der Außenbezirke. Eines der größten Festivals für digitale Kunst und Kultur weltweit ist das CTM Festival, das 1988 noch unter dem Namen „VideoFest" im Umkreis der Berlinale gegründet wurde. Als Ergänzung entstand 1999 mit dem „club transmediale" ein Forum für die elektronische Musik, darauf geht der Name CTM zurück.

Festivals haben den Vorteil, dass sie die Aufmerksamkeit von Publikum und Presse für kurze Zeit auf eine bestimmte Kunstsparte oder ein Thema fokussieren. Der Blick in die Kinoprogramme und die Veranstaltungskalender allerdings zeigt: Schon der tagtägliche Kulturbetrieb in Berlin bietet oft mehr als die hochkarätigsten Film-, Musik- oder Literaturfestivals.

Literaturszene

Andere Städte wären froh, wenn sie ein Literaturhaus besäßen, in dem regelmäßig Autorenlesungen stattfinden. Berlin leistet sich gleich fünf solcher Häuser. Seit 1963 residiert das **Literarische Colloquium** in einer Villa am Wannsee, fördert junge Autoren und Übersetzer und produziert das Literaturportal für die Region Berlin-Brandenburg im Internet (www.literaturport.de). Das **Literaturhaus** liegt seit 1986 sehr repräsentativ an einer Seitenstraße des Kurfürstendamms, mitten im ehemaligen „Industriegebiet der Intelligenz". Es hat ausreichend Platz für Literaturausstellungen und seit 2018 eine neue, weibliche Leitung, die sich erfolgreich um ein jüngeres Publikum bemüht. Zu den neuen Formaten gehören auch Veranstaltungen für Kinder und Familien.

Das **Literaturforum** am Brechthaus konzentriert sich weniger als früher auf Autoren mit DDR-Biografie, bietet momentan das abwechslungsreichste Programm an Lesungen und Buchvorstellungen. **LesArt** widmet sich vorbildlich der Kinder- und Jugendliteratur und der Arbeit mit Schulklassen. Die ehemalige „literaturWERKstatt" in der „Kulturbrauerei" hatte in den vergangenen Jahren das sicherste Gespür für neue literarische Trends. Sie etablierte den „Open Mike" als einen der wichtigsten Nachwuchswettbewerbe, brachte das internationale „Poesiefestival" und die „lyrikline" im Internet auf den Weg, eine Datenbank mit weit über 1300 Dichterstimmen in 84 Sprachen. 2016 hat sich die „literaturWERKstatt" in **Haus für Poesie** umbenannt, um ihr Profil zu schärfen. Literaturhäuser gibt es inzwischen in vielen Städten, aber ein Haus nur für Lyrik gab es bisher noch nicht.

Neben Literaturhäusern, Buchhandlungen und Bibliotheken bereichern seit der Jahrtausendwende verschiedene Lesebühnen wie die „Brauseboys" oder die „Surfpoeten" das literarische Leben, an jedem

Wochentag eine andere oder sogar mehrere. Rund 160 meist kleinere und mittlere Verlage sind an der Spree ansässig. Berlin konnte seine einstige Führungsrolle auf dem deutschen Buchmarkt noch nicht wieder zurückerobern, in wirtschaftlicher Hinsicht bleibt München der Marktführer. Doch das hindert die Autoren nicht, an die Spree zu ziehen. Bedeutende Literaturverlage folgen ihnen, nach Ullstein oder Matthes & Seitz hat 2009 auch der für das intellektuelle Leben der alten Bundesrepublik so wichtige Frankfurter Suhrkamp Verlag seinen Sitz in die Literaturhauptstadt Berlin verlegt. 2019 bezieht er ein neues Verlagsgebäude in der Nähe der Volksbühne. Während die großen Buchhandelsketten ihre Verkaufsflächen in den letzten Jahren verkleinern mussten, haben etliche neue Kiezbuchhandlungen eröffnet, die mit einem erlesenen Buchsortiment und hochkarätigen Veranstaltungen die Kunden der Nachbarschaft an sich binden.

Musikalische Leuchttürme

Die Berliner Philharmoniker sind eine Republik. Die Musiker wählen ihren Chefdirigenten und entscheiden mit ihm gemeinsam, wer in das Orchester aufgenommen wird, welche Gastdirigenten am Pult stehen und welche Stücke gespielt werden. Während die von Daniel Barenboim geleitete Berliner Staatskapelle auf eine längere Tradition als Hoforchester zurückblickt, sind die Philharmoniker ein Kind des großstädtischen Konzertbetriebs. 1882 revoltierten 50 Musiker gegen die schlechten Arbeitsbedingungen bei ihrem Orchesterleiter Benjamin Bilse und machten sich als Berliner Philharmonisches Orchester selbständig. Seit Jahrzehnten zählen sie zu den besten Klangkörpern der Welt, verteidigen mit glühender Disziplin ihren guten Ruf, ruhen sich aber darauf nicht aus. Nach Herbert von Karajan und Claudio Abbado wählten sie den jugendlichen Sir Simon Rattle zu ihrem Chefdirigenten. Neben den üblichen Konzertpflichten war es eine Herzenssache für den seit 2002 amtierenden Chef, junge Berliner mit den Orchestermusikern zusammenzubringen, vor allem solche, die sonst keinen Zugang zu deren Musik haben. Er initiierte ein „Education-Programm", in dessen Rahmen Philharmoniker mit Schülern musikalische Aufführungen erarbeiten. 2003 spielten sie Strawinskys „Sacre du Printemps" zu einer Tanzaufführung mit 250 Berliner Schülern aus 25 Nationen in der „arena". In dem mehrfach preisgekrönten Film „Rhythm Is It!" ist dokumentiert, wie diese Erfahrung das Leben vieler Beteiligter positiv verändert hat. Viele weitere Projekte dieser Art folgten. Aufgeschlossen zeigt sich das in den vergangenen Jahren deutlich verjüngte Spitzenorchester auch für die Veränderungen der Medienwelt und technische Innovationen: Im Internet sind die Berliner Philharmoniker mit einer „Digital Concert Hall" präsent, die Liveübertragungen und Konzertmitschnitte bietet. Dem neuen, eher introvertierten Chefdirigenten Kirill Petrenko übergab Simon Rattle 2018 nicht nur eines der besten Orchester der Welt, sondern auch eines, das im 21. Jahrhundert angekommen ist.

Neben den Philharmonikern und der Staatskapelle besitzt Berlin mit dem Deutschen Symphonieorchester einen dritten Klangkörper von internationalem Ruf. Mit dem Briten Robin Ticciati übernahm 2017 ein sehr junger Dirigent den Stab, der sich rasch in der Philharmonie zuhause fühlte. Auch das Deutsche Symphonieorchester arbeitet daran, Hemmschwellen gegenüber klassischer Musik abzubauen und durch neue Konzertformate jüngere Leute anzusprechen. So haben sich „Casual Concerts" in der **Philharmonie** etabliert, die kürzer sind und bei denen es legerer zugeht als üblich, und nach denen man in einer Lounge relaxen und tanzen kann. In der von Hans Scharoun entworfenen, 1963 eingeweihten Philharmonie sitzt das Publikum auf Terrassen um das Konzertpodium herum, die Musik steht buchstäblich im Mittelpunkt. Dieses Architekturkonzept hat weltweit Schule gemacht. Ost-Berlin baute bis 1984 das kriegszerstörte Schauspielhaus am Gendarmenmarkt als **Konzerthaus** mit prächtigem Innendekor wieder auf. In beiden Häusern finden oft am selben Tag mehrere Konzerte unterschiedlicher Orchester und Ensembles statt.

Das Konzerthaus am Gendarmenmarkt
© Bienert

Während der Konzertpause im Sommer hat sich im Konzerthaus das Festival „young.euro.classic" mit den besten Jugendorchestern und Nachwuchssolisten der Welt etabliert. Auch für die Musikstudenten an der Universität der Künste oder der Musikhochschule „Hanns Eisler" sind Auftritte vor dem verwöhnten, äußerst kritischen Berliner Konzertpublikum eine wichtige Vorbereitung auf eine spätere Karriere als Berufsmusiker.

In keiner anderen Stadt gibt es drei große Opernhäuser, die von der Stadt finanziert werden und einen großen Teil des Kulturetats aufzehren – daher wurde immer mal wieder darüber diskutiert, ob Berlin sich das überhaupt leisten könne und ob es nicht vielleicht besser wäre, eine Oper zu schließen, um die Qualität der anderen beiden Häuser zu heben. Kein Politiker allerdings möchte den zu erwartenden Sturm der Entrüstung und den Imageschaden für Berlin riskieren. Deshalb wurden die Staatsoper, die Deutsche und die Komische Oper 2004 in eine gemeinsame Stiftung überführt, die sparsamer wirtschaften soll. Alle drei Häuser stehen für unterschiedliche Traditionslinien, die Berlin nicht einfach kappen kann. Die von Friedrich dem Großen 1742 eröffnete **Staatsoper Unter den Linden** ist das älteste Theater in Berlin. Ihr seit 1992 amtierender Generalmusikdirektor Daniel Barenboim ist nicht nur ein Dirigent und Pianist von internationalem Renommee, sondern wird auch als politische Persönlichkeit hoch geachtet. Dass dieser Musiker mit russisch-jüdischen Wurzeln sich so dauerhaft in

Berlin engagiert, gilt auch als Zeichen der deutsch-jüdischen Aussöhnung. Nach jahrelangen Sanierungs- und Modernisierungsarbeiten, die Zeit- und Kostenrahmen sprengten, kehrte die Staatskapelle Ende 2017 wieder in die Staatsoper Unter den Linden zurück.

In einem ehemaligen Kulissendepot eröffnete Barenboim zuvor einen neuen Kammermusiksaal, den **Pierre-Boulez-Saal**. Er ist Teil der **Barenboim-Said Akademie**, in der arabische und jüdische Musikstudenten gemeinsam unterrichtet werden. Der neue Saal ermöglicht eine große Nähe von Musikern und Zuhörern. In kürzester Zeit hat er ein Stammpublikum gewonnen, das ungewöhnliche Konzertformate schätzt.

Die 1947 in Ost-Berlin neu eröffnete **Komische Oper** verteidigt erfolgreich ihren Ruf als innovatives Haus für analytisches, zeitkritisches Musiktheater in deutscher Sprache, seit 2012 unter der Leitung des vitalen australischen Regisseurs Barrie Kosky. Begründet wurde diese Tradition unter ihrem bis 1975 amtierenden Chefregisseur Walter Felsenstein. Entscheidend dabei war nicht, dass deutsch, sondern dass in der Alltagssprache gesprochen wurde. Nun stellt sich die Komische Oper der Tatsache, dass für einen großen Teil der Bevölkerung das Deutsche nicht mehr die selbstverständliche Muttersprache ist – es gibt Aufführungen mit türkischen Übertiteln und es wird jetzt auch in anderen Sprachen gesungen werden, sofern

das sinnvoll erscheint. Ebenso wichtig wie die seriöse Felsenstein-Tradition des Hauses ist für Barrie Kosky dessen Vorgeschichte als Metropol-Theater, also die Tradition als Operettenhaus und Bühne für die leichte Muse. Der Spielplan ist entsprechend bunt, jede zweite Vorstellung ausverkauft. 2013 wurde es von Musikkritikern zum „Opernhaus des Jahres" gewählt, 2015 bei „The International Opera Awards" zur „Opera Company of the Year". Ende 2022 soll eine fünfjährige Generalsanierung der Komischen Oper beginnen, das Ensemble dann an wechselnden Orten in der Stadt auftreten.

Bebelplatz, Staatsoper open air © Herden

Der Felsenstein-Schüler Götz Friedrich ging nach West-Berlin und leitete dort fast zwei Jahrzehnte, bis zu seinem Tod im Jahr 2000, die **Deutsche Oper**. Das mit 1800 Plätzen größte Berliner Opernhaus wurde 1961 eingeweiht. Seit Friedrichs Tod hatte es unter wechselnden Intendanzen und Chefdirigenten keine klare Linie mehr gefunden, seit 2012 ist es unter dem aus Basel berufenen Intendanten Dietmar Schwarz und dem britischen Generalmusikdirektor Donald Runnicles wieder auf einem soliden Erfolgskurs.

An allen drei großen Opern beherrschen Stücke der Vergangenheit den Spielplan. Dagegen erfindet die **Neuköllner Oper** das Musiktheater von Stück zu Stück neu, mit Stoffen aus der Gegenwart und frei zwischen U- und E-Musik oszillierenden Neukompositionen. Auch bei der leichten Muse sind die Berliner sehr anspruchsvoll und wählerisch: Große Musicalkonzerne, die glaubten, die Hauptstadt sei ein lukrativer Absatzmarkt für vorgefertigte Musiktheaterproduktionen, erlebten in den vergangenen Jahren zahlreiche Flops, während Berliner Eigengewächse wie die **Bar jeder Vernunft**, das **Tipi am Kanzleramt** oder eben die „Neuköllner Oper" ein treues Publikum binden konnten. Dank der vielen Touristen, die inzwischen in die Stadt kommen, haben es auch ein paar der größeren Häuser geschafft, sich zu etablieren: **Friedrichstadt-Palast**, **Admiralspalast**, **Blue Man Group** und im Estrel Festival Center die Doppelgängershow „**Stars in Concert**".

Theater

Kein Sprechtheater in Deutschland hat den Nachwuchs in den vergangenen Jahren so stark beeindruckt und die Entwicklung geprägt wie die **Volksbühne ap,l+m Rosa-Luxemburg-Platz**. Nach 25 Jahren musste der stilprägende Regisseur Frank Castorf 2017 die Leitung des Hauses abgeben. Der Widerstand gegen seinen Nachfolger Chris Dercon war so stark, dass dieser schon nach wenigen Monaten kapitulierte. Dercon kam nicht vom Ensembletheater, sondern von der Bildenden und Performancekunst her, entsprechend radikal veränderte er den Spielplan

und löste das alte Ensemble auf. Das Experiment scheiterte, die Zukunft der Volksbühne ist ungewiss. Doch das Haus lebt, als Übergangsintendant hat Klaus Dörr einen bunten Theaterspielplan gezimmert, der so gut angenommen wird, dass nach dem künstlerischen Kollaps wenigstens der finanzielle Zusammenbruch abgewendet werden konnte.

Volksbühne am Rosa-Luxemburg-Platz
© Bienert

Auch am traditionsreichen **Berliner Ensemble** erzwang der Senat nach 18 Jahren Intendanz von Claus Peymann 2017 einen Neuanfang und eine Verjüngung. Anders als Dercon ist der neue Intendant Oliver Reese ein Theatermensch durch und durch: Dramatiker, Dramaturg, Regisseur, schließlich Intendant in Frankfurt/Main. Die Seele eines Theaters ist für ihn das Ensemble, für den Neuanfang hat er eine tolle Truppe erfahrener Schauspieler zusammengestellt – und auch gleich den von der Volksbühne vertriebenen Theaterkönig Castorf als Gastregisseur engagiert. Der Schwerpunkt liegt auf Gegenwartsdramatik und Gegenwartsstoffen, der Dramatiker Moritz Rinke leitet eine Autorenwerkstatt, in der die Stückeschreiber durch die Zusammenarbeit mit Schauspielern geschult werden.

Damit macht das Berliner Ensemble vor allem dem **Deutschen Theater** Konkurrenz, dessen seit 2009 amtierender Intendant Ulrich Khuon ebenfalls für die Gegenwartsdramatik brennt und regelmäßig Autorentheatertage an seinem Haus veranstaltet. Die Mischung aus zeitgenössischen Klassikerinszenierungen und neueren Stücken, die Pflege eines exzellenten Ensembles kommen beim Publikum gut an, umworbene Ausnahmeschauspieler wie Ulrich Matthes oder Corinna Harfouch fühlen sich am Deutschen Theater wohl, deshalb hat der Senat Khuons Vertrag bis 2022 verlängert.

Die **Schaubühne** wurde 1999 von einer damals noch ganz jungen, neuen Theatergeneration um den Regisseur Thomas Ostermeier übernommen, die inzwischen etwas in die Jahre gekommen ist, aber immer noch aufregende Inszenierungen zuwege bringt und mit Ausnahmeschauspielern wie Lars Eidinger, Mark Waschke, Nina Hoss und Regine Zimmermann punktet.

Die Schaubühne am Kurfürstendamm
© Bienert

Die rund 50 Bühnen in Berlin zählen jährlich rund 3 Millionen Besucher.

Es gibt überall Tops und Flops, aber auf eines kann man zählen: Exzellente jüngere Schauspielerinnen und Schauspieler stehen an den größeren Häusern immer mit auf der Bühne. Die Stars von morgen kann man in Berlin sogar schon während der Ausbildung sehen: Am Semesterende in der Universität der Künste oder allwöchentlich im **bat-Studiotheater**, das an die Hochschule für Schauspielkunst „Ernst Busch" angeschlossen ist.

Das **Ballhaus Ost** und der **Heimathafen Neukölln** haben sich in den letzten Jahren als Off-Theater einen guten Ruf weit über ihren Bezirk hinaus erspielt. Zur Szene gehört mit dem **F 40** in Kreuzberg auch ein Theater, das englische und amerikanische Stücke in der Originalsprache aufführt. Es teilt sich die Spielstätte mit dem **Theater Thikwa**. Seit fast 30 Jahren bringen das „Thikwa" und das **Theater RambaZamba** behinderte und nichtbehinderte Schauspieler in bewegenden Aufführungen zusammen. Das **Grips Theater** gibt es schon seit fast 50 Jahren, doch Staub hat das berühmteste Jugendtheater in Deutschland keinen angesetzt, weil es ein offenes Ohr und Gespür für die Themen besitzt, die junge Leute bewegen. Das gilt ganz ähnlich für das **Atze Musiktheater** und das **Theater Strahl**, die mit ihren klugen neuen Stücken für Kinder und Jugendliche auch nicht mehr aus der Theaterlandschaft wegzudenken sind. Diese Bühnen sind nicht nur Kinder- und Jugendtheater, sie sind zugleich die heutigen Volkstheater, nah am Alltag der Berliner und ihrem Publikum zugewandt.

Kultur- und Museumspolitik

Kultur ist keine Nebensache für den Senat, auch wenn das Amt des Kultursenators zehn Jahre vom Regierenden Bürgermeister nebenbei mitverwaltet wurde, um ein Senatorengehalt zu sparen. Seit der Abgeordnetenhauswahl 2016 hat Berlin mit Klaus Lederer von der Linkspartei wieder einen Senator, der sich in Vollzeit um Kulturbelange kümmert. Lederer bemüht sich, die prekäre finanzielle Situation der meisten Künstler zu verbessern. Stärker als seine Vorgänger betont er die Bedeutung der dezentralen Kulturarbeit in Musikschulen, Volkshochschulen und Bezirksbibliotheken, der Jugendtheaters oder der Clubszene. Kunst, so Lederer, werde davon bedroht, „sich marktgängig zu machen und sich nach den Prämissen der Verkaufbarkeit zu organisieren. Wir haben also sowohl die Aufgabe, künstlerische Freiheiten zu verteidigen, wie für Infrastrukturen zu sorgen, die Kunstproduktion auch jenseits der Marktbedingungen ermöglichen. Wir wollen Arbeitsräume schaffen und die Zahl der Ateliers erhöhen. Wir wollen für die freie Szene Spiel- und Produktionsstätten sichern und wir wollen dafür sorgen, dass eine Basisinfrastruktur existiert, die es Menschen vom Kindesalter an ermöglicht, mit Kunst in Berührung zu kommen und an ihr zu wachsen."

Bogenschützin vor dem Alten Museum
© Herden

Das Kulturbudget des Landes Berlin ist in den vergangenen Jahren stetig gestiegen. Das ist auch der Bundesregierung und dem Bundestag zu verdanken, die mit gutem Beispiel vorangig. Die Bundespolitiker haben den Berlinern immer wieder aus der Patsche geholfen, indem sie die Finanzierung von Institutionen wie der **Akademie der Künste**, dem **Haus der Kulturen der Welt**, dem **Jüdischen Museum** oder großer Bauvorhaben – wie der Sanierung der Staatsoper oder der Staatsbibliothek – übernahmen. Die Stadt alleine wäre überhaupt nicht in der Lage, so viele Museen, Theater und Festivals zu finanzieren. Laut Grundgesetz sind zwar die Bundesländer für Kultur zuständig. Als Hauptstadt ist Berlin aber ein Sonderfall. Sie ist nicht nur für die Berliner da, sondern für die ganze Nation. Im Ausland wird Berlin ohnehin als das Schaufenster von ganz Deutschland gesehen, daher kann keine Bundesregierung ein Interesse daran haben, dass in Berlin renommierte Kultureinrichtungen schließen oder finanziell austrocknen.

Eigentlich erwartet man die Berliner Gegenwartskunst in der **Berlinischen Galerie** oder im **Hamburger Bahnhof**, dem „Museum für Gegenwart" der Nationalgalerie. Die Berlinische Galerie als Landesmuseum für moderne Großstadtkunst verfügt jedoch nur über begrenzte finanzielle und räumliche Möglichkeiten, und der Hamburger Bahnhof umwarb lange Zeit eher die großen Sammler als die Berliner Künstler. Denn die Sammler schafften die hochkarätige Gegenwartskunst heran, für die kein Ankaufsetat vorhanden ist – folglich bestimmen die Privatsammlungen Marx und Flick das Erscheinungsbild des Hauses. Mit dem seit 2009 amtierenden Nationalgalerie-Direktor Udo Kittelmann weht wieder frischerer Wind durch den Hamburger Bahnhof, ihm ist es durch populäre Ausstellungen gelungen, das Haus für die Berliner Szene und für Familien attraktiv zu machen.

Kunst im Kleistpark   © Herden

Am **Stadtmuseum** weht ein frischerer Wind, seit 2016 der Niederländer Paul Spies als Chef ans Haus geholt wurde. Ihm wurden 65 Millionen Euro zugesagt, um das Stammhaus – das **Märkische Museum** – zu renovieren. Im benachbarten Marinehaus sollen zusätzliche Ausstellungsflächen entstehen. Spies experimentiert mit neuen Ausstellungsformaten, um das Haus für die Stadtgesellschaft und auch für Touristen attraktiver zu machen.

Die städtischen Kulturinstitutionen konnten lange Jahr nur neidvoll auf die vergleichsweise wohlhabende Stiftung Preußischer Kulturbesitz schauen, die 2014 eine überraschende 200-Millionen-Finanzspritze vom Bund bekommen hat, um eines ihrer drängenden Probleme zu lösen: Auch die die **Neue Nationalgalerie** am Kulturforum hat zu wenig Ausstellungsfläche, vor allem für die klassische Moderne. Überdies ist das Haus seit Anfang 2015 wegen mehrjähriger Sanierungsarbeiten geschlossen. Dank des Bundes ist jetzt wenigstens Geld da. Das geplante Museum der Moderne für Kunst des 20. Jahrhunderts soll neben der Neuen Nationalgalerie auf dem Kulturforum entstehen. Der bei einem Wettbewerb gekürte Architekturentwurf der Stararchitekten Herzog und de Meuron, der an eine gigantische Scheune erinnert, bleibt allerdings hoch umstritten. In den nächsten Jahren wird man wohl nur kleine Teile der Kunst des frühen 20. Jahrhunderts aus ihrer Sammlung an wechselnden Orten zu sehen bekommen, vor allem in der als Übergangslösung eingerichteten Neuen Galerie im Hamburger Bahnhof.

Ein Schloss für die Welt

Auf dem Schlossplatz geht das ehrgeizigste Berliner Kulturprojekt der Vollendung entgegen: das **Humboldt-Forum**. Das im Zweiten Weltkrieg schwer beschädigte, 1950 auf Befehl der DDR-Führung gesprengte Stadtschloss ist als moderner Kulturpalast mit barocker Außenfassade wiederauferstanden. Schon nach dem Ende des Kaiserreiches, in der Weimarer Republik, wurde die ehemalige Hohenzollernresidenz zum Museum umfunktioniert. Die DDR errichtete mit dem 1976 eingeweihten Palast der Republik eine multifunktionales Kulturzentrum, in dem auch die DDR-Volkskammer tagte, doch vor allem war „Erichs Lampenladen" ein beliebtes Haus für Konzerte, Show, Kleinkunst, Ausstellungen und Gastronomie. 2008 verschwanden die letzten asbestverseuchten Reste dieses prominenten DDR-Symbols von der Erdoberfläche. Der Bundestag hat beschlossen, die Schlossfassade weitgehend wiederaufzubauen und ein Humboldt-Forum darin einzurichten – an dieser Vorgabe orientiert sich der Entwurf des Italieners Franco Stella, der den Architekturwettbewerb für sich entscheiden konnte.

Humboldtforum, work in progress
© Jaschinski

Der Name Humboldt-Forum erinnert an die weltläufigen Brüder Wilhelm und Alexander von Humboldt, von denen sich der eine stärker zu den Geisteswissenschaften, der andere zur Naturforschung hingezogen fühlte. Im Humboldt-Forum werden die ethnologischen Sammlungen der Stiftung Preußischer Kulturbesitz neben den naturwissenschaftlichen Sammlungen der Humboldt-Universität gezeigt, außerdem will sich

Berlin in einer Ausstellung als weltläufige Stadt präsentieren. Wilhelm von Humboldt hat den modernen Bildungsbegriff geprägt, das Ideal von Persönlichkeiten, die sich in der Beschäftigung mit Kultur vielseitig entwickeln.

Die Idee des Humboldt-Forums ist unumstritten (anders als ihre architektonische Ausformulierung), weil sie sich ganz zwanglos in die Museumsgeschichte Berlins einfügt. Das erste Museum überhaupt war die königliche Wunderkammer im Hohenzollernschloss, die neben Kunstobjekten auch Naturalien und allerlei seltsame Dinge aus der weiten Welt verwahrte. Als Ergänzung und Gegenpol zum Schloss baute Karl Friedrich Schinkel das erste Berliner Museumsgebäude auf der anderen Seite des Lustgartens: das 1830 vollendete **Alte Museum**. Bald war es zu klein. Bis 1930 füllte sich die Halbinsel hinter Schinkels Kunsttempel mit dem **Neuen Museum**, der **Alten Nationalgalerie**, dem **Bode-** und **Pergamonmuseum**.

In der Alten Nationalgalerie   © Bienert

Heute zählt die Museumsinsel zum UNESCO-Weltkulturerbe und ist einer der stärksten Touristenmagnete der Stadt. Die nach der Wiedervereinigung begonnene Sanierung und Neueinrichtung der einzelnen Häuser soll sich noch bis 2025 hinziehen, mindestens 1,5 Milliarden Euro werden verbaut.

Die Bauarbeiten für das neue Eingangs- und Erschließungsgebäude am Kupfergraben, die James-Simon-Galerie, begannen 2013 mit Verspätung, weil der sumpfige Berliner Untergrund auch in diesem Fall für eine Bauverzögerung und Kostenexplosion sorgte. 2019 wurde das neue Entrée zur Museumsinsel fertig. Die Planung lag in den Händen des britischen Architekten David Chipperfield, dem beim Wiederaufbau des 2009 fertiggestellten Neuen Museum eine mustergültige Symbiose von Alt und Neu geglückt war.

Frank Stellas **Humboldt-Forum** wird die Museumsinsel räumlich und inhaltlich erweitern – um die außereuropäischen Kulturzeugnisse und die naturwissenschaftliche Perspektive. Das ehrgeizige Ziel ist eine Art Berliner Louvre mitten in der Stadt, ein Universalmuseum, das die Kulturgeschichte der Menschheit seit der Antike ausbreitet.

Das Schloss war seit dem ausgehenden Mittelalter das Machtzentrum der Stadt, es lag genau in ihrer Mitte, als 1918 der letzte Kaiser abdankte. Dank der Kulturschätze, die preußische Könige und Kaiser angehäuft hatten, entstand jedoch kein Vakuum. In Zukunft soll die kulturelle Ausstrahlung mit dem Ausbau der Museumsinsel und mit dem „Humboldt-Forum" noch gesteigert werden. Von dort sind es nur ein paar Schritte zur Staatsoper, zum Deutschen Historischen Museum, zur Humboldt-Universität und zur mächtigen Staatsbibliothek Unter den Linden. Die Stadtmitte als Schatzkammer, als Hort des Schönen, als Diskussionsforum und Ort kultureller Bildung: das ist die Zukunftsvision, an der Berlin baut.

30 Jahre Friedliche Revolution - Mauerfall, Visualisierung Schloss - Palast der Republik - Dom
© Kulturprojekte Berlin unter Verwendung von Fotos von Harf Zimmermann

KULTURPROJEKTE BERLIN

Ob Lange Nacht der Museen, Berlin Art Week, das Festival zu 30 Jahre Friedliche Revolution – Mauerfall oder die Onlineportale zu allen Berliner Museen und Bühnen: Die landeseigene Gesellschaft Kulturprojekte Berlin vermittelt Kunst, Kultur und Stadtgeschichte, vernetzt und berät Akteure der Kreativwirtschaft und organisiert stadtweite Großevents. Mehr Infos zu den oben genannten und vielen weiteren Projekten findet Ihr unter: www.kulturprojekte.berlin

Veranstaltungen und Angebote

Lange Nacht der Museen
© Kulturprojekte Berlin, Foto Oana Popa

Lange Nacht der Museen
31. August 2019

Berlin Art Week
11. - 15. September 2019

30 Jahre Friedliche
Revolution – Mauerfall
4. - 10. November 2019

Museumsdienst Berlin
Führung, Workshop, Schüler*innengruppe? Der Museumsdienst Berlin berät Euch, organisiert und bucht für Euch Angebote in vielen Berliner Museen.
www.museumsdienst-berlin.de
museumsdienst@kulturprojekte.berlin **Tel: 030 247 49 888**

www.berlin-bühnen.de
Das Online-Portal der Berliner Bühnen für Spielpläne, Festivals, Tickets und Infos.

www.museumsportal-berlin.de
Der tagesaktuelle Wegweiser durch die Berliner Museen, Schlösser und Gedenkstätten.

Museumdienst Berlin   © Kulturprojekte
Berlin, Foto Julia Alice Treptow

Staatliche Museen zu Berlin

Museumsinsel Berlin (Mitte)

Museumsinsel, Bodestr. 1-3, Mitte
U + S Friedrichstr., S Hackescher
Markt, Bus 100, 200,
Tram 12, M1,M4, M5, M6
tägl. 10-18 Uhr,
Do -20 Uhr
alle Ausstellungen der
Museumsinsel: 18 €,
erm. 9 €

Alte Nationalgalerie

Die Alte Nationalgalerie beherbergt Gemälde und Skulpturen des 19. Jahrhunderts. Deutsche Romantiker wie Caspar David Friedrich, Karl-Friedrich Schinkel und Carl Blechen sind ebenso vertreten wie französische Impressionisten, u.a. Monet, Manet, Cézanne und Renoir.
Di-So 10-18 Uhr, Do -20 Uhr
10 €, erm. 5 €

Altes Museum

Das 1830 eröffnete, von Schinkel gebaute Gebäude ist der älteste Museumsbau Berlins. Nachdem das Museum zunächst die gesamten königlichen Kunstschätze beherbergt hatte, blieb es nach dem Bau weiterer Museen der Antikensammlung vorbehalten.
Di-So 10-18 Uhr, Do -20 Uhr
10 €, erm. 5 €

Bode-Museum

Das 1904 eröffnete Gebäude mit der auffälligen Kuppel (vormals Kaiser Friedrich-Museum) wurde 1956 nach seinem geistigen Schöpfer in Bode-Museum umbenannt. Es beherbergt das Münzkabinett, sowie die Skulpturensammlung und das Museum für Byzantinische Kunst. Gemälde aus dem Bestand der Gemäldegalerie bereichern die Ausstellung der europäischen Skulpturen.
Di-So 10-18 Uhr, Do -20 Uhr
12 €, erm. 6 €

Neues Museum

Nach mehr als 60 Jahren Ruinendasein und 10 Jahren Restaurierung unter der Leitung des britischen Architekten David Chipperfield funkelt der Stern der Museumsinsel seit 2009 in allen historischen Facetten. Zu sehen sind das Ägyptische Museum und Papyrussammlung, das Museum für Vor- und Frühgeschichte und Teile der Antikensammlung. Der neue / alte Star ist die schönste Berlinerin: Nofretete.
tägl. 10-18 Uhr, Do -20 Uhr
12 €, erm. 6 €

Pergamonmuseum

Das Pergamonmuseum zählte mit über 1 Mio Besuchern zu den musealen Topadressen. Kein Wunder, es gibt gleich drei hervorragende Sammlungen zu sehen: die Antikensammlung, das Vorderasiatische Museum und das Museum für Islamische Kunst. Berühmte Highlights sind der Pergamonaltar, das Markttor von Milet, die Prozessionsstraße von Babylon mit dem Ischtar-Tor und die Fassade eines jordanischen Wüstenschlosses. Achtung: Der Pergamonaltar ist wegen Sanierungsarbeiten bis voraussichtlich 2023 leider nicht zu sehen. Vor dem Museum gibt es Ersatz für das fehlende Highlight: Das 360° Pergamon-Panorama von Yadegar Aisi.
tägl. 10-18 Uhr, Do -20 Uhr
inkl. Panorama 19 €, erm. 9,50 €,
bis 18 Jahre frei

Staatliche Museen zu Berlin – Preussischer Kulturbesitz

Die Staatlichen Museen zu Berlin befinden sich hauptsächlich an den drei großen Museumsstandorten: Museumsinsel, Kulturforum, Charlottenburg.

Am Standort Dahlem ist nur noch das Museum Europäischer Kulturen für Besucher geöffnet. Die anderen beiden – Ethnologisches Museum und Museum für Asiatische Kunst – sind seit Anfang 2017 geschlossen weil sie im Humboldtforum gezeigt werden, sobald es fertig ist.

Die Eintrittspreise stehen bei den jeweiligen Häuser. Bei Sonderausstellungen können sich die Eintrittspreise ändern.

Einen Museumspass Berlin gibt es an allen Kassen der Staatlichen Museen zu Berlin. Er gilt drei Tage lang in mehr als 30 Museen. 29 €, erm. 14,50 €
Noch besser ist die Jahreskarte: 365 Tage 15 Museen ab 25 €.

Ermäßigungen (50%) gibt es für Schüler*innen, Student*innen, Grundwehr- und Zivildienstleistenden, Arbeitslose und Schwerbehinderte (mit den entsprechenden Ausweisen).

Freien Eintritt haben Kinder und Jugendliche bis zum vollendeten 18. Lebensjahr, Schüler*innen im Rahmen des betreuten Schulunterrichts, und Personen, die Transferleistungen (ALG II, Sozialhilfe, Grundsicherung oder Leistungen nach dem Asylbewerberleistungsgesetz) erhalten.

Führungen können zu folgenden Preisen gebucht werden:

		deutsch / Fremdsprache
60 Min.	....	80 € / 90 €
90 Min.	....	120 € / 135 €
120 Min.	....	160 € / 180 €

Sonderausstellungen jeweils 10 € mehr

Aktuelle Informationen
zu den Staatlichen Museen auch unter www.smb.museum und unter der Service-Hotline 030 – 266 42 42 42

Die Preise ändern sich ab und zu – deswegen haften wir für gar nichts.

Kulturforum (Mitte)

Matthäikirchplatz 6, Tiergarten
U + S Potsdamer Platz,
U2 Mendelssohn-Bartholdy-Park,
Bus 200, M29, M48, M300
Di-So 10-18 Uhr
Bereichskarte Charlottenburg:
16 €, erm. 8 €

Gemäldegalerie

Wer Alte Meister mag, sollte sich auf keinen Fall die Gemäldegalerie entgehen lassen. Die Sammlung umfasst etwa 1.400 Werke der berühmtesten Maler vom 13. bis 18. Jahrhundert. Botticelli, Raffael, Tizian, Rubens, Rembrandt, Cranach, Dürer, Watteau… kurz: nur die ganz Großen.
Stauffenbergstraße 40, Tiergarten
Di-Fr 10-18, Do 10-20, Sa + So 11-18 Uhr
10 €, erm. 5 €

Neue Nationalgalerie

Der „lichte Tempel aus Glas" beherbergt europäische Malerei und Plastik des 20. Jahrhunderts von der klassischen Moderne bis zur Kunst der 60er Jahre und immer mal wieder spektakuläre Sonderausstellungen. Wegen gründlicher Renovierung bleibt das Haus noch bis 2020 **geschlossen!**
Potsdamer Str. 50

Kunstbibliothek

Diese Präsenzbibliothek erwirbt und erschließt Schriften zur europäischen Kunstgeschichte. Und es gibt Ausstellungen zur Gebrauchsgrafik mit Plakaten, Architekturzeichnungen und Mode.
Matthäikirchplatz 6
Di-Fr 10-18, Do 10-20, Sa + So 11-18 Uhr
6 €, erm. 3 €

Kunstgewerbemuseum - Museum für Kunst, Mode und Design

Nein, keine gehäkelten Topflappen, eher der Welfenschatz, Meilensteine des Designs, Möbel, Schmuck, Accessoires und ganz neu: die Entwicklung der Mode, von Reifröcken und Roben des 18. Jahrhunderts bis hin …. zu Kleidern von Coco Chanel und Yves Saint Laurent.
Matthäikirchplatz
Di-Fr 10-18, Sa + So 11-18 Uhr
8 €, erm. 4 €

Kupferstichkabinett

Liebhaber von Grafik können sich im Kupferstichkabinett auf Entdeckung begeben. Im Studiensaal werden auf Wunsch einzelne Werke aus einer Sammlung von insgesamt 110.000 Handzeichnungen und über 550.000 druckgrafischen Blättern gezeigt - von den Anfängen im Spätmittelalter über Dürer, Botticelli bis hin zu Picasso und Beuys. Außerdem wechseln-de Sonderausstellungen.
Matthäikirchplatz
Di-Fr 10-18 Uhr, Sa + So 11-18 Uhr
6 €, erm. 3 €

Musikinstrumentenmuseum

Die umfassende Sammlung enthält europäische Musikinstrumente vom 16. Jahrhundert bis zur Gegenwart. Historisch bedeutsame Instrumente wie das tragbare Cembalo von Sophie Charlotte von Preußen finden hier genauso Platz wie die große Wurlitzer Musikbox aus den 20er Jahren. Tonbeispiele und Führungen durch das Gebäude bringen dem Besucher die Geschichte und Klangwelt europäischer Musik nahe.
Matthäikirchplatz, Eingang Ben-Gurion-Str.
Di-Fr 9-17, Do 9-20, Sa + So 10-17 Uhr
6 €, erm. 3 €

in der Nähe:
Hamburger Bahnhof - Museum für Gegenwart - Berlin

Als Museum für Gegenwartskunst bietet der spätklassizistische zum Museum erweiterte Kopfbahnhof ein Forum für zeitgenössische Kunst: Baselitz, Beuys, Kiefer, Rauschenberg, Twombly und Warhol sowie Sonderausstellungen. In den dazu gehörigen Rieckhallen sind Werke der „Flick Collection" zu sehen, eine der bedeutendsten Privatsammlungen zur Kunst des 20. und 21. Jahrhunderts.

Invalidenstr. 50-51, Tiergarten
U6 Naturkundemuseum, U + S Hauptbahnhof, Bus M41, M85, Tram M6, M8
Di-Fr 10-18, Do 9-20 Uhr,
Sa + So 11-18 Uhr
14 €, erm. 7 €

Charlottenburg
U2 Sophie-Charlotte-Platz,
U7 Richard-Wagner-Platz,
S Westend, Bus 309, M45

Gipsformerei
Seit über 150 Jahren werden hier Repliken angefertigt, überwiegend aus Berliner Museen. Inzwischen sind es über 7.000 und hier kann man sie sogar kaufen, z. B. die Laokoon-Gruppe oder die Büste der Königin Nofretete.
Sophie-Charlotten-Str. 17-18
Mo-Fr 9-16, Mi 9-18 Uhr
frei

Museum Berggruen
Seit 1996 kann man hier die Privatsammlung Heinz Berggruens im Stülerbau besichtigen. Mittlerweile zählt sie zu den Museums- Highlights der Stadt. Im Zentrum steht Picasso, eingerahmt von anderen Werken der klassischen Moderne: Paul Klee, Henri Matisse, Georges Braque, Alberto Giacometti… Nach Umbauarbeiten gehört jetzt auch das Nachbarhaus dazu, mit 10 zusätzlichen Ausstellungsräumen.
Schloßstr. 1, Charlottenburg
Di-Fr 10-18 Uhr, Sa + So 11-18 Uhr
Kombikarte mit Sammlung
Scharf-Gerstenberg: 12 €, erm. 6 €,

Sammlung Scharf-Gerstenberg
Gegenüber des Museums Berggruen wird seit 2008 die Sammlung Scharf-Gerstenberg gezeigt, mit hochkarätigen Werken der Surrealisten und ihrer Vorläufer. Das Spektrum der Künstler reicht von Piranesi, Goya und Redon bis zu Dalí, Magritte, Max Ernst und Dubuffet.
Schloßstr. 70, Charlottenburg
Di-Fr 10-18, Sa + So 11-18 Uhr
Kombikarte mit Museum Berggruen
12 €, erm. 6 €

in der Nähe:
Museum für Fotografie
Im Eingang zum ehemaligen Offizierskasino am Bahnhof Zoo hingen früher die Portraits von fünf Offizieren in voller Montur - jetzt herrschen hier fünf „Big Nudes" von Helmut Newton. Seit der Wiedereröffnung des glanzvoll erneuerten Kaisersaals sind hier neben den Exponaten der Helmut Newton Stiftung in der Beletage und im Erdgeschoss auch wieder Teile der Sammlung Fotografie der Kunstbibliothek im Kaisersaal zu sehen.
Jebensstr. 2, Charlottenburg
U + S Zoologischer Garten
Tel. 31864825
tägl. 11-19 Uhr, Do -20 Uhr
10 €, erm. 5 €

Dahlem
U3 Dahlem-Dorf, bus 110, X11, X83

Museum Europäischer Kulturen
Dieses Museum verstand sich als ein Ort und ein Forum der Begegnung von Kulturen im langsam zusammenwachsenden Europa. Sammlungsschwerpunkt ist die europäische Alltagskultur vom 18. Jahrhundert bis zur Gegenwart. In den nächsten Jahren wird sich das vielleicht ändern müssen.
Arnimallee 25, Dahlem
U3 Dahlem-Dorf, Bus 110, X11, X83
Tel. 266426801
Di-Fr 10-17, Sa + So 11-18 Uhr
8 €, erm. 4 €

Ethnologisches Museum & Museum für Asiatische Kunst
Beide sind seit Anfang 2017 geschlossen. Sobald das Humboldt-Forum fertig ist werden die Sammlungen in einer neu konzipierten Ausstellung im ehemaligen Stadtschloss in Mitte zu sehen sein.

Köpenick
Schloss Köpenick
Das Köpenicker Barockschloss hat sich hübsch gemacht in den letzten Jahren. In der Dependance des Kunstgewerbemuseums vom Kulturforum präsentieren sich unter dem Aspekt „RaumKunst" Möbel und Kunstgewerbe aus Renaissance, Barock und Rokoko.
Schlossinsel 1, Köpenick
S47 Spindlersfeld,
Tram 27, 60, 61, 62, 67, Bus 164, 167
Di-So 11-18 Uhr, 6 €, erm. 3 €

Andere Museen

Neben den Staatlichen Museen gibt es noch schöne und wichtige andere Museen, wie das Jüdische Museum oder das Deutsche Historische Museum. Die jeweiligen Preise und Öffnungszeiten stehen unter den einzelnen Einträgen. Informationen über die Öffnungszeiten, Preise und Veranstaltungen aller Museen gibt's auch unter www.museumsportal-berlin.de oder der Telefonnummer 24 74 98 88 (MuseumsInformation Berlin).

Alliierten Museum
Die Geschichte der Westmächte und Berlins in der Zeit von 1945-1994. Ausgangspunkt der Dauerausstellung ist der Einmarsch der Westmächte in ihre Sektoren nach der deutschen Niederlage im Zweiten Weltkrieg. Schlusspunkt ist die Freude über den Fall der Mauer und die Vereinigung der deutschen Staaten 1990. Das Museum soll in den nächsten Jahren wachsen und in Hangar 7 des Flughafens Tempelhof ziehen. Einleuchtend weil hier die Rosinenbomber landeten.
Clayallee 135, Zehlendorf
U3 Oskar-Helene-Heim, Bus 115, X83
Tel. 8181990
Di-So 10-18 Uhr, frei
www.alliiertenmuseum.de

Anne Frank Zentrum
Im Mittelpunkt der Ausstellung „Anne Frank. hier & heute" stehen die Lebensgeschichte und das Tagebuch Anne Franks. Viele erhaltene Fotos und Dokumente zeigen ihre Lebensgeschichte auf, dazu sind Interviews mit ihrem Vater, ihrer Schulfreundin und einer Helferin zu

hören. Auch Berliner Jugendliche von heute kommen über Hörstationen und kurze Filmportraits zu Wort. Begleitend finden Veranstaltungen wie Lesungen, Zeitzeugengespräche, Filmabende sowie Seminare und Podiumsdiskussionen statt.
Rosenthaler Str. 39, Mitte
S Hackescher Markt,
U8 Weinmeisterstr.,
Tram M1, M4, M5, M6
Tel. 288865600
Di-So 10-18 Uhr
6 €, erm. 3,50 €, Familienkarte 14 €,
bis 10 Jahre frei
www.annefrank.de

Bauhaus Archiv / Museum für Gestaltung - the temporary Bauhaus-Archiv

In dem eigenwilligen, von Bauhaus-Gründers Walter Gropius entworfenen Gebäude ist die weltweit größte Sammlung zur Geschichte des Bauhauses (Dessau-Weimar-Berlin 1919-1933) untergebracht. Wechselnde Ausstellungen, Caféteria und Bauhaus-Shop bilden das Angebot des Museums. Bis 2021 erfolgt die Sanierung und Erweiterung um einen Museumsneubau. Bis zur Wiedereröffnung empfängt das Museum im Haus Hardenberg im „the temporary bauhaus-archiv".
Knesebeckstraße 1-2, Tiergarten
U2 Ernst-Reuter-Platz, Bus M45
Tel. 2540020
Mo-Sa 10-18 Uhr
www.bauhaus.de

Berlin Story Bunker. Dokumentation „Hitler – wie konnte es geschehen"

Auf drei Stockwerken des 6.500 Quadratmeter großen Bunkers wird die Geschichte des Nationalsozialis-

mus dokumentiert. Es fing damit an dass jemand versprach Deutschland wieder groß zu machen und endete mit dem Selbstmord Hitlers im Führerbunker. Die Ausstellung mündet in die „Dokumentation Führerbunker" mit einem Modell des Führerbunkers und der symbolischen Rekonstruktion des Raums, in dem der Diktator Selbstmord beging. Texte in Deutsch und Englisch, Audioguides in Deutsch, Englisch, Italienisch, Spanisch und Französisch. Für den Besuch solltet Ihr 2 Stunden oder mehr einplanen.
Schöneberger Str. 23a, Kreuzberg
S Anhalter Bahnhof, Bus M29, M41
tägl. 10-19 Uhr, l
etzter Einlass 17:30 Uhr
12 €, erm. 9 €, Audioguides 1,50 €
www.berlinstory.de

Berlin Story Museum

Im Bunker am Anhalter Bahnhof kann man Berliner Geschichte erkunden. Der Rundgang mit dem Audioguide dauert nur 60 Minuten, aber ihr solltet euch etwas mehr Zeit nehmen, denn es gibt viel zu entdecken. Der Audioguide ist im Preis enthalten. Sprachen: Deutsch, Englisch, Französisch, Spanisch, Italienisch, Niederländisch, Dänisch, Russisch, Türkisch und Chinesisch. Wir empfehlen zusätzlich im Bunker die Dokumentation „Hitler – wie konnte es geschehen?" über die Geschichte des Nationalsozialismus (Kombi-Preis: 13,50 €).
Schöneberger Str. 23a, Kreuzberg
S Anhalter Bahnhof, Bus M29, M41
Tel. 20454673
tägl. 10-19 Uhr,
letzter Einlass 17:30 Uhr
6 €, erm. 4,50 € inkl. Audioguide
in 10 Sprachen
www.BerlinStory-Museum.de

Berlinische Galerie

Triff „echte" Berliner*innen im Herzen von Kreuzberg! Entdecke Berliner Kunst von 1870 bis zur Gegenwart in der Berlinischen Galerie. Das Landesmuseum für Moderne Kunst, Fotografie und Architektur präsentiert neben der ständigen Sammlung auch internationale Künstler*innen der aktuellen Szene.

Alte Jakobstr. 124-128, Kreuzberg
U1 + 6 Hallesches Tor, U6 Kochstr., Bus 248, M29
Tel. 78902600
Mi-Mo 10-18 Uhr
8 €, erm. 5 €, bis 18 Jahre frei, jeden 1. Montag im Monat 4 €, Wochenendführungen (Sa/So 15 Uhr) im Eintritt enthalten. Abweichende Preise bei Sonderausstellungen möglich. www.berlinischegalerie.de

Bröhan-Museum

In der ehemaligen Infanteriekaserne gegenüber des Schloss Charlottenburg ist eine umfangreiche, ehemalige Privatsammlung mit Kunst, Kunsthandwerk und Gebrauchsgegenständen aus der Zeit des Jugendstils, Art Décos und Funktionalismus untergebracht. Werke u.a. von Emile Gallé, Henry van de Velde und Peter Behrens sowie Gemälde der Berliner Secessionisten machen das Haus zu einem echten Juwel.

Schloßstr. 1 a, Charlottenburg
U7 Richard-Wagner-Platz, U2 Sophie-Charlotte-Platz, Bus M45
Tel. 32690600
Di-So und feiertags 10-18 Uhr
8 €, erm. 5 €, Sonderausstellung extra,

bis 18 Jahre frei
www.broehan-museum.de

Brücke-Museum

Das im Jahr 1967 im Bauhaus-Stil auf Anregung des Malers Karl Schmidt-Rottluff errichtete Haus beherbergt eine der bedeutendsten expressionistischen Sammlungen Deutschlands. Gezeigt werden verschiedene Ausstellungen zu allen Schaffensperioden der expressionistischen Künstlergruppe „Brücke", zu der neben Schmidt-Rottluff Künstler wie Erich Heckel, Ernst Ludwig Kirchner, Emil Nolde und Max Pechstein gehörten.
Bussardsteig 9, Dahlem
U3 + 7 Fehrbelliner Platz
oder S Hohenzollerdamm,
dann Bus 115
Tel. 8312029
Mi-Mo 11-17 Uhr,
6 €, erm. 4 €,
Schüler mit Schülerausweis frei
www.bruecke-museum.de

C/O Berlin

Als Ausstellungshaus für Fotografie präsentiert das C/O Berlin ein lebendiges, kulturelles Programm internationalen Ranges. Seit dem Umzug aus Mitte 2013 liegt es im Berliner Westen, im Amerika Haus. Die Freunde der Fotografie freut es, denn ganz in der Nähe sind das Museum für Fotografie (Helmut Newton-Stiftung) und die Galerie Camera Work.
Hardenbergstr. 22 - 24,
Charlottenburg
U + S Zoologischer Garten
Tel. 28091925
tägl. 11-20 Uhr
10 €, erm. 6 €, bis 18 Jahre frei
www.co-berlin.org

Centrum Judaicum

In der ständigen Ausstellung „Tuet auf die Pforten" wird die Geschichte des Hauses mit der goldenen Kuppel und das mit ihm verbundene Leben nachgezeichnet. Ein Rundgang soll einen Eindruck davon vermitteln, wie mannigfaltig die Formen jüdischen Lebens in diesem Teil Berlins waren. Wechselnde Sonderausstellungen.
Oranienburger Str. 28-30, Mitte
S Oranienburger Str., Tram M1, M5
Tel. 28401316
Okt-Mär So-Do 10-18, Fr 10-15,
Apr-Sep Mo-Fr 10-18, So 10-19 Uhr
7 €, erm. 4,50 €; Kuppel: 3 €, erm.
2,50 €, Audioguides (dt., engl.,
hebr. und span.) 3 €
www.centrumjudaicum.de

Computerspielemuseum

Nur 5 Minuten vom Alexanderplatz entfernt könnt ihr eintauchen in die Welt des Homo Ludens Digitalis, vielen besser bekannt als Zocker. Zu erleben sind über 300 Exponate: rare Originale, spielbare Klassiker, interaktive Kunstwerke, kultige Spieleautomaten... Übrigens: kultig-nerdige Geschenke könnt ihr hier auch erstehen.
Karl-Marx-Allee 93a, Friedrichshain
U5 Weberwiese
Tel. 60988577
tägl. 10-20 Uhr, öffentliche Führungen
Sa + So 12 Uhr
9 €, erm. 6 €, Führungen + 4 €, erm. 3 €,
Familienticket 19 €
www.computerspielemuseum.de

DDR Museum

Mitten im Zentrum des ehemaligen Ost-Berlins befindet sich das interaktive DDR Museum. Mauer - Alltag - Stasi: Hier erfährt man alles Wichtige

über das Leben in der DDR und der Besucher kann viel erleben.
Karl-Liebknecht-Str. 1, Mitte
U + S Alexanderplatz,
S Hackescher Markt, Bus 100, 200,
M48, Tram M4, M5, M6
Tel. 847123731
tägl. 10-20 Uhr
9,80 €, erm. 6 €
www.ddr-museum.de

Deutsches Historisches Museum

Das Deutsche Historische Museum präsentiert sich in zwei Gebäuden: Im einzigartigen barocken Zeughaus und in der angrenzenden modernen Ausstellungshalle des chinesisch-amerikanischen Architekten Ioeh Ming Pei. Das 300-jährige Zeughaus ist der bedeutendste erhaltene Barockbau in Berlin und das älteste Gebäude auf dem Boulevard Unter den Linden. Hier befindet sich die Dauerausstellung „Deutsche Geschichte vom Mittelalter bis zum Mauerfall", die die wechselvolle und spannungsreiche deutsche Geschichte im internationalen Zusammenhang vermittelt. Ergänzt wird die Dauerausstellung durch wechselnde Ausstellungen in der faszinierenden Ausstellungshalle mit einem Eingangsbereich aus Glas und Stahl. Noch bis September 2019 ist die Ausstellung „Weimar: Vom Wesen und Wert der Demokratie" zu sehen. Ab 22. November 2019 folgt dann eine erste große Ausstellung über Wilhelm und Alexander von Humboldt, die die Brüder im Kontext der komplexen Herausforderungen, Entwicklungen und Chancen ihrer Zeit verortet.
Unter den Linden 2, Mitte
S Hackescher Markt,
U + S Friedrichstr., Bus 100, 200

Tel. 2030 40
tägl. 10-18 Uhr
8 €, erm. 4 €, bis 18 Jahre frei,
Audioguides (dt., engl., franz.,
span., ital., poln.) verfügbar
www.dhm.de

Deutsches Spionagemuseum

Wann wurden Menschen zu Spionen? Wussten Sie, dass schon im 2. Weltkrieg „Drohnen" eingesetzt wurden? Welcher Geheimdienst hatte die besten Codes? Was ist der Unterschied zwischen der Honigfalle und der Romeo-Methode? Wer weiß mehr über Sie? Stasi, NSA, Facebook oder Payback? Das Deutsche Spionagemuseum zeigt in seiner interaktiven Hightech-Ausstellung mitten in der Hauptstadt der Spione die Geschichte der Spionage auf 3.000 Quadratmetern. Hunderte einzigartige Exponate wie die berühmte Enigma erwarten Sie.
Leipziger Platz 9, Mitte
U + S Potsdamer Platz,
Bus M41, M48, M85, 200
Tel. 39820019-0
tägl. 10-20 Uhr
12 €, erm. 8 €
www.deutsches-spionagemuseum.de

Deutsches Technikmuseum

Für Entdecker! Eine Reise durch die Kulturgeschichte der Technik auf 26.500 qm: Verkehr, Kommunikation und Produktion, Ausstellungen zu Luft- und Schifffahrt, zu Computern und dem Internet, zum Schienenverkehr in historischen Lokschuppen, zur Vielfalt des Zuckers und zur Geschichte der (Auto-) Mobilität.
Trebbiner Str. 9, Kreuzberg
U1 + 2 Gleisdreieck, U1 + 7 Möckernbrücke, S Anhalter Bahnhof
Tel. 902540
Di-Fr 9-17:30 Uhr, Sa + So 10-18 Uhr

8 €, erm. 4 €,
bis 18 Jahre frei ab 15 Uhr
www.sdtb.de

Friedrichshain-Kreuzberg Museum

Friedrichshain-Kreuzbergs unge-
wöhnliche Mischung: verschiedene
Lebensstile, Kulturen, Nationalitäten
und Religionen auf engstem Raum.
Dieses Heimatmuseum neuen Typs
zeigt Alltagsgeschichte im großen
historischen Zusammenhang. Außer-
dem zeigt es Filme und wechselnde
Ausstellungen.
Adalbertstr. 95a, Kreuzberg
U1 + 8 Kottbusser Tor, Bus M29
Tel. 50585233
Di-Fr 12-18, Sa + So 10-18 Uhr, frei
www.fhxb-museum.de

Game Science Center

Hier könnt ihr die neuen Technolo-
gien kennenlernen, die unser Leben
verändern werden, z. B. mit der
„Augmented Reality Sandbox", oder
mit Computerspielen, die sich über
Sprache, Gestik oder Blicke steuern
lassen.
Besselstr. 14, Kreuzberg
U6 Kochstr., Bus M 29
Tel. 52285488
Mi-Mo 11-19 Uhr
14 €, Studenten 11 €, Kinder (7-10) 8 €
www.gsc.berlin

Gropius Bau

Der Gropius Bau zählt zu den international beliebtesten Ausstellungs-
häusern. Große Schauen zur Kulturgeschichte, Zeitgenössischer Kunst
und Fotografie bilden die Säulen des
Programms und begeistern jährlich
nahezu eine halbe Million Besucher
aus dem In- und Ausland. Und das
neue Museumscafé Beba ist eines
der schönsten der Stadt.

Niederkirchnerstr. 7, Kreuzberg
U + S Potsdamer Platz, S Anhalter
Bahnhof, Bus M29, M41
Tel. 254860
Mi-Mo 10-19 Uhr
Hausticket 15 €, erm. 10€
www.gropiusbau.de

Gründerzeitmuseum im Gutshaus Mahlsdorf

Am Rande der Stadt liegt das zwei-
hundertjährige Gutshaus Mahlsdorf.
Es beherbergt das liebevoll von
Charlotte von Mahlsdorf (geb. als
Lothar Berfelde) bestückte Grün-
derzeitmuseum Mahlsdorf. Mit dem
Gutspark und dem Museum bildet
es eine kleine Sehenswürdigkeit
für all diejenigen, die auf der Suche
nach den „hidden places" sind. Die
Mahlsdorfer Sammlung zählt zu den
beeindruckendsten Gründerzeits-
ammlungen Deutschlands.
Hultschiner Damm 333, Mahlsdorf
S Mahlsdorf, dann Tram 62
Tel. 5678329
nur Mi + So 10-18 Uhr
4,50 €, erm. 3,50 €, Kinder 2 €
www.gruenderzeitmuseum-mahls-
dorf.de

Industriesalon Schöneweide

Schöne Weiden gab es hier nur bis
zur Industrialisierung Ende des 19.
Jahrhunderts. Nach dem Krieg arbeiteten am größten Industriestandort
der DDR etwa 25.000 Menschen, 1997
waren es noch 1.700. Zur Geschichte
des Industriestandortes Oberschöneweide gibt es eine Ausstellung und
Führungen über das Gelände.
Reinbeckstr. 9, Köpenick
Tram 27, 63, 67
Tel. 53007042
Mi-So 14-18 Uhr, frei
www.industriesalon.de

Jagdschloss Grunewald

In Berlins ältestem Schlossbau (1542) am Ufer des Grunewaldsees zeigt die Dauerausstellung die größte Cranach-Sammlung Berlins und in der Herrscher-Galerie im Obergeschoss die Porträts der Hohenzollern vom 16. bis 19. Jahrhundert. Das Jagdzeugmagazin nebenan informiert über die Geschichte der Jagd in Brandenburg und über die Schlossgeschichte.

Hüttenweg 100, Zehlendorf
Bus, X83, 186, 115 bis Clayallee,
dann zu Fuß
Tel. 8133597
Apr-Okt Di-So 10-17:30 Uhr (letzter Einlass jeweils 30 Min. vor Schließung), Nov-Mär Sa + So + feiertags 10-16 Uhr (Besichtigung nur mit Führung)
Jan-Feb geschlossen
Schloss: 6 €, erm. 5 € (Kombiticket Jagdzeugmagazin + Jagdschloss; inkl. Führung im Schloss an Wochenenden und Feiertagen),
Jagdzeugmagazin 2 €, erm. 1,50 €
www.spsg.de

Jüdisches Museum Berlin

Das Jüdische Museum Berlin ist mit seiner eindrucksvollen Architektur von Stararchitekt Daniel Libeskind längst zu einem Wahrzeichen Berlins geworden. Zur Zeit wird die Dauerausstellung neu konzipiert. In dieser Zeit sind zahlreiche Sonderausstellungen zu sehen. Die Achsen im Untergeschoss des Libeskind-Baus sowie Lichtinstallationen und Interventionen sind während der gesamten Umbauphase der Dauerausstellung geöffnet. Im Frühjahr 2020 eröffnet die neue Dauerausstellung.

Lindenstr. 9-14, Kreuzberg
U6 Kochstr., U1 + 6 Hallesches Tor,
Bus M29, M41
Tel. 25993300
tägl. 10-20 Uhr, geschlossen an den jüd. Feiertagen Rosch ha-Schana (30. Sept. + 1. Okt 2019) und Jom Kippur (9. Okt) sowie an Heiligabend
8 €, erm. 3 €, Audioguide 3 €
www.jmberlin.de

Jugend Museum

In der „Millionenvilla" dreht sich alles um Geschichte – und zwar zum Leben hier und heute. Kinder, Jugendliche und natürlich auch Erwachsene können auf drei Etagen die Wunderwelt der Dinge entdecken und fremde Lebensgeschichten erkunden. Die preisgekrönte Dauerausstellung „Wunderkammern - Wunderkisten" zeigt kostbare, wundersame und alltägliche Dinge, die mit der Geschichte und den Menschen Berlins zu tun haben. VILLA GLOBAL - THE NEXT GENERATION, eine Ausstellung zur Vielfalt in Berlin mit unterschiedlichsten Menschen in 14 Räumen. Und dann gibt es noch „Heimat Berlin – Migrationsgeschichte für Kinder".

Hauptstr. 40-42, Schöneberg
U7 Eisenacher Str., U4 Rathaus Schöneberg, S Julius-Leber-Brücke, S Schöneberg, Bus M48, M85
Tel. 902776163
So-Do 14-18, Fr 9-14 Uhr, angemeldete Gruppen: Mo-Fr 9-14 Uhr
frei
www.jugendmuseum.de

Kunsthaus Dahlem

Hinter dem ‚neutralen' Namen verbirgt sich ein riesiges Atelier, das Hitler für seinen Lieblingsbildhauer Arno Breker bauen ließ. Seit 2015 wird hier Nachkriegskunst gezeigt. Wegen der hohen Decken (9 Meter) und dem schönen Garten liegt der Schwerpunkt auf der Bildhauerei. Und wenn man schon mal hier im Grünen ist, sollte man auch das Brücke-Museum gleich nebenan besuchen.

Käuzchensteig 8, Dahlem
U3 + 7 Fehrbelliner Platz oder
S Hohenzollerdamm, dann Bus 115
Tel. 83227258
Mi-Mo 11-17 Uhr
6 €, erm. 4 €, Kombi-Ticket mit Brücke-
Museum: 8 €, erm. 5 €, bis 18 Jahre frei
www.kunsthaus-dahlem.de

KW Institute for Contemporary Art

In einer schönen denkmalgeschützten Hofanlage gelegen, bieten die KunstWerke einen idealen Ort zum Durchatmen und Kunsterleben. Außer der großzügigen Ausstellungsfläche, verteilt auf vier Etagen, gibt es in den KW mehrere Atelier- und Projekträume. Neben wechselnden Ausstellungen organisieren die KW alle zwei Jahre die Berlin Biennale.

Auguststr. 69, Mitte
S Oranienburger Str., Tram M1, M6
Tel. 2434590
Mi-Mo 12-19, Do 12-21 Uhr
8 €, erm. 6 €
www.kw-berlin.de

Lange Nacht der Museen

Seit über 20 Jahren einer der größten und beliebtesten Events der Stadt. Erlebt Berlins Museen in besonderer Atmosphäre und mit spektakulärem Programm. 80 Museen, 800 Veranstaltungen, 1 Ticket! Immer im August.

www.lange-nacht-der-museen.de

Liebermann-Villa am Wannsee

Max Liebermanns Sommervilla ist heute der perfekte Ort um einen der berühmtesten Vertreter des deutschen Impressionismus kennenzulernen. Inmitten des knapp 7.000 qm großen Gartens gewinnt man faszinierende Einblicke in das Leben und Wirken des Max Liebermann, z. B. indem man den von ihm entworfenen Garten mit den Gemälden des Gartens vergleicht.

Colomierstr. 3, Wannsee
S Wannsee, weiter mit Bus 114
Tel. 80585900
Apr-Sep Mi-Mo 10-18,
Okt-Mär Mi-Mo 11-17 Uhr
8 €, erm. 5 €, Multimediaguide 4,50 €
www.liebermann-villa.de

Märkisches Museum

BerlinZEIT – Geschichte kompakt. Wie ist Berlin geworden, was es heute ist? Die neue Dauerausstellung BerlinZEIT im Märkischen Museum stellt prägende Momente aus Berlins Geschichte kompakt und leicht verständlich vor. Ein Rundgang entlang einzigartiger Objekte führt Euch in knapp einer Stunde multimedial und überraschend von der Eiszeit bis zur Gegenwart. Ein gratis Audioguide, bei dem auch der Berliner Rapper Romano zu Wort kommt, begleitet die Ausstellung auf Deutsch oder Englisch. Der Geheimtipp für alle, die Berlin erleben wollen!

Am Köllnischen Park 5, Mitte
U2 Märkisches Museum, U + S
Jannowitzbrücke
Tel. 24002-162
Di-So 10-18 Uhr
7 €, erm. 4 €, bis 18 Jahre und jeden
1. Mittwoch im Monat frei
www.stadtmuseum.de

me Collectors Room

In dem Sammlerhaus werden in wechselnden Ausstellungen Teile der Olbricht Collection mit Werken von Beginn des 16. Jahrhunderts bis zur jüngsten Gegenwart sowie anderer privater, internationaler Kunstsammlungen gezeigt. Die programmatischen Schwerpunkte der Sammlung sind die zentralen Themen des Menschseins: Leben, Liebe, Eros, Vergänglichkeit und Tod. Ein ganz besonderer Bereich der Sammlung – zum Staunen, Entdecken und Verstehen – ist die Wunderkammer.

Auguststr. 68, Mitte

U8 Weinmeisterstr., U6 Oranienburger
Tor, S Hackescher Markt, S Oranien-
burger Str, Tram M1, M6
Tel. 86008510
Mi-Mo, 12-18 Uhr
8 €, erm. 4 €, frei bis 18 Jahre
www.me-berlin.com

Museum für Film und Fernsehen

Eine Reise durch die Filmgeschichte: Kino der Pioniere, Stummfilm-Diven, Filme in der Weimarer Republik und im Nationalsozialismus, Marlene Dietrich, Exil in Hollywood, Nachkriegsfilm und deutsches Gegenwartskino. In der Abteilung Fernsehen gibt es die Sternstunden der Programmgeschichte und die Entwicklungen des deutschen Fernsehens in Ost und West.

Potsdamer Str. 2, Tiergarten
U + S Potsdamer Platz,
Bus M41, M48, M85, 200
Tel. 3009030
Mi-Mo 10-18, Do -20 Uhr
8 €, erm. 5 €, Schüler 2 €
www.deutsche-kinemathek.de

Museum für Kommunikation Berlin

Das Museum für Kommunikation Berlin zeigt in prachtvoller wilhelminischer Architektur eine interaktive Dauerausstellung zu Vergangenheit, Gegenwart und Zukunftsperspektiven der Kommunikation. Von drei Robotern begrüßt, können die Besucher auf der Kommunikationsgalerie spielerisch erfahren, was Kommunikation ist, oder in der Schatzkammer die Blaue Mauritius bewundern. Die Themengalerie und Sammlungssäle bieten zahlreiche Exponate aus der Post- und Kommunikationsgeschichte. Wechselnde Sonderausstellungen

richten den Blick auf weitere span-
nende Facetten der Kommunikation.
Leipziger Str. 16, Mitte
U2 Mohrenstr., U2+6 Stadtmitte,
Bus M48, 200, 265
Tel. 202940
Di 9-20, Mi-Fr 9-17,
Sa+So+feiertags 10-18 Uhr
6 €, erm. 3 €,
Schulklassen+Kinder bis 18 Jahre frei
www.mfk-berlin.de

Museum für Naturkunde Berlin
Hier warten nicht nur Minerale, Me-
teoriten, Fossilien und Tiere, wie der
berühmte Eisbär Knut und das Origi-
nalskelett des Brachiosaurus brancai
auf euch. Es gibt auch Juraskope, die
über die Lebensbedingungen des Di-
nos informieren. Die „Mona Lisa" des
Naturkundemuseums ist im Original
zu sehen: das Fossil des Urvogels Ar-
chaeopteryx. Toll auch die Abteilung
zu Kosmos und Sonnensystem sowie
die „Wand der biologischen Vielfalt".
Spannende Führungsangebote für
Klein und Groß auch nach Museums-
schluss.
Invalidenstr. 43, Mitte
U6 Naturkundemuseum,
Tram M5, M6, M8
Tel. 20938591
Di-Fr 9:30-18,
Sa+So+Feiertags 10-18 Uhr
8 €, erm. 5 €, Familienkarte 15 €,
bei Sonderausstellungen abweichen-
de Eintrittspreise
www.naturkundemuseum-berlin.de

Schwules Museum
Das Schwule Museum ist mit seinen
viel beachteten Ausstellungen,
Archivbeständen, zahlreichen
Forschungsbeiträgen weltweit eine
der größten und bedeutendsten
Institutionen für die Archivierung,
Erforschung und Vermittlung der
Geschichte und Kultur der GLB-
TIQ-Communities. Wechselnde
Ausstellungen und Veranstaltungen
beschäftigen sich auf vielfältige Wei-
se mit lesbischen, schwulen, transi-
dentischen, bisexuellen und queeren
Lebensgeschichten, Themen und
Konzepten in Geschichte, Kunst und
Kultur.
Lützowstr. 73, Tiergarten
U1+2+3+4 Nollendorfplatz,
U1 Kurfürstenstr., Bus M29
Tel. 69599050
Mo, Mi, Fr 14-18, Do -20 Uhr
7,50 €, erm. 4 €
www.schwulesmuseum.de

Urban Nation – Museum for Urban Contemporary Art
Berlin hat ein Streetart-Museum,
aber keine Angst: Niemand hat die
Absicht die Bilder von den Wänden
zu kratzen. Hier treffen sich nicht nur
ein paar Sprayer aus dem Kiez son-
dern es wird international vernetzt.
Und es geht nicht nur um ein paar
Graffiti, sondern um die Gestaltung
urbaner Räume.
Bülowstr. 7, Schöneberg
U1,2,3,4 Nollendorfplatz, Bus M19
Di-So 10-18 Uhr
www.urban-nation.com

Wege, Irrwege, Umwege - Die Entwicklung der parlamentarischen Demokratie in Deutschland
Parlamentshistorische Ausstellung
des Deutschen Bundestages im
Deutschen Dom am Gendarmenmarkt. Hier wird die Entwicklung
der parlamentarischen Demokratie in Deutschland dokumentiert.
Eine abwechslungsreiche Mischung
aus Text- und Bildinformationen,

seltenen historischen Film- und Ton-
dokumenten zeigt die Geschichte
des deutschen Parlamentarismus.
Deutscher Dom am Gendarmen-
markt, Mitte
U2 + 6 Stadtmitte,
U6 Französische Str.
Tel. 22730431
Okt-Apr, Di-So 10-18,
Mai-Sep bis 19 Uhr
frei, Audio Guides
Deutsch, Englisch und
Französisch kostenfrei
www.bundestag.de/
deutscherdom

Theater

Admiralspalast
Einer der ersten Vergnügungs-
paläste Berlins, zum Ende der
Kaiserzeit 1911 eröffnet mit Eis-
laufarena, Luxustherme, vier
Kegelbahnen und Lichtbild-
Theater gibt es heute im großen
Theatersaal mit 1.700 Plätzen
wieder Shows, Konzerte und
Musicals.
Friedrichstr. 101, Mitte
U + S Friedrichstr., Tram M1
Tel. 47997499
www.admiralspalast.de

ATZE Musiktheater
Deutschlands größtes Musik-
theater für Kinder.
Luxemburger Str. 20
(Max-Beckmann-Saal), Wedding
U9 Amrumer Str.
Tel. 81799188
www.atzeberlin.de

Ballhaus Naunynstraße
Sie nennen es „postmigrantisches
Theater" und das passt ziemlich gut
in den Kreuzberger Kiez. Wesentlich
für den Erfolg ist die Zusammen-
arbeit mit Migranten. Mit seinen
Produktionen wurde das Haus zu
den renommiertesten Theaterfesti-
vals eingeladen und gastierte u.a. in
New York, Istanbul, Belo Horizonte
(Brasilien) und Nairobi (Kenia).
Naunynstr. 27, Kreuzberg
U1 + 8 Kottbusser Tor, Bus M29
Tel. 75453725
14 €, erm. 8 €
www.ballhausnaunynstrasse.de

Bar jeder Vernunft
Das holländische Jugendstil-Spiegel-
zelt steht ein klein wenig versteckt in
Wilmersdorf auf einem Parkdeck und
erinnert an das nachtverliebte Berlin
der 20er Jahre. Die Crème de la Crème der intelligenten Unterhaltung
von Chanson, Theater, Cabaret und
Show ist rund um's Jahr auf dieser
Bühne zu erleben und regelmäßig
auch das Musical Cabaret.
Schaperstr. 24, Wilmersdorf
U3 + 9 Spichernstr.
Tel. 8831582
www.bar-jeder-vernunft.de

bat-Studiotheater
der HfS Ernst Busch
Wolf Biermann gründete im ehemaligen Hinterhofkino in den 60ern
sein Berliner Arbeiter- und Studen-
tentheater. Heute präsentieren hier
die Studierenden der Hochschule für
Schauspielkunst „Ernst Busch" ihre
Studio-, Diplom- und Praktikums-
inszenierungen.
Belforter Str. 15, Prenzlauer Berg
U2 Senefelderplatz
Tel. 755417777
www.bat-berlin.de

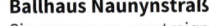

Berliner Ensemble

Seit 1954 war das Theater Heimstatt des von Bertolt Brecht und Helene Weigel geleiteten Berliner Ensembles. In der Tradition seiner früheren künstlerischen Leiter Bertolt Brecht und Heiner Müller legt das Berliner Ensemble seit der Saison 2017/18, dem Start der Intendanz von Oliver Reese, den Fokus wieder verstärkt auf zeitgenössische Texte und Themen. In der Reihe EINBLICKE werden zahlreiche Formate und Aktionen angeboten, die praktische Einblicke in das Theater und die Inszenierungen ermöglichen.
Bertolt-Brecht-Platz 1, Mitte
U + S Friedrichstr., Tram M1
Tel. 28408155
Mo-Sa 10-18:30 Uhr, 5-30 €
www.berliner-ensemble.de

BKA-Theater

BKA steht für Berliner Kabarett Anstalt Theater: Kabarett, Chanson, Konzerte, Musiktheater, Kindertheater, Lesungen.
Mehringdamm 34, Kreuzberg
U6 + 7 Mehringdamm, Bus M19
Tel. 2022007
www.bka-theater.de

Blue Man Group

Die Show der blauen Männer ist intensiv und laut. Ein großer Erfolg im Stage BLUEMAX Theater direkt am Potsdamer Platz. Neu seit 15 Jahren.
Marlene-Dietrich-Platz 4, Mitte
U + S Potsdamer Platz,
Bus M48, M85, 200
Tel. 018054444
Di-Fr 20 Uhr, Sa 18 + 21, So 18 Uhr
ab 59,90 €
www.bluemangroup.de

Chamäleon

Die erfrischende Mischung aus Theater, Bar und Entertainment findet man im Herzen Berlins, in den Hackeschen Höfen. Internationale hochkarätige Artistik und viele ungewöhnliche Ideen in eigenen und Fremdproduktionen haben den Ruf des Chamäleon weit über Berlins Stadtgrenzen hinaus geprägt.
Rosenthaler Str. 40-41, Mitte
S Hackescher Markt, U8 Weinmeister-
str., Tram M1, M4, M5, M6
Tel. 4000590
Spielzeiten: Di-Fr 20, Sa 18 + 21:30,
So 18 Uhr, ab 37 €
www.chamaeleonberlin.com

Deutsche Oper Berlin

Achtung, plüschfreie Zone! Dieses Opernhaus bildet den Grundstock des Weltniveaus des Berliner Singspiels, was sich hinter der unspektakulären Fassade gar nicht vermuten lässt.
Bismarckstr. 35, Charlottenburg
U2 Deutsche Oper
Tel. 34384343
www.deutscheoperberlin.de

Deutsches Theater

Seit jeher ist ein brillantes Ensemble das Markenzeichen des Deutschen Theaters Berlin, das heute mit Inszenierungen bekannter Regisseure wie Stephan Kimmig, Andreas Kriegenburg und Stefan Pucher Aufsehen erregt. Und das in der gesamten Spannbreite der Theaterstoffe: von der Klassik zur zeitgenössischen Dramatik.
Schumannstr. 13 a, Mitte
U + S Friedrichstr.,
U6 Oranienburger Tor
Tel. 28441225
www.deutschestheater.de

Distel Kabarett-Theater
Die stachelige DISTEL direkt am Bahnhof Friedrichstraße unterhält mit spottenden Parodien, bissigen Sketchen und sarkastischen Coversongs. Als größte Kabarettbühne Deutschlands erfreut die DISTEL ihr Publikum mit lebendigen zeitkritisch-satirischem Schauspiel und Live-Musik.
Friedrichstr. 101, Mitte
U + S Friedrichstr.,
Tram M1
Tel. 2044704
ab 15 €, Ermäßigung gibt es für Schüler, Auzubis, Studenten, Schulgruppen
www.distel-berlin.de

FELD Theater für junges Publikum
FELD ist ein funkelnagelneues Theater für junges Publikum direkt am Schöneberger Winterfeldtplatz. Ob Puppen, Theater, Tanz, Performance, Musik, Film oder Installation, Jung oder Alt, Selbermachen oder Zugucken, neu in Berlin oder schon lange da, im FELD entdecken wir Neues gemeinsam mit unserem Publikum.
Gleditschstr. 5, Schöneberg
U1 + 2 + 3 + 4 Nollendorfplatz
Tel. 540 869 48
Kinder 5 €, Erwachsene 10 €, erm. 7 €
www.jungesfeld.de

Friedrichstadt-Palast
Willkommen auf der größten Theaterbühne der Welt! Erleben Sie große Showunterhaltung mit den Hightech-Möglichkeiten unserer Zeit. Mit moderner Musik, mächtigen Szenenbildern, raffiniertem Licht und heutiger Tanzkultur. Seit September 2018 läuft „VIVID - the beauty of things" - eine Liebeserklärung an das Leben.
Friedrichstr. 107, Mitte
U + S Friedrichstr.,
U6 Oranienburger Tor,
Tram M1, M5
Tel. 232620
ab 19,80 €
www.palast.berlin

Galli Theater
Fröhliches Theater für Groß und Klein. Bietet auch Workshops für alle Altersgruppen. Schaut rein!
Oranienburger Str. 32, Mitte
in den Heckmann Höfen,
S Oranienburger Str.,
Tram M1, M6
Tel. 27596971
www.galli-berlin.de

Grips Theater

Das GRIPS, gegründet 1969, verdankt seinen legendären Ruf nicht nur Kinder- & Jugendstücken, sondern auch seinen Kultstücken für Erwachsene (Linie 1). GRIPS-Stücke wurden über 1.800 Mal in ca. 40 Sprachen & über 50 Ländern nachinszeniert. Es gibt eine Hauptbühne am Hansaplatz und eine zweite Studiobühne im Podewil, Klosterstraße 68, U Klosterstraße, S Jannowitzbrücke.

Altonaer Str. 22, Mitte
U9 Hansaplatz, S Bellevue
Tel. 3974740
www.grips-theater.de

HAU Hebbel am Ufer / HAU 1,2,3

Mit seinen drei Spielstätten HAU1, HAU2 und HAU3 steht das HAU Hebbel am Ufer für aktuelle künstlerische Positionen an der Schnittstelle von Performance, Tanz und Theater. Internationale Koproduktionen und Projekte werden hier entwickelt und gezeigt. Auch der „Tanz im August" wird hier organisiert, eines der renommiertesten Tanzfestivals in Europa.

HAU 1: Stresemannstr. 29, Kreuzberg
U1 + 6 Hallesches Tor
Tel. 2590040
www.hebbel-am-ufer.de
HAU 2: Hallesches Ufer 32,
U Hallesches Tor, U Möckernbrücke
HAU 3: Tempelhofer Ufer 10, U Hallesches Tor, U Möckernbrücke

Heimathafen Neukölln

Konzerte, Schauspiel, Lesungen, Parties – hier amüsiert sich nicht nur Neukölln. Abseits der großen Häuser der Stadt spiegelt der Heimathafen die ihn umgebende Realität – als Reaktion auf die sich ständig verändernde Vielfalt aus Farben, Stilen, Genres, Milieus und Kulturen.

Karl-Marx-Str. 141, Neukölln
U7 Karl-Marx-Str.
Tel. 56821334
www.heimathafen-neukoelln.de

House of One

Treffen sich ein Rabbiner, ein Imam und ein Pfarrer… Die Idee ist so einfach und so gut: drei Religionen – ein Haus: das House of One. Hier bauen Juden, Christen und Muslime gemeinsam ein Haus der Begegnung

und des Dialogs: Synagoge, Kirche und Moschee – offen für alle. Grundsteinlegung soll am 14. April 2020 sein - 237 Jahre nach der Erstaufführung von Nathan der Weise.

Petriplatz, Mitte
U2 Spittelmarkt, Bus M48
Tel. 20 60 88 80
www.house-of-one.org

Komische Oper Berlin

Die Komische Oper Berlin leitet ihren Namen vom französischen „opéra comique" ab und steht traditionell für zeitgemäßes und lebendiges Musiktheater. In dem 1947 eröffneten Haus erwarten euch klassische und moderne Opern, Operetten, Musicals sowie Kinderopern und Musikmärchen. Zeitgemäßes, lebendiges Musiktheater, in dem es vor allem um eines geht - Menschen zu bewegen. Ab Ende 2022 soll das Haus fünf Jahre lang generalsaniert werden.

Behrenstr. 55-57, Mitte
U6 Französische Str.,
U + S Friedrichstr., Bus 100
Tel. 47997400
www.komische-oper-berlin.de

Maxim Gorki Theater

In der Mitte Berlins, gleich hinter der „Neuen Wache", befindet sich das kleinste der Berliner Staatstheater, ausgezeichnet als Theater des Jahres 2014 & 2016. Unter der künstlerischen Leitung von Shermin Langhoff und Jens Hillje geht es um andere Biografien und Werdegänge, die in Berlin jetzt gelebt werden.

Am Festungsgraben 2, Mitte
U + S Friedrichstr., Bus 100, 200,
Tram M1, M12
Tel. 20221129

Gorki Bühne ab 10 €, erm. 8 €, Studio ab 12 €, erm. ab 6 €
www.gorki.de

Monbijou-Theater / Märchenhütte

Ein Highlight unter den Off-Theatern dieser Stadt an exponierter Stelle, gegenüber dem Bode-Museum. Wer hier keine Tränen lacht, dem ist nicht mehr zu helfen. Im Winter darf man nicht an Platzangst oder Sozialphobie leiden, im Sommer wird im hölzernen Amphitheater gespielt, tägl. um 19 und 21 Uhr. Gleich daneben, in der Strandbar, wird im Sommer jeden Abend getanzt. Für Anfänger gibt es Kurse in Swing, Chacha, Tango, Salsa… Tolle Atmosphäre, auch für Nicht-Tänzer. Im Moment ist die Zukunft leider etwas ungewiss weil sich die Eigentümer gestritten haben und der Bezirk auch nicht nur zufrieden ist.

Monbijoupark, Mitte
S Oranienburger Str., S Hackescher Markt, Tram M1, M4, M5, M6
Tel. 28385588
www.monbijou-theater.de
www.maerchenhuette.de

Neuköllner Oper

„Kreuzkölln" - ohne Neuköllner Oper der halbe Spaß. Die Neuköllner Oper ist bundesweit das einzige Haus für zeitgemäßes und unterhaltendes Musiktheater der diversen Genres – Performance, Electronic, Opera, Operetta, Musical, Freestyle - mit 6 bis 8 Uraufführungen pro Jahr, ganzjährig und ohne Sommerpause. Prädikat: Äußerst unterhaltsam!

Karl-Marx-Str. 131-133, Neukölln
U7 Karl-Marx-Str., S Neukölln
Tel. 6889070
ab 11 €
www.neukoellneroper.de

Prime Time Theater

Dieses kleine Privattheater zeigt die Sitcom „Gutes Wedding, schlechtes Wedding", eine Mischung aus „Friends" und den „Simpsons" gewürzt mit Weddinger Lokalpatriotismus.
Müllerstr. 163b,
Eingang Burgsdorfstr., Wedding
U + S Wedding
Tel. 49907958
Do-So 20:15 Uhr bei freier Platzwahl
19 €, erm. 14 €, So 15 €, erm. 12 €
www.primetimetheater.de

Quatsch Comedy Club

Willkommen in der Humorzentrale Deutschlands! In Thomas Hermanns' legendären Quatsch Comedy Club geben sich die Stars und Sternchen der Comedyszene das Mikrofon in die Hand. Hier gibt's jede Woche neue Live Shows mit fünf Comedians auf einmal, die hauseigene Talentschmiede und Soloshows. Für „Quatsch in English" werden regelmäßig internationale Comedians eingeflogen.
Friedrichstr. 107, Mitte
U + S Friedrichstr.,
U6 Oranienburger Tor, Tram 1
Tel. 27879042
25-28 €, erm. 18-20 € zzgl. VVK-Geb.
www.quatschcomedyclub.de

Radialsystem V

Das RADIALSYSTEM V hat sich seit seiner Gründung 2006 als offener Raum für den Dialog der Künste weit über die Grenzen Berlins hinaus etabliert.
Holzmarktstr. 33, Friedrichshain
S Ostbahnhof
Tel. 288788588
www.radialsystem.de

Schaubühne Berlin

Seit 1999 künstlerisch geleitet von Thomas Ostermeier. Gehört zu den bekanntesten Theatern Deutschlands in der Welt, ihre Produktionen touren jährlich mit über 100 Vorstellungen um den Globus. In Berlin sind täglich bis zu drei Produktionen aus dem umfangreichen Repertoire zu sehen.
Kurfürstendamm 153, Charlottenburg
U7 Adenauerplatz, S Charlottenburg,
Bus M19, M29
Tel. 890023
www.schaubuehne.de

Schiller Theater

1993, als Berlin noch arm und sexy war, wurde das Theater geschlossen. Jetzt ist es eine beliebte Ersatzspielstätte wenn irgendwo gebaut oder renoviert wird. Die Staatsoper unter den Linden war von 2010 bis 2017 zu Gast. Im Moment spielt hier das Theater am Kurfürstendamm und dann, ab 2022, kommt für 5 Jahre die Komische Oper.
Bismarckstr. 110, Charlottenburg
U2 Ernst-Reuter-Platz
Tel. 3135031
www.komoedie-berlin.de

Schlosspark Theater

Ob Komödie, Krimi, Musiktheater, Konzerte oder Lesungen, bei der Vielfalt des Schlosspark Theaters ist für jeden etwas dabei. Immer wieder stehen neben dem Hausherren Dieter Hallervorden deutsche Theater-, Film- und Fernsehstars auf der Bühne. In welchem Genre auch immer, ein unterhaltsamer Abend ist garantiert. Im Juli und August ist der Eintritt für Jugendliche bis 16 Jahre frei.
Schloßstr. 48, Steglitz

U + S Rathaus Steglitz, Bus M48
Tel. 7895667100
www.schlosssparktheater.de

Sophiensaele

Im Festsaal des ehemaligen Handwerkervereinshauses von 1905 wird heute zeitgenössischer Tanz, Performance, Theater und Musiktheater gezeigt.
Sophienstr. 18, Mitte
U8 Weinmeisterstr.,
S Hackescher Markt,
Tram M1, M2, M4, M5
Tel. 27890055
www.sophiensaele.com

Staatsoper Unter den Linden

Nach vielen Jahren Renovierung erstrahlt das Haus seit 2017 wieder im altem Glanz und mit nagelneuer Technik.
Unter den Linden 7, Mitte
U + S Friedrichstr., U6 Französische
Str., U2 Hausvogteiplatz, Bus 100, 200
Tel. 20354555
www.staatsoper-berlin.de

Stars in Concert

Was ursprünglich nur vier Monate dauern sollte, ist inzwischen seit 21 Jahren und mit fünf Millionen Besuchern fester Bestandteil im Berliner Kulturprogramm: „Stars in Concert". Diese Live-Show bringt die weltbesten Doppelgänger berühmter Musiker auf die Bühne des Estrel Festival Centers.
Sonnenallee 225, Neukölln
S Sonnenallee, Bus M41
Tel. 683147209

ab 24 €
www.stars-in-concert.de

Theater an der Parkaue
Deutschlands größtes und einziges Staatstheater für Kinder und Jugendliche. Noch bis 2023 wird das Haus bei laufendem Betrieb komplett saniert.
Parkaue 29, Lichtenberg
U + S Frankfurter Allee, Tram M13
Tel. 55775252
13 €, erm. 9 €, bis 12 Jahre 7 €,
Sozialticket 3 €
www.parkaue.de

Theater des Westens
Das Gebäude – ein wildes Stilgemisch aus Neogotik und Renaissance – wurde 1895 errichtet. Es war lange Berlins wichtigste Opern-, Operetten- und Musicalbühne. Heute zeigt die Stage Entertainment hier ihre Musicalproduktionen
Kantstr. 12, Charlottenburg
U + S Zoologischer Garten, Bus M49
www.theater-des-westens.de

Theater RambaZamba
Seit fast 30 Jahren machen hier in der Kulturbrauerei Menschen mit und ohne geistige oder andere Behinderungen Theater.
Schönhauser Allee 36-39,
Prenzlauer Berg
U2 Eberswalder Str., Tram M1, M10
Tel. 44049044
www.rambazamba-theater.de

Theater Strahl
Theater Strahl gibt neuen künstlerischen Formen und Ideen Raum, spielt mit Musik und Masken, entführt das Publikum in die Interaktion, verbindet Tanz mit Theater und inszeniert Klassiker in zeitgemäßen Fassungen. #BerlinBerlin erzählt rasant, spannend und witzig über das Leben in einer geteilten Stadt, über den Bau und Fall der Berliner Mauer. Die dynamische Geschichtsrevue „zeigt eine Fülle von Geschichten, die Politisches und Privates geschickt miteinander verknüpft." (Märkische Oderzeitung).
Martin-Luther-Str. 77, Schöneberg
U7 Eisenacher Str.,
U4 + 7 Bayerischer Platz, Bus M46
Tel. 69499222
16 €, erm. 10 €, Schüler 7,50 €
www.theater-strahl.de

Theater Thikwa
Das Theater Thikwa ist eines der beiden originellen Off-Theater unter dem Dach der F40. (Das 2. ist das English Theatre Berlin.) Das künstlerisch-soziales Experiment

des Thikwa besteht darin, dass Menschen mit und ohne Behinderung gemeinsam produzieren und darstellen. Die Unterschiedlichkeit und die Gemeinsamkeit der Beteiligten steht im Fokus.

Fidicinstr. 40, Kreuzberg
U6 Platz der Luftbrücke,
Bus M19, 104
Tel. 6935692
www.thikwa.de

Theatersport Berlin – Improtheater

Hier führen die Zuschauer Regie. Das Publikum gibt die Titel für die Szenen an, dazu Spielstil, Ort, Epoche, Gefühle. Daraus entsteht dann ein einmaliges Schauspiel, im wahrsten Sinne des Wortes. Nichts ist geprobt, alles ist zu 100% improvisiert!

Zwei mal wöchentlich stellen sich Schauspieler-Teams einem erbitterten Wettkampf um die Gunst des Publikums: Im BKA-Theater beim Theatersport-Klassiker „Das Match" und im Pfefferberg-Theater bei „Wer mit wem?". Außerdem im Programm des BKA-Theaters: „Die Stimme": die erste Impro-Casting-Show Deutschlands. Speziell für Schüler und Jugendliche: „Ohne Note", auch mit Wunschtermin!

BKA-Theater, Mehringdamm 34, Kreuzberg
U6 + 7 Mehringdamm, Bus M19
Theatersport „Das Match", Mo 20 Uhr, 20 € / erm. 16 € / Schülergruppen 15 €
„Die Stimme", 20 € / erm. 16 €

Pfefferbergtheater, Schönhauser Allee 176, Prenzlauer Berg
U2 Senefelder Platz
„Wer mit wem?" Di 20 Uhr, 18 € / erm.15 € / Schülergruppen 12 €
Tel. 437200917
www.theatersport-berlin.de

Tipi am Kanzleramt

Umringt vom staatstragenden Schwarzrotgold des altehrwürdigen Reichstages, dem Grün des Tiergartens und dem zurankenden Betongrau des machtvollen Kanzleramtes, beweist diese Zeltbühne jeden Abend aufs Neue wie bunt Berlins Nachtleben sein kann, mit Chanson, Cabaret, Musical, Varieté und Operette.

Große Querallee,
zwischen Kanzleramt und
Haus der Kulturen der Welt, Mitte
U55 Bundestag,
U + S Hauptbahnhof, Bus 100
Tel. 3906650
www.tipi-am-kanzleramt.de

Volksbühne am Rosa-Luxemburg-Platz

Als Frank Castorf 2017 nach 25 Jahren die Leitung des Hauses abgab war er länger als Helmut Kohl an der Macht und doppelt so lange wie unser ewiger Bürgermeister Wowereit. Dann gab es ein kurzes Intermezzo mit Chris Dercon, der von vielen Kulturschaffenden leider weggemobbt wurde und jetzt geht es halt irgendwie weiter.

Rosa-Luxemburg-Platz, Mitte
U2 Rosa-Luxemburg-Platz
Tel. 2476772
www.volksbuehne.berlin

Wintergarten Berlin

Varieté, Show, Musik - unterhaltsam, charmant und abwechslungsreich. Ob Newcomer oder internationale Stars der Varieté-Szene: Hier trifft sich die Welt in der einzigartigen Atmosphäre aus Spiegeln, edlem Holz und dunkelrotem Samt.

Potsdamer Str. 96, Schöneberg
U1 Kurfürstenstr., U2 Bülowstr.,
Bus M19, M29, M48, M85
Tel. 588 434-0
www.wintergarten-berlin.de

Zaubertheater Jedlin

Erst war Igor Jedlin Mitglied des Moskauer Staatszirkus, bereiste als Zaubermeister 72 Länder und seit 25 Jahren verzaubert er in Europas erstem und einzigen Zaubertheater die Berliner.

Roscherstr. 7, Charlottenburg
U7 Adenauerplatz, Bus M19, M29
Tel. 3233777
Kindervorstellung: Fr, Sa, So 15:30,
Abendveranstaltung Fr + Sa 20 Uhr
www.zaubertheater.de

mehr Kultur

11. Berlin Biennale für zeitgenössische Kunst

Eines der wichtigsten Kunstereignisse in Europa, das alle zwei Jahre an verschiedenen Orten in Berlin stattfindet. Die Berlin Biennale fördert experimentelle Formate und präsentiert neueste relevante und mutige Positionen von internationalen Künstler*innen, Theoretiker*innen und anderen Akteur*innen. Die 11. Ausgabe findet im Sommer 2020 statt.

Kunst-Werke Berlin,
Auguststr. 69, Mitte
S Oranienburger Str., Tram M1, M6
Tel. 24 34 59 70
www.berlinbiennale.de

30 Jahre Friedliche Revolution – Mauerfall

Vom 4.-10. November feiert Berlin den 30. Jahrestag der Friedlichen Revolution und des Mauerfalls mit einem großen Festival. Für sieben Tage verwandelt sich die gesamte Stadt in ein Open-Air-Ausstellungs- und Veranstaltungsgelände. An voraussichtlich sieben historischen Orten sind u.a. Inszenierungen, Ausstellungen und ein vielfältiges Veranstaltungsprogramm geplant. Höhepunkt wird ein großes Musik-Event am Abend des 9. November entlang der „Route der Revolution" sein.

www.kulturprojekte.berlin

Akademie der Künste

Sie hat die Aufgabe, die Künste zu fördern, das künstlerische Erbe zu fördern und die Bundesrepublik Deutschland in Angelegenheiten der Kunst zu beraten. Sie tut dies prominent am Brandenburger Tor und in

der alten Westberliner Wirkungsstätte am Hanseatenweg 10.
Pariser Platz 4, Mitte
U + S Brandenburger Tor,
Bus 100, TXL
Tel. 390760
www.adk.de

Archenhold Sternwarte

Die Archenhold-Sternwarte bietet ein vielfältiges Programm für alle Altersklassen: Führungen, Vorträge, Beobachtungsveranstaltungen und die Besichtigung der Ausstellungen im Himmelskundlichen Museum. Eine besondere Attraktion ist das längste Linsenfernrohr der Erde. Es ist 21 m lang und wurde 1896 in Betrieb genommen.
Alt-Treptow 1, Treptow
S Plänterwald, Bus 165, 166, 265
Tel. 536063721
Mi, Do, So 14-17 Uhr, Fr 15-21,
Sa 14-21:30 Uhr
ab 6 €, erm. 4 €
www.planetarium.berlin

Ballhaus Ost

2006 hat eine Gruppe von Künstlern aus bildender Kunst, Tanz, Schauspiel, Wissenschaft, Theater, Bühnenbild und Musik ein offenes Haus für alle Gattungen der Künste gegründet. Ohne Hierarchie und ohne Subventionen machen Künstler hier einfach was sie wollen, zum Einheitslohn, jeder packt mit an. Das kann nur Kreativität freisetzen.
Pappelallee 15, Prenzlauer Berg
U2 Eberswalder Str., Tram M1, M10
Tel. 44046915
www.ballhausost.de

Barenboim-Said Akademie

Die jungen Musiker aus Israel und arabischen Ländern die hier studieren werden uns und der Welt sicher bald beweisen, dass es sich lohnt einander zuzuhören. Zum Zuhören lädt seit 2017 auch der sehr schöne Pierre Boulez Saal ein. Architekt Frank Gehry und der Star-Akustiker Yasuhisa Toyota haben dieses einmalige und wegweisende Projekt unterstützt.
Französische Straße 33 D, Mitte
U6 Französische Str., U2 Hausvogteiplatz, Bus 100, 200 TXL
Tel. 206 0799 - 23
www.barenboimsaid.de

Casual Concerts des DSO

Steif war gestern. Sie sind jung, sie sind frech: Die kompakten Ein-Stunden-Konzerte in der Philharmonie mit dem Deutschen Symphonie-Orchester Berlin. Freie Platzwahl, zwangloses Outfit von Publikum und Musikern und die Moderation des Dirigenten rücken die Musik in ein neues Licht. Danach laden Dirigent und Musiker zur After-Concert-Lounge ins Foyer der Philharmonie ein. Ein DJ aus den Berliner Clubs legt auf und eine Live Band erweitert das musikalische Spektrum der Nacht.
Herbert-von-Karajan-Str. 1, Mitte
U + S Potsdamer Platz,
U2 Mendelssohn-Bartholdy-Park,
Bus M48, M85, 200
Tel. 20298711
20 €, Schüler + Studenten 10 €
www.dso-berlin.de/cc

Funkhaus Nalepastraße

Akustikprofis wissen schon lange, dass die Studios des Rundfunks der DDR erstklassig sind. Jetzt entdecken immer mehr Neugierige diese

schlafende Schönheit. Es gibt Füh-
rungen (www.ddr-funkhaustour.de),
Konzerte, Parties und mehr.
Nalepastr. 18, Treptow
Tram 21
Tel. 12085416
www.funkhaus-berlin.net

Futurium

Am Spreeufer, zwischen Reichstag
und Hauptbahnhof, entsteht gerade
ein Haus in dem es um die Bausteine
für ganz unterschiedliche Zukünfte
gehen wird. Für alle die wissen wollen was gerade geforscht und entwickelt, gedacht und geplant wird
zu den fünf großen Zukunftsthemen
Ernährung, Gesundheit, Energie,
Wohnen und Städte sowie Wirtschaften und Arbeit. Eröffnung ist am 5.
September 2019.
Kapelle-Ufer 1, Mitte
U + U + S Hauptbahnhof,
Bus M41, M85, Tram M5, M8, M10
Tel. 408 18 97-0
Eröffnung im September 2019
frei bis Ende 2022
www.futurium.de

Gläsernes Labor

Angeleitet von Wissenschaftlern
können Schülerinnen und Schüler auf dem Campus Berlin-Buch
selbstständig in modernen Laboren
experimentieren – den genetischen
Fingerabdruck herstellen, Kunststof-
fe erzeugen, Duftstoffe extrahieren
oder der Wirkung von Coffein auf die
Spur kommen. Zur Auswahl stehen
über 20 Experimente in den Bereichen Chemie, Genetik, Zellbiologie,
Neurobiologie, Ökologie und Radio-
aktivität.
Robert-Rössle-Str. 10, Pankow
S Buch, Bus 150, 158, 353
Tel. 94892928, Anmeldung erforderlich
www.glaesernes-labor.de

Haus der Kulturen der Welt

Seit der umfassenden Renovierung
noch schöner! Mitten im Tiergarten
liegt sie, die „Schwangere Auster",
das Forum zeitgenössischer Kunst
und Kultur und grenzüberschreiten-
der Projekte. Allerdings bleibt noch
viel mehr zu sehen und zu tun, wobei
der schöne touristische Biergarten
nur ein Teil davon ist.
John-Foster-Dulles-Allee 10,
Tiergarten
U55 Bundestag, Bus 100
Tel. 39787175
www.hkw.de

Haus für Poesie

Deutschsprachige und internationale
Literatur in Veranstaltungen, Festi-
vals und Kolloquien. Lyrik im Netz:
www.lyrikline.org
Knaackstr. 97 (Kulturbrauerei),
Prenzlauer Berg
U2 Eberswalder Str., Tram M1, M10
Tel. 4852450
www.haus-fuer-poesie.org

Haus Schwarzenberg

Besten Kontrast zu den übersanier-
ten Hackeschen Höfen nebenan
zeigt Hof und Haus Schwarzenberg,
das vor unterstützenswerter Kultur
strotzt, u.a.: Anne Frank Zentrum,
Blindenwerkstatt Otto Weidt, Künst-
lerateliers, Galerie Neurotitan, Kino
Central, Cocktailbar Eschschloraque.
Das Haus mit den von Street-Art-
Künstlern immer neu geschmückten
Mauern bleibt ein lebendiger Ort, an
dem Geschichte, Kunst und Kultur
erfahrbar sind.
Rosenthaler Str. 39, Mitte
S Hackescher Markt,
U8 Weinmeisterstr.,
Tram M1, M4, M5, M6
Tel. 30872573
www.haus-schwarzenberg.org

House of Music

Berlins neuer Music Hub liegt auf dem Gelände des ehemaligen Reichsbahnausbessungswerks (RAW). Ein 4316 qm großer Spielplatz für Musiker und Musikdienstleister, mit Probenräumen, Live-Musik, Workshops, Bildung und Beratung. Kreativwirtschaftliche Synergien und nachhaltiges Wirtschaften kommen da quasi von selbst.

Revaler Str. 99,
Friedrichshain
U + S Warschauer Str.,
Tram M10, M13
Tel. 21237821
www.houseofmusic.berlin

KINDL – Zentrum für zeitgenössische Kunst

Nach umfangreicher Sanierung des alten Brauereigebäudes geht es jetzt richtig los mit Ausstellungen im spektakulären Kesselhaus, auf drei Ausstellungsetagen im Maschinenhaus und im Café im Sudhaus. Fünf Ausstellungen pro Jahr zeigen internationale Gegenwartskunst im 20er-Jahre Industriedenkmal.

Am Sudhaus 3, Neukölln
U8 Boddinstr., U7 Karl-Marx-Str.
Mi-So 12-18 Uhr
5 €, erm. 3 €
www.kindl-berlin.de

Kolonnaden Bar auf der Museumsinsel

Unser Tipp für einen außergewöhnlichen Sommerabend. Für ein paar Wochen öffnet die Kolonaden Bar neben der Alten Nationalgalerie. Zuerst gibt es immer einen kleinen Vortrag zu Kunst, Kultur, Museumsinsel… mit 20 Minuten ist das genau die richtige Dosis für einen lauen Sommerabend. Dann kommt ein DJ und die Cocktails werden immer besser.

Bodestr. 3, Mitte
im Sommer, donnerstags
www.smb.museum/veranstaltungen/
detail/kolonnaden-bar.html

Konzerthaus Berlin

Das berühmte Schauspielhaus am Gendarmenmarkt, seit 1994 Konzerthaus, ist einer der schönsten Orte der Stadt für Konzerte und besondere Events mit einem breit gefächerten Programm. Ein besonderes Highlight sind die Young Euro Classics im Sommer.

Gendarmenmarkt 2, Mitte
U6 Französische Str.,
U2 + 6 Stadtmitte, U2 Hausvogteiplatz,
Bus 100, 200, 147, M48
Tel. 203090
www.konzerthaus.de

LesArt

Das Literaturhaus für Kinder und Jugendliche und gehört zu den fünf öffentlich geförderten Literaturhäusern Berlins. Lesenacht, Literarischer Spaziergang, Ausstellungsführung, Lyrikwerkstatt, Familiennachmittag – viele Wege führen zur Literatur.

Weinmeisterstr. 5, Mitte
U8 Weinmeisterstr., Tram M1
Tel. 2829747
www.lesart.org

Literarisches Colloquium

Ein Laboratorium neuer Literatur mit festen Veranstaltungsterminen wie monatlich dem „Studio LCB" und spannenden Themenabenden mit Gastautoren. Dazu Symposien und Lesungen.

Am Sandwerder 5, Zehlendorf

S Wannsee
Tel. 8169960
www.lcb.de

Literaturforum im Brechthaus
Wo finden wahre Abenteuer statt? In der literarischen Vorstellung. Also hier. Vielfältiges Veranstaltungsangebot (Lesungen, Diskussionen, Filme, etc.) nicht nur zu Brecht. Im Keller gibt´s die Lieblingsgerichte von Helene Weigel und im Hinterhaus die Brecht-Weigel-Gedenkstätte.
Chausseestr. 125, Mitte
U6 Naturkundemuseum, Tram M6, M8
Tel. 2822003
www.lfbrecht.de

Literaturhaus Berlin
Zeitgenössische Literatur in der feudalen Villa eines Korvettenkapitäns. Autorenlesungen, Ausstellungen, Vorträge, szenische Lesungen und Diskussionen. Hinterher kann man im Wintergarten des Cafés bei Köstlichkeiten schöngeistig die Seele baumeln lassen.
Fasanenstr. 23, Charlottenburg
U1 Uhlandstr., Bus M19, M29
Tel. 8872860
www.literaturhaus-berlin.de

Musikfabrik
1.200 qm für Kreative. Das neue Haus steht auf einem alten Weltkriegsbunker und bietet Musikern und Tänzern Platz für Proben und Veranstaltungen, und ein Café.
Neuköllnische Allee 6-8, Neukölln
S Sonnenallee
www.musikfabrik.berlin

Palais Populaire
Bis vor ein paar Jahren war hier, im Prinzessinnenpalais, das beliebte plüschige Operncafé mit Torten, Torten, Torten und die gibt es hier seit 2018 auch wieder, im Museumscafé des Palais Populaire. Im Vordergrund steht aber die Kunst: Die Deutsche Bank zeigt in ihrem Forum für Kunst, Kultur und Sport Ausstellungen aus der eigenen Sammlung, aber es gibt auch Konzerte, Lesungen, Sport-Workshops und digitale Erlebnisse.
Unter den Linden 5, Mitte
U2 Hausvogteiplatz, Bus 100, 200
Tel. 20 20 93 0
Mi-Mo 10-19 Uhr, Do 10-21 Uhr
9 €, erm. 6 €, bis 18 Jahre und
montags frei
www.db-palaispopulaire.de

Pfefferberg Theater
In der Heimatspielstätte des Berliner Hexenberg Ensembles, das mit klassischem Volkstheater von Molière bis Shakespeare bekannt wurde, gibt es auch Inklusionstheater, Shows mit Frau Bauerfeind, Theatersport mit Zauberslam und Improtheater.
Schönhauser Allee 176, Haus 15,
Prenzlauer Berg
U2 Senefelderplatz
www.pfefferberg-theater.de

Philharmonie
Die Philharmonie Berlin ist das Zuhause der Berliner Philharmoniker. Sie gibt der Stadt einzigartige musikalische Impulse und ist ein Must-See in Berlin. Tipp für Low-Budget-Reisen: Jeden Dienstag (außer in der Sommerpause) um 13 Uhr gibt es im Foyer Lunchkonzerte bei freiem Eintritt. Führungen durch das Gebäude finden täglich um 13.30 Uhr statt. Wenn Ihr etwas ganz Besonderes sucht, sind die Abendkonzerte genau das Richtige. Für viele Veranstaltungen gibt es ein extra Kontingent an

Tickets für junge Konzertbesucher unter 28 Jahren, für nur 15 €.
Herbert-von-Karajan-Str. 1, Mitte
U + S Potsdamer Platz,
Bus M29, M41, M48, M85, 200
Tel. 25488999
ab 15 € (ermäßigte Konzert-
karten U28)
www.berliner-
philharmoniker.de

Philologische Bibliothek der Freien Universität Berlin

Nicht nur zum Lesen und Lernen - auch zum Staunen über die Architektur. Kostenlose Audioguides jeweils bis eine Stunde vor Schließung der Philologischen Bibliothek. Als Höhepunkt der 35-minuten-Führung kommt der Architekt Lord Norman Foster selbst zu Wort.
Habelschwerdter Allee 45, Dahlem
U3 Freie Universität
Tel. 83858888
Mo-Fr 9-22, Sa + So 10-20 Uhr
www.fu-berlin.de/philbib

Planetarium am Insulaner

Das Planetarium am Insulaner bietet ein abwechslungsreiches Programm aus Veranstaltungen zu wechselnden Themen, regelmäßigen Vorträgen, Kinderveranstaltungen und Schulführungen. Am Wochenende finden neben dem astronomischen Programm Lesungen, Hörspiele, Filmvorführungen etc. statt. Im Anschluss an die Veranstaltungen lassen sich in der Wilhelm-Foerster-Sternwarte bei klarem Wetter mittels klassischer und moderner Teleskoptechnik Betrachtungen auf und über den Himmel anstellen.
Munsterdamm 90, Schöneberg
S Priesterweg, Bus M76, 170, 187
Tel. 421845-10

nur zu den Veranstaltungen
8 €, erm. 6 €
www.planetarium-berlin.de

silent green

Im ehemaligen Krematorium Wedding gibt es einen ganz besonderen Kultur- und Veranstaltungsort, das silent green Kulturquartier. Auf dem Gelände wirken zum einen Institutionen in den Bereichen Musik, Kunst, Design und Film, zum anderen werden in der Kuppelhalle (der ehemaligen Trauerhalle) und in der unterirdischen Betonhalle Konzerte, Lesungen und Screenings angeboten. Auch ein Café zum Treffen und Mittagessen gibt es, das MARS. Nach dem Essen sollte man sich „Soylent Green" anschauen, einen Science Fiction-Film aus dem Jahr 1973.
Gerichtstr. 35, Wedding
S + U Wedding, U6 + 9 Leopoldplatz
Tel. 46067324
Küche & Bar Mo-Fr 11-18 Uhr,
Sa + So 10-17 Uhr
www.silent-green.net

Staatsbibliothek zu Berlin

Die größte wissenschaftliche Universalbibliothek Deutschlands besteht aus zwei Häusern: Das 1914 eröffnete Haus Unter den Linden 8, in dessen Zentrum der vom Stuttgarter Architekten HG Merz entworfene neue Lesesaal mit einem 36 Meter hohen Glaskubus erstrahlt. Hier finden Studierende, Wissenschaftler und alle mit Stabi-Ausweis (3 Tage kostenlos, dann 6 € pro Monat oder 15 € im Jahr) Literatur, die bis zum Wechsel des 19. auf das 20. Jahrhundert erschienen ist. Das Haus Potsdamer Str. 33, entworfen von Hans Scharoun, inspiriert durch den riesigen Lesesaal. Hier ist der Schwerpunkt

die Moderne, Werke mit Erscheinungsdatum ab 20. Jahrhundert.
Unter den Linden 8:
U6 Französische Str., Bus 100 -
Potsdamer Str. 33:
U + S Potsdamer Platz, Bus M48
Tel. 2660
Mo-Sa 8-22 Uhr
www.staatsbibliothek-berlin.de

40 Jahre ufa Fabrik   © J. Rigal

ufa Fabrik

In den ehemaligen UFA-Filmproduktionsstätten wird seit 1979 Comedy- und Varietégeschichte geschrieben. International gefeierte Stars und hoffnungsvolle Newcomer laden ein in historische Theatersäle. Im Sommer könnt ihr im idyllischen Ambiente der überdachten Open Air Bühne und im Gartencafé Café Olé entspannen und verweilen. Außerdem im Programm: Theater, Weltmusik, Kabarett, Varieté, Bühnenprogramme für Kinder, Tanz und Festivals, ein Kinderbauernhof und ein Gästehaus. Prädikat: erfrischend unkonventionell!
Viktoriastr. 10-18, Tempelhof
U6 Ullsteinstr.
Tel. 755030
www.ufafabrik.de

Universitätsbibliothek der Humboldt-Universität

Seit 2009 gibt es die neue Zentralbibliothek der Humboldt-Universität im Jacob-und-Wilhelm-Grimm-Zentrum. Wer in der Privatbibliothek der Namensgeber nichts findet, kann in 2,5 Millionen Büchern und anderen Medien stöbern, den Aufstieg über die zentrale Treppe wagen, im Zeitungsleseraum die Welt ganz allgemein erkunden, oder sich einfach an der Architektur erfreuen.
Geschwister-Scholl-Str. 1-3, Mitte
U + S Friedrichstr.
Tel. 209399305
Mo-Fr 8-0 Uhr,
Sa + So + feiertags 10-22 Uhr
www.ub.hu-berlin.de

Universitätsbibliothek der Technischen Universität

Die Hauptbibliothek und die Abteilungsbibliotheken umfassen Ingenieurwissenschaften, Naturwissenschaften sowie Geistes- und Gesellschaftswissenschaften. Besondere Sammelgebiete: Architektur und Gartenbau.

Fasanenstr. 88,
Charlottenburg
U + S Zoologischer
Garten
Tel. 31476101
Mo-Fr 9-22 Uhr, Sa 10-18 Uhr
www.ub.tu-berlin.de

Zeiss-Großplanetarium

Knapp über 30 Jahre ist es alt. Mit Blick ins Weltall ist das nicht viel, aber hier unten sind wir inzwischen sehr weit weg von der großen Diashow die es bis 2014 hier zu sehen gab. Nach umfangreicher Sanierung gibt es seit Sommer 2016 modernes Wissenschaftstheater mit neuster Technik. Die Projektion des Sternenhimmels auf die 23-Meter-Kuppel ist wieder für alle da, aber jetzt kann man auch das Sonnensystem verlassen, dreidimensional durchs Universum düsen und etwas über Geologie, Biologie und Medizin lernen.

Prenzlauer Allee 80, Prenzlauer Berg
S Prenzlauer Allee, Tram M2, M10
Tel. 421845-10
Di 9-14, Mi + Do 9-20, Fr 9-21:30,
Sa 11:30-21:30, So 10-18:30 Uhr
8 €, erm. 6 €, 3D-Kino 9 €, erm. 7 €
www.planetarium.berlin

Zoo Palast

Schon 1919 eröffnete an dieser Stelle der UFA-Palast. Später wurde er zur Propagandakulisse der großdeutschen Nazi-Träume und schließlich 1943 bei Bombenangriffen zerstört. Im wieder errichteten Zoopalast fanden 1957-1999 jährlich die Berliner Filmfestspiele statt. Nach dreijähriger Umbaupause ist das legendäre Filmspielhaus seit Herbst 2013 wieder eröffnet. Jetzt hat Berlin, gleich neben dem ebenfalls neu gestalteten Bikini-Haus, eines der modernsten Kinos überhaupt und die größte Dolby Atmos Anlage Deutschlands.

Hardenbergstr. 29A, Charlottenburg
U + S Zoologischer Garten,
U1 + 9 Kurfürstendamm
www.zoopalast-berlin.de

 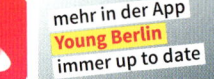
mehr in der App
Young Berlin
immer up to date

Kieze & Szenen

Kieze / Szenen

Warum eigentlich spricht man in Berlin von Kiezen? Und was ist ein Kiez überhaupt? Im engeren Sinn versteht der Berliner darunter nur die unmittelbare Nachbarschaft, die mit der lebensnotwendigen Struktur und einem sozialen Netzwerk versehen ist, so dass es eigentlich nicht nötig ist den Kiez zu verlassen. Im Gegensatz dazu meint „Kiez" in Hamburg nur die Gegend um die Reeperbahn in St. Pauli und hat hier die Bedeutung von Rotlichtmilieu, bzw. Amüsement. Wir haben den Begriff im Folgenden etwas weiter gefasst, um euch die Orientierung zu erleichtern.

Berlin ist in zwölf Großbezirke unterteilt. Einige Teile waren vor der Gründung Großberlins eigenständige Städte, wie Charlottenburg, oder Dörfer, wie Schöneberg. Schon damals unterschieden sie sich in bürgerliche, arme, noble oder rote Bezirke. Als „Stadt in der Stadt" haben viele ihren spezifischen, unverwechselbaren Charakter bis heute erhalten können, aber da das Leben in Berlin dynamisch ist, wandeln sich die Kieze und Bezirke im Laufe der Zeit genauso wie ihre Bewohner. Die lange Teilung der Stadt hat die Stadtteile auf beiden Seiten der Mauer verändert – dann hat die Wiedervereinigung den Kiezen nochmals eine andere Prägung verliehen. Verglichen mit den Nachwendejahren, in denen neue Läden und Firmen wie Pilze aus dem Boden schossen und eingefleischte Berliner von Spandau über Kreuzberg nach Treptow zogen, ist das Tempo inzwischen etwas gemächlicher. Die rasant steigenden Mieten tun ihr übriges dazu. Der Berliner besinnt sich wieder auf sich selbst und sucht sein Glück im Kleinen, in der eigenen Umgebung, im eigenen Kiez, was er ja eigentlich schon immer getan hat. Der eigene Kiez ist wichtig für die Identitätsbildung des Berliners. Ein Ausflug in einen ganz anderen Teil der Stadt kann dann schon mal eine Luftveränderung, eine Art Urlaub sein. Im Herzen bleibt der Berliner seinem Kiez aber treu, auch wenn er z. B. der lieben Kinder wegen mal für ein paar Jahre wegziehen muss.

Currywurst

Biers Kudamm 195

Curry 36

Curry Wolf

Konnopke

Zur Bratpfanne

Döner

7 days

Mustafa's Gemüse Kebap

Rüyam Gemüse Kebab

Vöner

Besonders stark verändern sich die Kieze natürlich durch den Zuzug von außen. So weiß jeder, dass der südliche Prenzlauer Berg eine Schwabenhochburg ist, was zu nur teils humorigen Auseinandersetzungen mit den Alteingesessenen geführt hat. Der Reuterkiez im Norden Neuköllns zieht zur Zeit Künstler aus aller Welt an, wobei die US-Amerikaner besonders gut vertreten sind, wenn sie nicht schon wieder auf dem Weg z. B. nach Schönewalde sind. Teile Charlottenburgs sind wie schon in den 20er Jahren fest in russischer Hand (damals nannten es viele Charlottengrad). Wohlhabende Russen wohl gemerkt, die die Edelboutiquen am Kudamm am Leben erhalten.

Während es in Westbezirken Charlottenburg und Schöneberg eine Invasion von Vietnamesen gibt (allein in der kleinen Goltzstraße gibt es jetzt drei, mit kleinen Seitensprüngen sechs vietnamesische Restaurants), versuchen rund um den Gendarmenmarkt die Bayern den hübschesten Platz der Hauptstadt zu besetzen (Erdinger, Augustiner, Löwenbräu, Maximilians).

Eine Entdeckungsreise durch die Kieze zeigt euch Alltagskultur und Besonderheiten jenseits der Hochglanzbroschüren. Das besonders Gute an Berlin ist, dass es hier zwischen Nacht und Tag eigentlich gar keinen so großen Unterschied gibt. Nirgendwo in Deutschland sieht man tagsüber so viele Leute, die einfach nur die Zeit dahinfließen lassen, um sich selbst zu erleben. Im Rest der Republik wären das womöglich Tagträumer oder subversive Elemente, doch hier sind es zumindest Lebenskünstler. Nach der eigenen Definition. Jeder der hier in Cafés dem Müßiggang zu huldigen scheint, wartet vielleicht auf den im dynamischen Fluss der Großstadt speziell für ihn oder sie passenden Anstoß. Denn nichts scheint dem meist aus anderen Bundesländern zugezogenen Berliner wichtiger, als sich selbst zu entdecken und zu feiern und dies sichtbar auszudrücken. Zudem sind viele Parties und Happenings öffentlich und es kostet wenig sich gründlich zu amüsieren,

Burger

Burgermeister

Five Guys

Kumpel & Keule

Marienburger

Shiso Burger

Pound & Pence

Fusion

Ali Baba

Angry Chicken

Cô Cô bánh mì deli

Dolores

Habibi

Hermann's Eatery

Hühnerhaus

Pignut BBQ

Suppen Cult

zumindest verglichen mit anderen kosmopolitischen Städten. In den noch verbliebenen Freiräumen und auf Brachen entstehen oft nur für kurze Zeit Clubs, die der breiten Öffentlichkeit unbekannt bleiben – es lohnt sich also, die Augen offen zu halten und sich in entsprechenden Netzwerken schlau zu machen. Dennoch ist auch die Kommerzialisierung der Ausgehkultur offensichtlich; in einer Nacht könnt ihr genauso viel Geld loswerden wie in London oder München.

Los geht es in Berlin in der Regel erst sehr spät. Wenn die einen bereits träumen, werfen die anderen einen letzten Blick in den Spiegel und Cafés und Kneipen füllen sich allmählich. Eine Sperrstunde gibt es nicht. Aufgemacht wird teilweise erst um Mitternacht und dann ist open end geöffnet. Das Nachtleben ist schnelllebig. Die angesagten Clubs wechseln so häufig wie die Trends, selbst wenn es keinen Trend zu geben scheint. Natürlich gibt es auch Institutionen im Berliner Nachtleben, die nicht wegzudenken sind. Um auf dem Laufenden zu bleiben, braucht man vor allem Durchhaltevermögen beim Ausgehen und am besten gute Kontakte, die sich manchmal erstaunlich rasch ergeben, die nötige eigene Offenheit natürlich vorausgesetzt. Nach Hause kommt ihr in Berlin immer, auch nachts, da der öffentliche Nahverkehr ein gutes Nachtliniennetz hat.

Die folgenden markanten Kieze stellen wir vor: Im Westteil

Charlottenburg/Wilmersdorf, Schöneberg, Kreuzberg und Neukölln – im ehemaligen Osten der Stadt Mitte, Prenzlauer Berg und Friedrichshain. Um das Spektrum zu erweitern, haben wir den Abschnitt „Am Rand und drum herum" dazu genommen, denn hier tut sich einiges und ihr findet Ausflugtipps um dem Großstadtdschungel Richtung Seeufer zu entkommen.

Mitte entwickelte sich nach dem Fall der Mauer zum Motor des Nachtlebens. Hier begründeten Tresor und E-Werk Berlins Ruf der „World-Techno-Capital". Inzwischen wandelte sich der Bezirk von einer Spaß- und Spielwiese für Pioniere nach und nach zum Vorzeigeobjekt des „Neuen Berlins".

Die Rolle als Szenemekka, die früher Kreuzberg und Schöneberg, dann Mitte, dann Prenzlauer Berg, dann Friedrichshain innehatten, wird aktuell von Neukölln eingenommen, oder doch wieder von Mitte oder Kreuzberg? Kreuzberg mit seiner Mischung aus Kreativität, Ungezwungenheit und der Vorliebe für Trash bietet der ansässigen Szene bewährten Spielraum und lockt auch wieder Auswärtige in Scharen an. Rund ums Schlesische Tor bis hin nach Treptow mischt sich das junge Publikum aus aller Welt. In Schöneberg, etwas weiter westlich, wird es ein wenig schicker, aber immer noch bunt. In Charlottenburg schließlich pflegt man eher die gehobene Lebensart: Bars für den gepflegten Drink, nette Restaurants, teure Boutiquen. Hier finden sich dann auch gepflegte und perfekt sanierte Straßenzüge, die das hochherrschaftliche Flair der wilhelminischen Ära verströmen. Solche Bilderbuchareale findet ihr aber auch rund um den nach der Wende hübsch gemachten Kollwitzplatz in Prenzlauer Berg oder am Chamissoplatz in Kreuzberg.

Die Problematik der aktuellen ==Integrationsdebatte== ist in großen Teilen Kreuzbergs und Neuköllns unübersehbar, aber auch in Wedding oder Moabit. Ganze Quartiere waren von rein türkischer, bzw. muslimischer Lebenskultur bestimmt, aber auch hier findet inzwischen eine Verdrängung Richtung Stadtrand statt. Das Problem der Gettoisierung findet sich auch in den Plattenbausiedlungen am östlichen Rand. Nicht nur Vietnamesen und Russlanddeutsche leben fast ausschließlich in ihren eigenen Netzwerken, auch die Deutschnationalen finden keinen Anschluss mehr über ihresgleichen hinaus. Doch in erster Linie ist Berlin eine weltoffene Stadt, in der jeder nach seiner eigenen Façon glücklich werden kann.

Und so gibt es keine einheitliche Szene in Berlin. Für jeden findet sich eine Nische, jeder Bezirk hat etwas zu bieten. Ob mit oder ohne konkretem Ziel, irgendwo zwischen Neukölln und Prenzlauer Berg oder zwischen Wilmersdorf und Lichtenberg wird jeder sein spezielles Berlin entdecken und sich prächtig amüsieren. Und zum Erholen gibt es ja noch Köpenick, Spandau und Zehlendorf und das uns umgebende Land Brandenburg.

Biergärten

Bierhof Rüdersdorf
der „Biergarten" des Berghain

Café am Neuen See
im Herzen des Tiergarten

Erdinger am Gendarmenmarkt
==11 Weißbiersorten==

Fischerhütte am Schlachtensee
vor dem Joggen, nach dem Joggen, oder statt des Joggens

Holzmarkt-Gelände
die neue Spielweise, da wo früher die legendäre Bar 25 war

Insel Berlin
auf der Insel der Jugend mit viel Platz zum sportlichen Auslauf

PlatzHirsch
mit Blick auf den Schöneberger Hirschen nebst Springbrunnen

Prater
der älteste Biergarten Berlins für jung und alt

Schleusenkrug
hinterm Bahnhof Zoo an den Tiergehegen vorbei und dann lass mal alle Fünfe gerade sein

Wannsee-Terrassen
der Klassiker mit Blick auf den Wannsee, frisch renoviert

Zollpackhof
gegenüber arbeitet unsere Kanzlerin an der Rettung Europas und ihr faulenzt hier unter den Kastanien?

Berlin im Sommer

Bevor wir in die Kieze gehen, kommt der schönste, alle Grenzen sprengende, universelle Ort: „Draußen". Es ist eine eigene Lebensqualität, draußen abzuhängen und sein eigenes bzw. im Spätkauf oder an der Tanke geholtes Zeug in netter Runde zu konsumieren. Berlin ist offensichtlich die Speerspitze dieser Bewegung (auch unabhängig von Flashmobpartys) und es gehört scheinbar irgendwie zum guten Ton mit der Bierflasche in der Hand herum zu laufen. Die Entwicklung zu komatösen Besäufnissen ist erschreckend und bringt die Politik in Zugzwang, also nicht übertreiben, sonst ist in absehbarer Zeit überall Schluss mit lustig. An der **Admiralbrücke** z. B., die durch alle Foren als Partybrücke gegeistert ist, patrouilliert jetzt schon am frühen Abend die Polizei. Es gibt viele Gründe, warum ihr eure Sinne wach halten solltet. Der erste ist sicherlich der Spaß- und Genussfaktor. Wer sich Richtung Absturz trinkt hat eigentlich nichts vom Abend, vom folgenden Tag ganz zu schweigen. Ihr dürft auch den Gewaltaspekt nicht ganz aus dem Auge verlieren, denn so manche schräge (Nacht-) Vögel treiben sich immer herum, um Gewalt zu suchen. Leider sind auch die öffentlichen Verkehrsmittel besonders tief in der Nacht nicht ganz sicher, in der Regel aber nicht so lebensgefährlich wie die Medien suggerieren.

Zurück zum Sommer und den heiteren Facetten des Lebens. Eine wirkliche Neuentdeckung sind Strandbars und Clubs, die auf Karibik oder zumindest auf Kanaren machen sicherlich nicht, aber so dick aufgetragen wie in Berlin wurde das Strandgefühl in den vergangenen Jahren wohl nirgends. Der Boom ist allerdings vorbei, zumindest was das typisch berlinische angeht; nix mehr mit billig, improvisiert und alles geht. Wenn ihr noch so eine Ecke an der Spree oder einem anderen Gewässer findet, hütet es wie einen Schatz. Zu Weltruf hatte es ein Abschnitt der Spree zwischen Mitte, Kreuzberg und Friedrichshain gebracht, mit der legendären Bar 25. Die gibt es längst nicht mehr, aber die gleichen Leute, etwas älter und vernünftiger feiern an der gleichen Stelle weiter, auf dem **Holzmarkt-Gelände**. Hier findet ihr auch das **Radialsystem V** als herausragenden Kulturort oder das **Yaam** als multikulturelle Spielwiese, und, nachdem ihr die komplette **East Side Gallery** entlang gelaufen seid, die Hostelboote **Eastern und Western Comfort**. Wer wirklich ablegen möchte gönnt sich sein Erfrischungsgetränk besser im **East-Side-Blick**, denn hier legen die Schiffe wirklich ab, und man hat auch noch Muße die **Mercedes-Benz Arena** zu bestaunen und das neue Einkaufszentrum **East Side Mall** kennenzulernen.

Eine Konzentration von Clubs findet ihr weiter südlich, an der Grenze zu Treptow, z. B. den mittlerweile von internationalen Billigfliegern besetzten **Club der Visionäre,** gleich nebenan den **Ipse, Birgit & Bier, Burg Schnabel, Freischwimmer, Festsaal Kreuzberg, Badeschiff**. Vergesst nicht einen Abstecher in den **Treptower Park** Spree aufwärts, oben gibt es einen Hafen für Ausflugsdampfer und unten eine **Insel** für die Jugend sowie jede Menge Wiesen drum herum.

In Mitte hält sich im Spreebogen am Hauptbahnhof der Strandbar-Klassiker **Capital Beach**. Auch klassisch anmutende Biergärten gibt es in Berlin en masse. Große Bierumsätze macht der **Zollpackhof**, nördlich vom Bundeskanzleramt, der **Prater** in Prenzlauer Berg, aber auch das fast schon legendäre **Golgatha** im Kreuzberger Viktoriapark. Das **Café am Neuen See** und der **Schleusenkrug** sind zwei gute Adressen, wenn man durch den Tiergarten schlendert. Jedes Quartier hat seinen öffentlichen Balkon, auf dem es im Sommer wie im Bienenstock zugeht. Sehr eigen und von jungen Touristen, Zugezogenen und Einheimischen geradezu überrannt sind der **Mauerpark** und der **Görlitzer Park**, wo es dann schon mal ungemütlich oder auch gefährlich (aggressive Drogendealer!) werden kann.

Romantiker treffen sich – trotz Einschränkungen – auf der **Admiralbrücke** am Urbanhafen oder im Kreuzberger **Viktoriapark** mit Wasserfall und Aussicht aus beachtlichen 66 Metern Höhe. Unschlagbar sind aber der **Teufelsberg**, das Havelufer und der Müggelsee mit ihren unendlichen Sonnenuntergängen. Mitten in der Stadt haben übrigens die Stufen am Hauptportal des **Berliner Doms** am längsten Sonne. Der davor liegende Lustgarten und der nahe **Monbijoupark** sind zwar fest in touristischer Hand, aber sehr entspannt wenn laue Lüfte

wehen. In den lauen Sommernächten ist die **Strandbar Mitte** einer der schönsten Orte der Stadt, mit <mark>Gesellschaftstanz unterm Sternenhimmel</mark>. Für Anfänger gibt es Kurse in Swing, Chacha, Tango, Salsa... Die Zukunft ist leider etwas ungewiss weil sich die Eigentümer gestritten haben und der Bezirk auch nicht nur zufrieden ist.

Strandbar am Bodemuseum
© visitBerlin, Foto Günter Steffen

Unzählige große und kleine Straßen- oder Kiezfestivals ziehen die Massen auf den Asphalt: Die Saison beginnt am 1. Mai mit dem myfest rund um die Oranienstr. Am Pfingstwochenende folgt der quietschbunte Karneval der Kulturen mit Straßenfest am Blücherplatz und einem fantasievollen Aufgebot multikultureller Bands und Kostüme. Dann kommt, meist am letzten Juni-Wochenende, die Parade, die weit über die Gayszene hinausgewachsen ist: der schrille Umzug zum Christopher Street Day. In der Nähe, am Mariannenplatz, gibt's im Juni das schöne Straßentheaterfestival. Dann die stadtweite Fête de la Musique, bei der am 21. Juni zur Sommersonnenwende die gesamte Stadt kostenlos beschallt wird.

Go West! Charlottenburg-Wilmersdorf

Das Einfallstor in die westliche Innenstadt ist der Bahnhof Zoo. Er erhält, wie die ganze Umgebung, nach und nach ein neues Gesicht. Die **Gedächtniskirche** ① ist inzwischen saniert und wieder zu sehen, winzig im Vergleich zu den beiden neuen Nachbarn Waldorf-Astoria und Upper West mit dem bislang größten Hotel der Motel One Gruppe und einer schönen Terrasse im 10. Stock mit Blick auf den Breitscheidplatz. Gegenüber gibt es jetzt auch wieder Filmpremieren, im neuen und momentan schönsten Kino der Stadt, dem **Zoo-Palast**. Rekonstruiert nach den Plänen der 50er Jahre erstrahlt auch das **Bikini-Haus** in neuem Glanz. Es ist ein neues Westberliner Einkaufszentrum, aber das wirkliche Highlight ist der Blick in den Zoo, aus dem Zwischengeschoss (da wo bei der Bikini-Trägerin der Bauch ist), oder von der Terrasse aus, oder noch höher, von der **Monkey Bar** in der 12. Etage des Designhotels 25hours.

Seit 2014 die Galerie **C/O Berlin** vom Postfuhramt Mitte hierher gezogen ist, ist die City West auch zur ersten Adresse für Liebhaber der Fotografie geworden, mit dem **Museum für Fotografie** ② und der Galerie Camera Work in unmittelbarer Nähe.

Gleich neben dem Bahnhof beginnt der **Tiergarten**, die grüne Lunge der Stadt, und dort ist es immer schön. Hier liegt am Spreeufer, auf Höhe des Charlottenburger Tors, das Restaurantschiff **Capt'n Schillow**, das neben den trubeligen Biergärten **Schleusenkrug** und **Café am Neuen See** ein angenehmer Platz zum Entspannen ist.

Werfen wir einen Blick auf den berühmten **Kurfürstendamm**. Er ist beliebt, belebt und erscheint wie eine geliftete Diva. Auch die Stadtmagazine sind sich einig: Der Weg in die westliche Innenstadt lohnt sich, und es gibt eine Renaissance des Kudamms. Seit ständig Gruppen in exzessiven Sauftouren rund um den Hackeschen Markt ziehen und dort alles mehr und mehr auf Nepp ausgerichtet ist, feiert der Kudamm seine Wiederauferstehung auch am Abend. Bei vielen etwas älteren Gästen (Westdeutschen) ist der Kudamm mit Berlin gleichgesetzt und tatsächlich findet sich in ganz Deutschland kaum ein großzügigerer Boulevard. Wer einen Eindruck vom vornehmen Berliner Westen vor dem letzten Krieg gewinnen möchte, setze sich am besten in das Café oder den Garten des **Literaturhauses**. Und auch das frisch sanierte Haus Cumberland mit der Restauration **Grosz** spiegelt den Glanz jener Epoche wider. Wer eine echte Berliner Currywurst versuchen möchte, der geht zum Klassiker **Biers Kudamm 195.** Tanzen kann man im Kiez auf verschiedenste Arten. Vergnügungssüchtige junge Mädels gehen ins **Q-Dorf**, um sich wild ausschweifenden Parties hinzugeben. Wem das zu billig ist, der gehe einfach eine Etage höher zum ewigen Springbreak ins **Maxxim**. Der Kudamm ist also jung geworden.

Das beweisen auch der **Apple**-Flagshipstore und das **Hard Rock Café** gegenüber.

Wenn ihr das eher profan findet, dann flüchtet doch zum Savignyplatz ③. In der Gegend um den begrünten Platz trifft sich ein bunt gemischtes, häufig etwas besser betuchtes Publikum. Im **A-Trane** gibt's richtig guten zeitgenössischen Jazz. Mit der **Paris Bar** und den **12 Aposteln** finden sich zwei gastronomische Institutionen ums Eck.

Im legendären, rund um die Uhr geöffneten **Schwarzen Café** ist alles etwas schlichter. Hier versucht man sich beim Frühstück nach langer Clubnacht in intelligenter Konversation oder man wischt sich mangels Bleibe die Müdigkeit aus den Augen. In Berlin sollte man unbedingt einmal in einer echten Kneipe sitzen und ein Bier zwischen Kiezbewohnern trinken. Das geht in Charlottenburg besonders gut, im trinkseligen **Zwiebelfisch** oder ums Eck in der **Dicken Wirtin**, im alt-Berlin

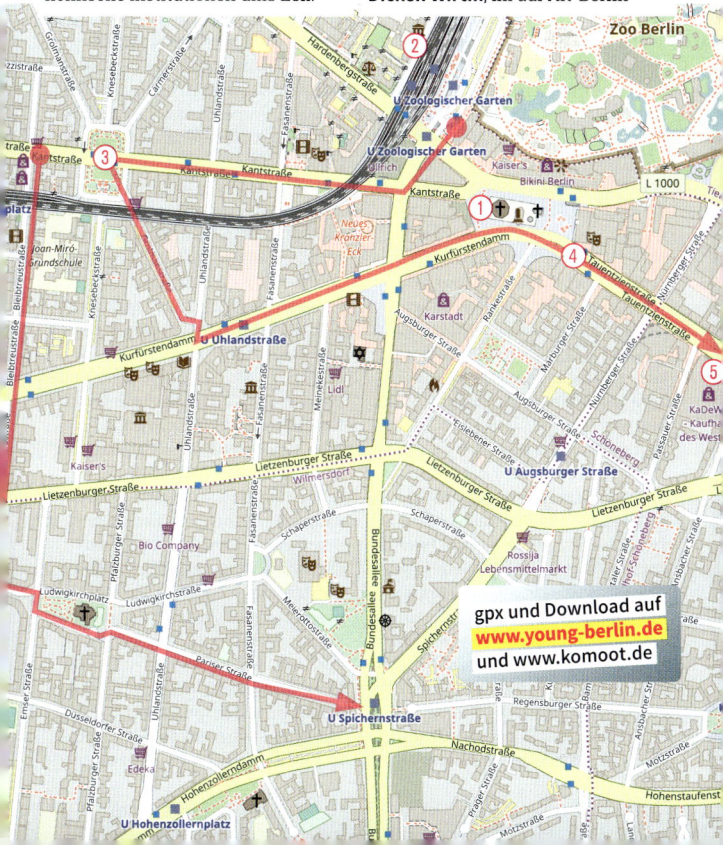

gpx und Download auf
www.young-berlin.de
und www.komoot.de

getrimmten **Restaurant Zillemarkt** oder im Original belassenen **Diener Tattersall**.

Auf der Kantstraße sammeln sich, zwischen Stadtbahnbrücke und Savignyplatz, zahlreiche Geschäfte mit schönen Ideen zur Raumgestaltung. Allen voran das 40.000 m² große Einrichtungshaus **Stilwerk**. Läufst du weiter ostwärts, dann steht neben der imposanten Fassade des **Theater des Westens** ein wunderschönes Filmtheater, das vom Kinosterben verschont blieb: der denkmalgeschützte Delphi Filmpalast.

Entlang der Kantstraße weitet sich die Berliner Chinatown immer weiter aus, und neben unzähligen China-Restaurants und Imbissen wird auch das Straßenbild immer mehr von Asiaten geprägt. Im Preußenpark, nahe Fehrbelliner Platz, findet sich ein asiatischer Picknickbereich wie er authentischer nicht sein kann. Liebhaber japanischer Comics und des Manga-Universums werden glücklich im **J-Store**. Zurück zu den Gaumenfreuden der Kantstraße. Hier gibt's unsren Fvoriten aus Taiwan **Lon-Men's Noodle House**, Klassiker wie das etwas teurere **Good Friends**, wo richtig authentisch kantonesisch gekocht wird und mehrere Restaurants des aus Vietnam stammenden The Duc Ngo, dem unangefochtenen Star in diesem Segment, inzwischen auch im Fernsehen und auf jeden Fall in der Kantstraße. Um nur drei zu nennen: **893 Ryotei** (edel) **Funky Fisch** (cool) oder **NgoKimPak** (hip)..

Eine schöne Verbindung zur beliebten Pariser Straße, führt durch die Bleibtreustraße. Hier im Herzen Wilmersdorfs, um den schönen Ludwigkirchplatz herum, bitten viele Cafés und Lokale auf die Plätze vor oder im Laden. Im **Route 66** finden Burgerfans original amerikanisches Ambiente. 40 Jahre gibt es schon klassische Mini-Pizza im **Ali Baba**, immer preiswert, immer frisch und immer voll. Gut essen kann man in der Nähe auch im **Dudu 31** und für Cocktails sollte man ins **al2**, wo auch DJs auflegen. Die Gegend war einmal ein Szeneviertel des alten Westberlin und wird von Berlinern aus dem Südwesten immer noch gut besucht. Vielleicht steht dem als etwas verschlafen geltenden Wilmersdorf ja auch eine Blüte bevor.

Eine besonders schöne Spielstätte, die **Bar jeder Vernunft**, liegt ein bisschen weiter östlich, Richtung Schöneberg. Über die prächtige Fasanenstraße spaziert es sich gut, vorbei am **Käthe-Kollwitz-Museum** und dem **Literaturhaus**.

Die östliche Verlängerung des Kurfürstendamms heißt dann Tauentzienstraße ④ und führt über den Breitscheidplatz an der berühmten **Kaiser-Wilhelm-Gedächtniskirche** vorbei. Auf dieser Shoppingmeile – unter allen Berliner Einkaufstraßen hat sie die höchste Besucherfrequenz – finden sich alle bekannten Marken und die großen Kaufhäuser. Regelmäßig gibt es auch was Neues, wie das quietschbunte **Desigual**. Neben der Kirche seht ihr das Europa-Center mit dem Mercedes-Stern auf dem Dach. Als es 1965 gebaut wurde, war dieses

Symbol für die Freiheit West-Berlins
das touristische Highlight der Stadt.
Hoch oben in der 20. Etage gibt es
den ultimativen Aussichtspunkt mit
360-Grad-Weitblick: die **Puro Sky
Lounge**. Um dem Mythos Westberlin
weiter nachzuspüren schwenkt ihr
in die Nürnberger Straße. Ihr seht
die auffallend zurückhaltende Fassade des Ellington Hotels. Daneben
lag der Dschungel, die legendäre
70er Jahre Disco, die David Bowie in
seinem letzten Album besungen hat.

Am Ende des Tauentziens liegt der
Wittenbergplatz mit dem berühmten
KaDeWe ⑤ (Kaufhaus des Westens)
Ein Abstecher im Bezirk sei euch
noch ans Herz gelegt, besucht das
Schloss Charlottenburg. Wenn ihr
am Sophie-Charlotte-Platz aussteigt,
geht die schöne Schloßstraße hoch,
und auf eurem Weg liegen drei sehr
schöne Museen: das **Bröhan-Mu-
seum**, die **Sammlung Scharf-Gerstenberg** und das unbedingt besu-
chenswerte **Museum Berggruen**.
Dann steht ihr vor der prächtigsten
Schlossfassade der Stadt, und wenn
ihr keine Lust auf die Besichtigungs-
tour habt, begebt euch in den weitläufigen und verschwenderischen
Schlosspark. Auch die Beachbar
Caprivi an der Caprivibrücke ist
ein guter Grund für einen Ausflug
hierher.

Essen & Trinken

12 Apostel
Sehr gute Pizza im Michelange-
lo-Fresco-Ambiente.
Bleibtreustr. 49
S Savignyplatz, Bus M49
www.12-apostoli.de

893 Ryotei
Für diese Art von modernem japani-
schen Restaurant musste man früher
nach London oder New York fliegen.
Unser Probier-Vorschlag: Tuna & Foie
Gras (Thunfischtatar mit Feige, Ro-
gen vom Fliegendem Fisch und Foie
Gras) 19 € und Tako (gegrillter Okto-
pus mit kleinen geschälten Tomaten,
Avocadowürfeln und Sesamdressing,
15 €).
Kantstr. 135
U7 Wilmersdorfer Str.,
S Charlottenburg, Bus M49
www.893ryotei.de

Ali Baba
Ob nach dem Kudamm-Bummel
oder vor dem Kino - ein Muss für
Freunde der italienischen Mini-Pizza.
Immer frisch, immer gut.
Bleibtreustr. 45
U1 Uhlandstr., S Savignyplatz
www.alibaba-berlin.de

Benedict
Frühstück 24/7. Ein Hot-Spot in Tel
Aviv und jetzt gibt es die Eggs Be-
nedict mit Räucherlachs und so viel
mehr auch in Berlin.
Uhlandstraße 49
U9 Spichernstr., U3 Hohenzollernplatz
www.benedict-breakfast.de

Biers Kudamm 195
Berliner lieben Currywurst mit Pommes rot-weiß und jeder hat „seinen"

Imbiss. Dieser ist richtig gut und hier süffelt sogar die aufgebrezelte Schickeria – der Feinkost müde – dazu Champagner.
Kurfürstendamm 195
U1 Uhlandstr., Bus M19, M29
www.bier-s.com/kudamm195/

Bleibergs

Klein aber koscher. Ein Café in Kudamm-Nähe mit koscheren, vegetarischen und veganen Speisen.
Nürnberger Str. 45a
U3 Augsburger Str.
www.bleibergs.de

Bootshaus Stella am Lietzensee

Schon 1924 stand hier ein Bootshaus. Nach einem Brandanschlag gab es dann ein paar Jahrzehnte Provisorium und jetzt ist es wieder da, schöner denn je. Eine durchaus berlintypische Karriere.
Witzlebenplatz
U2 Sophie-Charlotte-Platz
www.bootshausamlietzensee.de

Brauhaus Lemke

Nach dem Besuch des Bröhan- oder Museum Berggruen oder einem Spaziergang im Schlosspark Charlottenburg gibt es hier deftiges deutsches Essen und selbst gebrautes Bier.
Luisenplatz 1
U2 Sophie-Charlotte-Platz, U7 Richard-Wagner-Platz, Bus M45
www.lemke.berlin

Café am Neuen See

Superpizza. Im Sommer einer der schönsten Plätze Berlins, sowohl zum Entspannen am Wasser im üppig Grünen (SB-Biergarten) als auch zum sehen und gesehen werden.

Seiner Lust Genüge tun kann man auch bei einer Kahnfahrt bis zum Sonnenuntergang. Bei Frösteln drinnen mit Service.
Lichtensteinallee 2
U + S Zoologischer Garten, Bus 100
www.cafe-am-neuen-see.de

Café Hardenberg

Nicht nur während des Semesters, auch in den Ferien ist das Café ein beliebter Ort der Diskussion und Information für die Studenten der TU. Das Frühstück und mittags die Tagesgerichte sind preiswert und gut.
Hardenbergstr. 10
U2 Ernst-Reuter-Platz
www.cafe-hardenberg.com

Café Savigny

In der sonst so quirligen Gegend ist dieses kleine Café am Savignyplatz ein toller Ruhepol mit entspannter Atmosphäre.
Grolmanstr. 53-54
S Savignyplatz,
U2 Ernst-Reuter-Platz, Bus M49
www.cafe-savigny.de

Caprivi

Ganz ruhig, in der Nähe des Schlossparks, neben der Sömmeringhalle, am Uferweg, ein Bier genießen?
Am Spreebord / Ecke Sömmeringstr
U7 Richard-Wagner-Platz
www.caprivi-berlin.com

Capt'n Schillow

Auf diesem Restaurantschiff lässt es sich gut und günstig frühstücken mit dem schönsten Blick auf den Tiergarten.
Straße des 17. Juni 113,
Am Charlottenburger Tor
S Tiergarten
www.capt-schillow.de

Essen & Trinken

Caras - Gourmet Coffee
Bei Teenagern beliebtes Café. Viele Variationen der schwarzen Bohne, begleitet von amerikanischen Cookies, Kuchen oder Sandwiches. Weitere Filialen am Kranzler Eck (Kurfürstendamm 20 – hier CARAS Gourmet Ice Cream), im Haus Hardenberg (Hardenbergstr. 4-5) und in Steglitz (Schloßstraße 120), sowie am Potsdamer Platz (Leipziger Platz 1).
Kurfürstendamm 36
U1 Uhlandstr., Bus M19, M29
www.caras.de

Dicke Wirtin
Urgestein Berliner Kneipenkultur, wo sich die Generationen gemeinsam bei frischem Eintopf oder einfach nur einer Schmalzstulle sättigen.
Carmerstr.9
S Savignyplatz
www.dicke-wirtin.de

Die Nußbaumerin
Grandioses Platzerl um sich auch fern der Alpen mit österreichischen Schmankerln verwöhnen zu lassen. Frischeste Waren verarbeitet die allerliebste Nußbaumerin mit ihrem Team zu unvergesslichen Geschmackserlebnissen: Knödel, Blunze, Backhendl und wann's geht auch Salzburger Nockerl. So schmeckt Österreich - und nicht anders. Wenn dann noch der Papa der Nußbaumerin seine Zither auspackt und aufspielt ist das Alpenglück perfekt.
Leibnizstr. 55
U7 Adenauer Platz, S Savignyplatz, Bus M19, M29
www.nussbaumerin.de

Dudu 31
Let's go west! Das Szenerestaurant Dudu hat den Sprung aus Mitte nach Charlottenburg gewagt. Die Trendsetter aus der Torstraße sind jetzt auch im alten neuen Westen, damit man auch hier asiatische Crossover-Küche genießen kann.
Bleibtreustr. 31
U1 Uhlandstr., Bus M19, M29
www.dudu31.de

El Borriquito
Toller Spanier, super Tapas, Live Musik und jede Menge Stimmung!
Wielandstr. 6
S Savignyplatz, Bus M49
www.el-borriquito.de

Funky Fisch
In der Kantstraße, ganz in der Nähe vieler beliebter Asiaten (Long Men 's Noodle House, Kuchi, Good Friends, Madame Ngo...) gibt es jetzt auch frischen Fisch, unter der Regie des Pan-Asien-Champions unter den Berliner Köchen: The Duc Ngo.
Kantstr. 135-136
S Savignyplatz, Bus M49
www.funky-fisch.de

Good Friends
Kantonesische Spezialitäten. Viele Chinesen essen hier und für die authentische Küche gibt es auch eine extra Karte, an die sich meist nur Kenner trauen. Braune Enten hängen im Küchenfenster.
Kantstr. 30
S Savignyplatz, Bus M49
www.goodfriends-berlin.de

Grosz
Patisserie, Kaffeehaus, Bar und Restaurant. Mit dieser Kombination holt Roland Mary, der Betreiber des beliebten Prominententreffs Borchardt am Gendarmenmarkt, nun auch elegantes Leben an den

unteren Kudamm zurück, ins schöne frisch renovierte Haus Cumberland. Einen kleinen Espresso sollte man sich in diesem schönen Ambiente schon mal gönnen. Wenn das Reisebudget für den Rest der Karte nicht reicht gibt es gleich nebenan eine der beliebtesten Currywurstbuden der Stadt.
Kurfürstendamm 193/194
U1 Uhlandstr.,
Bus M19, M29
www.grosz-berlin.de

Hard Rock Cafe Berlin

Das allererste Hard Rock Cafe Deutschlands gab es, logisch, in Berlin - erst in der Meinekestraße und inzwischen auf dem Kudamm. Der große Balkon im ersten Stock bietet einen grandiosen Blick auf das Treiben auf dem Boulevard und direkt in Apples schicken Store. Außer den obligatorischen Hard Rock Shirts warten auch saftige Burger und leckere Drinks auf euch.
Kurfürstendamm 224
U1 + 9 Kurfürstendamm
www.hardrock.com/cafes/berlin/

Kantini

Klingt nach Kantine und ist auch so ähnlich, nur ganz neu und angesagt und im Bikini Berlin, mit Blick auf den Zoo. 13 Gastronomen bieten Street Food aus Mexico, Israel, Korea, Hawaii … und selbst die deutsche Currywurst gibt es hier neben all den veganen und sonstig angesagten Köstlichkeiten. Die längste Schlange gibt es zur Zeit bei den Hawaiian poke bowls.
Budapester Str.38-50
U + S Zoologischer Garten,
Bus 100, 200
www.bikiniberlin.de/de/kantini/

Le Petit Royal

Die Stars und Sternchen die Berlin besuchen müssen jetzt nicht mehr nach Mitte ins Grill Royal, denn jetzt gibt es den kleinen Bruder im Westen. Serviert werden edle Steaks, viel Fisch und französische Klassiker.
Grolmanstr. 59
S Savignyplatz,
U2 Ernst-Reuter-Platz, Bus M49
www.lepetitroyal.de

Lon-Men's Noodle House

Asiaten gibt es in der Kantstraße viele, z. B. gleich nebenan „Good friends" und „Kuchi", aber dieser Taiwanese ist eindeutig der Sieger in den Kategorien Atmosphäre und Preis-Leistung.
Kantstr. 33
S Savignyplatz, Bus M49
www.lon-mens-noodle-house.business.site

Mado

Nach über 300 Franchise-Geschäften in der Türkei und auf der ganzen Welt gibt es das berühmte Mado-Eis endlich auch in Berlin.
Kurfürstendamm 175
U7 Adenauer Platz
www.mado-berlin.de

MILO Restaurant

Be Berlin, be kosher. Im Restaurant von Chabad Lubawitsch Berlin ist natürlich alles glatt kosher. Im Haus ist auch eine der schönsten Synagogen Berlins und ein sehr lebendiges Kulturzentrum unter der Leitung von Rabbiner Yehuda Teichtal.
Münstersche Str. 6
U7 Konstanzer Str.
www.miloinberlin.de

Essen & Trinken

momiji

Das erste Takoyaki-Restaurant Berlins. Takoyaki, ursprünglich aus Osaka, sind kleine Teigkugeln mit Oktopus, ein paar Bonito-Flocken und Seetang. In Berlin kennt man sie von Streetfood-Märkten; hier werden sie vor unseren Augen in gusseisernen Formen zubereitet. Ein schöner Ort für die Mittagspause und es gibt auch allerlei andere japanische Leckereien.
Bleibtreustr. 52
S Savignyplatz, Bus M49
www.mo-mi-ji.com

Neni Berlin

Das schicke Familienrestaurant im 10. Stock des Designhotels 25hours im neuen Bikinihaus, mit Blick auf Zoo und Breitscheidplatz. Die Vornamen der Söhne Nuriel, Elior, Nadiv, Ilan bilden den Namen NENI. Die Familie hat israelische, rumänische und spanische Wurzel und den Lebensmittelpunkt in Wien. Die gleiche Vielfalt bietet auch die Küche.
Budapester Str. 40
U + S Zoologischer Garten,
Bus 100, 200
www.25hours-hotels.com,
www.neniberlin.de

NgoKimPak

In der neuen "fun asian eatery" des gastonischen Stars der Kantstraße (The Duc Ngo) gibt es alles Mögliche in ziemlich gut: Poké Bowls, koreanische oder japanische Ramen, Buns bis hin zur vegetarischen Bibimbap Bowl mit Walnuss-Tofu.
Schlüterstr. 22-23
S Savignyplatz, Bus M49
www.ngokimpak.de

On-No-Ya Ishin

Japanisch für Fortgeschrittene. Die preiswerten Mittagsmenüs gibt's von 11:30-15 Uhr. Filialen von Ishin Japanese Deli gibt es in Steglitz (Schloßstr. 101), Wilmersdorf (Bundesallee 203), Mitte (Mittelstr. 24, Charlottenstr. 16 und Litfaß-Platz 1).
Hardenbergstr. 19
U + S Zoologischer Garten
www.ishin.de

Paris Bar

Institution des Westberliner Promi-Lebens mit kosmopolitischem Stammpublikum. Entrecôte, Pommes frites und Sauce Bernaise sind grandios, aber sie haben halt ihren Preis. Dafür gibt es den Business Lunch schon für 13,50 €.
Kantstr. 152
U1 Uhlandstr., S Savignyplatz
www.parisbar.de

Restaurant Zillemarkt

Alt-Berliner Restaurant mit viel Trödel, noch mehr Berliner Spezialitäten und ganz viel Icke-Flair.
Bleibtreustr. 48a
S Savignyplatz, Bus M49
www.zillemarkt.de

Rogacki

Das schönste (nicht das schickste) Berliner Feinkostgeschäft. Der Mittagsausflug lohnt sich auf jeden Fall, weil ihr sehen könnt wie die vielen Fische leben, sterben und ausgenommen werden. Mehr noch: ihr könnt sie auch vor Ort essen. Jeder kann hier glücklich werden, mit dem schlichten Backfisch oder auch mit Austern und Hummer.
Wilmersdorfer Str.145-146
U2 + 7 Bismarckstr.
www.rogacki.de

Route 66

Der American-Diner im Stil der 50's und 60's ist eine feste Institution der Pariser Straße. Im Sommer sitzt man bei Burger, Sandwich oder Spare Ribs gemütlich auf der doch sehr vollen Terrasse. Interieur mit Hauch einer Grease-Kulisse, wirklich amerikanisch? Am Service merkt man schnell, dass man doch noch in Berlin ist.
Pariser Str. 44
U3 + 9 Spichernstr.,
Bus M19, M29
www.route66diner.de

Schleusenkrug

Nur ein kurzer Weg vom Bahnhof Zoo und man ist in einer grünen Idylle am Wasser und in einem ewigen Geheimtipp der Berliner Szene. Im großen Garten mischt sich im Sommer das Publikum draußen bei Kaffee und Kuchen oder Bier und Gegrilltem, und drinnen steigt bestimmt wieder die ein oder andere Party.
Müller-Breslau-Str. 14b/
Tiergartenschleuse
U + S Zoologischer Garten,
S Tiergarten
www.schleusenkrug.de

Schwarzes Café

Rund um die Uhr geöffnetes Kultcafé des alten Westberlin, unweit vom Bahnhof Zoo. Viele verbrachten mangels Schlafgelegenheit hier schon eine spaßige Nacht, und danach gibt es immer gutes Frühstück.
Kantstr. 148
U + S Zoologischer Garten,
S Savignyplatz, Bus M49
www.schwarzescafe-berlin.de

Stella Alpina

Ein stabil guter Italiener. Ossobuco, Loup de Mer, Trüffel-Tagliatelle oder perfekte Penne all' arrabbiata gibt es hier zu fairen Preisen.
Suarezstr. 4
U2 Sophie-Charlotte-Platz
www.stellaalpina.de

Sushi Miyabi

Unser Sushi-Favorit in Wilmersdorf. Seit Jahren ein Begriff für Sushi-Freunde. Aber Vorsicht beim Bestellen, hier gilt: pay one - take two.
Uhlandstr. 104 -105
U7 Blissestr.
www.sushimiyabi.de

Wursterei

Hier kommt der Berliner Klassiker vom Lavagrill, wird mit fancy Soßen serviert und überhaupt gibt man sich sehr viel Mühe. Neben Currywurst gibt's natürlich auch Buletten, Pommes und allerlei andere Figurkiller für zwischendurch.
Hardenbergstr. 29d
U + S Zoologischer Garten +
reichlich Busse
www.pegasus-foodsystems.com

Zwiebelfisch

Ein gemütlicheres Nest ließ sich kaum finden und zum Biertrinken und die Ecke beobachten immer noch ideal. Es gibt Gäste die seit dem Jahre 1968 an ihrem Barhocker festgeschraubt scheinen. Neue Bewirtschaftung: Statt Traditionsküche gibt es jetzt beliebige Fusionsküche.
Savignyplatz 7-8
S Savignyplatz
www.zwiebelfisch-berlin.de

Nachtleben

al2 Cocktailbar

In der westlichen City trifft sich hier ein bunt gemischtes Völkchen in edel-lässigem Ambiente. Bei schummriger Beleuchtung genießt man an der ewig langen Bar richtig gute Cocktails.

Pfalzburger Str. 83
U1 Uhlandstr.
www.al2-eventlocation.de

A-Trane

Beliebter Jazz-Club mit gutem Live-Programm, der Berliner und internationale Jazzsterne leuchten lässt. Jede Art von Jazz fühlt sich hier gut an. Die Live-Musik läuft ab 21 Uhr. Late Night Jam Session in der Nacht von Samstag zu Sonntag ab 0:30 Uhr, bei freiem Eintritt!

Bleibtreustr. 1 / Ecke Pestalozzistr.
S Savignyplatz, Bus N49
www.a-trane.de

Diener Tattersall

Dies ist kein Club: Hier läuft nie Musik. Einer der ersten Betreiber nach dem Krieg, Franz Diener, war deutscher Meister im Schwergewicht bis er von Max Schmeling geschlagen wurde. Wagt doch mal einen Besuch in einer der ältesten Kneipen Berlins. Statt des immer gleichen loungig-housigen background-Teppichs könnt ihr hier an den Wänden die Porträts von 500 prominenten Gästen bestaunen.

Grolmanstr. 47
S Savignyplatz, U1 Uhlandstr.
www.diener-berlin.de

Hefner Bar

Ein schöner Ort direkt am Savigny-platz und genau richtig für einen special Daiquiri „Green Apple". Sehr edles und puristisches Design mit angenehm gedämpftem Licht, auch sind die Leute nicht zu snobbish.

Kantstr. 146
S Savignyplatz
www.hefner-berlin.de

Kudamm Beach

Ganz am Ende des Kudamms und dann noch etwas weiter findet ihr diese elegante Strandbar. Tagsüber kostet das Baden im Halensee 6 € - abends gibt's in der Summer Lounge Do-Sa 18-23 Uhr Lounge Music, Soulfulhouse, Nudisco, Discofunk Classics.

Königsallee 5 B
S Halensee, Bus M19, 29
www.kudamm-beach.de

Maxxim

Partylocation mit internationalem Club-Sound, wechselnden Partyan-geboten, viel Disco-House, Spring Break Party jetzt auch in Berlin.

Joachimstaler Str. 15
U1 + 9 Kurfürstendamm,
Bus M19, M29
www.maxxim-berlin.de

Monkey Bar

Die Bar im 10. Stock des Designho-tels 25hours im Bikini-Haus ist zum hot spot im neuen Berliner Westen geworden. Mit Blick auf die Tiere des Zoos und auf den Breitscheidplatz mit der Gedächtniskirche.

Budapester Str. 40
U + S Zoologischer Garten,
Bus 100, 200
www.25hours-hotels.com

Motel One Terrasse

Im Motel One, neben dem Waldorf Astoria, steigt Ihr rechts in den Fahrstuhl, fahrt in die 10. Etage und geht raus auf die Terrasse. Kostet erstmal gar nichts und Ihr habt einen schönen Blick auf den Breitscheidplatz und die City West, mit Zoo, Tiergarten, Gedächtniskirche.

Kantstraße 163-165
U + S Zoologischer Garten,
Bus M19, M29, M46, 100,
200

My Student Disco

In der „My Student Disco" des Q-DORF können Gruppen mit minderjährigen Schülern in das Berliner Nachtleben eintauchen. Die Parties finden von Dienstag bis Samstag (nach Anmeldung) ab 20 Uhr statt. Lehrer dürfen natürlich auch mit rein.

Joachimsthaler Str. 15
U1 + 9 Kurfürstendamm,
Bus M19, M29, M46
www.mystudent-disco.de

Puro Sky Lounge

Hoch oben 100m über der Hauptstadt auf dem Europa-Center, ist die PURO Lounge das wortwörtliche Highlight der Stadt. Die Aussicht ist einfach fantastisch und jetzt gibt es auch noch eine Dachterrasse.

Tauentzienstr. 9-12,
Fahrstuhl in der 1. Etage
U + S Zoologischer Garten,
Bus M19, M29, M46
www.puroberlin.de

Sausalitos Berlin

Eine der wenigen Cocktailbars, in die man auch mit einer größeren Gruppe gehen kann. Cocktails zum Mitnehmen, abends DJs.

Fasanenstr. 81
U + S Zoologischer Garten,
Bus M45, M49
www.sausalitos.de

The Pearl

Kudamm After-Work Do ab 18 Uhr. Fr + Sa wechselnde Parties für die Stars von Morgen, natürlich auch mit Dresscode. Wer keine Lust hat zu sehen wie ein eingebildeter Möchtegernler stolz seinen Champagner bestellt, sollte vielleicht nicht hingehen.

Fasanenstr. 81
U + S Zoologischer Garten,
Bus M45, M49
www.thepearl-berlin.de

Einkaufen

Apple Mega Store

Habt ihr etwa immer noch das alte iPhone oder das alte iPad? Dann solltet ihr unbedingt schauen, was der magische Apfel hier auf 4 Etagen zu bieten hat.

Kurfürstendamm 26
U1 + 9 Kurfürstendamm, Bus M19, M29
www.apple.com/de/retail/
kurfuerstendamm/?cid=a-
os-de-seo-maps

Autorenbuchhandlung

Schöne Literatur und Lyrik sowie seltene Bücher warten unter den S-Bahn-Bögen am Savignyplatz. Manchmal gibt es Lesungen und Autorengespräche im schönen Literaturcafé.

Else-Ury-Bogen 599-600 und 601
S Savignyplatz, Bus M49
www.autorenbuchhandlung.com

Bershka

Der Knaller für junge Fashionistas, die Laufstegtrends günstig wollen und sich nicht an künstlichen Hüllen stören.
Tauentzienstr. 14
U1 + 9 Kurfürstendamm,
U + S Zoologischer Garten
www.bershka.com

Bikini Berlin

Wo bei der Bikiniträgerin der Bauch ist, war beim Bikinihaus ein Lauben-gang – daher der Name. Nach ein paar Jahren Renovierung ist der Ge-bäudekomplex wieder ein Schmuck-stück West-Berlins. Shop different! Hier gibt's nicht nur die immer glei-chen Filialisten, sondern Modeläden ausgewählter Designer, Besonderes wie das Männerspielzeug von Teufel (HiFi) und Pop-Up Stores von jungen Designern. Durch die Panoramafens-ter und von der Dachterrasse aus hat man einen tollen Blick auf den Zoo.
Budapester Str. 38-52
U + S Zoologischer Garten,
Bus 100, 200
www.bikiniberlin.de

Bücherbogen

Unter den S-Bahnbögen findet sich ein großes, internationales Sortiment zu Architektur, Kunst, Fotografie, Grafik und Design. Eine Fundgrube zu den Themen Film, Bühne, Tanz und Mode, sowie viele Ausstellungskataloge.
Stadtbahnbogen 593, Savignyplatz
S Savignyplatz, Bus M49, X34
www.buecherbogen.com

DaWanda Snuggery

Der Onlineshop mit den vielen selbstgemachten Dingen hat jetzt einen Showroom in der realen Welt bekommen. In der Charlottenburger Snuggery könnt ihr nicht nur an-schauen, sondern auch anfassen und dann gleich vor Ort einkaufen. Tipp: donnerstags von 19-21 Uhr finden kostenlose DIY Workshops statt.
Windscheidstr. 19
S Charlottenburg,
U7 Wilmersdorfer Str., Bus M49
www.dawanda.com/s/Snuggery

Diesel Store

Der beliebte Jeans-Kult. Hier gibt's auch Gürtel, Portemonnaies und Ta-schen in schönstem Ambiente.
Kurfürstendamm 17
U1 + 9 Kurfürstendamm,
Bus M19, M29, M46
www.diesel.com

Dubenkropp

Trüffel mit Rosmarin, Curry, Kamille, Koriander, Dill oder Steinpilz-Olive. Süße, saure, bittere Spezialitäten aus aller Welt: Bergamotte- oder Rosen-gelees, feine Senf- und Essigsorten, Kekse und Schokoladen
Grolmannstr. 20
S Savignyplatz, Bus M45, M49
www.dubenkropp.com

Erich Hamann Bittere Schokoladen

Mocca-Bohnen, Ingwer-Stäbchen, Borke-Zartbitter und noch viel sün-digere Köstlichkeiten werden hier in original Bauhaus-Vitrinen von 1928 feil geboten. Wer Bitteres sucht, wird hier Feinstes finden.
Brandenburgische Str. 17
U7 Konstanzer Str.
www.hamann-schokolade.de

Foot Locker

Schöne Sneaker in unzähligen Variationen. Filialen sind u.a. am

Kurfürstendamm 225 und in den großen Arkaden wie Gropius-Passage, Schönhauser Allee, Steglitz, Spandau, Neukölln, Wilmersdorfer Straße und überall in der Stadt und dem Land und Europa…
Tauentzienstr. 18a
U1 + 2 + 3 Wittenbergplatz,
Bus M19, M29, M46
www.footlocker.de

Hacker und Presting
In dieser schönen korallenroten Buchhandlung nahe dem Stuttgarter Platz gibt es Belletristik, Politik und Geschichte, Reise und Sprachen, Kinder- und Jugendbücher, sowie englische Literatur. Beliebt sind die Autorenlesungen bei denen es oft nur noch Stehplätze gibt.
Leonhardtstr. 22
S Charlottenburg
www.hacker-presting.de

J-Store Berlin
Berlins großer Manga Laden, mit über 2.500 Titeln, deutsch und englisch, neu und gebraucht.
Kantstr. 125
U7 Wilmersdorfer Str.,
S Charlottenburg, Bus M49
www.j-store-berlin.de

Look54
Ob diese Teile wirklich schön, sexy, erfolgreich und unbesiegbar machen? Richtig schöne Kleidung mit Berlinslogans wie Hauptstadtrocker oder rememberlin gehen in diesem weiß-loungigen Ambiente über den Tresen. Die Jacken sieht man oft auf den Straßen Berlins.
Goethestr. 14
S Savignyplatz, Bus M49
www.look54.de

Nike Town
Schuhe und Kleidung mit dem beliebten Logo. Die Marketingstragen nennen es Swoosh, für uns ist es ein Haken. Wenn ihr von Nike ausgestattet seid, ist der Sieg schon so gut wie sicher. Wer's glaubt wird selig, wer's nicht glaubt kommt auch in den Himmel. Nike Town ist gerade umgezogen, ein paar Häuser weiter ins Europa-Center.
Tauentzienstr. 9-12
U + S Zoologischer Garten
www.nike.com

Peek & Cloppenburg
Nein, aufregend hört es sich zunächst nicht an, aber wer ins Untergeschoss fährt, ist erstaunt über die wirklich trendigen Teile für das junge Volk. Hier bleibt man gerne hängen bei der großen Auswahl und den netten Sitzecken. Eltern kann man getrost bei den Hausmarken oder in der Exquisitabteilung in den oberen Abteilungen abgeben.
Tauentzienstr. 19
U1 + 2 + 3 Wittenbergplatz,
Bus M19, M29, M46
www.peekundcloppenburg.de

quasi moda
Zwei Designerinnen, Michaela Cmok und Catrin Ziegler, entwerfen seit 1989 sinnlich-souveräne Großstadtmode. Sie streben nach Unabhängigkeit vom Zeitgeist, nach objektiver Schönheit in Stoff, Farbe und Schnitt.
Bleibtreustraße 49
S Savigny Platz
www.quasi-moda-shop.de

Solebox
Solebox in Berlin West ist ein schicker Sneaker Shop der limitierte Nike, New Balance, Adidas, Puma,

Vans und ausgesuchte Streetwear Marken verkauft. Ein MUSS für alle Sneakerfans.

Nürnberger Str.14
U1 + 2 + 3 Wittenbergplatz,
U3 Augsburger Str.,
Bus M19, M29, M46
www.solebox.com

Steiff am Kurfürstendamm

Falls ihr mal ganz einsam seid, oder falls ihr denkt jemand anders wäre ganz einsam, dann braucht ihr ganz bestimmt einen Kuschelbären.

Kufürstendamm 38-39
U1 Uhlandstr., Bus M19, M29
www.steiff.com

Stilwerk

An der Ecke Uhlandstraße unweit des Kurfürstendamms findet ihr in 57 Geschäften auf 20.000 qm alles zum Thema Einrichtung und Design.

Kantstr. 17
S Savignyplatz,
U + S Zoologischer Garten, Bus M49
www.stilwerk.de

Titus Zoopreme

Der Vorreiter der Skateboard-Szene hat sich auch in Berlin niederge-lassen. Alles rund um das Board: Klamotten, Schuhe und Accessoires. Marken wie Santa Cruz, Zoo York und Dragon fehlen natürlich nicht.

Karl-Liebknecht-Straße 9
U1 + 9 Kurfürstendamm, Bus M19, M29
www.titus.de

Trödel- und Kunstmarkt

Einer der beliebtesten, größten und meist besuchten Märkte für Antiqui-täten und Kunsthandwerk. Es gibt Schmuck, Bilder, Bücher, Möbel, De-sign, Tonträger und Mode von billig bis teuer, alt bis neu.

Str. des 17. Juni
S Tiergarten,
www.berlinertroedelmarkt.com

Uniqlo

Schluss mit den Minderwertigkeits-gefühlen und dem Gerede dass Berlin nicht mehr hip ist. Nach Australien, China, Frankreich, Hong Kong, Indonesien, Japan, Südkorea, Malaysia, den Philippinen, Russland, Singapur, Taiwan, Thailand, UK und USA sind nun auch wir dran, mit „unique clothing" im ersten deut-schen Flagshipstore der japanischen Marke die nicht einfach Kleidung bietet sondern „life wear".

Tauentzienstr. 7
U + S Wittenbergplatz,
Bus M19, M29, M49
www.uniqlo.com

Zebraclub

Abseits des Kudamm findet ihr den großen Zebraclub mit einer ebenso großen Auswahl an trendigen Kla-motten. 200qm voller bunter Shirts, Hosen, Hoodies, Schuhe usw.

Rankestr. 5-6
U1 + 9 Kurfürstendamm, Bus M19, M29, M46
www.zebraclub.de

mehr in der App
Young Berlin
immer up to date

Schöneberg

Aus einem Dorf am Rande Berlins wurde in den 20er Jahren der Hot Spot Berlins und Europas. Nirgends gab es eine größere Kneipendichte und mehr Freizügigkeit als hier. Sexuelle Ausschweifungen, experimentelles Theater und alles, was die roaring twenties ausmachte, fand hier seinen Ausgangspunkt. In den 20er Jahren wohnte hier um die Ecke Christoph Isherwood, auf dessen Erfahrungen der Film und das Musical „Cabaret" basiert. In dieser Zeit hatten Haus und Gegend ihre Glanzzeit und galten als verruchteste Ecke ganz Europas, bis dann die Nazis das Licht ausmachten.

Ihr startet eure Tour am U-Bhf. Nollendorfplatz und euch fällt sicher gleich ein großer Bau ins Auge, das Metropol-Theater, ein gutes Exempel für das Auf und Ab des Schöneberger Nachtlebens. Am Anfang, 1906, als auch der schöne U-Bahnhof Nollendorfplatz gebaut wurde, hieß es Neues Schauspielhaus, 1927 kam Erwin Piscator, in der Nachkriegszeit war es lange ein Kino, dann die bekannte Diskothek Metropol, dann unter dem Namen Goya eine beliebte Partylocation fürs bunte Schöneberger Volk (Ü 30, 16 plus, Single, Gay Parties...) und jetzt ist es wieder mal eine Baustelle. Im West-Berlin der 70er und 80er Jahre feierte diese Gegend eine Wiederauferstehung, davon gibt es noch das **Café M** und das **Neue Ufer** (David Bowie und Iggy Pop haben im Nachbarhaus gewohnt). Und heute? Als hätte es den Mauerfall nie gegeben, haben sich viele ehemalige Szeneläden hier gehalten, sind lässig älter geworden und lassen das Trendgeschreie der Szenebezirke wo es hingehört. Da jede Woche ein neuer Laden aufmacht, gibt es auch immer wieder neues junges Publikum. Es verwundert auch nicht, dass die Homoszene bis heute das Viertel dominiert. In der angrenzenden Motzstraße ① findet ihr fast jede erdenkliche Spielart dieser (Sub-)Kultur, von plüschig in der **Heilen Welt**, witzig im **Hafen**, härterer Art in **Tom's Bar** bis in die Fuggerstraße, wo sich die Fetischläden aneinanderreihen. Wenn ihr die Straße 100 Meter weitergeht, seid ihr in einer anderen Welt, am **Viktoria-Luise-Platz** ②, mit Blumenrabatten, Wasserspielen, netten Mädchen und spielenden Kindern.

Die klassische Schönebergroute führt aber nicht zu diesem beschaulichen Platz, sondern vom Nollendorfplatz entlang der belebten Maaßenstraße zum Winterfeldtplatz mit dem bekannten Markt am Mittwoch und Samstag. Auf dem Weg dahin gibt es reichlich Gelegenheit zum Essen, Trinken und Rumlungern: **Eckstein, Habibi** ... (seht im Adressteil nach, auf was ihr Lust habt).

In allen Stadtführern steht, dass der Markt am Winterfeldtplatz ③ der schönste Berlins ist. Man kann es kaum noch hören, aber nach vielen Vergleichen müssen wir sagen: es stimmt. Manchmal trifft man dort Leutchen, die nach durchsumpfter

Nacht noch übrig geblieben sind. Ein nettes Bild, wenn so ein verwegenes Exemplar auf die ökologisch korrekten jungen Mütter trifft. An den marktfreien Tagen trifft sich hier alles, was Rollen unter den Füßen hat.

Jetzt orientiert ihr euch an der katholischen Kirche: Dahinter geht ihr in die Goltzstraße. Hier findet ihr alles, was ihr braucht und noch viel mehr: ungewöhnliche Schuhe, edle Trödlerstücke und originelle Klamotten. An Restaurants gibt es auf ein paar hundert Metern die große Vielfalt: z. B. koreanisch (**Ixthys**), deutsch (**Palladin Kochschule**), persisch (**Shayan**), vietnamesisch (**Phojito**), türkisch (**Meyan**) oder chinesisch (**Chi Chi Kan**). Danach tagsüber ins **Tee Tea Thé** für die gepflegte Tasse Tee oder zu **Jones**, weil es hier das beste Eis der Stadt gibt, oder, wenn es schon etwas später ist, **Mister Hu**, wegen der Cocktails.

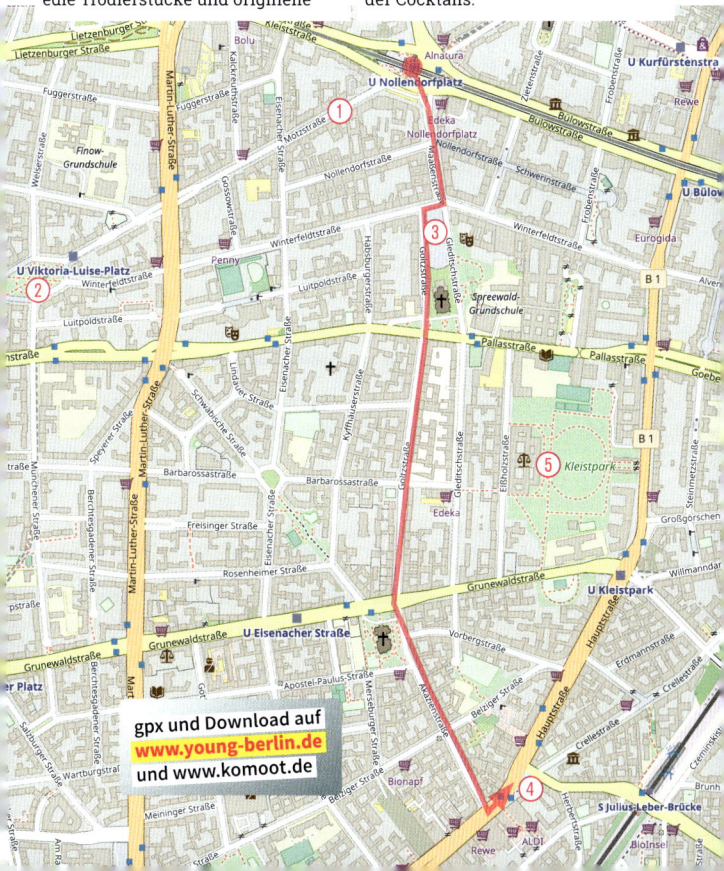

Das Ende der Goltzstraße ist aber nicht das Ende der Welt, denn hier beginnt die Akazienstraße, die immer lebendiger wird. Mittags ins **Gottlob** (falls ihr einen der begehrten Sonnenplätze ergattert), den Espresso holt ihr euch im **Double Eye**, oder ihr geht zu Kaffee und Kuchen, zum Frühstück oder einfach weil es so nett ist ins **Bilderbuch**. Gleich gegenüber trifft man sich zum Feierabendbier in der **Möve im Felsenkeller**.

Falls ihr nicht im Hotel oder Hostel wohnt, wollt ihr euren Gastgeber vielleicht überraschen, indem ihr für ihn kocht. Aber dann kommen die Fragen: Was ist im Kühlschrank, wo gibt's die ganzen Zutaten und überhaupt… Was könnte man kochen? Hier, am Ende der Akazienstraße, geht ihr einfach ins **Kochhaus**. Seit 2010 gibt es dieses „begehbare Kochbuch" mit 20 Ständen zu 20 Rezepten. An jedem Stand findet ihr alle Zutaten, das Rezept und den passenden Wein dazu. Wer jetzt nicht zum Koch wird ist selber schuld.

Wenn ihr den Kaiser-Wilhelm-Platz ④ bzw. die Hauptstraße erreicht habt und damit das ganz alltägliche, völlig unszenige Schöneberger Dasein, könnt ihr euch bei **Deko Behrendt** mit Glanz und Plunder für euren weiteren Weg hübsch machen. Probiert doch um die Ecke etwas weiter südlich an der Tür des **Havanna**, ob es ankommt.

Oder ihr setzt euch in den Bus M48 oder M85 und erkundet das moderne Berlin am Potsdamer Platz und gebt unterwegs der legendären Potsdamer Straße eine Chance. Tagsüber gibt es hier viel Verkehrschaos, aber auch den ein oder anderen hübschen Laden zum Geld ausgeben; z. B. für die formvollendeten Kopfbedeckungen der Berliner Hutmacherin **Fiona Bennett**, bei **Andreas Murkudis** (ganz schick in der ehemaligen Tagesspiegel-Druckerei), oder für die Religiösen beim **Ave Maria** (katholischer Kitsch). Zum Mittagessen geht ihr ins **Maiden, Mother** & **Crone** oder in die schlichtere **Joseph-Roth-Diele**. Auch nachts entwickelt sich die Straße recht positiv. Viele neue Galerien und diverse Lokale wie **Sticks 'n'Sushi** oder die **Victoria Bar** beleben die Gegend. Gleich gegenüber zieht das **Wintergarten Varieté** die Touristenströme an. Noch eine Ecke weiter, im **Kumpelnest 3000**, ist alles ganz anders und etwas gröber – eher etwas für die harten Nachteulen, aber auch eine Legende des Westberliner Nachtlebens.

Falls ihr dem Nachtleben oder Einkaufen nicht so zugetan seid und euer Interesse ein historisches ist, haben wir noch ein paar Tipps für euch: Das **Rathaus Schöneberg**, vor dem uns vor 53 Jahren, mitten im kältesten kalten Krieg, John F. Kennedy mit den Worten „Ich bin ein Berliner" zum Durchhalten ermutigte. (Sa + So Flohmarkt, Konsum und Historie in einem). Am Kleistpark ⑤ das **Kammergericht**, in dem während der Nazi-Diktatur der Volksgerichtshof herrschte und dann der alliierte Kontrollrat. Für die Reflexion der Geschichte gibt es vor dem Kammergericht den hübschen kleinen Kleistpark und am Rathaus Schöneberg den viele Kilometer langen Volkspark.

Wer sich gern mit letzten Fragen beschäftigt, geht zum Abschluss auf den **Alten St. Matthäus-Friedhof**, nicht nur wegen der Prominentengräber (Gebrüder Grimm etc.). Im Gegensatz zu den rigiden deutschen Friedhofsvorschriften gibt es hier eine Schöneberger Freiheit, die es ermöglicht, auch nach dem Tod Individualist zu bleiben. Das sieht man an den originellen Grabstellen, oder beim Besuch in Deutschlands nettestem Friedhofscafé, dem **Café Finovo**.

Essen & Trinken

7 Days
In der Hauptstraße gibt es zwei neue, sehr gute Döneradressen mit allen Haloumi-, Chicken-, Vollkorn- Gemüsevarianten: Ecke Akazienstraße und etwas weiter unter, neben dem Havanna Club, gleich gegenüber vom bisherigen Döner-Highlight der Stadt (Rüya Gemüse Kebab).
Hauptstr. 21 und 30
Bus M85, M48
www.7days-finest-fresh-food.de

Ayan – filipino streetfood
Philippinische Streetfood. Das ist z. B. die Streetbox (Reis, Papaya, gebeizt mit Paprika, Möhren und Zwiebeln) und ein oder zwei Snacks wie Tocino Beef (mit Ketchup, Sprite, braunem Zucker und Sojasauce mariniertes Rindfleisch), oder dem Nationalgericht Adobo Pork (Schwei-

nebauch geschmort in Sojasauce, Essig und Knoblauch).
Potsdamer Str. 69
U1 Kurfürstenstr., Bus M48, M85
www.ayan-berlin.de

Berio
Eine Institution der Schöneberger Gay- und Lesbianszene, Café-Restaurant, Event- und Ausstellungsort, doch primär sehen und gesehen werden. Ob auf ein schnelles Käffchen oder tout le soir, wichtig ist im Winter ´ne coole Klamotte und im Sommer das quasi Fehlen der gleichen, trainierten Körper vorausgesetzt.
Maaßenstr.7
U1+2+3+4 Nollendorfplatz, Bus M19
www.cafeberio.de

Berlin Burrito Company
Willst du im Kiez gut essen? Die Jungs hinter dem Tresen kümmern sich um dein Wohl mit frisch zubereiteten Burritos, Quesadillas, knackigen Salaten, exotischen Suppen und zum Dessert gibt's frittierte Snickers!
Pallasstr. 21
U1+2+3+4 Nollendorfplatz,
Bus M48, M85
www.berlin-burrito-company.de

Brlo Brwhouse
Vokale wie O und A fehlen im Namen, aber ihr werdet diese Laute der Begeisterung produzieren, sobald ihr das vor Ort gebraute Bier und die gehobene Brauhausküche probiert habt. Weil ihr schlau seid, nehmt ihr die Sharing Plates, um möglichst viel zu probieren. Das Brwhouse wurde von den berühmten GRAFT Architekten direkt am Gleisdreieck aus 38 gebrauchten Überseecontainern zusammengebaut, damit es in ein paar Jahren, wenn die Immobilien-

entwickler hier zuschlagen und Großes bauen, problemlos umziehen kann.

Schöneberger Str. 16
U1 + 2 Gleisdreieck
www.brlo-brwhouse.de

Café Bilderbuch

So süß, so romantisch, so altmodisch. Wie in Omis Wohnzimmer. Der ideale Ort, um grauen Tagen zu entfliehen. Man kann sich auch ins drahtlose Netz fallen lassen. Die märchenhaften Frühstücke gibt es bis 23 Uhr.

Akazienstr. 28
U7 Eisenacher Str.,
S Julius-Leber-Brücke, Bus M48, M85
www.cafe-bilderbuch.de

Café Einstein

Mehr Klassiker geht nicht! Seit Jahrzehnten repräsentiert dieser Ort die Wiener Kaffeehaustradition in Berlin. Wie wunderbar, sich bei einem Großen Braunen und einem Apfelstrudel zurückzulehnen und das Publikum zu betrachten, oder die stilvollen Kellner oder die schöne Villa in der einst der Stummfilmstar Henny Porten residierte. Im oberen Stockwerk gibt es die Bar „Lebensstern". Ein Herrenzimmer in dunklem Rot mit über etwa 600 Sorten Rum und über 200 Sorten Gin.

Kurfürstenstr. 58
U1 + 2 + 3 + 4 Nollendorfplatz,
U1 Kurfürstenstr., Bus M19
www.cafeeinstein.com

Café Finovo

Am Eingang des Alten St.-Matthäus-Kirchhofs, einem der schönsten Friedhöfe Berlins, liegt dieses hübsche Friedhofscafé. Vor oder nach der Erkundung des Friedhofs findet ihr hier Ruhe zwischen Nippes und Omas Möbeln.

Großgörschenstr. 12-14
U + S Yorckstr., Bus M19
www.cafe-finovo.de

Café M

Relikt der coolen Westberliner Szene der 80er Jahre. In vielem sich selbst treu geblieben: Gäste werden ignoriert und SB bei gleichzeitiger Anheimlichkeit mit Kontaktbörse, spartanisch bis ranzige Einrichtung und doch ein großer Auftritt. Den ganzen Tag gelangweilt rumhängen - ein Muss.

Goltzstr. 33
U7 Eisenacher Str., Bus M46
www.cafe-m.de

Chay Village

Vietnamesisch, vegetarisch und sehr gut. Wir empfehlen als Vorspeise den Salat Nr. 5 und dann die 24: Nudeln und Tofu mit den 5 Gewürzen.

Eisenacher Str. 40
U7 Eisenacher Str.
www.chayvillage.de

Chi Chi Kan

Endlich gibt es einen richtig guten Chinesen in Schöneberg. Die Karte ist umfangreich: leckere kleine Vorspeisen und Dim-Sum, Suppen, verschiedene Spezialitäten, auch vegetarisch und alles frisch zubereitet. Gut und preiswert: das „all you can eat" Mittagsbuffet Mo-Fr. für 7,90 €.

Goltzstr. 52
U7 Eisenacher Str.
www.chichikan.de

Double Eye

Starbucks, Einstein, Barcomis?
Nein. Den besten Espresso der Stadt
gibt es hier in der Akazienstraße,
dazu trifft sich der halbe Kiez und
verstopft den Bürgersteig. Neben
Espresso schmeckt alles lecker, z. B.
der „Galao".
Akazienstr. 22
U7 Eisenacher Str., Bus M48, M85
www.doubleeye.de

Eckstein

An einer der beliebtesten Ecken
Schönebergs sind die Mieten heftig
gestiegen und nach Tim's Canadian
Deli (bis Ende 2008) und Manzinis
(bis Ende 2010) hat es jetzt ein Lokal
vom Prenzlauer Berg hierher gezogen. Ist das die Prenzlauerbergisie-
rung Schönebergs?
Maaßenstr. 14
U1 + 2 + 3 + 4 Nollendorfplatz, Bus M19
www.eckstein-berlin.de

Gottlob

Die Schöneberger lieben es nicht nur
wegen der Sonnenplätze. Mittags
gibt es ein business lunch, das auch
an Personen ohne Krawatte serviert
wird. Sonntags gibt es das große
Brunchbuffet, bei dem viel Zeit mit-
gebracht werden sollte.
Akazienstr. 17
U7 Eisenacher Str.
www.facebook.com/pages/category/
Restaurant/
Gasthaus-Gottlob-158825327468687/

Ixthys

Südlich vom Winterfeldtplatz, da wo
die Goltzstr. beginnt, findet ihr den
ultimativen koreanischen Imbiss.
Das Ambiente ist etwas karg (Selbst-
bedienungskühlschrank mit alko-
holfreien Getränken) und der Service

der zwei netten Koreanerinnen lässt
euch genug Zeit, die Wände zu studieren: Bibelzitate auf Stoffbahnen.
Und dann kommt Kimchi (milchsäu-
revergorenes Gemüse) und der süchtig machende Bibim-Bab (Rindfleisch
oder Tofu, Gemüse, Spiegelei + fermentierte Chilipaste.): Wow!
Pallasstr. 21
U1 + 2 + 3 + 4 Nollendorfplatz,
Bus M48, M85

Jones Icecream

Eine der besten Eisdielen der Stadt.
Es gibt „Fudge-Choco-Karamell-Pea-
nuts", und viele andere ausgefallene
Sorten, aber der Hit sind die ganz
frisch gebackenen Waffeln.
Goltzstr. 3
U7 Eisenacher Str.
www.jonesicecream.com

Joseph-Roth-Diele

In uriger Atmosphäre zwischen
großen Bücherregalen billige über-
große Stullen oder deftige deutsche
Küche verköstigen, dabei die ge-
schichtsträchtige „Potse" erleben.
Potsdamer Str. 75
U1 Kurfürstenstr., Bus M48, M85
www.joseph-roth-diele.de

Maiden, Mother & Crone

Dieser neue Lunch-Hot-Spot passt so
gut in die neue, schicke Potsdamer
Straße. Jeden Tag servieren sympathische junge Leute ein preiswertes,
frisches, saisonales Mittagessen.
Potsdamer Str. 93
U Kurfüstenstr., Bus M48, M85
www.maidenmotherandcrone.de

Malakeh

Nicht nur AfDler merken dass sich
unser Land durch die syrischen
Flüchtlinge verändert. Hier ein

Beispiel: Erst hatte Malakeh Jasmati eine TV-Kochshow In Jordanien und jetzt in Berlin ein Cateringunternehmen und ein Restaurant. Probieren oder nur darüber reden?
Potsdamer Str. 153
U2 Bülowstr., Bus M48, M85

Mamas Banh
Der wievielte Vietnamese im Kiez mag das sein? Egal, sie werden immer besser. Hier sorgt Mama Thi Hoa Phan mit ihren Söhnen Dai Quy und Dai Cuong dafür, dass alles frisch und erstklassig ist, auch die vielen veganen Gerichte. Eine Filiale gibt es in Prenzlauer Berg, in der Hufelandstr. 31.
Grunewaldstr. 81
U7 Eisenacher Str.
www.mamasbanh.com

Meyan
Türkische Küche jenseits des Döners: mediterran, abwechslungsreich und leicht.
Goltzstr. 36
U7 Eisenacher Str.
www.meyan-berlin.de

Möve im Felsenkeller
Kult! Eines der wenigen Lokale, wo man ohne Musikberieselung bis spät in die Nacht diskutieren kann. Dabei kommt dank guter bodenständiger Hausmannskost und günstigem Fassbier nie der Drang auf, das Lokal wechseln zu müssen.
Akazienstr. 2
U7 Eisenacher Str., Bus M48, M85

Munch's Hus
Das erste und einzige norwegische Restaurant in Deutschland.

Kräftiges, Deftiges und Fisch in allen Varianten zu vernünftigen Preisen. Auch der Elch (22 €) hat hier den Test bestanden.
Bülowstr. 66
U2 Bülowstr., Bus M19
www.munchshus.de

Mutter
Bei Mutter fühlt sich der Schöneberger schon so lange so gut und eigentlich muss man gar nicht weggehen. Morgens ein üppiges Frühstück, mittags ein 3 Gänge Thai Menü für 7,50 € und abends wird das Restaurant-Café langsam zur Bar.
Hohenstaufenstr. 4
U1 + 2 + 3 + 4 Nollendorfplatz,
U7 Eisenacher Str., Bus M19, M46
mutterberlin.bplaced.net

One and Only
Vietnamesisch heißt hier „panasia, sushi and more". Klein und fein und als Mittagsmenü super günstig.
Goltzstr. 35
U7 Eisenacher Str.
www.oneandonly-berlin.de

Oro Nero
Italienische Schokolade trinken, italienische Pasta kosten, Schöneberger Kuchen naschen wir in diesem sympathischen Café.
Akazienstr. 10
U7 Eisenacher Str., Bus M48, M85
www.baroronero.de

Ousia
Unser Lieblingsgrieche. Die Tapas heißen hier zwar anders, sind aber besser und preiswerter als bei den vielen Spaniern. Reservierung dringend empfohlen: Tel. 216 79 57.
Grunewaldstr. 54
U7 Bayrischer Platz
www.taverna-ousia.de

Palladin Kochschule

Gebt den Kochschülern eine Chance, beim Mittagstisch (Mo-Fr 11:30-17 Uhr), zu fairen Preisen. Ein paar Häuser weiter (Pallasstr. 8/9) gibt es dazu auch das Café Palladin mit eigener Konditorei.

Pallasstr. 14
Bus M85, M48
www.ubs-ev.de

Phojito

Einer von vielen Vietnamesen im Kiez. Aber dieser ist unser Favorit. Besonders lecker ist die Nr. 37: Udon Suppe mit Riesengarnelen, Gemüse, Frühlingszwiebeln, Koriander, gerösteten Schalotten und Kokos-Curry.

Goltzstr. 34
U1 + 2 + 3 + 4 Nollendorfplatz, Bus M19
www.phojito.de

PlatzHirsch

Neben dem Rathaus Schöneberg, wo der viele Kilometer lange Volkspark beginnt, unter dem Schöneberger Wahrzeichen, dem Goldenen Hirschen, findet ihr diesen idyllischen Biergarten. Zum Hefeweizen gibt es nicht nur Weißwurst, sondern auch Salate.

Freiherr-vom-Stein-Str. 20
U4 Rathaus Schöneberg, Bus M46

Potemkin

Am schönen grünen Viktoria-Luise-Platz gibt es russische Spezialitäten. Der Name kommt aus der Zeit der russischen Revolution. Keine Angst, hier geht es ganz entspannt zu. Dafür sorgen schon all die hübschen Mädchen der benachbarten Letteschule.

Viktoria-Luise-Platz 5
U4 Viktoria-Luise-Platz
www.potemkin-restaurant.de

Ratskeller Schöneberg

Historisches Ambiente, Stadtgeschichte und gutes preiswertes Essen. Hier speisen die Amtspersonen von Wirtschaftssenat und Bezirksamt, die Harz IV-Empfänger, die gerade zum Bürgeramt müssen, viele Rentner aus der Umgebung – und wir.

John-F.-Kennedy-Platz 1
U4 Rathaus Schöneberg, Bus 104
www.gerresheim-berlin.de

Rocket & Basil

Moderne persische Küche mit australisch-asiatischen Einflüssen. Bisher sind die beiden Schwestern Sophie & Xenia nur als Caterer durch die Stadt gezogen. Seit März braucht Ihr nicht mehr nach Events und Pop-ups zu suchen – jetzt gibt's die Köstlichkeiten immer (außer montags) in Schöneberg.

Lützowstr. 22
U1 + 3 Kurfürstenstr.,
Bus M48, M85, M29
www.rocketandbasil.com

Rüyam Gemüse Kebab

Sicher nicht im hübschesten Teil der Hauptstraße, neben dem Automarkt und dem Asia-Supermarkt. Hier ist es aber sooo lecker, und so freundlich wird man in Berlin nur selten bedient. Inzwischen wissen das so viele, dass man erstmal eine Nummer ziehen muss. Das könnte der beste der Stadt sein. Probiert es selbst. Jetzt auch in Prenzlauer Berg, Schönhauser Allee 44a.

Hauptstr.133
Bus M85, M48

Sardinen Bar

Sardinen aus der Dose? Genau, aber hier für Gourmets, über 70 Variationen mit Zitrone, Chorizostücken,

Trüffel, oder auch Makrelen, Thunfisch, Pulpo. Schon die vielen bunten Etiketten sind kleine Kunstwerke. Dazu einen Salat, Baguette und ein Glas Wein.
Grunewaldstr. 79
U7 Eisenacher Str.
www.sardinen.bar

Schiller Burger
Früher gab es diese tollen Burger nur in Neukölln, jetzt auch in der Akazienstraße. Weil alles ganz frisch ist dauert es ein bisschen, aber es lohnt sich den kleinen Laden zu suchen, zwischen der Alternative Selberkochen (Kochhaus) und dem Bier davor und danach (Felsenkeller).
Akazienstr. 2
U7 Eisenacher Str., Bus M48, M85
www.schillerburger.com

Shayan
Nettes, kleines persisches Restaurant. Es gibt z. B. Lammfleisch mit Spinat-Pflaumensauce, Minze, Safran und Salat, vegane und vegetarische Gerichte sowie ein günstiges Lunch Buffet.
Goltzstr. 23
U1+2+3+4 Nollendorfplatz, Bus M19
www.shayan.berlin

Sticks'n'Sushi
Erst in Kopenhagen, dann in London und jetzt gibt es die leckersten Sushi und Yakitori-Sticks auch in der Potsdamer Straße, gegenüber vom Wintergarten Variete. Das kulinarische i-Tüpfelchen in einer der buntesten Straßen Berlins, mit Jennifer Nails (dem billigsten und schnellsten Nagelstudio), Ave Maria (Devotionalien und religiöser Kitsch), billigem Sex-spielzeug bei LSD, schicken Hüten bei Fiona Bennett,…
Potsdamer Str. 85
U1 Kurfürstenstr., U2 Bülowstr.,
Bus M19, M29, M48, M85
www.sticksnsushi.berlin

Tee Tea Thé
Nicht nur zur Teatime gibt es hier die ultimative Auswahl: knapp 300 Teesorten werden euch in ihren Bann ziehen. Tägl. von 16-18 Uhr werden auch hausgemachte Scones, Sandwiches und andere Leckereien gereicht. Sonntags steht von 10-15 Uhr ein Brunch- und Teebuffet bereit.
Goltzstr. 2
U7 Eisenacher Str.
www.teeteathe.de

Nachtleben

Green Door
Vielfach ausgezeichnete Cocktailbar und nicht nur wegen ihrer erstklassigen Getränke heiß geliebt. Auch die internationale, lockere Atmosphäre lockt hierher und deshalb ist es an manchen Abenden hinter der grünen Tür sehr voll.
Winterfeldtstr. 50
U1+2+3+4 Nollendorfplatz,
Bus M19, M46
www.greendoor.de

Hafen
Homosexuelle Bars gibt es viele in diesem Viertel. Diese ist dabei die Institution Nr.1 und für alle sexuellen Orientierungen allemal ein Spaß.
Motzstr. 19
U1+2+3+4 Nollendorfplatz,
Bus M19
www.hafen-berlin.de

Havanna

Riesendisse mit 4 Floors und 7 Bars(!). Schwingende Hüften und beste Stimmung zu lateinamerikanischen Klängen, aber auch die klassischen Diskoklänge werdet ihr nicht vermissen. Hauptsache abfeiern - sagen sich seit 19 Jahren vor allem Vorort-Teens und -Twens. Am frühen Abend gibt es Tanzanleitung von Profis, manchmal Live-Konzerte. Ladies bis 23 Uhr Eintritt frei!!

Hauptstr. 30
U7 Kleistpark, Bus M48, M85
www.havanna-berlin.de

Heile Welt

Die heile Welt der gepflegten Hände, die sauber gemixte Getränke halten, um den Tratsch aus Friseur- und Modewelt zu beklatschen. Hoher Kuschelfaktor.

Motzstr. 5
U1 + 2 + 3 + 4 Nollendorfplatz, Bus M19
www.facebook.com/pg/Heile-Welt-107920232603777/posts/

Kumpelnest 3000

Unverwüstliche Bar für den letzten Absacker nach einer langen Nacht, mit der Gefahr noch einmal richtig zu versacken. Eigentlich ein kleiner schmieriger Puff. Barflys, Mutanten und das eine oder andere edle Fräulein mischen sich hier aufs Feinste. Man sollte auch aufgrund des Gedränges keine Berührungsängste haben.

Lützowstr. 23
U1 Kurfürstenstr., Bus M48, M85
www.kumpelnest3000.com

Slumberland

Urgestein des relaxten, tropischen Rastafari-Understatements mit Sand auf dem Boden, Reggae und ähnlicher Rauschmusik auf den Ohren und was nettem in oder bei der Hand. Allen Altersstufen zugetan.

Goltzstr. 24
U1 + 2 + 3 + 4 Nollendorfplatz, Bus M19

Stagger Lee

Ende 19. Jahrhundert in St. Louis war Stagger Lee ein feige mordender Zuhälter. Dann wurde er durch Songs von Ike & Tina Turner, Nick Cave u.a. zur Kunstfigur. Jetzt bereichert er das düstere Schöneberger Nachtleben: Viel dunkles Holz, wenig Licht, aber strahlende Cocktails. https://www.facebook.com/stagger.lee.cocktailbar

Nollendorfstr. 27 D
U1 + 2 + 3 + 4 Nollendorfplatz, Bus M19
www.staggerlee.de

Tom´s Bar

An der berühmtesten Homo-Ecke der Stadt liegt die wohl berühmteste und älteste Cruisingbar, das Tom's. Etwas härter, gröber und sexueller als nebenan, aber spätestens an warmen Abenden verwischen sowieso alle Grenzen auf dem bumsvollen Trottoir.

Motzstr. 19
U1 + 2 + 3 + 4 Nollendorfplatz, Bus M19
www.tomsbar.de

Victoria Bar

Im Winter in der „Schule der Trunkenheit" den gepflegten Umgang mit Spirituosen lernen; im Sommer bei Swing, Jazz, Reggae und Ska in edlem Ambiente den Meister raushängen lassen.

Potsdamer Str. 102
U1 Kurfürstenstr., Bus M48, M85
www.victoriabar.de

Zig Zag Jazz Club

Jeden Abend Berghain oder Techno ist auch irgendwie langweilig. Gönnt Euch Mal einen Abend mit Jazz, Funk, Soul, Blues und mehr in diesem kleinen gemütlichen Jazz Club im Südwesten Berlins. Während der Konzertpause wird Geld eingesammelt. Wenn jeder ungefähr 15 € gibt, können die Musiker gerecht bezahlt werden – und das klappt meistens ganz gut.

Hauptstr. 89
U + S Innsbrucker Platz, M48, M85
www.zigzag-jazzclub.berlin

Einkaufen

Andreas Murkudis

Hier bilden hippe Hauptstadt-Touristen ihren Geschmack. Laut Vogue setzt Andreas Murkudis neue Maßstäbe für Berlin. In seinem großzügigen Laden im ehemaligen Tagesspiegel-Haus, neben ein paar neuen Galerien, fühlt sich jeder sofort wohl.

Potsdamer Str. 81 E
U1 Kurfürstenstr., Bus M48, M85
www.andreasmurkudis.net

Ave Maria

Der Berliner Devotionalienhändler in der Lützowstraße (wo früher Prostituierte die Straße zierten) bietet Weihrauch, Rosenkränze, Heiligenbuttons, italienische Statuetten (teilweise beleuchtet)… alles was ein Christ braucht?

Lützowstr. 23
U1 Kurfürstenstr., Bus M48, M85
www.avemaria.de

Deko Behrendt

Alles für jede Art von Party, Straßenfesten oder Halloween. Scherzartikel, Federboas und Trendperücken garantieren den starken Auftritt.

Hauptstr. 18
U7 Kleistpark, Bus M48, M85
www.dekobehrendt-berlin.de

Dodo Beach

Dodo, so heißt ein dicker, doofer, ausgestorbener Vogel, aber die Vinyl-Platten, die es hier gibt, neu und second-hand, sind einfach nicht tot zu kriegen. Im Keller des hübschen Ladens gibt es die ultimative Adresse für Metal Fans: Dodos Metal Dungeon!

Vorbergstr. 8
U7 Eisenacher Str., U7 Kleistpark
www.dodobeach.de

Fiona Bennett

Lasst euch den Kopf verdrehen von diesen bezaubernden, formvollendeten Hüten. „Fionas Hutkreationen sind wie scharf geschnittene Tortenstücke. Allerdings nicht süß, eher pikant. Elegant und frivol, zugleich geben sie dem Gesicht der Trägerin eher etwas Provokantes statt Damenhaftes, wer keinen Anlass hat, Fionas Hüte zu tragen, sollte sie wenigstens sammeln. Man weiß ja nie…" (Wolfgang Joop).

Potsdamer Str. 81-83
U Kurfüstenstr., Bus M48, M85
www.fionabennett.com

Flying Colors

Drachen und Luftballons in sämtlichen Farben und Formen. Jonglierartikel, Kites, Frisbees, Boulekugeln und Footbags für den sportlichen Ausflug in den Park warten ebenfalls in den Regalen.

Eisenacher Str. 81
U7 Eisenacher Str.
www.flying-colors.de

KaDeWe (Kaufhaus des Westens)
Ein Berliner Original mit sieben
Stockwerken und 64.000 qm - der
größte Kaufrauschtempel auf eu-
ropäischem Festland. Als Krönung
erwartet euch eine phänomenale
Delikatessen- und Lebensmittelab-
teilung.
Tauentzienstr. 21-24
U1 + 2 + 3 Wittenbergplatz,
Bus M19, M29, M46, 343
www.kadewe.de

Kochhaus
Das erste Lebensmittelgeschäft,
das sich konsequent dem Thema
Selber-Kochen widmet und nach
Rezepten statt nach Warengruppen
sortiert ist. An den 18 Warentischen
findet ihr jeweils alles was ihr für ein
Gericht braucht exakt portioniert.
Wer jetzt noch fast food isst, ist
selber schuld. Weitere Filialen findet
ihr im Prenzlauer Berg, Schönhauser
Alle Ecke Pappelallee oder in der
Bergmannstr. 94 in Kreuzberg.
Akazienstr. 1
S Julius-Leber-Brücke,
U7 Eisenacher Str., Bus M48
www.kochhaus.de

Markt am Winterfeldtplatz
Nicht nur für den Wochenendein-
kauf, auch zum Sehen und Gesehenwerden geht es am Samstag zu
den Marktschreiern und singenden
Blumenhändlern. Mit seinem breiten
Warenangebot bietet er für jeden
etwas und nicht nur für den Gaumen
sondern auch Kleidung, Schmuck,
Accessoires und mehr.
Winterfeldtplatz

U1 + 2 + 3 + 4 Nollendorfplatz, Bus M19
http://winterfeldtplatz.winter-
feldt-markt.de

Mimi
20er-Jahre Parties sind immer beliebt, aber was anziehen? In dieser
hübschen kleinen Boutique kann
man sich die textilen Antiquitäten
kaufen, leihen oder nach einer Vorla-
ge anfertigen lassen.
Goltzstr. 5
U7 Eisenacher Str.
www.mimi-berlin.de

Panama Hutgalerie
Ein Gang über den Winterfeldtmarkt
am Samstag zeigt es: In Schöneberg
sind die internationalen Hutklassiker
besonders beliebt.
Goltzstraße 38
U7 Eisenacher Str.
panamahutgalerie.de

the Market
In anderen Gegenden der Stadt tragen diese beliebten Etablissements
den schnöden Namen Späti. Hier ist
alles ein bisschen mehr und besser.
Einen Tisch gab es vor der Tür bis die
Behörden gemerkt haben dass das
verboten war, 1000 weitere schöne
Plätze zum Sonnenuntergang gibt es
gleich gegenüber, rund um die Apos-
tel-Paulus-Kirche.
Akazienstr. 15
U7 Eisenacher Str.

Trippen Concept Store
Außergewöhnliches Berliner Schuh-
design, hergestellt in Deutschland
unter Berücksichtigung höchster
Umwelt- und Sozial-Standards. Der
Berliner Flagship Store befindet sich
im Brunnenhof der Hackeschen Höfe
Potsdamer Str. 100
www.trippen.com

Prenzlauer Berg

Auch wir haben uns jahrelang am Abgesang auf diesen in den 90er Jahren szenig und touristisch so eminent wichtigen Bezirk beteiligt. Und in gewisser Weise sind alle Unkenrufe aufs Schlimmste bestätigt worden. Viele Clubs die seit Jahrzehnten bestanden mussten aufgrund der Klage von geräuschempfindlichen, wohlhabenden Zuzüglern schließen oder umziehen, draußen sitzen geht ab 22 Uhr nur mit Zeter und Mordio. Bioläden und junge Mütter beherrschen den Kiez – aber auch Oasen wahrhafter Berliner Lebenskultur finden sich noch.

Die beliebteste Attraktion Prenzlauer Bergs ist der **Mauerpark** ①, mit obligatorischem Sonntagsflohmarkt, Freiluftkaraoke und sonstiger spontaner Kurzweil (zumindest im Sommer). Eigentlich handelt es sich zwar um eine dürre Stein- und Glasscherbenwüste – aber was soll's, es gibt auch so nette Läden wie den **Mauersegler**. Die sich südlich anschließende Gegend um die wunderschön sanierte Oderberger Straße und die bekannte Kastanienallee sind die Hauptstraßen des Amüsierviertels. Platzhalter auf der K-Allee sind **An einem Sonntag im August** und das Café **Schwarzsauer**. Hier liegt auch der 1852 eröffnete Biergarten **Prater**. Die sogenannte Castingallee hat ihren Namen auch von den zahlreichen Klamottenläden, wo man allerdings auch 30 € für eine Trainingsjacke zweiter Hand hinlegen kann.

Zu einer einzigen sommerlichen Gartenparty hat sich die Oderberger Straße entwickelt, die mit ihren zahlreichen Lokalitäten im Sommer ebenso wie die obere Kastanienallee einer Freiluftbühne gleicht. Auch viele junge Modedesigner zieht es hierher und die schöne Welt des Berliner Designs wird auch dir den Schweiß auf die Stirn treiben und natürlich das Geld aus der Börse. Fashion Begeisterte treibt es z. B. in Klamottenläden wie Awear und **Mazooka** oder die vielzähligen Second Hand Shops dieser Gegend. Gönnt euch zur Stärkung im **Kauf dich glücklich** in der Oderberger Straße eine selbst gemachte, frische Waffel und setzt euch dann bei schönem Wetter in den nahegelegenen Mauerpark. Falls euch der Trubel des sonntäglichen Flohmarkts zu viel ist, habt ihr mit dem intimeren **Flohmarkt am Arkonaplatz** ② eine Alternative.

Der Prenzlauer Berg ist ein recht junger Stadtteil: Erst nach 1871 entstand hier als Planstadt die typische Bebauung der vier- bis fünfstöckigen Mietskasernen mit zahlreichen Hinterhöfen. So vermittelt der Bezirk das typische Alt-Berliner Flair, denn sowohl der Krieg als auch tiefgreifende Sanierungskonzepte späterer Jahre (bis zum Mauerfall) haben kaum Spuren hinterlassen. Der ehemalige Arbeiterkiez erhielt sich auch in der DDR eine spezielle Note. Er zog stets vor allem Künstler, Intellektuelle und Andersdenkende an und war zu Zeiten des real existierenden Sozialismus der DDR einer der wenigen Freiräume der Republik.

Vor einigen Jahren also noch ein Experimentierfeld für Abenteurer und Kreative mit dem Anstrich des Provisorischen, präsentiert sich vor allem die Gegend um den Kollwitzplatz ③ heute schnieke. Die Häuser sind fast durchgängig saniert und erstrahlen als frisch geschminkte Jahrhundertwende-Schönheiten, idyllisch-pittoresk wie ein Glanzbild-Adventskalender. Nur vereinzelt blättert der Putz noch ab und gibt den Blick frei auf alte Ladeninschriften, verrottetes Mauerwerk und Einschusslöcher des letzten Weltkrieges – ein beliebtes Fotomotiv. Vor allem die Husemannstraße war schon zu „Ostzeiten"

gpx und Download auf
www.young-berlin.de
und www.komoot.de

ein Vorzeigeobjekt, hier befindet sich übrigens mit dem **Café November** eine Institution des Kiezes.

Im Sommer erstrahlen die alten Straßenzüge in geradezu mediterranem Flair, wenn jeder erdenkliche Platz genutzt wird, um Stühle auf die Straße zu stellen. Gelegenheiten zum Verweilen bieten sich reichlich in der Ryke-,Kollwitz- oder eben Husemannstraße. Zum Kollwitzplatz gehen alle am Samstag, zum beliebten Wochenmarkt oder um an lauen Abenden beim Flammkuchen vor dem **Gugelhof** zu sitzen. Ein rein veganes, individuelles Geschmackserlebnis gibt's nebenan im **Lucky Leek**. Massengeschmack mit entsprechendem Platzangebot gibt's bei Belluno oder ihr holt euch einfach eine Minipizza, ein Schawarma oder Falafel am Wasserturmplatz ④ und setzt euch in den kleinen Park oberhalb des Turmes, am besten zum Sonnenuntergang. Mit Blick auf Berlin-Mitte hat man hier soviel compagnia und Hintergrundgeräusch wie am Trevi-Brunnen. Alles toll, aber ziemlich voll. Im Wasserturm selbst befinden sich u.a. eine Galerie und Gastronomie. Wenige Meter weiter im Hinterhof Rykestr. 53 findet ihr Deutschlands größte Synagoge. Die Geschichte des Judentums in Berlin lässt sich auch auf dem **Jüdischen Friedhof** an der Schönhauser Allee nachvollziehen. Seine hohen Bäume und die verwitterten, von Efeu umrankten Grabsteine vermitteln Zeitlosigkeit und Ruhe und man ist kurzzeitig den Trubel los, der einen eben noch umtost hat.

Das absolute Gegenteil von Beschaulichkeit findet ihr ein paar Schritte weiter nördlich, an der populärsten Kreuzung des Bezirkes: Eberswalder Str. / Schönhauser Allee ⑤. Der Verkehrsknoten zieht vor allem zu Nachtzeiten unglaublich viele junge Leute an. Leider nur bis zum frühen Abend kann man der frisch hergerichteten Legende **Konnopke** huldigen indem man eine Currywurst (im Osten traditionell ohne Darm) verzehrt. Von hier aus sind alle Richtungen interessant; unser erster Abstecher gilt dem vorbildlich herausgeputzten Helmholtzplatz ⑥. Die beim Kollwitz-Kiez bereits vollzogene Wandlung vom Maroden und Kreativen zum Edelpflaster ist auch in der Gegend nördlich der Danziger Straße, zwischen Prenzlauer und Schönhauser Allee, fast abgeschlossen. Nach aufwendigen Verschönerungsmaßnahmen mischen sich am Helmholtzplatz inzwischen lautstarke Trinker mit jungen Kiezlern mit und ohne Kind. Auch die Gäste umliegender Hostels wissen das zu schätzen und frequentieren gern seit Jahren beliebte Orte wie das schöne **Wohnzimmer** in der Lettestraße, oder das **Café Butter** in der Pappelallee. In der selben Straße sei Bummlern der **Supalife Kiosk** als Galerie und zum Einkaufen empfohlen.

Schlagt ihr den Bogen südlich zurück Richtung Mitte, eröffnet sich mit Zugängen von der Schönhauser Allee, sowie Knaack- und Sredzkistraße das riesige Areal der Kulturbrauerei ⑦ mit unzähligen Subclubs (u.a. **nbi**, **Soda**, **Frannz Club**). Sie hat eine Metamorphose von der

Braustätte (Mitte 19. Jahrhundert) zum vielschichtigen Kulturzentrum hinter sich. Auf dem restaurierten Gelände gibt es Raum für Parties, Lesungen, Kino, Ausstellungen und Konzerte und kein Großereignis ob Ostern oder Walpurgisnacht bleibt ungefeiert. Beschilderungen wie „Kesselhaus" oder „Pferdestall" verweisen auf die ursprünglichen Funktionen der Hallen.

Etwas authentischer geht es in der großen Magistrale Schönhauser Allee und am Falkplatz ⑧ zu. Der Falkplatz ist der einzige offizielle Grillplatz in Prenzlauer Berg. In der Gleimstraße ist ebenfalls viel Jugend in Bewegung und noch liegt Echtheit in der Luft. Im neuen Hipster-Treff **Onkel Ho** könnt ihr in stylischem Ambiente vietnamesisch essen. Alles was das Herz begehrt findet ihr entlang der Schönhauser Allee und in den gleichnamigen Arkaden. Was die Abendplanung angeht ist dann allerdings mehr oder minder Schluss mit lustig, da das nahe gelegene Icon und zu guter Letzt die Berliner Republik als nennenswerte Clubs schließen mussten. Verblieben sind im Kiez damit nur noch der altbewährte **Duncker** und der Dazzle Danzclub. Wenn ihr jetzt höher raus wollt, könnt ihr auf dem Dach der Schönhauser Allee Arkaden im **Deck 5** Strand, Drinks und die Aussicht auf die von euch zurück gelegte Strecke genießen. Vielleicht erkennt ihr ja, dass ihr in vielen Ecken noch gar nicht gewesen seid.

Einige davon solltet ihr aber nicht verpassen. Z. B. den Senefelder Platz, die Saarbrücker Str. mit der ehemalige Backfabrik und dem Dunkelrestaurant **Nocti Vagus**. Wenn ihr aus dem Restaurant kommt, könnt ihr zwar wieder sehen, aber vielleicht traut ihr euren Augen trotzdem nicht, wenn plötzlich jemand wie George Clooney vor euch steht. Ihr seid aber trotzdem im richtigen Film, das sind nur die Gäste des **Soho House**, dem edlen Private Member Club an der nächsten Ecke. Wenn ihr bis morgens durchgehalten habt, liegt euch hier der Bezirk Friedrichshain zum weiterfeiern zu Füßen. Oder ihr bleibt erstmal und diskutiert mit eurer Begleitung die wichtigste Frage des Abends bei einen letzten Drink im **Zu mir oder zu dir**.

Essen & Trinken

An einem Sonntag im August
Entspannter, meist ziemlich voller Laden. Im Sommer ist die Hollywoodschaukel davor der ideale Beobachtungsposten auf die oberste Ecke der Kastanienallee.
Kastanienallee 103
U2 Eberswalder Str., Tram M10
www.an-einem-sonntag-im-august.de

Bäckerei & Konditorei Lars Siebert
In der ältesten Bäckerei Berlins lohnt sich das Schlange stehen. Seit 1906 wird hier der Kiez mit frischen Schrippen, Brot, Kuchen und süßen Torten versorgt. Unser Tipp: Splitterbrötchen!
Schönfließer Str. 12
S Schönhauser Allee, Tram M13
www.baeckerei-siebert.de

Bar Gagarin

Wiener Schnitzel, russische Blinis und Reggae. Geht das zusammen? Hier ja, und zwar gut. Morgens, mittags und auch abends, wenn ihr das Glas mit 50 Gramm Wodka erhebt auf Juri Gagarin, den ersten Menschen im All. Wem der Laden gehört weiß so genau übrigens keiner, ob das wohl am Wodka liegt oder an der Schwerelosigkeit?
Knaackstr. 22
U2 Senefelderplatz,
Tram M2

Bonaverde Tasting Lab

Grün – fair – lecker. Die Kaffeebohnen kommen direkt von den Kaffeebauern aus Entwicklungsländern wie Nicaragua oder Äthiopien, ganz ohne böse Konzerne, und die Bohnen werden hier nicht nur gemahlen und aufgebrüht sondern auch geröstet. In den hinteren Räumen des Cafés sind die Büros von Bonaverde, den Erfindern der Maschine die uns diesen frischen und bekömmlichen Kaffee beschert.
Schröderstr. 11
S Nordbahnhof, Tram M8
www.bonaverde.com

Bornholmer Hütte

...noch eine echte Berliner Bierkneipe mit Charme, deftiger Kost zum Bier und ohne hippen Schnick-Schnack. Geraucht werden darf hier auch noch.
Bornholmer Str. 89
U + S Schönhauser Allee,
Tram M1, M13

Bun Bao

Noch ein Burger-Laden. Muß das sein? Ja, denn 1. gab's hier am Kollwitzplatz keinen und 2. ist der neue Asia-Burger-Experte richtig gut.
Kollwitzstr. 84
U2 Senefelderplatz, Tram M2
www.bao-burger.de

Café Anna Blume

Dieses nette Café wurde nach einem Gedicht von Kurt Schwitters benannt und ist eine Kombination aus Restaurant und Café. Es gibt hausgemachten Kuchen und eine 3-stöckige Etagère voller Frühstücksglück.
Kollwitzstr. 83
U2 Eberswalder Str., Tram M2, M10
www.cafe-anna-blume.de

Café Butter

Authentisches Kiezpublikum, leckeres Frühstück, große Terrasse. Von hier lässt sich die quirlige Pappelallee besonders gut beobachten und deswegen ist es eigentlich immer rappelvoll.
Pappelallee 73
U2 Eberswalder Str., Tram M1, M10
www.cafe-butter.de

Cafè Focacceria San Francesco

Focaccia, Arancini, Panelle, Cannoli… bella Italia. Seit 1834 in Palermo – seit April 2018 am Zionskirchplatz, Prenzlauer Berg.
Kastanienallee 64
U8 Rosenthaler Platz, U2 Eberswalder Str., Tram M1
focacceria.eatbu.com

Café November

Seit über zwanzig Jahren die beste Alternative in der schnieken Husemannstraße. Im Spätherbst und

Winter anheimelnd, im Sommer kann man gut vor der Tür sitzen.
Husemannstr. 15
U2 Eberswalder Str., M2, M10
www.cafe-november.de

Chutnify

In buntem, rustikalem Ambiente bekommt ihr hier sehr leckeres und preiswertes südindisches Street Food (ab 6,50 €). Schaut vorbei und amüsiert euch an den vorbeihuschenden legendären Prenzlauer Berg-Müttern.
Sredzkistr. 43
U2 Eberswalderstr., Tram M2, M10
www.chutnify.com

Deck 5 - Skybar

Die Skybar ist eine Strandbar (80 t Sand) auf dem Parkhausdeck der Schönhauser Allee Arkaden (7. OG) mit fabelhaftem Blick, der natürlich zum Sonnenuntergang besonders romantisch ist.
Schönhauser Allee 79
U + S Schönhauser Allee, Tram M1
www.freiluftrebellen.de

Fleischerei

Wer hat Angst vor Blutwurst und Sauerkraut? In der stilvoll aufgemöbelten ehemaligen Metzgerei wird euch gutbürgerliche Küche in stilvollem Ambiente aufgetischt - die Kulisse aus Kacheln und Kronleuchtern überzeugt.
Schönhauser Allee 8
U2 Rosa-Luxemburg-Platz, Tram M8
www.fleischerei-berlin.com

Fräulein Schneefeld & Herr Hund - Chocolaterie & Buchhandlung

Fräulein Schneefeld mag Pralinen und heiße Schokolade, Herr Hund mag Bücher. In weiten Teilen dieser Welt führt das zu einem fetten, faulen Paar; am Prenzlauer Berg wird daraus ein Start-up mit Schokolade von kleinen Chocolatiers aus der Region, und ausgesuchten Büchern von kleinen, unabhängigen Verlagen.
Prenzlauer Allee 23
Tram M2
www.schneefeld-und-hund.de

Gugelhof

Seit Jahren einen Eintrag bei uns wert, denn die fantastische elsässische Küche spricht für sich und sorgt für ein stets volles Haus. Das Lokal gehört eher zur gehobeneren Kategorie, aber den Flammkuchen kann man sich bestimmt leisten.
Knaackstr. 37
U2 Senefelderplatz, Tram M2
www.gugelhof.de

Hirsch & Eber

Lust auf Hirsch an Pommes in rustikalem Ambiente? Hier gibt's die Burger mit Fleisch vom deutschen Wild. Alles regional und bio, selbst gemachte Buns (Hamburgerbrötchen) und Saucen.
Kollwitzstr. 87
U2 Eberswalder Str.,
Tram M2, M10
www.hirschundeber.com

Ilsebill

Es ist nicht einfach jeden Geschmack zu befriedigen. Ilsebill legt Wert darauf Fleischliebhaber und Tierliebhaber gleichermaßen zu würdigen. Ausgezeichnete europäische Küche mit einem Hauch arabischen Einfluss und insgesamt eine starke Preisleistung.
Kastanienallee 100
U2 Eberswalder Str., Tram M1
www.restaurant-ilsebill.de

Kaffeehaus Sowohl Als Auch

Wem nach seinen Streifzügen alles zu hip ist, findet hier im „Szenebezirk" auch ein Kaffeehaus in bester Tradition. Die besten Torten des Quartiers, Frühstück den lieben langen Tag, Shakes und Eis oder eine solide Mahlzeit, wie z. B. Gulasch.

Kollwitzstr. 88
U2 Eberswalder Str.,
Tram M2, M10
www.tortenundkuchen.
de

Kiezkind-Berlin

Stress- und rauchfreie Oase zum Spielen und Wohlfühlen, alkoholfreie Getränkekarte, beheizter Innen-Sandkasten für die ganz Kleinen… früher war der Helmholtzplatz irgendwie anders.

Auf dem Helmholtzplatz 1
U2 Ebeswalder Str., Tram M10

Kokio

Chi-Maek heißt der neue Trend bei jungen Koreanern. Das heißt Hühnchen und Bier und das ist es auch. Frittiertes Hühnchen als ganzes oder halbes, mit oder ohne Knochen und dazu die koreanische Sweet-Chili-Sauce und das Ganze ist so klebrig süß-scharf dass es ohne Bier gar nicht geht.

Hagenauer Str. 9
U2 Eberswalter Str., Tram M1, M10
www.kokioberlin.com

Konnopke's Imbiß

Bisher überlebten die berühmten Currywürste der Stadt noch jeden Zeitgeist, jeden Staat (DDR) und jeden staatstragenden Gast (Kanzler/in). Nirgends ist Berlin berlinerischer als hier unterm Magistratsschirm, während die U-Bahn über eure Köpfe rattert.

Schönhauser Allee 44B
U2 Eberswalder Str., Tram M1, M10
www.konnopke-imbiss.de

Kreuz+Kümmel

Das Bistro von Chaitanya verbindet auf vorzügliche Weise indische mit internationalen Speisen. Das Quesadilla el indio ist eine verlockende Angelegenheit und alles ist hausgemacht und frisch zubereitet. Der Versuchung hier zu essen widerstehen? Gelingt uns nicht.

Christbürger Str. 13
S Greifswalder Str.,
U Senefelderplatz, Tram M2, M4, M10
kreuzundkuemmel.de

LPG Biomarkt

Falls das Hostel-Lunchpaket nicht gut oder bio genug war, dann ist hier dein Laden. Für den Heimtransport der glücklich gekauften Waren oder den Weg zum nahen Mauerpark gibt's für 1 € Leihgebühr Lastenfahrräder. Wenn davon die Welt nicht besser wird wissen wir leider auch nicht weiter.

Kollwitzstr. 17
U2 Senefelderplatz, Tram M2
www.lpg-biomarkt.de

Lucky Leek

„Die Königin der Kochrezepte ist die Phantasie und die beste Zutat ist die Leidenschaft". Das ist hier Programm und so entstehen fein kreative, rein pflanzliche Köstlichkeiten mit Leckergarantie. Es ist eine echte Oase, also unbedingt reservieren (unter 030 66408710).

Kollwitzstr. 54
U2 Senefelderplatz
www.lucky-leek.com

Maria Bonita

Berlins erste authentische Taqueria,
Maria Bonita, serviert mexikanische
street-style Gerichte zu bezahlbaren
Preisen. Gute, frisch zubereitete Salsas & Guacamole; Frozen Margarita
mit Mezcal in etwas chaotischer
Kulisse - typisch mexikanisch. Traditionelle Gerichte als Wochenspecials
findet ihr auf Facebook & Twitter.
Danziger Str. 33
U2 Eberswalder Str., Tram M1, M10
www.mariabonita.de

MarienBurgerie

Lust auf Burger, aber gesund soll er
sein? Hier bekommt ihr welche aus
Neuland-Fleisch.
Marienburger Str. 47
Tram M2
www.marienburgerie.de

Masel Topf

Essen wie bei Muttern, in Israel. Kleine Abweichungen z. B. beim Gefillten
Fisch erfreuen den Gaumen besonders. Moderne und weltoffene israelische Küche, also nicht kosher. Gleich
gegenüber seht ihr den Eingang zur
größten Synagoge Berlins.
Rykestr. 2
U2 Schönhauser Allee
www.restaurant-maseltopf.de

Mauersegler

Ob nach oder vor dem Spaziergang
durch den Mauerpark, hier gibt's in
diesem Biergarten gutes Essen und
kühle Drinks. Abends lockert es sich
auf, denn die vielen Kinder schlafen
bereits. Wer sich sonntags während
des angrenzenden Trödelmarktes
bei Livemusik noch ein Plätzchen
sichern möchte, sollte früh kommen.
Die Stühle sind gezählt und beliebt.
Im integrierten Club Tante Käthe

werden alle Fußballspiele auf Lein-
wand innen und außen gezeigt.
Bernauer Str. 63
U2 Eberswalder Str.,
U8 Bernauer Str., Tram M10
www.mauersegler-berlin.de

Meierei

Hier trifft sich die digitale Bohème
und erfreut sich an sehr guter alpen-
ländischer Küche.
Kollwitzstr. 42
U2 Senefelderplatz, Tram M2
www.meierei.net

Mon Plaisir

Was fehlt dem heilen, aufgehübsch-
ten Prenzlauer Berg wohl noch
zu seinem Glück? Vielleicht diese
kleinen, edlen, etwas kostspieligen
Baisergebäcke? Hier gibt es sie, die
bunten Macarons.
Pappelallee 9
U2 Eberswalder Str., Tram M12
www.monplaisir-chocolaterie.de

Nocti Vagus Dunkelrestaurant & Dunkelbühne

Ein besonderes Erlebnis ist dieses
Dunkelrestaurant, in dem sich bisher
unbekannte sinnliche Eindrücke
sammeln lassen. Essen in totaler
Dunkelheit, aber zum Glück von
blinden Kellnern geführt und beraten. Auf der Dunkelbühne findet
Kulturprogramm von Livemusik
über Krimi und Gruselabende bis
Theater statt.
Saarbrücker Str. 36-38
U2 Senefelderplatz, Tram M2, M8
www.noctivagus.com

Nothaft Seidel Café

Der Kieztreff in der Nähe der Kulturbrauerei. Third wave coffee, selbst
gebackene Kuchen, frisch gepresste

Säfte und gegrillte Sandwiches, auch zum Mitnehmen!
Schönhauser Allee 43a
U Eberswalder Str., Tram M1, M2, M10
www.nothaftcafes.com

OiShii Hot Dog

Toppings hier, Toppings da. Warum also nicht einmal eins für den Hot Dog? Japanisch sollte es dann aber schon sein: Dog Zilla, Yummi Sauerdog, Shiso Dog, Wakame Dog… Fries + Getränk für 3 € extra.
Schönhauser Allee 65
U + S Schönhauser Allee, Tram M1
www.oishii-hotdog.de

Onkel Ho

Vietnamesische Küche im gut gestylten Ambiente. Zwei vietnamesische Architekturstudenten waren am Werk und der Koch weiß auch was er macht. Das wird sicher bald eine neue Anlaufstelle fürs hippe Party-Volk.
Gleimstr. 10A
U + S Schönhauser Allee
www.onkel-ho.net

Osmans Töchter

In der größten türkischen Stadt außerhalb der Türkei gibt es mehr als die schlichten Döner, z. B. dieses hier mit moderner türkischer Küche.
Pappelallee 15
U2 Eberswalder Str., Tram 12
www.osmanstoechter.de

Poulette

Kommen Sie in die Arrondissement Prenzlauer Berg und probieren Sie in die Poulette was französische Küche kann, mittags très bon prix, abends très üppig, mit Foie gras, Bouillabaisse, Boudin noir…
Knaakstr. 22-24
U2 Senefelderplatz, Tram M2
www.poulette.de

Prater

Einer, wenn nicht DER älteste Biergarten Berlins (1852). Der wirklich sowohl im großen, urigen Gastraum, wie im Sommer unter den alten Bäumen wohl auch einer, wenn nicht DER schönste ist. Leider entwickelt er sich langsam zur überfüllten Massenabkassiererei.
Kastanienallee 7-9
U2 Eberswalder Str.,
Tram M1, M10
www.pratergarten.de

Schankhalle Pfefferberg

Selbstgebrautes Bier, daneben ein Theater und ein Hostel - und das Ganze ist ein Inklusionsbetrieb, in dem Menschen mit und ohne Beeinträchtigung gemeinsam im Team für das Wohlergehen der Gäste arbeiten.
Schönhauser Allee 176
U2 Senefelderplatz
www.schankhalle-pfefferberg.de

Schankwirtschaft Seeblick

Wenn auch kein Seeblick - so doch ein Lichtblick in der Gegend um den Kollwitzplatz. Dieses alte, gemütliche und grundgute Lokal serviert Riesenportionen bodenständiger Küche und hat so viele hartnäckige Verehrer, dass es schnell bzw. immer voll ist.
Rykestr. 14
U2 Senefelderplatz,
Tram M2, M10
www.cafe-seeblick.com

Essen & Trinken

Simsim

Vor dem Mauerfalll und bis vor kurzem servierte an dieser Ecke vom Kollwitzplatz die schicke „Restauration 1900" Königsberger Klopse und Eisbein. Heute gibt's beim angesagten Araber Köfte vom Holzgrill zum stolzen Preis vom 16 € und allerlei Leckereien die uns nach Palestina, in den Libanon oder nach Syrien entführen.

Husemannstr. 1
U2 Senefelderplatz, Tram M2
www.simsim-restaurant.de

Stone Brewing Tap Room

Die riesige Brauerei in Mariendorf musste der kalifornischen Bierbrauer-Pionier Greg Koch zwar im Mai 2019 an Europas größte Craft-Beer-Brauerei verkaufen, aber hier macht er mit Niveau weiter: 27 Sorten Bier und dazu Tacos mit Shrimps, Pulled Pork oder die Spezialität des Hauses: German Inside Out: Bratwurst, Bacon, Putenroulade, Coleslaw und Frischkäse.

Oderberger Str. 15
U2 Eberswalder Str., Tram M10, M1
www.stonebrewing.eu

Suicide Sue Bread & Coffee

Stullenalarm! Vom Omabrot über die Arbeiter Stulle bis hin zur Mafia Stulle. Heute gibt's mal Stulle mit Brot.

Dunckerstr. 2
U + S Eberswalderstr., Tram M10
www.suicidesue.com

Sukho Thai Restaurant

Gutes und günstiges Thai Restaurant zwischen Mauerpark und Oderberger Str. mit großem Außenbereich.

Eberswalder Str. 1
U2 Eberswalder Str.
www.sukho-restaurant.de

Suppen Cult

Im wöchentlichen Wechsel Suppen, Eintöpfe und Salate: vegetarisch, vegan, Vollwert, Geflügel, Fleisch, Fisch, mit frischen Kräutern, Crème fraîche, Croutons und gerösteten Mandelsplittern... Dazu gibt's frische Säfte und danach leckere Desserts.

Prenzlauer Allee 42
Tram M2
www.suppen-cult.de

Süßfein

Eine der besten Eisdielen im Norden. Ob Banane Brownie, Moscow Mule oder ein Acai Beeren Sorbet… alles super lecker. Im Winter gibt es frische, warme, vegane Baumstriezel (Chimney Cakes) die man auch gut mit Eis füllen kann.

Brunnenstr. 156
U8 Bernauer Str., Tram M10, Bus M10
www.suessfein-berlin.de

Tauro Iberico

Im Tauro Iberico und ab 16 Uhr auch im Steakrestaurant Tauro Angus gibt es neben den saftigen Stücken vom Stier auch Tapas, Paella und Arroz Caldoso. Besonders gut sitzt man abends im Biergarten unter uralten Bäumen.

Schönhauser Allee 176
U2 Senefelderplatz
www.tauro-berlin.de

The Barn Roastery

Obwohl das Café in der nachwuchsstärksten Gegend der Republik liegt, gibt es hier eine kinderwagenfreie Zone. Ganz schön mutig. Bei lecker duftendem schwarzbraunen Erwachsenen-Heißgetränk dürft ihr genießen, euch entspannen oder austauschen, aber falls ihr es wagt mit Klapprechner aufzutauchen

müsst ihr rüber an den Stehtisch zu
den anderen Digital Bohemians.
Schönhauser Allee 8
U2 Rosa-Luxemburg-Platz, U2
Senefelderplatz
www.thebarn.de

The Bird

Um gegen den Bären-
hunger anzukommen,
zwitschert euch das
Vögelchen nach all der
Stadterkundung hier-
her. Astreine Burger und
Steaks. Vielleicht etwas
teurer als die anderen Burger-
buden, dafür aber in Premium-Quali-
tät und richtig groß.
Am Falkplatz 5
U + S Schönhauser Allee
www.thebirdinberlin.com

Wohnzimmer

Polstermöbellandschaft innen, spar-
tanische Sitzgelegenheiten draußen.
Beides quasi immer belegt, denn der
halbe Kiez möchte sich hier am Hel-
mi sein Stelldichein geben. Manche
Leute erheben sich den ganzen Tag
nicht mehr von ihrem Platz. Snacks
gibt's auch.
Lettestr. 6
U2 Eberswalder Str., Tram M1, M10
www.wohnzimmer-bar.de

Zum Schusterjungen

Auch im durchgestylten Prenzlauer
Berg findet der wissbegierige Tourist
die deutsche Gemütlichkeit, z. B. in
dieser 100 Jahre alten Kneipe, bei
Sauerbraten, Kohlrouladen oder
Königsberger Klopsen.
Danziger Str. 9
U2 Eberswalder Str., Tram M10
www.zumschusterjungen.com

Nachtleben

8mm Bar

Kleiner, feiner Indierock-Club like in
the USA. Tolle, intime Konzerte für
Twens und ältere Fans.
Schönhauser Allee 177b
U2 Senefelderplatz
8mmbar.de

August Fengler

Beliebte Anlaufstation zum Trinken,
Tanzen, Kickern und vor allem, um
neue Leute kennen zu lernen. Große
Cocktailkarte bei musikalischer
Wundertüte, die auch die abgelösch-
testen Augen wieder zum Glänzen
bringt. Champions-League Übertra-
gungen.
Lychener Str. 11
U2 Eberswalder Str., Tram M10
www.augustfengler.de

Becketts Kopf

Elegante Bar mit einem großen Por-
trait von Samuel Becket schon an der
Tür. Drinnen wartet man auf Godot
oder den Morgen oder sonstwas bei
sehr guten Cocktails, Whisky und
kubanischen Zigarren.
Pappelallee 64
U2 Eberswalder Str.,
U + S Schönhauser Allee, Tram M1
www.becketts-kopf.de

Dr. Pong

An der Platte mitten im Raum wird
jeden Abend Tischtennis gespielt.
Der Rest ist DJ, Party und Alkohol.
Überlebende ehemalige Unter-
grund-Freiheitskämpfer in der ehemaligen DDR wissen, dass Tischtennis so beliebt war, weil das Geräusch
der Bälle die geheimen, verbotenen
Gespräche übertönen sollten.

Eberswalder Str. 21
U2 Eberswalder Str., Tram M1, M10
www.drpong.net

Druide Absinth Bar

Holla die Grüne Fee! Europaweit die meisten Absinth Sorten: 170! Dazu 300 verschiedene Cocktails und niemand wird diese hippe Bar ohne Gleichgewichtsprobleme und Halluzination verlassen - also nur was für schon sehr erwachsene „junge Leute" ohne Gesundheitsprobleme.
Schönhauser Allee 42
U2 Eberswalder Str., Tram M1, M10
www.druide-bar.de

Duncker

Junge Menschen feiern und chillen im urigen roten Ziegelbau, oft schwarz gewandet. Mo Gothic, Di + Mi Specials, Do Konzerte für lau, Fr + Sa Alternative & Indie. Gnadenlos günstig. Bleibt der Sonntag für Klamottentausch und –rausch und das unsägliche 80er-Jahre Revival.
Dunckerstr. 64
S Prenzlauer Allee, Tram M2
www.dunckerclub.de

Frannz Club

Der ehemalige DDR-Jugendclub wurde bald zur Zuflucht von nonkonformen Bands und deren Gästen. Im Prinzip hat sich bis heute daran wenig geändert. Im prallgefüllten Terminkalender ist fast jeden Tag ab 21 Uhr eine Liveband oder ein Bühnenspecial. Ab 23 Uhr fallen die Parties meist sehr heftig aus und ringsrum auf dem Gelände der Kulturbrauerei ist auch immer was los.
Schönhauser Allee 36-39
U2 Eberswalder Str., Tram M1, M10
www.frannz.de

Kulturbrauerei

Multifunktionaler Ort mit den Ausmaßen eines eigenen Stadtteils. Diverse Clubs, Theater, Restaurants etc. (einige Subclubs haben bei uns einen eigenen Text). Ihr macht nichts falsch, wenn ihr einfach mal hingeht.
Schönhauser Allee 36
U2 Eberswalder Str., Tram M1, M10
www.kulturbrauerei-berlin.de

NBI

Früher in der Kulturbrauerei war der NBI Club gut für Konzerte und Partys, jetzt wurde entschleunigt und es ist eine nette freundliche Bar daraus geworden.
Zionskirchstr. 5
U8 Bernauer Str.,
Tram M10, M12
www.neueberlinerinitiative.de

Schwarzsauer

Geliebt und gehasst, aber auf jeden Fall ein Grundstein für den Mythos der trashig-schicken Kastanienallee. Voll, laut, szenig – gerne auch für Hipster, die für zwei Tage aus der weiten Welt angeflogen kommen. Raucherlokal.
Kastanienallee 13
U2 Eberswalder Str., Tram M1

Soda

Der Club im Herzen von Prenzlauer Berg ist einer der größten Clubs in Berlin und bekannt für seine Vielfalt an Musik und Dancefloors. Ob R'n'B, Dance Classics, Disco House Sounds oder Salsa- und Merengue-Rhythmen, getanzt wird immer und die Stimmung ist gut.
Schönhauser Allee 36
U2 Eberswalder Str.,
Tram 12, M1, M10
www.soda-berlin.de

Willy Bresch

In dieser alten Eckkneipe bestaunt der Tourist die Eingeborenen und ihre Sitten und Gebräuche: Bier trinken, am Spielautomaten zocken und die Spiele von Union Berlin oder Hertha verfolgen.

Danziger Str. 120,
Ecke Greifswalder Str.
Tram M10, M4

x-Bar

Das etwas andere Bar-erlebnis: 300 Cocktails, Schokobrunnen und trotzdem ruhiges und entspanntes Ambiente am picke-packe mit Bars vollgestopften Helmholtzplatz.

Raumerstr. 17
U2 Eberswalder Str.,
Tram M2, M10
www.cocktailxbar.de

Zu mir oder zu dir

Hier noch einen Absacker nehmen, bevor du die entscheidende Frage stellst!

Lychener Str. 15
U2 Eberswalder Str.,
Tram M1, M10
www.zumiroderzudir.com

Einkaufen

Eisdieler

Exklusive und limitierte Premi-um-Qualität bei Shirts, Schuhen und Jacken zu bezahlbaren Preisen. Kosmopolitisch inspiriert mit typischen Berliner Akzenten.

Kastanienallee 12
U2 Eberswalder Str.,
Tram M1, M12
www.eisdieler.de

Flagshipstore

Eine Auswahl urbaner Mode und ungewöhnlicher Accessoires vom hauseigenen Label Hazelnut oder von Betty Bund, Butterflysoulfire und anderen Jungkreativen.

Oderberger Str. 53
U2 Eberswalder Str., Tram M1
www.flagshipstore-berlin.de

Flohmarkt am Arkonaplatz

Inmitten von Kastanienbäumen stehen bizarre Haushaltsgegenstände und angesagte Objekte im 60er und 70er Design zur Auswahl, die in den Läden oft viel teurer sind. Zumeist junges Volk ist hier – von langer Nacht gezeichnet; aber wer früh kommt hat die Chance auf ein Schnäppchen. (So 10-16 Uhr)

Arkonaplatz
U8 Bernauer Str., Tram M10
www.troedelmarkt-arkonaplatz.de

Flohmarkt im Mauerpark

Hier findet man sonntags von 10-18 Uhr neben Profihändlern auch noch die Stände, für die der Floh-markt ja eigentlich erfunden wurde: Ganz normale Menschen verkaufen die Sachen, die sie selbst nicht mehr brauchen und mit denen ein anderer vielleicht glücklich wird. Darüber hinaus verkauft hier eine internationale Berliner Designerszene Handgemachtes und schöne Dinge. Schnäppchenjäger werden hier ihre Freude haben.

Bernauer Str. 63-64
U2 Eberswalder Str., Tram M10
www.flohmarktimmauerpark.de

Kauf dich glücklich

Die Schale, aus dem du das selbstge-machte Eis isst, der Teller, auf dem die duftende Waffel liegt, der Stuhl

auf dem du sitzt, hier kannst du alles kaufen, und ganz nebenbei ist es ein Szenecafé.
Oderberger Str. 44
U2 Eberswalder Str., T
ram M1, M10
www.kaufdichgluecklich.de

Markt am Kollwitzplatz

Hier treffen sich die Neuberliner Do + Sa zu Erbsensuppe, Currywurst oder Scampis mit Champagner. Viel Öko und aus der Region. Alles politisch korrekt, wie inzwischen der gesamte Bezirk.
Kollwitzplatz
U2 Senefelderplatz, Tram M2

Mazooka

Eine Mischung aus schlichter und hochwertiger Mode, handgemachte Einzelstücke, fair gehandelt und nachhaltig produziert.
Kastanienallee 34
U8 Rosenthaler Platz,
U2 Eberswalder Str., Tram M1
www.mazooka.de

Oye Records

Eine fantastische Auswahl an Musik. Die größten Abteilungen sind House und Disco gewidmet, aber es gibt auch reichlich Hip-Hop, Jazz und brandneue elektronische 12-Zoller, die die Fans stundenlang durchstöbern können.
Oderberger Str. 4
U2 Eberswalder Str., Tram M1, 12
www.oye-records.com

Pauls Boutique

2nd hand shop. Top Sneaker, Jeans, Lederjacken, T-Shirts uvm.
Oderberger Str. 47
U2 Eberswalder Str., Tram M1, M10
www.paulsboutiqueberlin.de

Supalife Kiosk

Kunstkiosk mit ausgefallenen Grafiken, Plakaten, Comics, T-Shirts, allerlei netten Souvenirs und angesagten Ausstellungen.
Raumerstr. 40
U2 Eberswalderstr., Tram M10
www.supalife.de

tausche Taschen Berlin

Tausche Taschen - jeden Tag anders. Ein Reißverschluss macht's möglich. In der Grundausstattung sind zwei Deckel zum Tauschen, aber es gibt immer neue Kollektionen.
Raumerstraße 8 (Helmholtzplatz)
U2 Eberswalder Str.,
Tram M1, M10
www.tausche.de

Temporary Showroom

Concept store mit Kreationen junger, internationaler Design-Talente. Neben Kleidung findet ihr auch Schuhe, Taschen, abgefahrene Sonnenbrillen und Accessoires in einer minimalistischen Galerieatmosphäre. Temporär, weil die Designer/innen jeweils für 2-6 Monate ihre Kollektionen präsentieren und den Raum gestalten.
Kastanienallee 36a
U8 Rosenthaler Platz,
U2 Eberswalder Str., Tram M1
www.temporaryshowroom.com

mehr in der App
Young Berlin
immer up to date

Friedrichshain

Für den geneigten Besucher des als ewiger Trendbezirk geltenden Friedrichshain erschließt sich der Kiez am besten von der Warschauer Brücke ① aus. Wer aus der U-Bahnstation herausfällt hat gleich die Qual der Wahl. Wir empfehlen zum Einstieg das **Monster Ronson's**, allerdings sind auch **Matrix**, **Die Busche** und selbst die East Side Gallery ② nur ein paar Meter entfernt. Von hier aus habt ihr einen schönen Blick auf Kreuzberg und die Oberbaumbrücke, z. B. von einem der zwei Hotelschiffe aus: **Eastern and Western Comfort**. Beim Überqueren der Warschauer Brücke heißt es tagsüber stop-and-go, aber warum nachts so viele Leute die Brücke zu ihrem Lieblingsaufenthaltsort gemacht haben bleibt unerklärlich. Ihr geht auf jeden Fall weiter und besucht das **RAW Gelände** in der Revaler Straße mit seinem Dutzend an Vergnügungsstätten, wo sich wirklich für jeden was findet. Schaut einfach in den roten Kasten auf Seite 167. Wer sich hier nachts rumtreiben möchte sollte die teure Handtasche zu Haus lassen oder gut festhalten, denn hier wird regelmäßig auch unangenehmes Volk, mit oder ohne Waffen und Drogen, gesichtet. Im letzten Jahr gab es hier allein von Januar bis Juni 234 Polizeieinsätze. Wem das zu viel ist, tut gut daran sich vors Schnitzel-Puff **Mutzenbacher** zu setzen und das Treiben an sich vorbeiziehen zu lassen.

Hier beginnt die Simon-Dach-Straße (manche nennen sie auch Dachschadenstraße), der Ballermann Berlins, wo sich kaum noch ein Berliner sehen lässt. Obwohl Läden wie die **Astro Bar** oder die **Dachkammer** durchaus einen Besuch wert sind. Rechts liegt der Boxhagener Platz ③, das Herz des Kiezes mit – wie könnte es anders sein – unzähligen Kneipen. Dabei spannt

gpx und Download auf
www.young-berlin.de
und www.komoot.de

sich in der Umgebung ein Bogen von schicken Restaurants, Billigbier-pinten und mit Berlinhype getränkten Läden für Easyjetsetter, bis zu schlichteren Versorgungsstationen wie den unzähligen „Spätis". Üblich ist es einfach mit einer Flasche Sternburger Bier auf der verwüsteten Rasenfläche herumzulungern. Sonntags findet hier relativ spät der altbekannte Sehen-und-Gesehen-werden-Flohmarkt statt. Für größere hungrige Gruppen bietet die **Turn-halle** genügend Platz.

Wenn ihr durch die Gärtnerstraße zur Wühlischstraße und anschließend an den Tramgleisen der M 13 entlanglauft, findet ihr jede Menge skurrile Läden und noch mehr Hostels. Zur Einkehr legen wir euch **Hops und Barley** und **Süß war gestern** ans Herz. Zum Shoppen die **Prachtmädchen** (die auch was für Jungs haben), die alles-ist-käuf-lich-außer-ein-reines-Gewis-

sen- **Kaufbar**, und natürlich die **Ludothek Spielwiese**, wo man nicht nur Spiele kaufen, sondern gleich drauf los zocken kann. Der Kiez um das Ostkreuz herum hingegen zeigt sich gastlich und überrascht durch ständig neue Läden, Galerien und Clubs. Das **about blank** gilt als kleines Berghain und ist gerade superhip. Ein beliebter Platz für Romantiker um dem Sonnenuntergang zu applaudieren ist die nahe Moder-sohnbrücke ④. Die Revaler Straße entlang und ihr seid quasi wieder am Ausgangspunkt, aber noch lange nicht fertig mit Friedrichshain. Der Samariter Kiez nördlich der Magistrale Frankfurter Allee ist was für alle Individualisten mit Lust auf Hausbesetzer-Flair. Der Architektur-bzw. Geschichtsinteressierte widmet sich der Karl-Marx-Allee: Die Pracht-und Aufmarschstraße der ehemaligen DDR hatte Stalin 1949 – allerdings in noch völlig zerstörtem Zustand – als Geburtstagsgeschenk

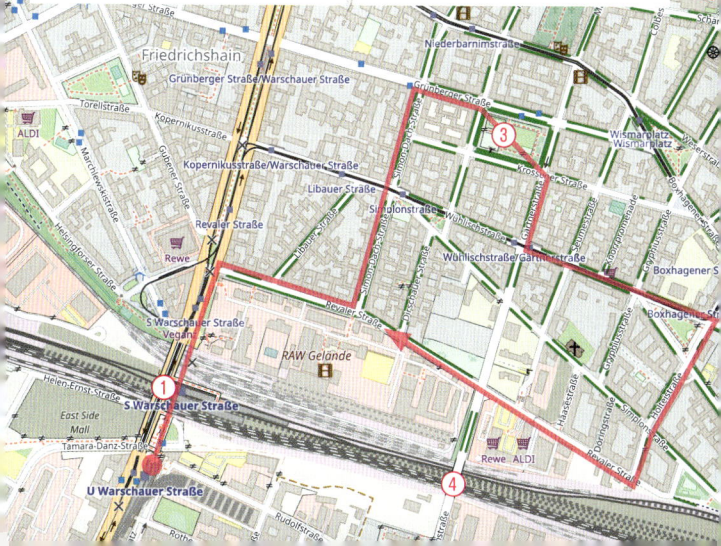

erhalten. Heute ist sie ein berühmtes Baudenkmal. Üppige Gebäude im russischen Zuckerbäckerstil, die an die real-sozialistischen Utopien vergangener Tage erinnern, säumen die großzügig angelegten Gehwege und Grünflächen. Auch hier, hinter dem extrem breiten Trottoir, verbergen sich Vergnügungsstätten, wie das **Kino International**, die feine **CSA Lounge** oder, gleich gegenüber, im Keller des Café Moskau das schicke **Avenue**.

Um sich mit Kiezbewohnern (auch jenen aus Prenzlauer Berg) zu tummeln, bietet sich der **Volkspark Friedrichshain** nördlich des Strausberger Platzes an. Besonders im Sommer frequentieren ihn Sonnenhungrige, Sporttreibende (unzählige Jogger), Flaneure, Gammler und allerlei abenteuerlustige Gestalten. Nach Sonnenuntergang ist damit noch lange nicht Schluss. Manche Wiese, der **Pavillon**, das Café **Schönbrunn** oder das Freiluftkino Friedrichshain locken zu langen und noch längeren Nächten. Übrigens, der kleine Bunkerberg ist eine der wenigen Stellen wo man noch legal grillen darf!

Nicht unerwähnt bleiben darf der gesamte Komplex um den Ostbahnhof, wo ein neues Stadtviertel entsteht. Im Zentrum steht die **Mercedes-Benz Arena**. Gegenüber liegt mit der **East Side Gallery** ② das längste erhaltene Stück Berliner Mauer mit frisch sanierten Graffiti, ein kleines Teilungs-Disneyland. Da sich die jugendlichen Graffiti-Fans vor oder nach dem Selfie gern auf der Mauer verewigen müssen die Kunstwerke inzwischen vor den Touristen geschützt werden. Weil sich die Mauer so gut verkauft, hat Berlin jetzt am Ende der East-Side-Gallery, an der Oberbaumbrücke sein 4. Mauermuseum, das **Wall Museum East Side Gallery** - nach der offiziellen Gedenkstätte Berliner Mauer, dem Mauermuseum - Haus am Checkpoint Charlie und dem 360 Grad-Panorama von Asisi „Die Mauer".

Auf der Wiese vor der Mauer lässt sich vortrefflich der Sonnenuntergang genießen. Im **Yaam** kann man afrokaribische HipHop Kultur erleben oder im **Postbahnhof Club** zu (meist) westlichem Mainstream Pop feiern. Wer es aktiver und sportlicher mag, findet hier auch reichlich Möglichkeiten. Ganz und gar unromantisch ist die Entwicklung etwas weiter Spree abwärts: Nachdem die Maria und die Bar 25 von hochfliegenden Bebauungsplänen verdrängt worden sind, bleiben nur noch der Außenbereich des **Radialsystems** und der auferstandene **Kater Blau** (Ex-Bar 25) auf dem **Holzmarkt-Gelände** ⑤ um den alten Zeiten nach zu hängen. Klubkultur von Weltruf befindet sich derzeit nur noch östlich des Ostbahnhofs im **Berghain** mit seinen diversen Subklubs, aber Achtung: diesen Ruf verdankt es auch seiner harten Türpolitik. International ist auch der Spreebereich südlich der Warschauer Brücke am ehemaligen Osthafen, wo sich Universal Music, MTV, Viva und diverse Modelabels angesiedelt haben. Aber das Schönste bleibt die Spree und der Blick auf Kreuzberg.

RAW-Gelände

Das Epizentrum für Spaß- und Feierwütige. Zum Gelände des ehemaligen Reichsbahnausbesserungswerks RAW mit den vielen Cafés, Bars, Bühnen, Hallen, Werkstätten und Klubs pilgern zu jeder Tages- und Nachtzeit Leute aus allen Winkeln der Stadt und der Welt. Ein Spielplatz für große Kinder, Inspirations- und Arbeitsstätte für Künstler, urbaner Freiraum und Kreativzentrum. Techno-Clubs spielen Hip-Hop, in Jazzbars gibt's Folk-Abende, das Café wird auch mal zum Kino und überhaupt ist immer alles anders als ihr es vielleicht erwartet. Besonders gut im Sommer ist der Haubentaucher, eine Mixtur aus Strandbar, Badeanstalt und Eventlocation, und das thailändische BBQ im Khwan. Folgt den Menschenströmen von den U-, S- und Trambahnen der Warschauer Straße, nehmt euch vom 24-Stunden-Erlebnis-Supermarkt (Kaisers) an der Ecke noch Proviant mit und dann über einen der vielen Eingänge rauf auf das weitläufige Areal entlang der Revaler Straße und den Bahngleisen. Feiert mit veganen Ökotanten, Technofreaks, hippen Touristen und Berlinern.

**Revaler Str. 99, 10245 Berlin Friedrichshain,
U + S Warschauer Str., Tram M10, M13**

Locations auf dem Gelände

Astra Kulturhaus
Konzert- und Partylocation
mit viel Indie und Alternative

Badehaus
Jazz, Swing, Boogie Woogie

Cassiopeia
Break Beats, Jungle, Dub, HipHop

Crack Bellmer
Bar mit Tanz und Filmen

Der Kegel
Kletterturm

Emma Pea
Vegetarische Gerichte &
gehaltvolle Drinks

Haubentaucher
die Strandbar

House of Music
Die neue Spielwiese für Musiker
und Musikdienstleister

Khwan
Thailändisches BBQ

Skatehalle Berlin –Indoor Street
Course, Bowl und Halfpipe

Suicide Circus
Klub elektronisch & housig
mit kleinem Garten und entspannter Tür

Urban Spree
Kunstraum, Kunstshop,
Biergarten …

Zum Schmutzigen Hobby
Mit Transen trinken und
auf Promis warten

Essen & Trinken

1990 vegan living

Vegane vietnamesische Tapas, sehr hübsch in blau-weißen Schalen serviert. Geht nicht allein hin, damit ihr mehr als zwei oder drei dieser Köstlichkeiten probieren könnt.

Krossener Str. 19
U + S Warschauer Str.,
U Samariterstr.
www.restaurant-1990.de

Alte Turnhalle

Falls Ihr Mal ein paar mehr Leute einladen wollt, zum Essen, einem Konzert oder einfach zur Megaparty, dann mietet doch einfach diese hübsche Eventlocation. Oder Ihr kommt einfach am Wochenende zum Brunch.

Holteistr. 6-9
S Ostkreuz, Tram M13
www.dieturnhalle.de

Briefmarken Weine

Von den Briefmarken ist nur noch Nostalgie übrig (das DDR-Neonschild, Tapeten und Möbel). Unter dem Motto „Grandi Vini, Piccola Cucina" (Große Weine, kleine Küche) gibt hier jetzt ausgesuchte Weine und dazu z. B. die Pasta des Tages oder Mozzarella.

Karl-Marx-Allee 99
U5 Weberwiese
www.briefmarkenweine.de

Burgeramt

Futternapf für Hipster-Bürger. Ausgefallene Burger wie Halloumiburger mit Erdnusssoße, Mediterranean mit Zucchini, Auberginen, Pesto… oder auch deftige Ghettoburger. Trotz Neuland-Fleisch gar nicht teuer und auf jeden Fall einen Besuch wert.

Krossener Str. 22
U5 Samariterstr.,
S Ostkreuz, Tram M13
www.burgeramt.com

Café Sibylle

Ein Oma-Café erster Güte. In den 1950er Jahren als Milchtrinkhalle eröffnet reiht es sich ein in die denkmalgeschützten Arbeiterpaläste der ehemaligen Stalinallee. Bestellt euch hausgemachten Kuchen und erfahrt in der Ausstellung nebenbei etwas über die bewegte Geschichte dieser Magistrale, die Europas längstes Baudenkmal ist.

Karl-Marx-Allee 72
U5 Strausberger Platz,
U5 Weberwiese
www.cafe-sibylle.de

Cupcake Berlin

Süße amerikanische „Hausmannskost" in schier endlosen Variationen: Cupcakes, New York Cheesecake, Brownies, Banana Bread, Apple Pie… Alles immer frisch und hausgemacht: Sugar'n'Spice, Red Velvet, Pretty in Pink, Peppermint Party… Läuft euch auch schon das Wasser im Mund zusammen? Hingehen und reinbeißen!

Krossener Str. 12
U + S Warschauer Str., Tram M10, M13
www.cupcakeberlin.de

Datscha

Heimelig wie in einem russischen Ferienhaus (Datscha) und dazu hausgemachte Wareniki, Pelmeni, Blini, Borschtsch, Soljanka etc. Die Alternative zu Döner, Falafel, Burger und Co.

Gabriel-Max-Str. 1
U + S Warschauer Str., Tram M10, M13
www.cafe-datscha.de

Die Tagung

Umringt von unzähligen Touri-Kneipen hält sich diese skurril schöne Ost-Kneipe voller DDR-Reliquien tapfer wie ein gallisches Dorf. Gutes Fassbier und erfrischend durchmischtes Publikum.

Wühlischstr. 29
U + S Warschauer Str., U5 Frankfurter Tor, Tram M13
www.instagram.com/die_tagung

East-Side-Blick

Zu Füßen der imposanten Mercedes-Benz Arena liegt dieses hübsche Bistro mit eigenem Schiffsanleger. Wenn euch der Friedrichshainer Touristentrubel zu viel wird, steigt ihr von hier einfach aufs Schiff und lasst euch über die Spree schippern. Oder ihr setzt euch in den Vorgarten oder auf die Dachterrasse und trinkt Berliner Weiße.

Mühlenstr. 70-71
U + S Warschauer Str.
www.reederei-riedel.de/ueber-uns

Feuer und Flamme

Das Fondue Restaurant. Von Käse-, Fleisch,- Fisch-, Gemüse- und Schokoladenfondues bis hin zu knackigen Salaten, feurigen Vorspeisen und dem passendem Wein ist einfach alles stimmig.

Am Comeniusplatz 1
U + S Warschauer Str., Tram M10, M13
www.feuer-und-flamme-berlin.de

Five Guys

Der neue Burgerbrater im neuen Amüsierviertel rund um den Mercedes-Benz-Platz. In Amerika sind die 5 guys berühmt weil Barack Obama bei ihnen angeblich Stammgast ist.

Hedwig-Wachenheim-Str. 12
U + S Warschauer Str.
www.fiveguys.de

Haubentaucher

Gestern noch die Ruine einer Backsteinhalle, heute schon ein verwunschenes Strandhotel. Jetzt können wir die Mixtur aus Lounge, Biergarten und Badeanstalt bestaunen – am besten mit einem Cocktail in der Hand, im Liegestuhl. Liegt der Ballermann nicht auch am Wasser?

Revaler Str. 99
U + S Warschauer Str., Tram M10, M13
www.haubentaucher.berlin

Intimes

Ein alter Veteran im Kneipengetümmel und meist gut besucht. Besonders zum Sonntags-Brunch stapeln sich die Gäste, aber auch sonst ein kulinarischer Tip, Schwerpunkt türkisch. Sommertags reges Treiben auf dem Platz vor dem Café. Uriges Kino nebenan.

Boxhagener Str. 107
U5 Frankfurter Tor, Tram M10
www.cafe-intimes.de

Khwan

Thailändisches BBQ auf dem RAW Gelände. Feinste thailändischen Küche vom Holzkohlengrill: mariniertes Huhn und Lamm, geräucherter Schweinebauch, fermentierte Schweinerippchen, geröstete Austern… unbedingt probieren!

Revaler Str. 99
U + S Warschauer Str.,
Tram M10, M13
www.facebook.com/pg/khwanberlin

La Tazza D'Oro

Ja, die haben wirklich ein goldenes Händchen für Kaffee. Vorsicht, macht süchtig!

Grünberger Str. 40
U5 Frankfurter Tor, Tram M10, M13
www.tazzadoro.de

Lemongrass

Das sympathische und sehr beliebte Restaurant lässt Asia-Gourmets auf ihre Kosten kommen. Dezentes Teakholz-Mobiliar und ein schlichtes Interieur versprechen fernöstlichen Genuss in angenehmer Atmosphäre.

Simon-Dach-Str. 2
U5 Frankurter Tor,
Tram M10, M13

Ludothek Spielwiese

Berlins erste Ludothek mit Laden und Café. Rund 1800 Gesellschaftsspiele (z. B. Brett-,Party-, Geschicklichkeits-, Strategie- und Würfelspiele) für alle Altersklassen zum Ausleihen, Spielen im Café und Kaufen.

Kopernikusstr. 24
U + S Warschauer Str., Tram M10, M13
www.spielwiese-berlin.de

Mutzenbacher

Bevor ihr euch in die Memoiren der berühmtesten österreichischen Prostituierten (Josephine Mutzenbacher) vertieft, könnt ihr euch hier im ehrenwerten Kitzbüheler Schnitzel-Puff stärken, z. B. mit Wurstsemmeln, Fleischkaswecken, Käsekrainern… zum Runterspülen gibt's Stiegl aus Salzburg.

Libauer Str. 11
U + S Warschauer Str., Tram M10, M13
www.mutzenbacher-berlin.de

No Hablo Espanol

…aber macht nichts, denn mit vollem Mund spricht man ohnehin nicht. Hungrige Reisende aus aller Herren Länder finden sich in diesem winzigen Burrito-Laden gleich um die Ecke des beliebten Simon-Dach-Kiez ein. Die angebotenen Variationen reichen von vegan über vegetarisch bis zu den klassischen Weizentortillas mit geschmortem Rindfleisch. Definitiv aufregender als schnöder Döner und absolut lecker!

Kopernikusstr. 22
U + S Warschauer Str., Tram M10, M13
www.nohabloespanol.de

Schönbrunn

Bei sonnigem Wetter auf der großen Terrasse die Parkluft und ein Tässchen Kaffee genießen oder ein Schnitzel, wenn man vorher sportlich aktiv war (Tennis, Skateboard, Tischtennis, Basketball… alles in der Nähe). Diese Kiez-Oase ist meistens ziemlich voll und zugegeben ziemlich toll.

Am Schwanenteich, Volkspark Friedrichshain
Bus 200, Tram M10
www.schoenbrunn.net

Secret Garden

In Friedrichshain, an der Warschauer Brücke, gibt es jetzt das erste vollständig vegane Sushi-Restaurant.

Warschauer Str. 33
U + S Warschauer Straße, Tram M10, M13
www.secretgardenberlin.de

Spluffin Store

Was es nicht alles gibt - man muss nur darauf kommen! Spluffins, eine Mischung aus Berliner Splitterbrötchen und Muffins, erobern gerade die Straßen von Berlin. Dabei sind der Fantasie keine Grenzen gesetzt - ob süß oder herzhaft.

Revaler Str.12
S + U Warschauer Str., Tram M10, M13
www.spluffin.berlin

Urban Spree

1700qm große Kunstgalerie, die sich der urbanen Kultur widmet. Ausstellungen, Konzerte, Festivals und Workshops. Von Street Art und Photographie, über Illustration, Architektur bis zu Musik und Literatur. Multifunktional und kreativ - wie so vieles auf dem RAW Gelände - gibt es auf dieser Spielwiese Bar, Galerie, Garten, Parties... was denn noch alles.

Revaler Str. 99
U + S Warschauer Str., Tram M10, M13
www.urbanspree.com

Volkskammer

Fresswürfel wurden die Mehrzweckgebäude liebevoll in der DDR genannt und im selben Gewand kommt diese Volkskammer nun daher. Im Stil der 70-er Jahre sitzen die Gäste bei Speisen und Getränken Made in GDR.

Straße der Pariser Komune 18b
S Ostbahnhof, S + U Warschauer Str.
www.volkskammer.de

Vöner

Früher gab es diese veganen & vegetarischen Burger an der Wagenburg in der Rummelsburger Bucht – jetzt sind sie in der Mitte der (touristischen Szene-) Gesellschaft angekommen.

Boxhagener Str. 56
S Ostkreuz, Tram M13
www.facebook.com/Voener

Wahrhaft Nahrhaft

Hier ist der Beweis, dass gesund auch lecker sein kann: herzhafte Bagels, schmackhafte Salate, sündhafte Torten... kleiner Augenschmaus nebenbei sind die bunt tätowierten Service-Girls.

Revaler Str. 16
U + S Warschauer Str., Tram M10, M13
www.wahrhaftnahrhaft.de

Wasabi

Wo frischeste Zutaten zu überdurchschnittlich gutem Sushi und koreanischen Spezialitäten verarbeitet werden. Nichts gegen Sushi, aber das Bibimbap mit der scharfen traditionellen Paprikasauce schmeckt einfach nach mehr.

Warschauer Str. 46
Tram M2
www.seoulkitchen.de

Nachtleben

260 Grad

Das 260 Grad ist eine Rooftop Bar, Café und Eventlocation in einem. Tagsüber Café, abends Bar – mit einem atemberaubenden 260° Panoramablick über die Spree.

Tamara-Danz-Str. 5
U + S Warschauer Straße, Tram M10
www.260Grad.de

about blank

Trotz mittlerweile erlangter Legalität noch immer ein Highlight der off-Feierszene. Die Parties (House, Techno, Dub...) werden ganzjährig in- und outdoor (im Winter dann eben ums Lagerfeuer) zelebriert und dauern oft bis weit in den nächsten Nachmittag. Alles, nur kein Mainstream. Konzertinfos findet ihr auf ***www.aboutband.net***

Markgrafendamm 24c
S Ostkreuz
www.aboutparty.net

Astra Kulturhaus

Ausgesprochen gelungene Konzert-
und Partylocation. Live Gigs von internationalen Indie und Alternative
Größen. Nicht riesig und deswegen
eher intime Atmosphäre - ein Plus
für Fans. Im Biergarten könnt
ihr zwischendurch mal
Luft schnappen um dann
wieder ins Getümmel
einzutauchen.
Revaler Str. 99
U + S Warschauer Str.,
Tram M10, M13
www.astra-berlin.de

Astro Bar

Eine Konstante im Kiez, ein Space
wie im Kinderzimmer eines durch-
geknallten Treckies, nächtlich gute
Live-DJs (selten fades Elektrogedu-
del), megagut eingeschenkte Drinks
und damit wohl das beste Obdach
an der Simon-Dach, nicht nur für
Barbarellas, nicht nur für eine Nacht.
Simon-Dach-Str. 40
U + S Warschauer Str., Tram M10, M13
www.facebook.com/AstroBarOfficial

Avenue

Im Keller des Café Moskau, gegenüber dem Kino International,
findet ihr diesen schicken Club. Das
Interieur vereint Denkmalschutz
(50er-Jahre) und modernste Technik.
Karl-Marx-Allee 34
U5 Schillingstr.
www.avenue-berlin.com

Badehaus

Konzert- und Partylocation auf dem
RAW-Gelände, mit zwei Dancefloors,
einem extra Barraum und einer Som-
merterrasse.
Aufs Gelände kommt ihr durch das
Tor in Höhe Simon-Dach-Straße.

Jeden Dienstag Abend gibt es die
legendäre Swag Jam, eine Live Hip-
Hop-Jam-Session mit einer Band
und wechselnden MCs.
Revaler Str. 99
U + S Warschauer Str., Tram M10, M13
www.badehaus-berlin.com

Bar zum schmutzigen Hobby

Homebase der Vorzeigetranse Nina
Queer, kitschig, launisch, voll und
somehow dirty. Mittwochs ausgesprochen kultiges Quiz moderiert
von der Diva selbst und damit noch
voller als sonst.
Revaler Str. 99
U + S Warschauer Str., Tram M10, M13
www.ninaqueer.com

Berghain

Stahlbetonatmo, erlesene Kunst, 18
Meter hoher Mainfloor, fantastische
Soundanlage. Absolutes Muss für
die internationale Party-Drogen-
Homo-3-Tage-Wach-Szene. Für den
Normalbürger kaum zu durchschau-
ende Türpolitik. In der Kantine, im
Biergarten und zu den diversen kul-
turellen Events gestaltet sich die Tür
hingegen meist unkompliziert.
Am Wriezener Bahnhof
S Ostbahnhof
www.berghain.de

Cassiopeia

Einer der ersten Läden auf dem
RAW-Gelände, der immer noch ohne
großen Schnick-Schnack auskommt,
einfach zum Feiern.
Revaler Str. 99
U + S Warschauer Str., Tram M10, M13
www.cassiopeia-berlin.de

Crack Bellmer

Angenehme Retro-Style Bar mit
Tanzfläche. Nicht nur Elektro,

sondern auch mal Mambo, 80's,
Funk, Psycho-Rock Swingdance.
Revaler Str. 99
U + S Warschauer Str., Tram M10, M13
www.crackbellmer.de

CSA Lounge

Etwas versteckt zwar, aber ihr solltet
es trotzdem suchen. Hinter riesigen
Fensterscheiben verbirgt sich eine
der schönsten Bar-Lounges der
Stadt. In den historischen Räumen
der ehemaligen tschechoslowaki-
schen Airline geht es bei großartiger
Noblesse sehr international zu, da
die Bar außerhalb bekannter ist als
in Berlin selbst.
Karl-Marx-Allee 96
U5 Weberwiese
www.csa-bar.de

D light - Die Schülerdisco

Party feiern mit der Klasse und das
in einem richtigen Berliner Club. D
light veranstaltet im Club Matrix Di
und Do (saisonal auch Mo + Mi) 20-
24 Uhr eine Party für angemeldete
Schulklassen. Eintritt unter 18 Jahre,
Alkoholkontrollsystem.
Warschauer Platz 18
U + S Warschauer Str., Tram M10, M13
www.dlight-club.de

Dachkammer

Im ersten Stock in anheimelnder
Wohnzimmeratmosphäre an Cock-
tails nippen und die Nacht durchpa-
lavern mögen alle Altersschichten.
Simon-Dach-Str. 39
U + S Warschauer Str., U5 Frankfurter
Tor, Tram M10, M13
www.dachkammer.com

Die Busche

Die legendäre Busche ist auf ihre
Art einzigartig und wie sich zeigt
unverwüstlich. Berlins größte

schwul-lesbische Disco bittet schon
seit DDR-Zeiten vor allem junge
Provinz- und Randberliner zum aus-
gelassenen Feiern bei Hitmusik zum
Mitsingen.
Warschauer Platz 18
U + S Warschauer Str., Tram M10, M13
www.diebusche.de

Emma Pea

In der ehemaligen Arbeiterschen-
ke des Reichsbahnausbesserungswerks werden heute Hipster
vegetarisch-vegan verköstigt und
mit ordentlichen Drinks versorgt.
Namensgeberin und Maskottchen ist
die inzwischen berentete und nach
Botswana ausgewanderte Elefan-
tenkuh Emma Peanut. Noch Fragen?
Hingehen.
Revaler Str. 99
U + S Warschauer Str., Tram M10, M13
www.emmapea.com

Fairytale Bar

Nicht weit vom Märchenbrunnen
im Volkspark Friedrichshain gibt
es diese Bar in der nicht nur die
Kleidung des Personals märchenhaft
ist - die Getränkemischungen für
Erwachsene sind es auch.
Am Friedrichshain 24
Bus 200, Tram M4
www.fairytale.bar

Feuermelder

Wilden, authentische Heavy-Metal
Kneipe direkt am rolling Boxi. „One
step closer to hell", verspricht zudem
der Aufmacher auf der abwechslungsreichen Getränkekarte. Billard
und Kicker.
Krossenerstr. 24
U + S Warschauer Str.,
U5 Samariterstr., Tram M13
www.facebook.com/pages/
Feuermelder/156165631083683

Fryday

Früher haben die beiden Jungs ihre Korean Style frittierten Hähnchen in einem Food Truck am Warschauer Platz angeboten. Jetzt sind sie erwachsener geworden, haben sich niedergelassen und servieren Korean and Japanese style street food nicht mehr auf der Straße sondern im Warmen und Trockenen.

Boxhagener Str. 104
U5 Samariterstr., U5 Frankfurter Tor, Tram M10
www.facebook.com/ Frydayberlin

Holzmarkt-Gelände

Der kreativ-Spielplatz der Enkel der legendären Bar 25. Alle sind etwas älter und reifer geworden, aber sie leben noch, jetzt ohne übertriebenen Drogenkonsum und solide finanziert, mit einem Schweizer Pensionsfond im Rücken. Kultur und spaßige Events aller Art gibt's nicht nur im Säälchen, sondern auf dem gesamten Gelände. Zum Chillen geht man in die südliche Ecke, Pampa & Spreelunke, später ins Restaurant Katermaus und dann vielleicht zur Katermucke?

Holzmarktstr. 25
U + S Jannowitzbrücke, S Ostbahnhof
www.holzmarkt.com

Hops und Barley

Wer mal andere als die bekannten Biermarken probieren möchte, ist hier richtig. In der kleinen Kiezbrauerei werden mehr als sieben verschiedene Biere und Cider aus eigener Herstellung ausgeschenkt, dazu gibt's verschiedene Snacks. Sonntags wird gemeinschaftlich „Tatort" geschaut.

Wühlischstr. 22/23
U + S Warschauer Str., Tram M10, M13
www.hopsandbarley.eu

Katerschmaus

Nach Schließen, Umziehen, Wiedereröffnen ist das Restaurant der Bar 25 eigentlich immer noch das alte. Durchgestylt bis zum Klo. Nicht ganz billig, aber sehr gutes Essen. Sehen und Gesehenwerden.

Holzmarktstr. 25
U + S Jannowitzbrücke, S Ostbahnhof
www.katerschmaus.de

Matrix Berlin.365

An 365 Tagen Party auf bis zu 7 Floors, jeden Tag ab 22 Uhr, mitten in der Feier-Zone zwischen Universal, Mercedes-Benz Arena und Simon-Dach-Viertel direkt unter der U-Bahn Warschauer Straße.

Warschauer Platz 18
U + S Warschauer Str., Tram M10, M13
www.matrix-berlin.de

Monster Ronson's Ichiban Karaoke

Einer der skurrilsten und großherzigsten Menschen der Stadt hat einen ebensolchen Laden eröffnet, in dem therapeutisches Karaokesingen (öffentlich oder im Separee) das Hauptprogramm ist. Es gibt aber auch Liveacts.

Warschauer Str. 34
U + S Warschauer Str., Tram M10, M13
www.karaokemonster.de

Nuke

Genug vom Einheitsbrei? Hier wird's rockig! 3 Floors mit Indie, Rock, Gothic, Nu-Metal, Poprock, Crossover, Punkrock, Dark Electro, New Wave, 80s u.v.m. Eines der letzten Refugien der Berliner Gothic-Szene, doch auch

mit Jeans und Turnschuhen bist du hier willkommen. Zum Abspannen zwischendurch gibt's den Biergarten.
Pettenkoferstr. 17
U + S Frankfurter Allee
www.nukeclub.berlin

Paules Metal Eck
Für alle, die auf Heavy Metal und Sport stehen (Kicker, Billard vor Ort), für alle, die ewig durstig und allein sind, ist Paules „Kleine Kneipe" seit vielen Jahren die Nr.1 im Kiez.
Krossenerstr.15
U + S Warschauer Str., U5 Frankfurter Tor, Tram M10, M13
www.paules-metal-eck.de

Pavillon im Volkspark Friedrichshain
Super Partylocation und Dach vieler angesagter Partyreihen, wie z. B. Soul Explosion und Tunes. Noch schöner und besser ist es manchmal im Biergarten von April bis Oktober, ab 11 Uhr morgens in strahlendem Grün oder im Munkel-Dunkel bei chilliger Musik.
Friedenstr. 101
Tram M5, M6, M8
www.pavillon-berlin.de

Soylent Bar
Passt ziemlich gut in den Kiez, irgendwo zwischen Retro und Trash, mit Tischkicker, unkomplizierten Parties, Rohkost und Veganem.
Gabriel-Max-Str. 3
U + S Warschauer Str.,
Tram M10, M13
www.cafesoylent.eu

Suicide Circus
Kommt ihr von der Warschauer-Brücke? Einfach dem Bass hinterher! DJs vom Feinsten. Hoffentlich habt ihr am nächsten Tag nichts vor - die Nacht könnte lang werden.
Revaler Str. 99
U + S Warschauer Str.,
Tram M10, M13
www.suicide-berlin.com

Süß war gestern
Bei dem Namen könnte es sich auch um die Errungenschaft der letzten Nacht handeln, wenn's beim Frühstück bitter aufstößt. Laut Hörensagen einer der besten Läden der Gegend.
Wühlischstr. 43
U + S Warschauer Str.,
Tram M10, M13
www.facebook.com/suess.war.
gestern.official

Yaam
Die Einen kommen wegen frischer Luft, Reggae, Dancehall und Soca Musik. Andere interessiert Basketball, Fußball oder eines der vielen anderen Sportangebote. Wieder andere wollen einfach den Strand genießen und die Graffitis bestaunen. Für die Kleinen gibt's sogar ne eigene Ecke mit Betreuung. Es gibt also eigentlich keinen Grund, nicht ins YAAM zu gehen.
An der Schillingbrücke 3
S Ostbahnhof
www.yaam.de

Zur Wilden Renate
In der bunten Berliner Club-Szene setzt Renate noch einen drauf. Starkes Line-up sorgt für wilde Elektro-Beats. Echtes Wohlfühlambiente!
Alt Stralau 70
S Treptower Park, S Ostkreuz
www.renate.cc

Einkaufen

Blackriver Flagship Store

Der Treff der Fingerboarding-Szene. Im Hinterzimmer des Friedrichshainer Blackriver Flagship Store stehen drei Tische mit Skateboard-Parks in Zwergengröße: Halfpipes, Treppen, Metallgeländer. Und während die Jungen hinten üben, verkauft vorne Geschäftsführer Timo Kranz (Fingerboarding-Weltmeister 2009) Fingerboards und das passende Zubehör.
Boxhagener Str. 14
U5 Frankfurter Tor, Tram M10
www.blackriver-ramps.com

dazu

Witzige ichichich-Taschen (ab 69 €), die Träger von Freitag-Teilen erblassen lassen.
Kopernikusstr. 14
U + S Warschauer Str., Tram M10, M13
www.ichichich-berlin.de

Flohmarkt Boxhagener Platz

Sonntäglich kommen Studenten, Alternative und Ryanair-Touris hier zum Trödeln und Abhängen zusammen. Eher happening als Kaufrausch. Samstags von 9-15:30 Uhr wird an gleicher Stelle der Wochenmarkt abgehalten.
Boxhagener Platz 1
U + S Warschauer Str.,
U5 Frankfurter Tor, Tram M10, M13

Getränkefeinkost

Große Auswahl ausgefallener Limonaden (z. B. Berliner Mätchen) und Biere aus aller Welt. Der Getränkeladen wirkt wie eine große Kunstausstellung und verströmt keinesfalls die übliche Tristesse der Supermarkt-Regale. Plastikflaschen oder Dosen? Fehlanzeige. Hier wird ausschließlich auf umweltfreundliche Glasflaschen gesetzt. Prost!
Boxhagener Str. 24
U5 Frankfurter Tor,
Tram M10, 21
www.getraenkefeinkost.de

Heimat

Ganz junges Label mit individuell gestalteten Shirts und Taschen, modernen Street-Art-Leinwanddrucken und stylischen Accessoires von froschhimmel, duskworld, mia., human empire, cuy cuy, berlin mitte girl, buntspecht, freakz berlin u.a. Außerdem Bandmerchandise, Konzerttickets, Bücher, Musik und Lesungen. Auf in die Heimat!
Niederbarnimstr. 17
U5 Frankfurter Tor, Tram M10
www.mein-heimat-laden.de

HHV.de Selected Store

Super Mischung aus Streetwear und Musik! Früher nur Internetshop jetzt auch mit stylischer Auslage. In Sachen Hip Hop Scheiben der Vinylhändler meines Vertrauens. Schicke Sneaker haben sie auch.
Grünberger Str. 54
U + S Warschauer Str.,
Tram M10, M13
www.hhv.de

Madano

Secondhandshop mit 70er Jahre Akzent in dem ihr aber auch das eine oder andere Marken-Schätzchen entdecken könnt.
Grünberger Str. 63
U5 Frankfurter Tor,
Tram M10, M13

Mitte Musik

Minimal-Techno und House. Ganz
entspannt lauscht man den Sounds,
die auch in den Clubs Tresor und
Watergate laufen.
Libauer Str. 6
U + S Warschauer Str.,
Tram M10, M13
www.mitte-musik.de

Packattack

Du brauchst und willst ne neue
Tasche? Eine die es kein zweites
Mal gibt? Na dann haben wir hier
den passenden Shop für dich. Hier
kannst du dir deine Tasche nach
eigenen Wünschen gestalten lassen.
Wenn's schnell gehen muss, gibt es
auch genügend fertige Modelle.
Gärtnerstr.10
Tram M13
www.packattack.de

Plazmalab

Vor dem nächsten Rave lohnt es sich
vielleicht hier vorbeizuschauen. Gut
gemachte Shirts mit verschiedensten futuristischen Prints. Der Shop
an sich ist top designed, wie alles
was zum Verkauf steht. Die eigene
Kollektion kann sich wirklich sehen
lassen, daneben gibt es ausgewählte
internationale Stücke.
Wühlischstr. 39
U + S Warschauer Str., Tram M10, M13
www.plazmalab.com

Prachtmädchen

Pia und Pernille bieten bezahlbare,
bekannte und skandinavische Labels. Wunderbar, auch für prächtige
Kerle.
Wühlischstr. 28
U + S Warschauer Str., Tram M10, M13
www.prachtmaedchen.de

Kreuzberg

Früher gab es zwei Kreuzbergs: ein wildes „36" mit Punks und südlich des Landwehrkanals ein zahmes „61" mit ökologisch vorbildlichen Lehrern. Heute gibt es in den Medien nur noch Kriminalität am Kottbusser Tor und Drogen im Görlitzer Park. Wenn ihr es genauer wissen wollt geht ihr ins **Friedrichshain-Kreuzberg Museum** und macht mit uns einen Spaziergang durch den Kiez.

Wir starten unseren Spaziergang ganz entspannt am „Kriminalitätsschwerpunkt" Kottbusser Tor. Im **Café Kotti** könnt ihr euch einen ersten Überblick verschaffen und ihr seht was für ein buntes Volk sich hier rumtreibt. Falls ihr abends wiederkommt könnt ihr auch ins **Möbel Olfe** gehen. Gegenüber gibt es die Institution **Südblock** und den etwas versteckten **Monarch** mit Postkartenblick auf die Hochbahn.

Vom Kottbusser Tor gehen wir durch die idyllische Dresdener Straße bis zum Oranienplatz und ein paar Schritte weiter liegt der Moritzplatz mit den **Prinzessinnengärten**. Im Lauf des Jahres 2019 ziehen die mobilen Kistenbeete ebenso wie die Bar und das Restaurant um, auf den Neuköllner St. Jacobi-Friedhof. Auf der anderen Starßenseite das Aufbau Haus mit Café, Theater, einem Einkaufszentrum für Künstler- und Bastlerbedarf (**Modulor**) und dem angesagten **Prince Charles Bar**.

Gegenüber das **Betahaus** einer der ersten „Coworking spaces" der Stadt.

Die Hauptstraße des Kiezes ist die Oranienstraße und die gehen wir jetzt runter Richtung Görlitzer Bahnhof. Zu jeder Tages-und Nachtzeit ist es ein einziges Gedrängel, aber genau das lieben wir ja. An der Kreuzung Adalbertstraße ① sind die meisten Läden rund um die Uhr geöffnet.

Launige Kneipen findet ihr reichlich, z. B. **Luzia, Franken, Bateau Ivre, Rote Harfe,** um nur ein paar der Standards der Trink- und Esskultur zu nennen. Und natürlich das unverwüstliche und zu Recht legendäre **SO36**, für Parties, Konzerte, Bingo,

Nachtflohmarkt und vieles mehr…
Der geräumige hübsche Mariannenplatz lädt zum Verweilen ein.
Von hier sind es nur ein paar Meter
zur **Markthalle IX** ② die mit einem kleinteiligen neuen Konzept
überrascht: mit Sondermärkten wie
„Slow Food", „Naschmarkt", „Wein
trifft Käse" und Donnerstag beim
„Street Food Market". Außerdem
sind **Weltrestaurant / Auster Club,
Vögelchen (ex Hubertuslounge)**,
sowie Lilis **Pony Hütchen** hier ansässig und allemal ein Grund in die
Pücklerstraße zu gehen.

Hunger kann auf keinen Fall zum
Problem werden, denn die Gegend
strotzt nur so von Möglichkeiten,
sich durch fremde Kontinente zu essen, z.B in der schicken **Long March
Canteen** oder etwas weiter in der
Gegend um den Görlitzer Bahnhof ③. .**Morgenland** und **Kimchi
Princess** verdeutlichen dies auf
engstem Raum. Achtung; je greller
und heller es blinkt umso größer
ist die Gefahr in eine Tourifalle zu
geraten. Auf der einen Seite blinkt
die bunte Asia-Fantasie-Welt von
Amrit/Mirchi – gegenüber gibt es
jetzt allerlei Frittiertes wie Pommes
mit Trüffel im **Goldies** und moderne
Stullen im **Ju's**.

Wenn ihr hier am Görlitzer Bahnhof
auf die Hochbahn trefft, schaut nach
oben und bestaunt die größte Moschee im Kiez. Sie steht auf den „Ruinen" eines profanen „Bolle-Super-
markts", der am 1. Mai 1987 nach der
inzwischen traditionellen 1.-Mai-De-
monstration von autonomen Gruppen geplündert und abgefackelt

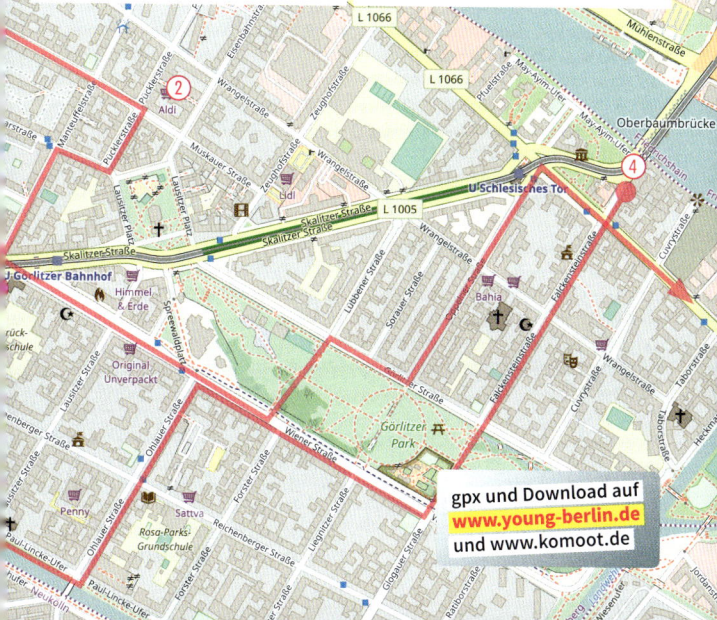

gpx und Download auf
www.young-berlin.de
und www.komoot.de

worden ist. Die Zeiten ändern sich: Jetzt schmückt hier die hübsche Omar Ibn Al-Khattab Moschee den Kiez. Nur keine Schwellenangst, jeder ist willkommen. Weiter geht's in die Verlängerung der Oranienstraße, die Wiener Straße. Bis zum Spreewaldplatz könnt ihr im **Wild at Heart** oder **Madonna** in etwas kernigerer Szene euer Bier trinken und dabei Fußball gucken, oder gleich weiter zum alten Bahngebäude in der Mitte des Görli (**Görlitzer Park**) ins **Edelweiss** schauen. Nicht nur für Regentage gibt es nebenan auch das **Schwarzlicht Minigolf.**

Wenn ihr nicht im Park hängen bleibt, geht die Tour durch den angesagten Wrangelkiez weiter zum Schlesischen Tor. Die Gegend ④ um die schöne **Oberbaumbrücke** ist ein stadtweiter Ausgehschwerpunkt und euer Forscherdrang kann sich hier ungehemmt entfalten. Ohren und Beine kommen z. B. im **Lido, L.U.X, Musik & Frieden** oder **Watergate** auf ihre Kosten, für den Magen wird an jeder zweiten Hausnummer gesorgt. **Bagdad** und **Burgermeister** sind dabei besondere Adressen. Eine rote Lampe lockt direkt an die Spree zum Restaurant **Riogrande**. Gleich daneben gibt es noch eine schöne Terrasse mit Blick über die Spree, im **FluxBau**.

Weiter geht's auf der von dauerndem Laden–Wechsel-Dich geprägten Schlesischen Straße bis zum Kanal hinunter, zu **Birgit & Bier**, **Burg Schnabel**, **Chalet** oder zum **Freischwimmer**. Jenseits des Kanals,

schon im Nachbarbezirk Treptow, findet ihr den überbordenden **Club der Visionäre** und den vom Kotti hierhergezogenen **Festsaal Kreuzberg**. Den Abschluss bildet das riesige Areal der Arena mit **Badeschiff** und Blick auf die **Molecule Man**.

Wenn ihr es jetzt etwas ruhiger mögt, geht ihr von der Schlesischen Straße aus durch die Falckensteinstraße, vorbei an der **Eisdiele Aldemir**, einer Institution im Kiez, weiter durch den Görli und über die Forsterstraße an den Landwehrkanal. Oder ihr unternehmt einen längeren grünen Spaziergang immer am Kanal entlang. Gegen Ende des Paul-Linke-Ufer kommt ein Terrassencafé nach dem anderen. Empfehlenswert ist das Café **Übersee**. Wenn ihr den Kottbusser Damm überquert und an der hübschen, kleine Synagoge am Fraenkelufer entlang schlendert (Achtung Jogger) erreicht ihr die mittlerweile in keinem Reiseführer mehr fehlende, Outdoor Partylocation **Admiralbrücke** ⑤. Hier gilt es das Schlafbedürfnis der Anwohner zu respektieren und mittlerweile verleiht die verstärkte Polizeipräsenz dem auch Nachdruck. Gesittet beobachten kann man das Treiben vom **Casolare** aus oder auf dem **van Loon** dem heftigsten Rummel entgehen.

Also auf nach „61", wo ihr euch mittlerweile befindet. Hier gilt es die hübsche Gräfestraße und Dieffenbachstraße zu entdecken. Wenn ihr den Gräfe-Kiez links liegen lasst und der Grimm- und Körtestraße folgt, erreicht ihr den Südstern. Am besten legt ihr eine Rast im Biergarten vom **Brauhaus Südstern** ein. Kreuzt danach vorsichtig den Platz, dann kommt ihr in die Bergmannstraße. Zuerst ist alles ganz beschaulich. Links Friedhöfe mit dem Café Strauss. Ab der Markthalle bis zum Mehringdamm entfaltet die Straße ihr mediterranes Flair.

Genießt die Atmosphäre mit amerikanischen Kaffeespezialitäten im **Barcomi's**. Gegenüber hat der Gyros Män seinen Imbiss, ohne Übertreibung der netteste und beste weit und breit. Vergesst nicht, unterwegs einen Blick in die Seitenstraßen zu werfen. Samstagmorgens gibt es einen beliebten Bio-Markt auf den Chamissoplatz der wie eine Filmkulisse ruhig da liegt. Wer alles Gesehene und Erlebte Revue passieren lassen will, begebe sich nun alternativlos auf den namensgebenden Kreuzberg, genieße das Panorama und schmiede Pläne für die nächste Tour. Oder doch noch eine Fassbrause im **Golgatha**, ein Weinchen im **Vereinszimmer** am unteren Ende des Wasserfalls, die berühmte Westberliner Currywurst im **Curry 36** oder **Mustafa's** berühmten Gemüse Döner - U-Bahnhof Mehringdamm, sporteln oder relaxen im **Park am Gleisdreieck**, oder ... in Kreuzberg ist eben nichts alternativlos (wie angeblich so oft in der Politik) – Kreuzberg ist die Alternative.

Essen & Trinken

3 Schwestern
Früher speisten im Kreuzgewölbesaal des Stiftskrankenhauses, Kreuzbergs ältestem Gebäude, die Schwestern des Bethanienordens und jetzt seid Ihr dran: die Küche ist einfallsreich, saisonal, regional und immer mit einer vegetarischen oder veganen Variante, z. B. die Topinambur Cremesuppe mit Zander-Blutwurst Gröstl, oder mit Pumpernickel-Ziegenkäse Praline.
Mariannenplatz 2
U1 + 8 Kottbusser Tor
www.3schwestern.com

Amrit/Mirchi
In der O-Straße in Kreuzberg, in der O-burger Straße in Mitte, am Winterfeldtplatz in Schöneberg - die Brüder Bans dehnen ihre funkelnde Asian-Food-World immer weiter aus. Zu touristischen Hochzeiten ist trotzdem kaum ein Platz zu finden. Zu wenig frequentierten Jahres- und Tageszeiten trotzdem ein Tipp, um gut, reichlich und relativ preiswert zu essen, oder in dieser Art hindu-buddhistischen Tempeln sich mit üppig dekorierten Cocktails die Tristesse zu versüßen.
Oranienstr. 202-204
U1 Görlitzer Bhf., Bus M29
www.amrit-restaurant.com

Bagdad
Es lohnt sich, einen Blick in den wohl kitschigsten Garten des ältesten türkischen Restaurants Berlins zu werfen. Leider haben Atmosphäre und Qualität unter dem Massenandrang arg gelitten.
Schlesische Str. 2
U1 Schlesisches Tor
www.myxkitchen.de

Barcomi's Café und Kaffeerösterei
Ob es nun die süßen Köstlichkeiten der amerikanischen Küche wie

Brownies, Muffins, der legendäre New York Cheesecake oder die verschiedensten Variationen von Bagels sind, auf einen frisch gemahlenen Kaffee solltet ihr vorbeischauen! In der Filiale in der Sophienstraße 21 in Mitte gibt es auch eine erweiterte Speisekarte, sowie Wurst- und Salattheke.

Bergmannstr. 21
U7 Gneisenaustr.
www.barcomis.de

Bateau Ivre

Das „Bateau" an einer sehr turbulenten Ecke mitten in Xberg ist hier das Flaggschiff geworden und nur an dem guten Frühstück, soliden Speisen und nächtlichen Tapas wird es wohl kaum liegen. Auch an kalten Wintermorgen hält das trunkene Schiff die Standarte aufrecht und im Sommer werdet auch ihr der magnetischen Anziehungskraft kaum widerstehen können.

Oranienstr. 18
U1 Görlitzer Bhf., Bus M29
www.facebook.com/
BateaulvreKreuzberg/

Beba im Gropius Bau

Einer der schönsten Orte für die Pause zwischen Sightseeing und Museumsbesuch. Frische Kräuter und Gemüse gibt's direkt von der Wand (Vertical Gardening). Das ist nicht nur hübsch und entspannend sondern auch gut für die Zubereitung der jüdisch inspirierten Gerichte aus aller Welt. Exzellenten Kaffee und Gebäck liefert die Berliner Nr. 1 für sowas: Cynthia Barcomi.

Niederkirchnerstr. 7
U + S Potsdamer Platz,
S Anhalter Bahnhof, Bus M29, M41

Betahaus Berlin

Am Moritzplatz treffen sich die Kreativen der Stadt im „coworking space". Ist das euer Arbeitsstil? Für 15 € gibt es ein Tagesticket zum Probieren. Das Mittagessen im Café ist auch ganz gut.

Prinzessinnenstr. 19-20
U8 Moritzplatz, Bus M29
www.betahaus.de

brammibal's donuts

Wenn es nach uns ginge, würden alle Dunkin Donuts durch Brammibals ersetzt werden. Im Moment müssen wir uns mit der harten Realität von nur drei Läden in Berlin abfinden: jeweils am Maybachufer, Potsdamer Platz & Danziger Straße. Das Problem mit den veganen Donuts von Brammibal ist die unmögliche Vorstellung es bei einem zu belassen - die sind einfach so genial (und riesig!). Und wenn man einmal dort war, ist es fast undenkbar mit anderen donuts zu verkehren.

Maybachufer 8
U8 Schönleinstr.
www.brammibalsdonuts.com

Brauhaus Südstern

Wöchentlich vom Braumeister frisch nach einem traditionellen, schonenden Brauverfahren hergestelltes Bier. Im großen Biergarten Richtung Hasenheide kann man mit Blick auf die Botschaft des Vatikans, fern vom Straßenverkehr die Sonne genießen. Dazu gibt es regelmäßig Live-Musik, Cabaret, Comedy und sonstige Kleinkunst - wenn's sportlich wird - eine Großbild-Leinwand.

Hasenheide 69
U7 Südstern
www.brauhaus-suedstern.de

Burgermeister

Fastfood muss kalorienhaltig, aber nicht immer ungesund sein: hier gibt´s knackigen Salat, frisches Rindfleisch, knusprige Burger und handgeschnibbelte Pommes, natürlich wie alles hausgemacht. Untergebracht ist diese Futterstelle in einem ehemaligen Pissoir unter der Hochbahn.
U-Bahnhof Schlesisches Tor
U1 Schlesisches Tor
www.burger-meister.de

Café Kotti

Drogen sind hier verboten, stattdessen Ihr überblickt den Platz und könnt nachher erzählen was am Kotti wirklich los ist.
Adalbertstraße 96B
U1 Kottbusser Tor
www.facebook.com/
CAFE-KOTTI-123380806202

Chicha

Früher gab's den rohen Fisch beim Japaner – jetzt gehen wir zum Peruaner und bestellen Ceviche. Hier in Kreuzkölln ist das lecker frisch und trendig, aber nicht ganz billig.
Friedelstr. 34
U8 Schönleinstr., Bus M29
www.chicha-berlin.de

Curry 36

International bekannte Currywurstbude, heiß begehrt und deshalb bis 4 Uhr nachts umlagert.
Mehringdamm 36
U6 + 7 Mehringdamm, Bus M19
www.curry36.de

Die Rote Harfe

Früher traf sich hier die Hausbesetzerszene - jetzt ist das Lokal frisch renoviert und wartet auf neue Gäste.
Oranienstr. 13
U1 Görlitzer Bhf., Bus M29
www.rote-harfe.de

Eisdiele Aldemir

50 ständig wechselnde, selbstgemachte, ökologisch einwandfreie Eissorten. Auch an kühleren Tagen findet man sich hier oft auf einem Straßenpoller sitzend inmitten eines Pulks schleckender Kreuzberger zwischen Palmen, bunter Deko und spielenden Kindern wieder.
Falckensteinstr. 7
U1 Schlesisches Tor
www.aldemireis.de

Fräulein Wild

Allein das Wort „Fräulein" lockt. Und dann noch der Zusatz „mit Liebe und Sahne", und Bio-Kaffee und selbstgebackener Kuchen sind auch noch gut.
Dresdener Str. 13
U1 + 8 Kottbusser Tor, Bus M29
www.fraeuleinwild.de

Freischwimmer

Klasse Hausboot Restaurant mit Plätzen an der Reling, unter Deck und einigen am Ufer. In gemütlicher Atmosphäre mit Vintage-Design und Holzinterieur, im Sommer mit großflächigem Sonnensteg, im Winter gemütlich im Schein des Kamins.
Vor dem Schlesischen Tor 2a
U1 Schlesisches Tor,
S Treptower Park
www.freischwimmer-berlin.com

Goldies

Hier wird frittiert. Einfach Pommes geht auch, aber es gibt Interessan-

teres, z. B. mit gezupfter Entenkeule und Hoisin-Pflaumen-Majo, oder mit Misomajo, eingelegtem Rettich und einem Furikake-Algen-Sesam-Mix.
Oranienstr. 6
U1 + 8 Kottbusser Tor,
*   U1 Görlitzer Bhf., Bus M29*
*   www.goldies-berlin.de*

Golgatha
Großer schöner Biergarten abseits der ausgetrampelten Pfade im noch schöneren Viktoriapark (Eingang Katzbachstr., am Sportplatz vorbei). Im Sommer in der Regel Party und Grillgut. Romantische Naturen sollten nicht verpassen den Kreuzberg zu erklimmen um Aussicht und Wasserfall zu bestaunen.
Dudenstr. 48-64
U6 Platz der Luftbrücke
www.golgatha-berlin.de

Hasir
Einer der ältesten und hübschesten Türken der Stadt, aber Achtung: Inzwischen ist es ein Konzern mit Filialen in ganz Berlin. Früher war's mal besser und jetzt sind auch noch die Preise gestiegen.
Adalbertstr. 10
U1 + 8 Kottbusser Tor, Bus M29
www.hasir.de

Henne
Alt Berliner Wirtshaus mit über Berlins Grenzen hinaus berühmten halben Milchmasthähnchen und schönem Interieur von 1907. Unter dem Besucheransturm leidet inzwischen die Qualität.
Leuschnerdamm 25
U8 Moritzplatz, Bus M29
www.henne-berlin.de

Hostaria del Monte Croce
Trattoria mit echt italienischer Atmosphäre!
Mittenwalder Str. 6 im 2. Hinterhof
U7 Gneisenaustr., Bus M41
www.hostaria.de

Hühnerhaus
Die besten Grillhähnchen der Stadt bis spät in die Nacht. Gleich gegenüber gibt es die gleichen Hühner jetzt auch mit Sitzplatz im Restaurant. Keine Angst vor den zahlreichen Polizeiwagen, die Jungs haben auch nur Hunger.
Görlitzer Str. 1
U1 Görlitzer Bhf.
www.hühnerhaus.com

Il Casolare
Wer sich ein Meisterspiel der italienischen Fußballprofiliga nicht entgehen lassen will, ist hier bestens informiert. „I ragazzi" vom Casolare sind aber auch selber Profis ihrer Arbeit: mit Tempo und meistens guter Laune wird die original italienische Küche bereitet und serviert.
Grimmstr. 30
U8 Schönleinstr.,
U1 + 8 Kottbusser Tor, Bus M41
www.facebook.com/
il-Casolare-149494278455735/

Kimchi Princess
Traditionell koreanische Küche im szenigen Ambiente. Für den eiligen Szenegänger gibt's 100 Meter weiter, am Heinrichplatz, das „Angry Chicken" mit fettigen, marinierten Chicken Wings mit Zimt-Soja-Sauce und viel Panade (an die industrielle Produktion dieser Tierteile darf man gar nicht denken) und danach für alle ein paar Meter weiter die Soju-

Bar. Alles aus einem koreanischen Guss und hyperangesagt.

Skalitzer Str. 36
U1 Görlitzer Bhf., Bus M29
www.kimchiprincess.com

Kreuzburger

Die Jahre kommen, die Jahre gehen… der Kreuzburger bleibt bestehen. Der Vorreiter in Sachen gesundes Junkfood besticht vor allem durch die Lage neben dem SO 36. Wenn der Andrang im SO 36 zu groß ist und ihr auf den Aufruf eurer Wartemarke wartet, könnt ihr euch hier nochmal stärken. Filialen gibt's am Prenzlauer Berg (Pappelallee 19), in Friedrichshain (Grünberger Str. 52) und auch ein zweite Mal in Kreuzberg (Rosenthaler Str. 71).

Oranienstr. 190
U1 Görlitzer Bhf., Bus M29
www.kreuzburger.de

Kumpel & Keule

Berlins Vorzeigemetzger findet ihr in der besten Fleischerei Deutschlands, in der Kreuzberger Markthalle Neun (meint nicht nur Jamie Olivier). (Fast) alle Teile vom Tier werden verwertet und veredelt. „Nose-To-Tail" heißt dieser Trend. Gleich um die Ecke, in der Skalitzer Straße, gibt's das Restaurant zur neuen Fleischkultur, die Speisewirtschaft, mit dry-aged Burgern, Kalbsbries, Tatar vom Weiderind…

Skalitzer Str. 97
U1 Görlitzer Bahnhof
www.kumpelundkeule.de

Kurhaus Ponte Rosa

Etwas abseits der Wege, in anscheinender Öde, schwer als „Biergarten" zu erkennen - und doch eine Reise wert. Wucherndes Grün an verlasse-

nen Bahngleisen und doch stilvoll genug nicht nur für Bahnromantiker. Apropos Romantik, auf keinen Fall den Blick von der Brücke auf die Skyline des Potsdamer Platzes versäumen.

Kreuzbergstr. 42b
U + S Yorckstr., Bus 140
www.kurhaus-ponte-rosa.de

Long March Canteen

Mal was richtig Schickes in Kreuzberg? Chinesische Tapas auf allerhöchstem Niveau. Und dann zum Sattwerden die dicken Dumplings.

Wrangelstr. 20
U1 Schlesisches Tor, U1 Görlitzer Bhf.
www.longmarchcanteen.de

Mädchen ohne Abitur

Gutes Restaurant von mittlerweile gereifteren Damen, die aufgrund der titelgebenden Bildungsmisere das Motto „Wer nichts wird, wird Wirt" aufs Vorbildlichste umsetzten.

Körtestr. 5
U7 Südstern
www.maedchenohneabitur.de

Max und Moritz

Eines der ganz hübschen, alten Berliner Wirtshäuser mit den lokalen Gerichten: Bollenfleisch, Schlachteplatte, Königsberger Klopse… unbedingt reservieren.

Oranienstr. 162
U8 Moritzplatz,
U1 + 8 Kottbusser Tor, Bus M29
www.maxundmoritzberlin.de

Morgenland

Gegenüber der großen Moschee in der Sonne sitzen und entspannt das Treiben beobachten. Auch wenn euer Touri-Programm bisweilen anstrengend war, hier ist Urlaub angesagt.

Besonders der preiswerte sonntägliche Brunch von 10-16 Uhr ist längst eine feste Institution geworden im studentischen Kiez und weit darüber hinaus bekannt.
Skalitzer Str. 35
U1 Görlitzer Bhf., Bus M29
www.morgenland-berlin.de

Mustafa's Gemüse Kebap

Der mit der längsten Warteschlange Berlins, lohnt aber! Mit einem Bier in der Hand ist das Warten gleich viel schöner.
Mehringdamm 32
U6+7 Mehringdamm, Bus M19
www.mustafas.de

Nest

Morgens früh mit Gleichgesinnten an der Sonne sitzen, mittags im Görli liegen und abends zurück ins Nest, zur Arbeit in den Coworking Space.
Görlitzer Str. 52
U1 Görlitzer Bhf., U1 Schlesisches Tor
www.cafenest.de

Parker Bowles

Mal hausgemachte Gurken-Ingwer-Limonade oder Kopfsalat-Gazpacho probieren? Das Deli im Aufbauhaus bietet einen abwechslungsreichen Mittagstisch auf einer wechselnden Wochenkarte und abends das komplette Restaurantprogramm.
Prinzenstr. 85 d
U8 Moritzplatz, M29
www.parker-bowles.com

Pho Noodlebar

Pho ist in Berlin schon längst ein fester Bestandteil der kulinarischer Landschaft, aber man muss sich bloß zwei Läden unbedingt merken: Pho Noodlebar (jeweils in Mitte und Kreuzberg). Die stärkende Rinderbrühe passt immer, egal zu welcher Jahreszeit, und der Laden ist einfach un-pho-gesslich.
Adalbertstr. 9
U1+3+8 Kottbusser Tor
www.pho.berlin

Riogrande

Am Wasser, direkt an der Oberbaumbrücke, eigene Anlegestelle. Eine bessere Lage gibt es kaum. Und weil man es sonst kaum finden würde (es liegt ziemlich tief, auf Spreehöhe) weist Euch ein großer roter Leuchtpunkt den Weg.
May-Ayim-Ufer 9
U1 Schlesisches Tor
www.riogrande-berlin.de

Salumeria Lamuri

Italienischer Feinkostladen mit netten Leuten, belegten Paninis, Salaten, italienischen Croissants, hausgemachten Kuchen und ein täglich wechselndes, frisch zubereitetes Mittagsmenü.
Köpenicker Str. 183
U1 Schlesisches Tor
www.salumerialamuri.de

San Remo Upflamör

Das älteste Lokal der Straße ist urig, entspannt, spartanisch und immer gut besucht. Einen Kontrast bieten die Teenies die ihre Stars aus „Berlin Tag und Nacht" am benachbarten Set anhimmeln wollen.
Falckensteinstr. 46
U1 Schlesisches Tor
www.facebook.com/San-Remo-Upflamör

Umami

Etwas altmodisch-familiär, wie in Indonesien in den 50er Jahren, und doch ganz modern, gesund und lecker. Vietnam, Thailand Korea… das alles gibt's in Kreuzberg und auch am Prenzlauer Berg, Knaackstr. 16-18. Fünf Sterne für die Atmosphäre – drei fürs Essen.
Bergmannstr. 97
U7 Gneisenaustr.
www.umami-restaurant.de

van Loon

Auch Touristen wissen mittlerweile den Urbanhafen und die kleine Flotte des van Loon zu schätzen. Mit Sonnendeck, Terrasse und einem nahrhaften Schiffsbauch. Bewegter geht es bei den kulinarischen Rundfahrten auf der „Philippa" (ganzjährig) oder der „Josephine" (nur Sommer) zu. Reservierung unter 030-6926293 erforderlich.
Carl-Herz-Ufer 7
U1 Prinzenstr., Bus M41
www.vanloon.de

Vereinszimmer

Mit Blick auf den Wasserfall die Restsonne genießen und kleine italienische Spezereien den Gaumen kitzeln lassen. Da es auch noch ein Feinkostgeschäft ist, bietet sich auch was auf die Hand an, um z. B. den Viktoriapark zu erkunden.
Kreuzbergstr. 15
U6 + 7 Mehringdamm, Bus M19

Westberlin

Schickes Café südlich vom Checkpoint Charlie mit Specialty Coffee, selbstgemachte Stullen und Kuchen. Es liegt tatsächlich im Westen, obwohl „Westberlin" die DDR-Schreibweise war, die aus dem historischen Westteil der geteilten Stadt eine ortlose Insel machte, im Gegensatz zum Ostteil, der als „Berlin - Hauptstadt der DDR" die ganze Stadt repräsentieren sollte.
Friedrichstr. 215
U6 Kochstr., Bus M29
www.westberlin-bar-shop.de

Wirtshaus zum Mitterhofer

Südtiroler Schmankerln, alpenländische Köstlichkeiten. Nette Leute und ein richtig gutes Wiener Schnitzel.
Fichtestr. 1
U7 Südstern
www.wirtshaus-zum-mitterhofer.de

Woop Woop IceCream

Frische Zutaten, schockgefroren mit -196 Grad kaltem flüssigen Stickstoff, cremiger kann Eis nicht sein. Und ständig experimentieren die an neuen veganen, verrückten, knusprigen Sorten rum.
Rosenthaler Str. 3
U8 Rosenthaler Platz, Tram M1, M8
www.woopwoopicecream.de

Yorckschlösschen

Besteht seit 120 Jahren und beharrt darauf, gute Küche für den bürgerlichen Geldbeutel anzubieten. Super Location mit großem supergrünem Sommergarten. Sehr häufig Live-Jazz und andere Events.
Yorckstr. 15
U6 + 7 Mehringdamm,
U + S Yorckstr., Bus M19
www.yorckschloesschen.de

mehr in der App
Young Berlin
immer up to date

Nachtleben

Admiralbrücke

Zum Sonnenuntergang versammeln sich hier, besonders im Sommer, verliebte Pärchen und Kreuzberger mit Gitarre, Bier und Hunden.

Admiralbrücke
U1 + 8 Kottbusser Tor,
U8 Schönleinstr.

Auster Club

Von außen fast unbemerkt versteckt sich der Auster Club in den Kellergewölben des ehemaligen Weltrestaurants Markthalle. Eine Perle der Berliner Clubkultur. Von Indie, Pop und Rock bis hin zu Singer-Songwriter, Weltmusik und Rap - Hier wird dem musikalischen Herzen nahezu jeder Wunsch erfüllt. Mit seinen knapp 100 qm ist der Auster-Club ideal für rauschende Partys, neue oder bereits bekannte Bands, die im Club ein besonderes Konzert geben möchten.

Pücklerstr. 34
U1 Görlitzer Bhf., Bus M29
www.auster-club.com

Baumhaus Bar

An der Oberbaumbrücke, mit Blick auf die Hochbahn, sieht die Bar wirklich aus wie ein großes Baumhaus. In der Etage darunter gibt es auf zwei Floors und einer Bühne Konzerte „Kaos-Karaoke", „Glücksrad-Parties"... Gelegenheit für jeden sich auszutoben.

Falckensteinstr. 48
U1 Schlesisches Tor
www.musikundfrieden.de,
www.baumhausbar.de

Bi Nuu

O Jott, noch was am Schlesischen Tor! Nein, im U-Bhf. selbst und auch noch eine legendäre Location (ex-Kato). Jetzt gibt's erstmal alles von Hardcorepunk bis Elektroparty. Refugium der Hip-Hop-Szene.

Im U-Bhf. Schlesisches Tor
U1 Schlesisches Tor, Bus N1
www.binuu.de

Birgit & Bier

Früher war hier Manne's Autowerkstatt - jetzt ist es ein beliebter Biergarten mit angegliederten Clubs. Eine Riesenschaukel zum Chillen, pensionierte Autoscooter, bunte stimmungsvolle Lichter, ein altes Karussell als Sitz-Landschaft.... Versorgt seid ihr mit Craftbeer, Pizza, Bratwurst und - sobald die Berliner Nacht einbricht - mit 3 unterschiedlichen Musikrichtungen auf 3 phantasievoll gestalteten Dancefloors.

Schleusenufer 3
U1 Schlesisches Tor, S Treptower Park
www.birgit.berlin

Burg Schnabel

Zwischen Chalet und Birgit & Bier ist die Burg im Moment einer der beliebtesten Clubs der Gegend, aber das kann sich hier schnell ändern, wenn nächste Woche wieder was neues aufmacht.

Schleusenufer 3
U1 Schlesisches Tor, S Treptower Park
www.schnabel.berlin

Clash

In einem Winkel des malerischen Mehringhofs findet Ihr diese gemütliche Kneipe mit Biergarten, Mittagessen und abends ab und zu einem Konzert.

Gneisenaustr. 2a

U6 + 7 Mehringdamm, Bus M19
www.clash-berlin.de

Club der Visionäre
Voll, voller, am vollsten, aber eben
auch unübertroffen, um idyllisch
am Wasser, auf hölzernen Floß- und
Steganlagen unter großen Bäumen
zu kuscheln, zu chillen oder die Welt
zu diskutieren und dabei die großen
DJ-Namen, die oft hier auflegen, zu
ignorieren.
Am Flutgraben 1
U1 Schlesisches Tor, S Treptower Park
www.clubdervisionaere.com

FluxBau
FluxFM ist schon länger eine Alternative zum Dudelfunk-Einerlei und
hier ist der offizielle Treffpunkt für
die Freunden guter Musik, mit Partys,
Konzerten und einer Terrasse direkt
auf der Spree.
Pfuelstr. 5
U1 Schlesisches Tor
www.fluxfm.de/fluxbau

Franken
Solide Trinkanstalt, in der alle kleinen Völker der Welt (nicht nur Franken) den gleichen Anspruch haben:
heavy drinking, heavy talking, heavy
on the street sitting.
Oranienstr. 19a
U1 + 8 Kottbusser Tor, U1 Görlitzer
Bhf., Bus M29
www.franken-bar.de

Gretchen
Mitten in Kreuzberg präsentiert
sich das Gretchen im eindrucks-
vollen Kreuzgewölbe, gepaart mit
modernem Design. Hier gibt es
Clubshows und Live-Konzerte aus
unterschiedlichen Genres. Das
musikalische Programm reicht von
Electronica über Drum'n'Bass und
Bass bis hin zu Jazz, Experimental,
Avantgarde, Funk und Hip Hop. Viele
internationale Acts aber auch lokale
Künstler stehen hier auf der Bühne
bzw. hinter den Decks und ziehen
gleichermaßen Musikliebhaber wie
Nachtschwärmer an.
Obentrautstr. 19-21
U6 + 7 Mehringdamm,
U1 + 6 Hallesches Tor
www.gretchen-club.de

Ipse
Open-Air-Techno-Club drinnen &
draußen & am Wasser, am Westufer.
Am anderen Ufer wird auch gefeiert,
im Club der Visionäre, der Arena, im
Festsaal Kreuzberg…
Vor dem Schlesischen Tor 2
U1 Schlesisches Tor, S Treptower Park
www.ipse-berlin.de

Konrad Tönz
Wisst ihr, wer Konrad Tönz war?
Wenn nicht, fragt eure Eltern, wenn
diese in den 70ern dabei waren; oder
ihr geht in diesen einzigartigen Par-
tykeller voller 70er Knallern und fühlt
euch wie Mama und Papa damals,
als Aktenzeichen XY noch für Span-
nung sorgte. Original mit Monoplat-
tenspielern und längst verschollen
geglaubten Scheiben. Eintritt ab 21
Jahren.
Falckensteinstr. 30
U1 Schlesisches Tor
www.konradtoenzbar.de

L.U.X
Obwohl L.U.X für „Leiseste Unterhaltung Xberg" steht, ist dieses
turnhallenartige Gebäude weder zu
übersehen noch zu überhören. Kino
und Parties oft bei freiem Eintritt.
Schlesische Str. 41
U1 Schlesisches Tor
www.lux-berlin.net

Lido

Sehr angenehmer Laden, freundliche Tür und Atmosphäre. Wer es gern wild und bunt hat, sollte sich die Balkanbeats Parties im Lido nicht entgehen lassen.

Cuvrystr. 7
U1 Schlesisches Tor
www.lido-berlin.de

Luzia

Pseudo-Szenetreffpunkt mit ach so coolen Servicekräften und Gästen, die um lauwarme Getränke betteln müssen. Funktioniert auch mit einem kalten Bier vom Türken nebenan auf dem Trottoir, wo im Sommer das meiste passiert. Im Winter ist die winzige rauchgeschwängerte Tanzfläche ein Ort zum Kuscheln.

Oranienstr. 34
U1 + 8 Kottbusser Tor, Bus M29
www.luzia.tc

Madonna

Als Absturzkneipe berühmt und berüchtigt, nicht nur durch die Riesenauswahl an über 250 Whiskeysorten. Hier wird von Kiezbewohnern, Stammgästen und Touristen bis zum frühen Morgen durchgezecht. Das Madonnenfresko an der Decke wacht über alle.

Wiener Str. 22
U1 Görlitzer Bhf., Bus M29

Möbel Olfe

Etwas versteckt im Soziotop „Kreuzberg Zentrum" gelegen, erfreut sich diese enorm wichtige TRINKHALLE eines etwas mysteriösen Massenzulaufes von schwulen Trendsuchern aus aller Welt. Gott sei Dank bleiben die bier- und wodkafesten Stammgäste trotzdem treu. Oft DJs und andere Specials.

Reichenberger Str. 177 / Dresdener Str.
U1 + 8 Kottbusser Tor, Bus M29
www.moebel-olfe.de

Monarch

Sehr angesagte Clubbar mit tollen DJ-Sets, Blick auf die Hochbahntrasse und Tischkicker. Verbirgt sich wie das „West-Germany" im Gewirr des Kreuzberg Zentrum – es ist also Pfadfindergeist gefragt oder unsere Anleitung: Eingang durchs Treppenhaus gegenüber des Eingangs Dönerimbiss MISIR CASISI, dann 1. Stock links.

Skalitzer Str. 134
U1 + 8 Kottbusser Tor
www.kottimonarch.de

Musik & Frieden

Führt Rockmusik zum Frieden? Die langen Schlangen vor der Tür zeigen zumindest, dass es viele probieren. Vor und nach den Konzerten und Parties gibt es als zusätzliche Attraktion die Oberbaumbrücke und die Spree.

Falckensteinstr. 48
U1 Schlesisches Tor
www.musikundfrieden.de

Prince Charles Bar

Im schönen Programmklub im Aufbauhaus gibt es reichlich Parties und kulturelle Events aller Art. Immer trendy, immer bemerkenswert.

Prinzenstr. 85F
U8 Moritzplatz, Bus M29
www.princecharlesberlin.com

Prinzipal

Früher kam man in die Oranienstraße zum Demonstrieren – heute genießt man unterhaltsames Varieté,

schöne Burlesktänzerinnen und leckere Cocktails. All das versteckt sich hinter der grünen Türe gleich neben dem dauergeöffneten Blumenladen an der Ecke Adalbertstraße. Klingelt um Einlass.
Oranienstr. 178
U1 + 8 Kottbusser Tor
www.prinzipal-kreuzberg.com

Privatclub

Ausgesuchte Konzerte und angesagte Partys zeigen, wo Kreuzberg am lässigsten ist. Vielleicht nicht mehr sehr lange, denn die neuen Eigentümer der Immobilie sind die Samwer-Brüder (Zalando, Hello Fresh, Westwing…), die mit Ihrem Geschäftsgebaren schon lange dafür sorgen dass das Wort start-up einen üblen Beigeschmack bekommt.
Skalitzer Str. 85-86
U1 Schlesisches Tor, U1 Görlitzer Bhf.
www.privatclub-berlin.de

Ritter Butzke

In der Butzke finden eine Menge guter Partys statt, auf mehreren Floors, immer gut gefüllt, und wer zu spät kommt, den bestraft eine lange Warteschlange. Drinnen erwartet die Gäste schöne Deko und je nach Veranstaltung auch ein Open-Air-Bereich. Bei hoher Lautstärke wird ein Grundprogramm an Electro, Techno und House gefahren.
Ritterstr. 26
U8 Moritzplatz, Bus M29
www.ritter-butzke.com

Roses

Für Orientierte und Orientierungslose ein warmes Nest. Kontaktscheu darf man/frau/unentschieden aber nicht sein. Laut, schrill, kitschig – Kult!

Oranienstr. 187
U1 + 8 Kottbusser Tor,
U1 Görlitzer Bhf., Bus M29

SO36

Eine Legende schon zu West-Berliner Zeiten. Parties, Konzerte, Bingo, Nachtflohmarkt, Rollschuhdisco und andere Programme befriedigen alle Geschmäcker und sorgen dafür, dass der Laden immer rockt!
Oranienstr. 190
U1 + 8 Kottbusser Tor,
U1 Görlitzer Bhf., Bus M29
www.so36.de

Solar

Im 16. und 17. Stock eines hässlichen 70er Jahre Hochhauses befindet sich diese chic-minimalistische Skylounge mit Fusion Restaurant. Den spektakulären 270-Grad Panoramablick haben schon alle möglichen Promis (Antonio Banderas, Hugh Grant, Lady Gaga… just to name a few) genossen, warum nicht auch ihr - bei immer freiem Eintritt.
Stresemannstr. 76
S Anhalter Bhf., Bus M29, M41
www.solarberlin.com

Südblock

Eine Institution als Kieztreffpunkt und mit dem Spitznamen „Aquarium" belegt. Großer verglaster Laden der täglich Programm bietet, und schon früh auf hat.
Admiralstr. 1-2
U1 + 8 Kottbusser Tor
www.suedblock.org

Vögelchen Bar Café

Der Laden ist so gemütlich und vielseitig, dass jeder der ihn einmal besucht sich ganz fest vornimmt Stammgast zu werden.

Eisenbahnstr. 6
U1 Görlitzer Bhf., U1 Schlesisches Tor
www.birdstoldme.blogspot.de

Watergate

Highlight dieses semi-schicken Clubs auf zwei Etagen ist eindeutig der freie Blick auf die Spree, auch das Booking ist manchmal herausragend. Ansonsten herrscht Funktionalismus, was der Partylaune des internationalen Publikums aber nicht schadet. Die Party beginnt erst nachdem ihr am Türsteher vorbei seid. Viel Erfolg!

Falckensteinstr. 49
U1 Schlesisches Tor
www.water-gate.de

Wiener Blut

Die spezielle Walzerseligkeit, um zu kuscheln und herumzulümmeln, sich warm oder bettreif zu trinken, zu kickern oder Fußball zu schauen oder um bei Feten bzw. Konzerten die Sau raus zu lassen.

Wiener Str. 14
U1 Görlitzer Bhf., Bus M29
www.wienerblut.org

Wild at Heart

That's Rock'n' Roll oder Punk oder Indie oder, oder... Auf jeden Fall wild, herzig und hart-schwitzig. Tagsüber gibt es auch ein Café und darunter, in der „BouTiki", Rock'n'Roll & Punkrock Fashion und viel Schnick Schnack.

Wiener Str. 20
U1 Görlitzer Bhf., Bus M29
www.wildatheartberlin.de

Würgeengel

Bevor ihr davor steht und das Schild sucht: Direkt unter der Dachrinne wurde es angebracht. Aber bleibt nicht zulange davor stehen, die Cocktails und Tapas sind wirklich empfehlenswert und es wird am späten Abend in diesem gemütlichen Ort durchaus schwierig, einen Platz zu finden.

Dresdener Str. 122
U1 + 8 Kottbusser Tor, Bus M29
www.wuergeengel.de

Zum goldenen Hahn

Schon vor 15 Jahren wurde bei der UNESCO der Antrag gestellt diese traditionelle Alt-Berliner Eckkneipe zum Weltkulturerbe zu erklären.

Oranienstr. 14a
U1 Görlitzer Bhf.,
U1 + 8 Kottbusser Tor, Bus M29

Einkaufen

Chapati

Alles, was zu einem individuellen Lebensstil gehört: ausgefallene Kleidung von extravagant über Hippie bis Esoterik. Typisch für den Chapati-Stil sind Samtstoffe, Borten, ausgefallene Kapuzen und kräftige Farben.

Zossener Str. 37
U7 Gneisenaustr.
www.chapati.de

Colours

Klamotten in Hülle und Fülle! Gebraucht aber auch neu, 70er, 80er und 90er Jahre - ein Paradies! Mode zum Kilopreis und dienstags zur happy hour von 11-15 Uhr gibt's 30% Rabatt.

Bergmannstr. 102
U7 Gneisenaustr.
www.picknweight.de

Core Tex Records

Platten- und Klamottenladen, in-
die-rockig und Insiderbörse was auf
diesem Sektor so geht. Treffpunkt
der Punk & Hardcore-Szene.

Oranienstr. 3
U1 Görlitzer Bhf.,
U1 + 8 Kottbusser Tor, Bus M29
www.coretexrecords.com

Dawn

Na, dämmert Dir schon, in welchem
Outfit Du Berlin erobern willst? Hier
findest Du die Erleuchtung! Kleiner
Laden - großer Auftritt.

Oranienstr. 14
U1 + 8 Kottbusser Tor,
U1 Görlitzer Bhf., Bus M29
https://dawn-berlin-mode.jimdo.com/

Frau Tonis Parfum

Die viel besungene Berliner Luft
riecht bekanntermaßen nicht immer
nur lecker. Frau Toni hält ihre Duft-
kollektion dagegen und präsentiert
uns Sinnliches wie Berliner Sommer,
Eau de Berlin oder auch das von Frau
Dietrich bereits in den 20ern hoch
geschätzte Reine Veilchen.

Zimmerstr. 13
U6 Kochstr., Bus M29
www.frau-tonis-parfum.com

Grober Unfug

Der Comic-Shop mit 30-jähriger
Erfahrung. Große Auswahl internati-
onaler Hefte und witzige Accessoires.
Auch in Mitte, Torstr. 75.

Zossener Str. 33
U7 Gneisenaustr.
www.groberunfug.de

Hardwax Record Store

Dieser Plattenladen mit sehr langer
Tradition verkauft und unterstützt
auch kleinere Labels. Hobby-Plat-
tendreher und DJ-Größen finden
hier nahezu jede Techno-Scheibe.
Wer mal nicht die Möglichkeit hat
vor Ort zu stöbern, kann auch online
bestellen.

Paul-Lincke-Ufer 44a
U1 + 8 Kottbusser Tor, U8 Schönleinstr.
www.hardwax.com

Iriedaily Outletstore

Iriedaily ist definitiv das coolste Berliner Label und hier bekommt ihr die
Skate- und Streetwear Stücke aus
der Vorjahreskollektion oder Über-
produktionen zum halben Preis.

Köpenicker Str. 154
S Ostbahnhof, Bus 140, 147, 265
www.iriedailyoutlet.de

Kreuzberg Flowmarkt

Von April bis Oktober gibt es in den
Prinzessinnengärten am Moritzplatz
alle zwei Wochen Sonntags einen der
nettesten Flohmärkte der Stadt, mit
allerlei hübschen alten und neuen
Fundstücken.

Prinzessinnenstr. 35-38
U8 Moritzplatz, Bus M29
www.kreuzboerg.de

Marheineke Markthalle

Schon 1892 wurde hier eine der
ersten Markthallen Berlins errichtet. Alles dabei von Gemüse, Obst,
Fleisch, Haushaltswaren. Der leckere
Imbiss und Tapas werden an der
großen Fensterfront mit Blick auf die
Bergmannstraße eingenommen.

Marheinekeplatz
U7 Gneisenaustr.
www.meine-markthalle.de

Markthalle IX

Ein gutes Beispiel für die Wiederbelebung der historischen Markthallen mit modernen Konzepten. Sonntags gibt es Sondermärkte wie „Slow Food" und „Naschmarkt" und Do 17-22 Uhr den „Street Food Market", auf dem ihr Kleinigkeiten aus den verschiedensten Ecken der Welt probieren könnt.

Eisenbahnstr. 42/43
U1 Görlitzer Bhf., U1 Schlesisches Tor
www.markthalle9.de

Modulor

Kunststoff, Gummi, Farben, Stoffe, Ketten…. alles was der kreative Mensch zur Selbstverwirklichung braucht gibt's hier, im Aufbau-Haus.

Prinzenstr. 85
U8 Moritzplatz, Bus M29
www.modulor.de

Plaste + Elaste

Seit den 80er Jahren Institution für alle schwitzigen und schwierigen Gewänder, die Gothics, Punker und Fetischisten lieben. Auch als originelles Berlin-Mitbringsel zu gebrauchen.

Bergmannstr. 106
U7 Gneisenaustr.
www.plaste-elaste.com

Pony Hütchen

Erich Kästners legendäre Berliner Göre stand in jeder Hinsicht Pate für diesen Laden, da man sowohl alles für einen morgendlichen Ausritt als auch die abendliche Kopfbedeckung findet. Für den Alltagsgebrauch gibt es jede Menge Möbel und was sonst noch so notwendig ist.

Pücklerstr. 33
U1 Görlitzer Bhf.
www.pretty-stuff.de

Salon Sucré

Brasilianische Haarstylistin trifft auf französische Backkunst. Eine außergewöhnliche Kombination, die nicht billig aber gut ist. Allein für die tarte au citron lohnt der Besuch.

Görlitzer Str. 32a
U1 Schlesisches Tor, Bus 265
www.salonsucre.de

Süper Store

So viele hübsche Geschenke: Papiertaschen von Saskia Diez, Storchenscheren, die Süper duffle bag…

Dieffenbachstr. 12
U7 Südstern, U8 Schönleinstr.,
Bus M41
www.sueper-store.de

Voo

Alles zieht wieder nach Kreuzberg. Deswegen gibt es hier auch einen trendigen Concept Store, gut versteckt im Hinterhof in der Oranienstraße - einfach dem feinen Kaffeeduft folgen.

Oranienstr. 24
U1 + 8 Kottbusser Tor, Bus M29
www.vooberlin.com

Zalando-Outlet-Store

Bis in die reale Welt verfolgt euch das Outlet-Schuhparadies von Zalando. Einlass gibt's aber nur für registrierte Kunden.

Köpenicker Str. 20
U8 Heinrich-Heine-Str.,
S Ostbahnhof, Bus 140, 265
www.zalando.de/outletstore

mehr in der App
Young Berlin
immer up to date

Neukölln

Neukölln hat sich längst emanzipiert und ist nicht mehr ein Anhängsel von Kreuzberg. Kein Berliner Bezirk und kaum ein Ort in Deutschland hat einen so schlechten und merkwürdigen Ruf wie Neukölln, wobei die Berichte über Immigrationsprobleme und die Masse der Bezieher von Sekundäreinkommen (Hartz IV) das Bild des Bezirkes verunstalten. Wer bisher nur in Mitte, Prenzlauer Berg und dergleichen unterwegs war, kann am Hermannplatz und in der Karl-Marx-Straße sicher eine Art Kulturschock erleben. Auf der anderen Seite gilt Neukölln als angesagtes Viertel der Stadt, zumindest bei internationalen Künstlern, die in Scharen hierher streben.

Wer tagsüber durch die oft noch grauen und zugemüllten Straßen geht, erlebt abends und nachts eine ganz andere Welt. Nämlich die der hippen Neuberliner aus aller Welt beim Kunst-, Feier-, und Lebensexperiment. Oder doch nur beim Dauersuff wie der unhippe eingeborene Alki an der Ecke? Bisher trieb sich das internationale Partyvolk vornehmlich im äußersten Norden des Bezirkes, in dem als Kreuzkölln bekannt gewordenen Reuterkiez ① herum. Nun werden immer weitere Ecken zur Spielwiese und zum Experimentierfeld (Berlins wahre Experimentierwiese – das **Tempelhofer Feld** – ist übrigens nur einen Sprung entfernt). Dem Kritiker ist dies alles ein giftiger Algenteppich, der die alteingesessenen Kiezbewohner nach Marzahn verdrängt. Böse Gentrifizierung. Kein alter Westberliner

hätte es für möglich gehalten, dass man zwischen Hermannstraße und Sonnenallee freiwillig feiern geht oder kleine schicke Cafés eröffnen oder gar eine Transgenderbar. Platz und unbespielte Gelände gibt es noch genug, denn Neukölln ist groß. Mit über 300.000 Einwohnern ungefähr so groß wie Bonn oder Bielefeld. Dementsprechend vielfältig sind die Gesichter und die Sozialstruktur. Im Süden (Rudow, Britz, etc.) dominieren Einfamilienhäuser, bürgerliche Idylle, leider auch häufig nationales Gedankengut. Der weitläufige **Britzer Garten** mit floralen Erlebniswelten, einer Windmühle und der Aussichtspunkt Dörferblick stehen im heftigen Kontrast zur 70er Jahre Großsiedlung Gropiusstadt. In der Mitte befindet sich die Keimzelle Neuköllns rund um den Richardplatz – die ehemalige böhmische Webersiedlung Rixdorf. Hier ist es beschaulich wie in einem kleinen Dorf. In der Mitte befindet sich eine historische Schmiede, drum herum herrscht Tempo 10. Wiederum ein Kontrastprogramm findet ihr südlich davon in der Haupteinkaufsstraße des Bezirkes, der Karl-Marx-Straße, mit ihren Billig- und Billigstläden, oder nördlich davon in der Sonnenallee. Ganz am östlichen Ende wurde die Sonnenallee von der Mauer geteilt. In der anderen Richtung liegt mit dem Hermannplatz das Tor Neuköllns, weiter nach Westen der große **Volkspark Hasenheide.**

Den Rundgang durch das angesagte Neukölln beginnen wir am nördlichsten Zipfel, an der **Ankerklause**. Je nach Wochentag und Tageszeit steht ihr am Maybachufer auf dem berühmten **Markt am Maybachufer** (Türkischer Markt) (immer Di + Fr), oder samstags auf dem Kleinkunstmarkt **Neuköllner Stoff** und an jedem 1. und 3. Sonntag, etwas weiter Richtung Osten, auf dem populären **Nowkoelln Flowmarkt**. Auch abends lohnt sich ein Abstecher hierher, z. B. ins **Dunmore Cave** oder die **Loftus Hall**. Nur einen Katzensprung ist es zum Campus Rütli. Die ehemalige „Brandbriefschule" ist heute ein pädagogisches Vorzeigeprojekt. Für die etwas Älteren und Besonneneren bietet sich irgendwo am Ufer der Schlenker Richtung Süden in die Sonnenallee an. Wählt ihr die Friedelstraße kommt ihr bei **Fräulein Frost** vorbei, in der Hobrechtstraße liegt der **Raumfahrer.** Welchen Weg auch immer ihr wählt, irgendwann trefft ihr auf die Weserstraße, die neue Ausgehmeile Neuköllns. Wer Englisch spricht ist eindeutig im Vorteil. **Kuschlowski** ist hier einer der Klassiker. Die Bars und Clubs wechseln hier so oft wie andere – Pardon- ihre Unterwäsche und alle teilen den ein wenig versifften Neukölln-Style. Nur ein paar Meter trennen euch jetzt von der Sonnenallee mit ihren vielen Import/Export- und Multikulti Läden. Hier könnt ihr für ein paar Euro den Orient schmecken oder mit nach Hause nehmen.

Etwas weiter die Hermannstraße hoch findet ihr das ultimative Mitbringsel für die Freundin zu Hause, etwas abseits, in der Flughafenstraße ②, im **Hoor Al Ayn**. Welche

Frau träumt nicht von einer Burka im Kleiderschrank? Tipp: Hier gibt es auch dezentere Arten sich zu verschleiern. Vor oder nach dem Einkaufserlebnis kann man hier auch sehr schön italienisch essen, in der **Lavanderia Vecchia**.

Weiter südlich gelangt ihr zur ehemligen Kindlbrauerei. Was dem Osten seine Kulturbrauerei ist dem Westen das **Kindl – Zentrum für zeitgenössische Kunst** ③. Da diese sich gerade erst mit neuem Leben gefüllt hat ist hier noch ein ganz anderer Aufbruchsgeist zu spüren, z. B. mittags in der neuen Gastronomie des Hauses: **König Blau**. Die Mischung griechisch-vegetarisch ist auf den ersten Blick etwas merkwürdig, aber das geht und sogar ziemlich gut.

Was viele nicht geglaubt haben, die Massen strömen ins neue **Schwuz** ④. Die Zeit als gemütlicher homobewegter Treff ist lange vorbei und heute feiert die internationale Partycrowd bei viel neuer Technik und genügend Platz.

Zurück geht's über den Hermannplatz mit dem Kaufhaus Karstadt. Der Rückweg zur Ankerklause führt wieder durch das einst als Kreuzkölln gehypte Viertel. In dieser Gegend werdet ihr sicher auch am Tag fündig. Ob Süßes oder Saures, für Eilige bietet der Kottbusser Damm Supermärkte jeder Art.

Wer sich für Süßes entscheidet ist auch beim islamischen Zuckerfest gut aufgehoben. Aus diesem Anlass gibt es jedes Jahr ein Straßenfest, eine gute Gelegenheit, wenn ihr die Leitkultur des Kiezes besser

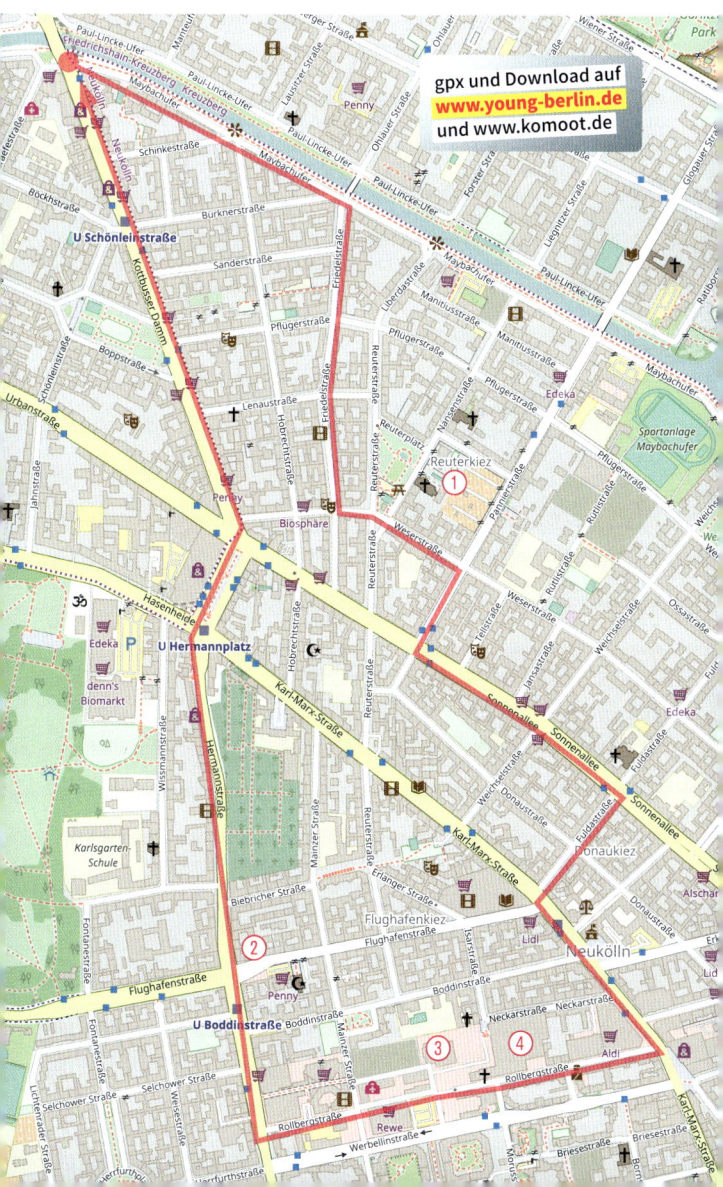

gpx und Download auf
www.young-berlin.de
und www.komoot.de

kennenlernen wollt. Die Gegend wird langsam auch etwas ansehnlicher. Ein aufwendiges Stadterneuerungsprogramm soll die Karl-Marx-Straße aufwerten und vielleicht ist es bald soweit, dass wir euch uneingeschränkt zu ihr raten können. Denn auch hier liegen zwei Highlights des Kiezes: die **Neuköllner Oper** (Berlin hat nicht nur drei Opernhäuser – hier ist das vierte) und der **Heimathafen Neukölln**.

Der letzte Tipp für diesen Kiez ist das Kunst und Kulturfestival „48 Stunden Neukölln" (14.-16. Juni 2019), eine gute Gelegenheit, den Kiez kulturell zu entdecken und sonst verschlossene Locations zu entdecken.

Essen & Trinken

Alassil
Ein Geheimtipp was die arabische Küche angeht. Das „Schwarma" (im Brot) ist einfach nur himmlisch. Falls der Chef die Bestellung vorbereitet, werdet Ihr immer wieder hierher kommen, nur als kleine Vorwarnung.
Flughafenstr. 13
U7 Rathaus Neukölln
www.alassil-berlin.de

Ankerklause
Für den Weg hierher braucht man keine nautischen Kenntnisse, vielleicht aber für den Weg nach Hause, vor allem nach den berühmten Donnerstagsparties. Di + Fr während des „Türkenmarktes" entfaltet sich bei einem Kaffee um einen herum ein multikulturelles und verkehrsreiches Großstadtpanorama. Abends und nachts, speziell im Sommer ist es sehr voll.
Kottbusser Damm 104
U8 Schönleinstr., U1 + 8 Kottbusser Tor
www.ankerklause.de

Azafrán & Galatea
Azafrán liefert neben Safran und Feinkost direkt vom spanischen Hersteller auch die Tapas, die nebenan im Galatea zu Wein und Musik serviert werden.
Lenaustr. 5
U7 Hermannplatz
www.azafrangourmet.com

Azzam
Arabische Imbisse gibt's in Berlin wie Sand in der Wüste. Dieser ist wahrscheinlich der beste. Authentisch, lecker und im Herzen von Neukölln. Aber wer macht denn nun das beste Hummus? Die Palästinenser, die Libanesen, die Israelis? Neuköllner!
Sonnenallee 54
U7 Rathaus Neukölln

Ban Ban Kitchen
Wollt ihr Korean Soulfood kennenlernen? Dann probiert den Bulgogi Beef Burger mit Kimchi, hausgemachter Mayonnaise und Salat.
Schillerpromenade 32
U8 Boddinstr., U8 Leinestr.

Blutwurstmanufaktur
In dieser eher orientalisch anmutenden Gegend gibt es nicht nur halal, sondern auch was richtig Deftiges, z.B die preisgekrönte Blutwurst.
Karl-Marx-Platz 9-11
U7 Karl-Marx-Str.
www.blutwurstmanufaktur.de

Brezel Company
Dem alten Bäckerhandwerk verpflichtet! Der Knüller sind die Miniaturen ob von Apfeltasche oder Brezel.
Lenaustr.10
U8 Hermannplatz, U8 Schönleinstr.
www.brezel-company-berlin.de

Broschek
Das ist Neukölln, nicht Kreuzkölln. Gar nicht trendy und deswegen originell. Di + Sa gibt's auf Vorbestellung Käsefondue, Do + Fr Tapas und sonntags, manchmal, Sonntagsbraten. Leckere Biobiere gibt's aber immer und zahlreiche Rumsorten auch.
Weichselstr. 6
U7 Rathaus Neukölln, Bus M29, M41
www.broschek-berlin.de

Burrito Baby
„Mextralian" street food. Vegetarisch, frisch & richtig lecker. Sympathisches Restaurant tief in Kreuzkölln. Hier muss kein Hipster hungern.
Pflügerstr. 11
U8 Schönleinstr.,
U Hermannplatz, Bus M29
www.burritobaby.de

Café Rix
Sitzt man in diesem stilechten Kaffeehaus mit Stuck und Glanz, merkt man wenig von der Alltagshektik der Karl-Marx-Str., bei einer Melange mit selbstgemachten Kuchen oder einem guten Frühstück stärkt man sich am besten für eine nahe liegende Kiezerkundung. Im Sommer locken schöne Plätze im Hof.
Karl-Marx-Str. 141
U7 Karl-Marx-Str.
www.caferix.de

City Chicken
Grillhähnchen schmecken langweilig? Dann habt ihr hier noch nicht gegessen! Nicht fragen, hingehen! Selbst Berliner-Kiezhocker machen sich auf den oft weiten Weg in dieses Chicken Paradies.
Sonnenallee 59
U7 Rathaus Neukölln

Dr. To's
Japanische Tapas, Ceviche, Dumplings… lauter leckere Sachen in rustikal-trendigem Ambiente.
Weichselstr. 54
U7 Rathaus Neukölln, Tram M41
www.dr-tos.de

Dunmore Cave
Ein ganz entspannter Irischer Pub. Nicht so ein Hipster-Schnellschuss, sondern im Lauf der Jahre langsam gereift, wie der Whiskey im Fass.
Maybachufer 44
Bus M29
www.dunmore-cave.de

Fräulein Frost
Die beliebteste Eisdiele der Stadt. Veganes Fruchteis (Hipster tauglich!) und Bio-Milcheis in Sorten die wirklich vom Hocker hauen. So anders wie Neukölln auch.
Friedelstr. 38
U8 Schönleinstr.
www.frauleinfrost.foodpearl.com

Gazzo
Mal was andres: Pizza aus selbst angesetztem Bio-Sauerteig, mit angeröstetem Grünkohl und geräuchertem Filone-Käse? Sicher nicht jedermanns Sache aber auf jeden Fall angesagt.
Hobrechtstr. 57
U8 Schönleinstraße
www.gazzopizza.com

Jimmy Woo Restaurant

French Indochine Cuisine. Eines der angesagten Restaurants im neuen IN-Kiez.

Friedelstr. 24
U8 Schönleinstr.
www.jimmy-woo.de

Lavanderia Vecchia

Ihr geht in den 2. Hof, in die Lavanderia Vecchia. Der schlichte Charme der ehemaligen Wäscherei gefällt euch sofort, und ihr stellt euch aus dem Tagesangebot ein preiswertes, leckeres Mittagsmenü zusammen. Abends gibt es üppige Menüs. Probiert das Sommerspecial (3.6. bis 31.8.) um 18:30 oder 21 Uhr: 5-Gänge, incl. Getränkepaket für 45 €.

Flughafenstr. 46
U8 Boddinstr.
www.lavanderiavecchia.de

Mmaah

Egal ob ihr gerade aus dem Schwimmbad kommt, aus der Moschee nebenan, oder vom Tempelhofer Feld – gesunde, leckere Snacks braucht jeder, fast jeden Tag. Hier ist ein neuer mit den beliebten koreanischen BBQ Klassikern Bulgogi (mariniertes Rindfleisch), Hotgogi (Huhn) und Mandu (Gemüsetaschen).

Columbiadamm 160
U8 Boddinstr.
www.mmaah.de

On Egin

Das On Egin bietet eine kleine aber feine Auswahl spanischer, katalanischer und baskischer Küche wie Paella de Valencia oder Pintxos (Tapas) aus Donostia (San Sebastian). Auf der Getränkekarte stehen regionale Weine, Agua de Valencia, baskischer Sidra, Patxaran aus Navarra aber auch ein im Herzen von Neukölln gebrautes Bier. Guten Appetit, Buen provecho oder auf Baskisch: On Egin!

Wildenbruchstr. 88
U7 Rathaus Neukölln, Bus M41, 104
www.oneginberlin.de

Prinzessinnengärten

Dieses besondere sozio-ökologische Projekt ist auf jeden Fall einen Besuch wert. Mobile Gärten, Imkerei, viele fleißige Hobbygärtner… In der Sommersaison gibt es ein lauschiges, kiezuntypisches Café und Führungen über das Gelände. 2019 ziehen die mobilen Kistenbeete ebenso wie die Bar und das Restaurant um, auf den Neuköllner St. Jacobi-Friedhof. Um den alten Standort am Moritzplatz zusätzlich als urbanen Garten langfristig im Kiez zu erhalten wird noch gekämpft.

Hermannstr. 99
U + S Hermannstr., Bus M44
www.prinzessinnengarten.net

Privatbrauerei am Rollberg

Hier kann man beim Brauen des Kultbiers zusehen, oder einfach nur ein Rollberger trinken. Weil eine Brauerei früher große Lager und Gärkeller brauchte, bietet hier die Agentur Unterwelten jeden Samstag um 17 Uhr auch Führungen an.

Am Sudhaus 3
U8 Boddinstr., U7 Rathaus Neukölln
www.rollberger.de

Sala da Mangiare

Wenn ihr euch im großen Neukölln mal etwas verloren vorkommt ist das euer Refugium. Hausgemachte Haus-

mannskost aus der Emilia Romagna, im kleinen, familiären Restaurant.
Mainzerstr. 23
U8 Boddinstr.
www.saladamangiare.de

Schiller

Die drei Schillers – Tür an Tür findet ihr Burger, Backstube und Bar – sind bei den jungen Neuköllner Kiez-bewohnern sehr beliebt. Seit der Hauptdarsteller von „Berlin Tag und Nacht" es zu seiner Stammkneipe erkoren hat brummt es noch mehr. Weitere Burger-Filialen: Berliner Straße 11 (Pankow), Kastanienallee 24 (Prenzlauer Berg), Berliner Allee 95 (Weißensee), Schönleinstr. 34 (Kreuzberg), Wühlischstr. 41 (Friedrichshain), Akazienstr. 2 (Schöneberg).
Herrfurthstr. 7
U8 Boddinstr.
www.schillerburger.com

The California Breakfast Slam

Kalifornisches Essen steht zur Zeit ziemlich hoch im Kurs. In diesem hippen Laden in downtown Neukölln könnt ihr euch zum Frühstück durch die Pancake-Berge arbeiten oder auch zu Mittag essen.
Innstr. 47
U7 Rathaus Neukölln,
U7 Karl-Marx-Str., Bus 104
http://www.cabslam.com/

Tisk

Traditionelle Berliner Küche auf Haute Cuisine Niveau angehoben. Das Urteil fällt immer noch aus, aber die Bewertungen sind meistens 5 Sterne würdig und ihre Getränke haben auch was Besonderes.
Neckarstr. 12
U7 Rathaus Neukölln
www.tisk-speisekneipe.de

Txokoa Gastro Bar

Essen und Trinken wie man es aus dem Baskenland kennt. Das Konzept der Tapas Bars verbunden mit einer innovativen Küche. Diverse kulinarische Richtungen kombiniert mit modernen Kochtechniken. Die Freude am Experimentieren und die hohe Qualität der Zutaten runden ein vielfältiges Geschmackserlebnis ab.
Weserstr. 6
U7 Hermannplatz,
Bus M29, M41
www.txokoa.de

Nachtleben

Ä

Die Karawane zieht weiter auf der Suche nach billigem Raum und unverbrauchtem Kiez. Seit ein paar Jahren ist das Ziel Neukölln und diese legere, verwinkelte Programmwirtschaft war eine der ersten hier. Hier wird getanzt, gerudelt, gezecht und manchem Special heftig applaudiert. Separee zum Kuscheln.
Weserstr. 40
U7 Rathaus Neukölln,
Bus M29, M41
www.ae-neukoelln.de

Arkaoda

Normalerweise wird Berliner Clubkultur in die weite Welt exportiert – hier geht es Mal andersrum: Das legendäre Arkaoda im asiatischen Teil von Istanbul hat einen Ableger in Neukölln eröffnet, mit viel versprechenden Parties und Live-Acts.
Karl-Marx-Platz 16
U7 Karl-Marx-Str.
www.berlin.arkaoda.com

Das Gift

Barry Burns von der schottischen Band Mogwai hat auch ein Lokal in Berlin. Viel Whisky, viel Bier, viel Musik. Jeden Tag gibt es von 18-22 Uhr hausgemachte schottische Küche, und auch am Sa + So gibt es von 12-17 schottische Frühstück.

Donaustr. 119
U7 Rathaus Neukölln,
Bus M41
www.dasgift.tumblr.com

Dschungel

Vor über 20 Jahren wurde der legendäre Schöneberger Punk-Club (David Bowie, Iggy Pop, Neue Deutsche Welle, Ideal…) geschlossen. Das ist jetzt aber nicht die Wiedergeburt in Neukölln sondern eine Musikgaststätte mit Dschungel-feeling und richtig üppiger Vegetation.

Friedelstr. 12
U7 + 8 Hermannplatz,
Bus M29, M41
www.dschungelberlin.de

Froschkönig

Kommt her und küßt den Froschkönig. Besonders gut geht das mittwochs, denn dann werden Stummfilme gezeigt. Ansonsten gibt es auch manchmal Livemusik und immer guten Whisky und Bier aus dem Kiez, aus der Privatbrauerei Rollberg.

Weisestr. 17
U8 Boddinstr.
www.froschkönig-berlin.de

Geist im Glas

Sexy Bar gegenüber des Zickenplatzes mit Kerzenschein, viel Whiskey und modernen Dinner Kreationen.

Ein wunderbar kuschliges Wohnzimmer für neu aus GB, USA oder AUS zugezogene Hipster – und auch für euch.

Lenaustr. 27
U7/U8 Hermannplatz,
U8 Schönleinstr.
www.geistimglas.com

Grießmühle

In Neukölln und typisch Berlin: Gefeiert wird draußen und drinnen am Kanal, auf dem Gelände einer ehemaligen Nudelfabrik, zwischen Ringbahn, Gerüstbauer und einem Schrottplatz.

Sonnenallee 221
S Sonnenallee, Bus M41
www.griessmuehle.de

Klunkerkranich
Kulturdachgarten

Auf dem Parkdeck der Neukölln Arcaden, über dem Mediamarkt… Klingt nicht besonders romantisch, ist aber ein erstklassiger Ort, um unsere lauen Tage zu zelebrieren und den Blick über die Dächer der Stadt schweifen zu lassen. Der Kranich ist nicht einfach ein weiterer Hipster-Treff, sondern eine allseits gern besuchte Location für Partys und (Floh-)Märkte und obendrein für „public gardener". Im Schrebergarten mit Poleposition summen die Großstadtbienen und gedeihen allerlei ess- und nutzbare Pflanzen.

Karl-Marx-Str. 66
U7 Rathaus Neukölln
15. Apr - 15. Okt, tägl. 12-2 Uhr,
sonst Mi-Fr 16-2 und
Sa + So 12-2 Uhr,
Jan + Feb geschlossen
www.klunkerkranich.org

Kuschlowski

Für diese Bar hat der Möbeldesigner und Innenarchitekt unter anderem Eimer und andere Gegenstände aus Plastik zu Leuchtobjekten umgestaltet – und alle sind orange. Außerdem original russische Wodkas, Kamin und Sofa.

Weserstr. 202
U7 + 8 Hermannplatz, Bus M29
www.facebook.de/kuschlowski

Lange Nacht

Kiezige Eckkneipe mit viel Stammpublikum und leckerem Essen zu kleinen Preisen. Sonntags wird gemeinsam der Tatort ermittelt oder auch mal die Fußballer angefeuert. Hier fühlt sich Neukölln an wie das alte Kreuzberg.

Weisestr. 8
U8 Boddinstr.
www.lange-nacht.com

Loftus Hall

Eigentlich werden hier, versteckt in einem kleinen Wäldchen, Spielautomaten gebaut. Doch die Kantine im vintage style wurde längst zu einem Treffpunkt für unprätentiöse Studies die einen deutlichen Hang zum freundlichen Miteinander haben. Los geht's mit den House und Disco Partys und Konzerten immer erst nach Mitternacht - und Rauchen dürft ich auch.

Maybachufer 48
Bus M29
www.loftushall.de

Mama Bar

Nette kleine Bar mit gutem tschechischem Bier. Dazu gehören natürlich Zigarettenrauch und das Fehlen jeglicher Berührungsängste.

Hobrechtstr. 61
U8 Schönleinstr.
www.facebook.com/
mamabarberlin

Raumfahrer

Diese Bar zählt zu den trendigen Läden im Bezirk. Nicht zu schick, halb-fertig renoviert, großes Schaufenster und zum Sitzen Mobiliar aus den 70er Jahren.

Hobrechtstr. 54
U8 Schönleinstr.

Klunkerkranich   © tenorune, flickr.com

Schloss Neuschweinsteiger

Der Name ist neu (auf besonderen Wunsch unseres Altbundeskanzlers), aber ansonsten geht es in der ehemaligen Helmut Kohl Bar genauso angenehm weiter, mit regelmäßigen Ausstellungen und Veranstaltungen.

Emser Str. 122/123
U + S Herrmannstr.
www.schloss-neusch-
weinsteiger.de

SchwuZ

Begonnen hat alles in den 70er Jahren in der Schöneberger Kulmer Str. als Begegnungsstätte und Mitmachprojekt schwuler Männer. Seit mehr als 40 Jahren ist das Schwulen Zentrum, wie es eigentlich heißt, vor allem Party Hotspot, seit 2013 im Neuköllner Rollberg-Kiez neben dem aufstrebenden Kindl-Areal.

Rollbergstr. 26
U8 Boddinstr.,
U7 Rathaus Neukölln
www.schwuz.de

SilverFuture

Café Kneipe Kollektivbetrieb. An der Bar hängt ein Schild „Congratulations! You just left the Hetero Normativ Sektor". Diese Kneipe möchte Sammelbecken für Andersdenkende und Andersliebende sein.

Weserstr. 206
U7/U8 Hermannplatz,
Bus M29, M41
www.silverfuture.net

Villa Neukölln

Früher, als es noch ein Lichtspielhaus war, wurde hier nur zugesehen. Heute dürft ihr mitmachen. Hübsches Retro-Style Café mit Bar, Bühne und vielfältigster Kultur. Aktuelle Infos gibt's auf Facebook, oder ihr schaut einfach mal vorbei.

Hermannstr. 233
U8 Boddinstr.
www.villaneukoelln.de

Einkaufen

Hoor Al Ayn

Schicke Vollschleier, bunte Kopftücher und diverse Accessoires für die modebewusste Muslima. An der Fassade steht als Motto ein Zitat aus dem Koran, auf Deutsch, weil die Zielgruppe hier in Neukölln oft kein arabisch versteht: „Und sprich zu den gläubigen Frauen, sie sollen ihre Blicke senken und ihre Scham hüten, ihren Schmuck nicht offen zeigen…" Muss man/frau mögen?

Flughafenstr. 48
U8 Boddinstr.
www.hoor-al-ayn.de

Let Them Eat Cake

Liebevoll ausgesuchte Vintage Mode, Parties und Kultur. Probiert die Klamotten durch und träumt euch - downtown Neukölln - in die goldenen 20er, die roaring 60s, die glamourösen 70er.

Weserstr. 164
U7 Rathaus Neukölln, Bus M41, 104
www.letthemeatcake-berlin.tumblr.com

Markt am Maybachufer (Türkischer Markt)

Seit den 70er Jahren ein sehr belebter und inzwischen auch beliebter Ort, der faszinierendes orientalisches Flair verbreitet. Wesentlich günstiger als alle anderen Märkte Berlins!

Einkaufen

Maybachufer, Kottbusser Brücke
U8 Schönleinstr.
www.mv-perske.de/Wochenmaerk-
te-Neukoelln.html

Mehlwurm Vollkornbäckerei
Leckere Biobrötchen, Brot, Kuchen
und alles, was man zum Frühstück
so braucht, zu zivilen Preisen.
Pannierstr. 2
U8 Hermannplatz, M41
www.mehlwurm.de

Neuköllner Stoff
Unter dem Motto „edel, hilfreich
und gut" gibt es hier neben originellen Textilien viele Dinge des
nicht-alltäglichen Bedarfs.
Maybachufer
U8 Schönleinstr.,
U1 + 8 Kottbusser Tor
www.neukoellner-stoff.de

Nowkoelln Flowmarkt
Hier verkauft wirklich noch Privat
an Privat, im Sommer, jeden 1. + 3.
Sonntag im Monat. Einer der wenigen Flohmärkte auf denen man
noch die Chance hat Flöhe zu finden, aber auch die sind im trendigen Neukölln sicher Hipster-Flöhe.
Maybachufer
U8 Schönleinstr., Bus M29
www.nowkoelln.de

Sing Blackbird
Einfache und sympathische Mischung aus Boutique und Café, mit
Movie Night und regelmäßigem Clothing Swap für alle die mal etwas
tauschen möchten.
Sanderstr. 11
U8 Schönleinstr.
www.facebook.com/singblackbird

Soultrade
Black Music in großer Auswahl:
Soul, Funk, Reggae, Broken Beats
etc. Ein zweiter Laden für Indie,
Hip Hop und Alternative ist Scratch
Records am Kottbusser Damm 15
in Kreuzberg (nur 100 Meter übern
Damm).
Sanderstr. 29
U8 Schönleinstr.
www.soultrade.de

The Good Store
Gut dass man hier nicht im Floh-
markt-Ramsch wühlen muss, denn
es gibt nur ausgesuchte Vinta-
ge-Mode und -Accessoires für sie
und ihn.
Pannierstr. 31
U8 Schönleinstr.
www.thegoodstore.berlin

Zauberkönig
Wollt ihr richtig zaubern? Deko
für die Party, Wahrsagen, Pendeln,
oder euch die Karten legen? Das bekannteste Produkt ist der ziemlich
echt aussehende Zauberkönig-
Kackhaufen.
Herrfurthstr. 6a
U8 Boddinstr.
www.zauberkoenig-berlin.de

Mitte

Mitte liegt, wie der Name schon sagt, in der Mitte der Stadt und ist das Zentrum des touristischen Lebens in Berlin. Der historische Kern der Stadt ist das Nikolaiviertel.

Vor dem Roten Rathaus behindern neue Funde zur Stadtgeschichte gerade den U-Bahn Ausbau. Im Moment könnt ihr den Archäologen noch beim Graben zuschauen und schon bald sollen am Petriplatz in einem archäologischen Zentrum auch die Funde präsentiert werden. Gegraben wird hier auf Teufel komm raus, denn das ehemalige Stadtschloss ist schon halb wieder aufgebaut, die Staatsoper ist frisch renoviert aber jetzt wird noch eine neue U-Bahn gebaut. Neben der Prachtstraße Unter den Linden, der Museumsinsel, dem Hackeschen Markt, der Friedrichstraße, dem Alexanderplatz und vielem mehr gehört auch das sogenannte Neue Berlin mit seinen politischen Institutionen im Regierungsviertel, dem Potsdamer Platz und dem Leipziger Platz zu Mitte.

Zuerst wollen wir uns dem Teil von Mitte ausführlicher widmen, in dem Nachtleben und Szene des „neuen Berlin" nach dem Mauerfall seinen Anfang nahmen: Das Scheunenviertel ①, bzw. die Spandauer Vorstadt, rund um die Oranienburger Straße. In der Tradition der 20er Jahre, als es hier an jeder Ecke eine zwielichtige Spelunke gab, während das Viertel in der DDR dem Verfall preisgegeben wurde. Nach der Wende entstanden im Viertel überall Ateliers, Galerien, Bühnen, Bars und Clubs, nicht immer legal und nicht auf Dauer angelegt. Heute befindet sich hier ein dichter touristischer Amüsierbereich der zum Berlin Standardprogramm gehört, den allerdings autarke Gäste auch links liegen lassen können, zumal auch die letzten Refugien der 90er wie das „Tacheles" abgewickelt worden sind. Von einzelnen temporären Läden, die der totalen Kommerzialisierung entgegenstehen bzw. sie in ihrer Exklusivität auf die Spitze treiben, erfährt man außerhalb der einschlägigen Kreise und sozialen Netzwerke kaum etwas. Manchmal sieht man auf dem Trottoir plötzlich eine Menge Menschen die sich um Einlass drängen – that's it.

Nun aber trotzdem mal rein in den Trubel. Zwei der guten alten bedrohten Clubs sind wider Erwarten gerettet worden: Besucht den **Schokoladen** und den **Club der polnischen Versager** (Solidarnosc). Am Hackeschen Markt habt ihr viele Möglichkeiten zum Verschnaufen oder zur Stärkung: **Kilkenny Irish Pub**, **am to pm** und und und... Wenn ihr den Massen folgt, kommt ihr in die **Hackeschen Höfe**. Diese bestehen aus acht miteinander verbundenen Hinterhöfen – die größte noch verbliebene Anlage dieser Art in Europa. Hier hat sich vielfältiges, städtisches Leben von Wohnen über Arbeiten bis hin zum Vergnügen (**Chamäleon**) entwickelt. Mittlerweile werden die Höfe von ihrem Erfolg fast überrannt. Kaum weniger voll, aber doch mit Wiese und Wasser präsentiert sich der Monbijoupark ②.

Unten an der Spree die **Strandbar Mitte** mit Museumsinselblick und Gesellschaftstanz, gleich dahinter das **Monbijou-Theater** (im Sommer „Amphitheater", im Winter „Märchenhütte") mit dem speziellen Blick auf Literaturklassiker.

Um wach zu bleiben bieten zahlreiche „Coffeeshops" in der Neuen Schönhauser Straße den nötigen Koffein-Kick. Um die Ecke in der Münzstraße liegt das Sneaker Bermuda Dreieck (Adidas, **Converse**, **Kickz**...) und sowieso rundum lauter halbwegs originelle Boutiquen. In der Neuen und Alten Schönhauser Straße gibt es reichlich sonstige Schuhe (Clarks, Laufsteg, TimberFland, Luccico, Cartillone...) und Jeans (Tom Tailor, Pepe Jeans, **Closed**, Lee...). Wenn euch die Hackeschen Höfe zu saniert sind, geht einfach rechts daneben in den

unscheinbaren Hof hinein und seht, in welchem Zustand sich die Höfe direkt nach der Wende befanden: Der morbide Charme lang vernachlässigter Häuser bildet hier den Hintergrund für improvisiert scheinende Kneipen, Off-Galerien und das Programmkino Central im **Haus Schwarzenberg**. Hier vernetzt sich der Underground zum Vorteil aller.

Wiederum Kontrast nebenan, die total sanierten kleinstädtischen Rosenhöfe. Nur ein paar Meter weiter und ihr steht in der Sophienstraße, einer hübschen historischen Straße mit den Sophie-Gips-Höfen, der kleinen Schwester der Hackeschen Höfe. Hier findet ihr das urige **Sophieneck** mit seiner deftigen Küche und eine Ecke weiter die **Bäckerei Balzer**, wo es noch echte Köstlichkeiten gibt, und Berliner Atmosphäre wie

vor zig Jahrzehnten. Diese Straßenecke war auch Dreh- und Angelpunkt des Jüdischen Lebens. In der einen Richtung seht ihr die Große Hamburger Straße mit dem Jüdischen Gymnasium (man erkennt es wie alle jüdischen Institutionen an den strengen Sicherheitsvorkehrungen und Polizisten vor der Tür) und den **Alten Jüdischen Friedhof** ③.

Weiter geht es durch die Auguststraße, die nach der Wende zur Lieblingsstraße der Galeristen wurde. Ein weiterer Anziehungspunkt ist die ehemalige **Jüdische Mädchenschule**. In der alten Aula im 3. Obergeschoss sind EIGEN + ART Lab und die Galerie Michael Fuchs, im ersten Stock die Camera Work Contemporary Gallery, in der Beletage ist das schicke Mitte-Restaurant Pauly Saal, die Pastrami Sandwiches gibt's bei **Mogg Delicatessen**. Nebenan liegt einer der hübschesten Orte in Mitte: **Clärchens Ballhaus**. Wo einst das Vorderhaus stand sitzt man unter Baum und Strauch, höflichst versorgt von Kellnern wie aus dem Bilderbuch. Und wie in einem Bild aus längst vergangener Zeit muten auch der Ballsaal und der Spiegelsaal im Gebäude an. Ausgelassener Schwof und Tanzveranstaltungen runden das Gemälde ab. Ach ja, Pizza gibt's auch.

Gleich gegenüber ist der **me Collectors Room** und das unbedingte Highlight der Auguststraße, **KW Institute for Contemporary Art**. Selbst wenn man keine Kunst sehen möchte, ist man hier im Sommer in einem einmalig gestalteten Garten mit dem **Café Bravo** bestens aufgehoben. Geht am besten durch die Heckmann-Höfe, ein liebevoll sanierter Hinterhof-Komplex zwischen August- und Oranienburger Straße, der etwas von einer Puppenstube hat und in dem es etwas Süßes zu entdecken gibt, die **Berliner Bonbonmacherei**.

Nun trefft ihr wieder auf den Menschenstrom in der Oranienburger Straße und die eindrucksvolle Neue Synagoge (**Centrum Judaicum**) und die prächtige Fassade des ehemaligen Postfuhramtes, vor deren Kulissen der nächtliche Straßenstrich besonders apart wirkt.

Wählt ihr den Weg nördlich des Hackeschen Marktes Richtung Torstraße, besucht das Lokal des charmanten **Monsieur Vuong**. Gastronomische und szenige Läden fürs Shopping entstehen hier ständig neu. Rechts liegt der wiederhergestellte Rosa-Luxemburg-Platz, der von der imposanten **Volksbühne** beherrscht wird. Falls ihr euch nicht eine der lauten Inszenierungen zu Gemüte führen wollt, könnt ihr im Grünen oder **Roten Salon** tanzen oder loungen. Im Umfeld sind in den letzten Jahren viele Gastronomiebetriebe wie Pilze aus der Erde geschossen und auch Klamottenläden gibt es en gros. Einzigartig und auf der Höhe der Zeit ist das Filmkunsthaus Babylon. Es bietet neben seltenen Filmen viele sehr spezielle Events wie Lesungen oder Liederabende. Die Torstraße links Richtung Rosenthaler Platz bietet neben dem allseits bekannten **Kaffee Burger** viele andere skurrile Läden. Eine kleine Auswahl: **Happy Shop, Sankt Oberholz, Muschi Obermaier**… Wie ihr seht handelt es sich um einen hot spot der Stadt, vor allem für die jungen Touristen aus den Hostels der Umgebung. Am Rosenthaler Platz werdet ihr feststellen, dass hier das Zentrum der internationalen Imbisskultur ist: **Cô Cô bánh mì deli, Hermann's Eatery**…

Lauft doch mal ein Stück den Weinbergsweg hoch Richtung Prenzlauer Berg und ihr entdeckt viele fremdländische Leckereien, z. B. bei **Gogogi, Daluma, Galão A Pastelaria** oder **Yumcha Heroes**. Rund um den Weinbergspark findet ihr – besonders im Park selbst und im **Nola's** – das entspannte Leben. Doch Mitte ist groß, zumindest was die Sehenswürdigkeiten betrifft, und ein Muss ist der stark frequentierte Alexanderplatz ④. Um sich einen Überblick zu verschaffen, bietet sich bis Mitternacht der frisch renovierte **Fernsehturm** an, danach zumindest am Wochenende der schicke Club **Weekend.** Über die Aufenthaltsqualität am „Alex" lässt sich streiten, neben den jeweils bundesweit größten Ablegern von sattsam bekannten Elektronikmärkten, dem Einkaufszentrum Alexa und der Galleria Kaufhof dient der verschattete Platz mit der **Weltzeituhr** in den Abendstunden vorwiegend Jugendcliquen als Treffpunkt.

Weil es Euch hier zu ungemütlich ist lauft Ihr weiter zur **Museumsinsel.** Euer Ziel ist der Platz mit dem schönen Springbrunnen, vor dem **Berliner Dom**, der Lustgarten ⑤. Hier findet ihr wahrhaft

Wohnzimmeratmosphäre mit glücklichen Besuchern aus der ganzen Welt. Alle liegen glücklich an der Sonne und reden miteinander über das schöne Wetter.

Und wenn es Mal regnet freut Ihr Euch auch weil Ihr in Kapitel 3 dieses Buchs gelesen habt wie viele tolle Museen es hier gibt: **Altes Museum, Alte Nationalgalerie**, die Nofretete im **Neuen Museum**, das **Pergamon-Panorama, Bode-Museum**. Oder Ihr wechselt die Straßenseite und steht vor dem Neuen Highlight der Stadt. Wo ganz früher das Stadtschloss stand und dann der Palast der Republik seht Ihr jetzt wieder die alte Schlossfassade. Das ist das Humboldt-Forum. Ende 2019 ist es tatsächlich fertig, sogar einigermaßen pünktlich, und 2020 wird hier andauernd etwas Neues eröffnet.

Danach schreitet Ihr westwärts den Prachtboulevard „Unter den Linden" entlang, vorbei an vielen historischen Monumenten (**Deutsches Historisches Museum, Staatsoper, Humboldt-Universität**….) bis zur Friedrichstraße.

Unter den Linden gilt vielen als die Straße Berlins, die am meisten den Charakter einer Metropole verkörpert. Tagsüber herrscht reger Geschäftsverkehr. Nachts erlebt die Gegend rundum den Bahnhof Friedrichstraße ein Revival. Neben dem **Friedrichstadt-Palast** und dem **Admiralspalast** tragen auch die Promi-Lokale **Grill Royal** und Bar **Tausend** dazu bei, dass zu vorgerückter Stunde die goldenen Zeiten der Straße (die 20er Jahre) wieder erwacht scheinen. Noch mehr

Prominente seht ihr im **Borchard** am Gendarmenmarkt. Den **Gendarmenmarkt** müsst ihr sowieso gesehen haben weil er auf der Liste „Berlin zum Abhaken" steht (S.29 ff) und weil rund um den angeblich schönsten Platz der Stadt der Freistaat Bayern versucht, die Hauptstadt zu erobern, mit zehlreichen Biergärten: **Erdinger**, Augustiner, Löwenbräu, Maximilians...

Weiter geht's die „Linden" abwärts, Richtung **Brandenburger Tor**. Dahinter beginnt das „Neue Berlin". Eine interessante Szenerie bietet die Wiese vor dem Reichstag und im Sommer das Spreeufer (wegen der vielen Staatsbesuche kann es allerdings zu weiträumigen Absperrungen kommen und die Reichstagskuppel ist auch nicht mehr so ohne weiteres zu besichtigen – Ade Reichstagsschlange). Ansonsten kann man dort unbehelligt die ganze Nacht chillen und manchmal triffst du einen verirrten Touristen, z. B. aus Finnland, dem du das Brandenburger Tor zeigen kannst. Einer Freundschaft fürs Leben steht dann nichts mehr im Wege. Durch die Eröffnung des neuen **Berliner Hauptbahnhofs** gewann die Gegend zusätzlich an Attraktivität und der **Capital Beach** im Spreebogen ist auch dann noch belebt, wenn der Ausschank schon längst eingestellt ist. Auf der anderen Seite des Bahnhofs, nach Norden, haben die Bauarbeiten zu einem neuen Stadtquartier inzwischen begonnen.

Ein anderes Stadtquartier südlich vom Hauptbahnhof war auch mal neu, der Potsdamer Platz. Charakteristisch ist das Zeltdach des Sony Center, darunter Platz für Public Viewing jeder Art. Der Platz mit ruhmreicher Vergangenheit ist ein Bindeglied zwischen Ost- und Westberlin und stellt mit Kinos, Café-Restaurants, Shoppingzentren, Spielcasino, Hotels, etc. eine verdichtete Erlebniswelt dar. Zu manchen Zeiten, wie z. B. zur Berlinale, kommt sogar der Glamour wieder auf, der den Platz bis zu seiner Zerstörung im Zweiten Weltkrieg berühmt gemacht hatte. Wer genug eingekauft und erlebt hat und sich nach Grün sehnt hat den Central Park Berlins, den **Tiergarten**, zu Füßen, der für allerlei Umtriebe gut ist und auch dem weit Gereisten ein Staunen ins Gesicht zaubert, wie weitläufig, grün und wunderbar es mitten in der Stadt sein kann. Der neue Großbezirk Mitte hat noch viel mehr Stadtteile bzw. Kieze, u.a Tiergarten, Wedding und Moabit, alle sehr zentral und durch hübsche Schlendereien zu erschließen.

Essen & Trinken

Al Contadino Sotto le Stelle

Klein, eng, italienisch und richtig gut. Im Ristorante - natürlich ein echter Familienbetrieb - kommt sich die schicke Mitte-Crowd bei hausgemachter Pasta, Carpaccio und Kaninchen näher. Sommers auf dem Trottoir sogar unter echtem Sternenhimmel. Vorsicht: günstig ist es hier nicht.

Auguststr. 36

U8 Rosenthaler Platz, U8
Weinmeisterstr.
www.alcontadino.eu

Alpenstueck

Süddeutsche und österreichische
Küche steht hoch im Kurs und ist alles andere als eine kulinarische Ein-
tagsfliege. Das kommt im szenigen
Mitte so gut an, dass es neben dem
Restaurant nun auch eine eigene Bäckerei, einen Feinkostladen und dem
Go-West-Trend folgend auch weiter
im Westen, im Alpenstueckle in der
Wilmersdorfer Ludwigkirchstraße,
eine Kombination aus allen drei
guten Stücken gibt. Besonders der
günstige Mittagstisch ist eine echte
Alternative.
Gartenstr. 9
S Nordbahnhof, Tram M8, M10
www.alpenstueck.de

Bäckerei Waldtraut Balzer

Der Duft lockt schon von weitem.
Eine der letzten echten kleinen Bä-
ckereien mit Liebe zum Produkt und
zum Kunden. Wer hier nicht war, hat
ein Stück Berliner Tradition verpasst.
Sophienstr. 30/31
U8 Weinmeisterstr., Tram M1, M2

BBQ Kitchen

Grillfest in der Küche: knusprige
Ente, leckeres Hähnchen, zarte
Spareribs und saftige Burger. Aus
den großen BBQ-Grills im schicken
Industrie-Style (wie schon bei Groß-
meister Paul Bocuse in den 70ern)
zaubern die Köche am Hackeschen
Markt die perfekte Stärkung für den
Sightseeing-geplagten Berlinent-
decker. Zu den großen, günstigen
Menüs für 8,50 € inkl. Getränk gibt
es Retro-Musik und Vintage-Deko im
American Diner Style. Geht schnell

und schmeckt klasse! Auch
gut für Gruppen geeignet.
Am Zwirngraben 5
S Hackescher Markt
www.bbq-kitchen.de

Berlin Pavillon am Reichstag

Berlin Souvenirs, Wissenswertes
über die Stadt und Erfrischungen
bekommt ihr im Flachbau unweit
des Reichstagsgebäudes. Wenn die
Sonne scheint ist es in dem großen
Biergarten am Rand des Tiergartens besonders schön. Wichtig: die
einzigen erreichbaren Toiletten in
der Gegend.
Scheidemannstr. 1
U + S Brandenburger Tor,
U55 Bundestag
www.berlin-pavillon.de

Café am Engelbecken

Versteckte Oase inmitten der Stadt,
mit Terrasse am wiederhergestellten
Wasserbecken. Der Renner unter den
Wohlfühlorten weit und breit, drin-
nen und draußen.
Michaelkirchplatz/Engelbecken
U8 Heinrich-Heine-Str.
www.cafe-am-engelbecken.de

Café Bravo

Im entzückenden Hof des KW Institute for Contemporary Art liegt
dieses nette Café - und in ihm liegt
die namensgebende Zeitschrift aus.
Das Beste um dem Mitte-Rummel zu
entgehen.
Auguststr. 69
S Oranienburger Str., Tram M4, M5
www.kw-berlin.de/besuch

Capital Beach

Große Strandbar gegenüber dem
Hauptbahnhof mit Wiese anstatt
Sand, wo sich die Liegestühle wie

an einer Perlenschnur aufreihen und an schönen Tagen Gedränge wie auf dem Kudamm herrscht. Aber natürlich die erste Adresse, um nach der Ankunft Berlin Hallo zu sagen (funktioniert natürlich auch beim Abschied). Ein Tipp: auch für laue Nächte und, sei's drum, für romantische Stimmung.

Ludwig-Erhard-Ufer, gegenüber Hauptbahnhof
U + S Hauptbahnhof
www.facebook.com/Capital-Beach-Berlin-111872792237621/

Chipps

In der Gegend um den Gendarmenmarkt war es immer etwas schwierig, preiswert und gesund zu essen. Im Restaurant von Heinz Gindullis (der früher den legendären Club Cookies hatte) geht das jetzt, mit Blick aufs Auswärtige Amt.

Jägerstr. 35
U2 Hausvogteiplatz
www.chipps.eu

Chupenga

Preiswertes Essen ist in dieser Gegend nicht so leicht zu finden. Hier gibt's mexikanisch-kalifornische Küche: Burritos, Tacos, Salat, Guacamole, reichlich Salsas und ein special: den naked burrito, ganz ohne den lästigen Teig im Emaille Teller serviert.

Mohrenstr. 42
U2 Hausvogteiplatz
www.chupenga.de

Cô Cô bánh mì deli

Der beliebte neue Snack: Bánh Mi. Für diese franko-vietnamesischen Baguettes reist der Berliner quer durch die Stadt. Reismehlbaguette, Fleischbällchen mit Zitronengras, Koriander, Roastbeef, Schweinebraten oder Thunfisch, Hähnchenpastete, mariniertes Gemüse, Tofu, Spezialsoßen…alles hausgemacht, lecker und preiswert.

Rosenthaler Str. 2
U8 Rosenthaler Platz,
Tram M1, M8
www.banhmi-coco.de

Cocolo Ramen

Hier gibt es die vielleicht beste japanische Nudelsuppe der Stadt: Tonkotsu Ramen mit Schweinebraten, süßem Schweinebauch, Ei und eingelegtem Ingwer. Für alle Warteschlangen-Hasser gibt es einen größeren Ableger mit schöner Terrasse, am Kreuzberger Paul-Lincke-Ufer 39/40.

Gipsstraße 3
U8 Rosenthaler Platz
www.kuchi.de/restaurant/cocolo-ramen/

Curry Wolf am Brandenburger Tor

Gegenüber vom Adlon ist die Currywurst mit 3,20 € etwas teurer als am Stadtrand, aber ob mit oder ohne Darm oder als Geflügelvariante – Familie Wolf macht eine der besten Currywürste der Stadt. Der tomatig-fruchtige Ketchup wird in Werder gerührt, für karibische Schärfe sorgt die Spezialität des Hauses, die „Opium-Soße". Warum die so heißt wisst Ihr spätestens am nächsten Tag, wenn Ihr wieder eine wollt.

Pariser Platz
U + S Brandenburger Tor,
Bus 100, 200
www.curry-wolf.de

Essen & Trinken

dada falafel

Orientalische Köstlichkeiten wie Falafel oder Rinder-Schawarma, serviert mit einem Lächeln, verzehrt bei gutlauniger Musik und begleitet von einem Orient-Tee oder einem Joghurt-Minzgetränk. Sehr lecker: Halloumi und der dada-Teller.

Linienstr. 132
U6 Oranienburger Tor,
S Oranienburger Str.
www.dadafalafel.foodpearl.com

Daluma

Rund um den U-Bahnhof Rosenthaler Platz gibt es so ziemlich alle erdenklichen Imbissvarianten. Diese ist vegan, mit leckeren Smoothies.

Weinbergsweg 3
U8 Rosenthaler Platz, Tram M1, M8
www.daluma.de

Das Meisterstück

Die beliebte Berliner Mischung: Restaurant und Feinkostgeschäft. Dieses hier ist ein recht anspruchsvolles Wurst- und Bierhaus mit Klassikern des Verwurstens und handgemachten Bieren aus aller Welt.

Hausvogteiplatz 3-4
U2 Hausvogteiplatz
www.dasmeisterstueck.de

Data Kitchen

Slow food fast. Ohne Smartphone habt ihr hier keine Chance. Ihr bestellt vorher online, seid zum gewählten Zeitpunkt da und öffnet mit dem Code auf dem Smartphone ein Fach in dem das frisch zubereitete Essen steht und das ist erstklassig und preiswert. Ausgetüftelt haben das die Softwareschmiede SAP und Heinz Gindullis, der mit Cookies und Chipps schon gezeigt hat was er kann.

Rosenthaler Str. 38
S Hackescher Markt, Tram M1
www.datakitchen.berlin

Der Thüringer

In der Landesvertretung des Freistaats Thüringen beim Bund gibt es ein Restaurant mit deftiger Hausmannskost für den kleinen Geldbeutel und ein täglich wechselndes Stammessen.

Mohrenstr. 64
U2 Mohrenstr.
www.restaurantderthueringer.de

Digital Eatery

Redmond goes Berlin. In dem prestigeträchtigen Bau im Herzen Berlins möchte Microsoft euch einladen, die neuesten Gadgets auszuprobieren. Es stehen Xboxen, Tablets, Windows Phones und all das andere elektronische Spielzeug bereit. In der Lounge bekommt ihr außer WLAN und Strom - ganz nerdlike - Kaffee und Snacks angeboten. In den oberen Etagen tummeln sich Microsoft selbst und vom Softwareriesen geförderte Start-ups.

Unter den Linden 17
U6 Französische Str., Bus 100, 147, 200
www.microsoft-berlin.de/
the-digital-eatery

Dolores

„…verarbeiten täglich auf's neue berge von frischen zutaten zu einer authentischen & unwiderstehlichen fusion aus kalifornischer gesundküche und mexikanischem feuer". Klingt doch gut, oder? Und die Burritos sind wirklich yummy wie in California.

Rosa-Luxemburg-Str. 7
U + S Alexanderplatz, Bus 200
www.dolores-berlin.de

Dudu

Grüner Papayasalat mit Minze, Koriander, Erdnüssen und Chili-Limetten-Vinaigrette? Und dann vielleicht „Maguro Power": rosa gegrillter Thunfisch auf Salat von Wildblüten? Alles vorzüglich und den Preis wert.

Torstr. 134
U8 Rosenthaler Platz,
Tram M8
www.dudu-berlin.de

Ehemalige Jüdische Mädchenschule

Neben den Kunstwerken und dem me Collectors Room gibt es einen weiteren Anziehungspunkt in der Auguststr.: die ehemalige Jüdische Mädchenschule. Im 3. Obergeschoss sind EIGEN + ART Lab und die Galerie Michael Fuchs, im ersten Stock die Fotogalerie Camera Works und das Kennedy Museum. In der Beletage im Pauly Saal servieren die Macher vom Grill Royal Gerichte, die von den goldenen 20er- und 30er-Jahren inspiriert sind. Nebenan bei Mogg Delicatessen sind die Pastrami Sandwiches der Hit.

Auguststr. 11-13
U6 Oranienburger Tor, S Oranienburger Str., Tram M1, M6
www.maedchenschule.org

Erdinger am Gendarmenmarkt

Alle elf Weißbiersorten der Privatbrauerei Erdinger und die dazugehörigen gutbürgerlich-bajuwarischen Schmankerln gibt es direkt am Gendarmenmarkt, und dazu noch einen Biergarten für 300 Durstige.

Jägerstr. 56
U6 Französische Str., U2
Hausvogteiplatz

Escados

Schnörkelloses, großes Steak-Haus im realsozialistischen 70er Jahre Bau. Aber zum Kontrast gibt es eine Holzbrücke und ein Bächlein, über das du die Salatbar erreichst.

Karl-Liebknecht-Str. 29
U + S Alexanderplatz
www.escados.de

Facil

Wer die richtige Unterkunft gewählt hat (z. B. eins der A&O Hotels und Hostels) spart viel Geld, das er dann für den Besuch eines der besten Sterne-Restaurants übrig hat. Mittags 3 Gänge für 51 € sind den Preis wert.

Potsdamer Str. 3
U + S Potsdamer Platz, Bus M48
www.facil.de

Father Carpenter Coffee Brewers

Eine Gruppe Männer mit züchtig bewaldeten Gesichtern bemüht sich im Edel-Hinterhof darum den besten Kaffee zu brauen. Kaufen könnt ihr die feinen Bohnen natürlich auch, am Besten nach Stärkung durch eine herzförmige Rucola-Avocado-Schnitte. Noch mehr Mitte-Hipstertum geht eigentlich kaum. Oh Father...

Münzstr. 21
U8 Weinmeisterstr.
www.fathercarpenter.com

Frea

Wenn ein bekannter Berliner Foodblogger Berlins erstes veganes Zero Waste Restaurant eröffnet wird es ernst mit den guten Vorsätzen: nachhaltig, saisonal, regional, alles hausgemacht und zum Staunen gibt es dann noch eine Kompostiermaschine.

Torstr. 180
www.frea.de

Galão A Pastelaria

Portugiesische Leckereien zum Kaffee. Süchtig machende, kleine süße Teile und Snacks. Schön, um vor der Tür zu lümmeln und das Hipstertum rund herum zu beobachten.
Weinbergsweg 8
U8 Rosenthaler Platz, Tram M1, M8
www.galao-berlin.de

Glücklich am Park

Ableger vom Kauf dich glücklich. Hier ist man gerne. Unter drei Bedingungen: die Schlange vor Eis und Waffeln ist nicht allzu lang, man ergattert noch einen der Flohmarktstühle mit Blick auf die Nachmittagssonne über dem Weinbergspark, es ist noch Waffelteig da.
Kastanienallee 54
U8 Rosenthaler Platz, Tram M1, M10
www.kaufdichgluecklich-shop.de

Good Bank

Urban Farming in Mitte. Hier wachsen Gemüse und Salat an der Wand hinter dem Tresen. Wenn ihr nicht wisst wozu das gut ist, kommt her, probiert und denkt darüber nach.
Rosa-Luxemburg-Str. 5
U + S Alexanderplatz, Tram M1, M2,
Bus 100, 20, M 48, TXL
www.good-bank.de

Grill Royal

Wer sich mal was leisten will und auf der Suche nach Promis ist, wird hier erstklassig platziert, mit Blick auf die Spree. Super-szenig und hip.
Friedrichstr. 105 b
U + S Friedrichstr.
www.grillroyal.com

Hermann's Eatery

In der neuen Hipsterkantine am Rosenthaler Platz gibt es leckeres, nahrhaftes, nachhaltiges Essen zu vernünftigen Preisen. Z. B. eine leckere Blumenkohlsuppe mit gerösteten Samen, oder den Jackfruit Burger im rabenschwarzen Aktivkohle-Dinkel-Brötchen, mit Pommes frites nicht aus Kartoffeln, sondern aus einer Art Kichererbsen-Polenta.
Torstr. 116-118
U8 Rosenthaler Platz, Tram M1, M8

Hofbräu Berlin

Was gibt es in den USA, in China, Dubai und München? Genau: Das Hofbräuhaus. Und seit 2011 auch in Berlin. Auf 6.000 qm (ungefähr ein Fußballfeld) werden pro Jahr 120 Tonnen Haxen, 85 Tonnen Schnitzel, 25 Tonnen Weißwürste und 100.000 Brezn an uns verfüttert. Das geht natürlich nicht ohne ca. eine Million Liter Bier, das aus dem Münchner Hofbräuhaus in die neue preußische Dirndl-Metropole geliefert werden.
Karl-Liebknecht-Str. 30
U + S Alexanderplatz, Bus 200
www.berlin-hofbraeu.de

House of Small Wonder / Zenkichi

So ein „Haus der kleinen Wunder" gibt's in Williamsburg, Brooklyn, aber auch mitten in Mitte. Den ganzen Tag japanisch brunchen, Do-Sa auch abends, oder ihr geht später in den Keller, ins Zenkichi, und probiert die japanischen Tapas.
Johannisstr. 20
U6 Oranienburger Tor, S Oranienburger Str., Tram M1, M12
www.houseofsmallwonder.de

Kantine Rotes Rathaus

Ob man hier den Regierenden Bürgermeister trifft ist fraglich, aber ein paar Würdenträger sind bestimmt im Rathauskeller.

Solide und preiswerte Küche - eher selten in dieser Gegend.
Jüdenstr. 1
S + U + S Alexanderplatz,
Tram M2, M4, M5, M6
www.u-s-e.org

Lindenbräu

Der Biergarten mitten im Sony Center, mit allem was dazu gehört: Currywurst, Schweinsbraten nach Brauhausart, Flammkuchen, Wiener Schnitzel und das Bier fließt in Strömen.
Bellevuestr. 3-5
U + S Potsdamer Platz
www.bier-genuss.berlin

Liu Chuan Chuan Xiang & Nudelhaus

Ein neuer, sehr guter Chinese mit handgezogenen Nudeln und viel Gewürz, aber Vorsicht: ziemlich scharf.
Kronenstr. 72
U2 + 6 Stadtmitte

Makoto

Ein richtiger Mitte-Imbiss ist eher nicht Currywurst und Döner, sondern Sushi und Sashimi. Noch besser sind bei diesem Japaner aber die Nudeln und Suppen. Unser Favorit unter den Ramen-Bars der Stadt
Alte Schönhauser Str. 13
U2 Rosa-Luxemburg-Platz,
U8 Weinmeisterstr., Tram M2, M8
www.makoto-berlin.de

Mogg

In der ehemaligen Jüdischen Mädchenschule gibt es neben einem schicken, teuren Restaurant, dem Pauly Saal, auch die klassische New Yorker Esskultur: Pastrami, Matzoball Soup… und endlich auch ein Reuben Sandwich.
Auguststr. 11-13
U6 Oranienburger Tor, S Oranienburger Str., Tram M1, M6
www.moggmogg.com

Monsieur Vuong

Frische, würzige Köstlichkeiten aus Indochina und vietnamesische Suppen locken in dieses rotgoldene Asiabistro. Da auch das Personal

Bellevuestr. 3-5, 10785 Berlin
+49 (0)30 / 25 75 12 80
www.bier-genuss.berlin
Täglich von 11.30 Uhr bis 01.00 Uhr geöffnet

Lindenbräu
Bier Genuss am Potsdamer Platz

bezaubernd und kompetent ist, ist es oft sehr voll und auch internationale Prominenz zieht es ab und an heran.

Alte Schönhauser Str. 46
U2 Rosa-Luxemburg-Platz,
U8 Weinmeisterstr., Tram M6, M8
www.monsieurvuong.de

Nola's am Weinberg

Auf dem „Berg" (natürlich nur im Sinne der Flachländler) liegt eine der schönsten Gastro-Locations Berlins. Ein Pavillon mit Schweizer Küche und Cocktaillounge. Der besondere Tipp für euch ist aber die riesige Sommerterrasse, wo ihr im Liegestuhl über dem Kiez- und Szenerrummel im Weinbergpark thront und alles gut sein lassen könnt.

Veteranenstr. 9
U8 Rosenthaler Platz, Tram M8
www.nola.de

Peter Pane – Burgergrill & Bar

Die leckeren Burger die jetzt Peter Pan serviert, gab es hier bis vor kurzem unter dem Namen „Hans im Glück". Im Märchen heißt es dazu „So glücklich wie ich, gibt es keinen Menschen unter der Sonne!"

Friedrichstr. 101
U + S Friedrichstr., Tram M1
www.peterpane.de

PeterPaul

Das hat uns gerade noch gefehlt. Diesmal aber wirklich: Deutsche Küche in kleinen Portionen, raffiniert zubereitet, zum Kennenlernen und Wiederentdecken. Beim Spanier sind die Tapas schon längst das Beste. Jetzt auch beim Deutschen.

Torstr. 99
U8 Rosenthaler Platz, Tram M1, M8
www.peterpaul.berlin

Sankt Oberholz

Der erste und bekannteste Treffpunkt der digitalen Bohème. Tagsüber Café & Arbeitsplatz, abends Bar, am Wochenende wird aufgelegt. Direkt über der Gaststätte gibt es zwei Apartments (für je 4-6 Personen) und einen Co-Working Space für Mitglieder.

Rosenthaler Str. 72a
U8 Rosenthaler Platz, Tram M1, M8
www.sanktoberholz.de

Shiso Burger

Der Burger mit dem asiatischen Touch. Probiert doch mal statt Rindfleisch das Upgrade zum Wagyu Beef (+2,90 €), oder einen Bulgogi-Burger, oder den Shiso Burger mit mariniertem Thunfisch, Koriander, Chili-Mayo und Terriyaki-Sauce.

Auguststr. 29c
U8 Rosenthaler Platz, U8 Weinmeisterstr.
www.shisoburger.de

Sophieneck

Mehr Berlin geht schon fast nicht mehr. Erst war es eine Backstube, dann Sargladen, dann Dampfwäscherei und jetzt gibt es regionale Berlin-Brandenburgische Köstlichkeiten.

Große Hamburger Str. 37
S Hackescher Markt, S Oranienburger Str., Tram M1, M6
www.sophieneck-berlin.de

StäV (Ständige Vertretung)

Um den Umzug der Regierung von B nach B zu verkraften, eröffnete die „Ständige Vertretung" des Rheinlandes 1997 in Berlin an der schönen Spree unter dem Motto „Wenn wir schon leben müssen, dann wenigstens gut!" mit allem, was die Region

zu bieten hat: Kölsch, Rheinischer Sauerbraten und natürlich Karneval.
Schiffbauerdamm 8
U + S Friedrichstr., Tram M1
www.staev.de

Strandbad Mitte

Ein einziger Strandkorb ist geblieben, doch die Sommerterrasse ist zu recht immer noch gut besucht. Denn von hier aus kann man außer dem Treiben auf der Auguststraße auch Live-Fussball auf jedem Niveau beobachten, da der bekannte Mitte-Kickerplatz gleich nebenan liegt. Ach, gute Küche und Frühstück à la Carte gibt es natürlich auch.
Kleine Hamburger Str. 16
U8 Weinmeisterstr., S Oranienburger Str., Tram M1, M6
www.strandbad-mitte.de

Tadschikische Teestube

Hurra! Die legendäre Teestube aus dem Palais am Festungsgraben lebt wieder. Russische Küche in prachtvollem Lokal mit handgeschnitzten Säulen und bunten Kissen.
Oranienburger Str. 27
S Oranienburger Str., Tram M1, M6
www.tadshikische-teestube.de

The Klub Kitchen

Schön dass es in dieser Gegend mit den vielen Boutiquen auch mal wieder was zu essen gibt, im „Café and Luncheonette". Nicht zu teuer (auch untypisch für die Gegend) und gut noch dazu.
Almstadtstr. 9-11
Tram M1 Weinmeisterstr.
www.theklubkitchen.com

Unsicht-Bar

In der Unsicht-Bar ist es dunkel und zwar total. Ohne optische Ablenkung kann man sich besser auf das Essen konzentrieren und merkt, dass es leider nicht so toll ist. Blinde Kellner begleiten euch durch den Abend (und zu den Toiletten) . Reservierung dringend empfohlen (Tel: 030 74749123).
Gormannstr. 14
U8 Weinmeisterstr., Tram M1, M8
www.unsicht-bar-berlin.de

Yamyam Berlin

In und um die Alte Schönhauser Straße merkt man sofort, dass man mitten im hippen Berlin ist. Deswegen gibt es hier natürlich auch koreanische Küche und die ist hier, wie der Name schon sagt, lecker. Der Klassiker ist Bibimbap, aber sehr gut sind auch Algensalat, Kimchi und vor allem Zampong (eine scharfe Nudelsuppe mit Meeresfrüchten).
Alte Schönhauser Str. 6
U2 Rosa-Luxemburg-Platz, Tram M8
www.yamyam-berlin.de

Yumcha Heroes

Yumcha „Tee trinken" ist in chinesischen Teehäusern ein tägliches Ritual. Dazu gibt es gedämpfte oder gebratene Teigtaschen „Dumplings" die Fleisch, Gemüse oder Meeresfrüchte, aber keine Zusatzstoffe enthalten. Yummy!
Weinbergsweg 8
U8 Rosenthaler Platz
www.yumchaheroes.com

Zollpackhof

Innen hübsch dunkles Holz, außen Bier- und Weingarten und gegenüber, am anderen Ufer, das Kanzleramt. Irgendwie rustikal, aber mit einer guten Auswahl an Weinen und leckeren süddeutschen Kleinigkeiten. Hier läßt es sich unter einer alten naturgeschützten Rosskastanie zünftig feiern und genießen.

Elisabeth-Abegg-Str. 1
U + S Hauptbahnhof
www.zollpackhof.de

Zum Nussbaum

Altberliner Kneipe, in der schon Zille saß. Gegenüber der Nikolaikirche. Mit den richtigen Freunden auf jeden Fall der richtige Ort, um weitere Pläne für den Berlinbesuch zu machen.

Am Nußbaum 3
U2 Klosterstr.

Nachtleben

am to pm

Die Location für das junge, nie müde werdende Publikum. Ob zum Kaffee auf die Terrasse, einen Cocktail in der Lounge oder einfach mal die Nacht durchtanzen, all das könnt ihr hier auf einem Fleck bei reichlich Platz und guter Stimmung.

Am Zwirngraben 2
S Hackescher Markt,
Tram M1, M4, M5, M6
www.amtopm.de

Ballhaus Berlin

Ein Ballhaus wie in den 50er Jahren, mit Telefonen auf den Tischen, damit man die Damen an den anderen Tischen auf ein Getränk einladen kann. Das neue Highlight für die Elektro-Swing-Szene, mit den bekannten Elektro-DJs und Livemusik, z. B. von der Hausband „Stattkappelle".

Chaussestr. 102
U6 Naturkundemuseum, Tram M6
www.ballhaus-berlin.de

b-flat

Einer der besten Jazzclubs der Stadt, mit Livemusik fast jeden Tag. Nach 20 Jahren an der Rosenthaler Straße ist der Club ein paar Straßen weiter nach Süden gezogen

Dircksenstr. 40
S Hackescher Markt,
U + S Alexanderplatz
www.b-flat-berlin.de

c-base

Binäre Welten in ungeheurem Ausmaß. Himmelreich für alle Nerds und wenn es um solche Kosmen wie die Homebase des Chaos-Computer-Club geht, ist natürlich für jegliche Info das Netz zu nutzen.

Rungestr. 20
U8 Heinrich-Heine-Str.
www.c-base.org

Clärchens Ballhaus

Generationen einsamer Herzen schwoften und fanden sich hier und bis heute ist es der ultimative Ort zum anhaltenden Ballhaustrend. Montags bis donnerstags kann man im Ballsaal bei Tango, ChaCha, Walzer und Konsorten das Tanzbein schwingen. Sonntags gibt's Konzerte im Spiegelsaal. Besonders schön ist der Biergarten zur sommerlichen Auguststr. hin. Neben Buletten und Schnitzel gibt es auch neapolitanische Steinofenpizza.

Auguststr. 24
S Oranienburger Str.,
U6 Oranienburger Tor
www.ballhaus.de

Club der polnischen Versager

Polnisch, politisch, familiär, feiersüchtig. Das große Herz der Versager drängt zu Verbrüderung und liebt allerlei schräge Experimente. Für

Tuchfühlung und Durstlöschung auf die bewährte slawische Art ist natürlich gesorgt.
Ackerstr. 168
U8 Rosenthaler Platz, Tram M8
www.polnischeversager.de

Cosmo Lounge
Die Chill-Out Area mit Dachterrasse im baxpax Hostel in Mitte. Auch ein guter Ort um gemeinsam mit Touris und locals die Spiele vom FC Barcelona zu sehen. Nehmt euren Cocktail in die Hand und lasst den Blick über Berlins Dächer schweifen. Geöffnet ist, wenn die Sonne scheint.
Ziegelstr. 29
S Oranienburger Str.
www.cosmo-lounge.net

Crackers
Ein neuer Ableger des legendären Cookies (20 Jahre lang einer der wichtigsten Berliner Clubs). Nach den Restaurants Cookies Cream, Chipps und Volta isst man nun auch hier auf zumindest preislich hohem Niveau und nicht nur das, denn abends gibt's auch wieder DJ Nights.
Friedrichstr. 158 / Unter den Linden
Bus 100, 200
www.crackersberlin.com

Hafenbar
Seit 48 Jahren das Schlager- und Diskoparadies Berlins, immer voll (lange Schlange vor der Tür), immer lustig (so zwischen Karneval und Abi-Feier) - la paloma olé, seit Juni 2016 am neuen Ort direkt am Fernsehturm, unter einem McDonalds.
Karl-Liebknecht-Str. 11
U + S Alexanderplatz,
Tram M4, M5, M6,
Bus M48, 100, 200
www.hafenbar-berlin.de

Kaffee Burger
Durch Wladimir Kaminer (Russendisko) bundesweit bekannte, lustige Kneipe, die einen Besuch auf jeden Fall lohnt, oft skurrile Konzerte, Lesungen oder Filmvorführungen.
Torstr. 60
U2 Rosa-Luxemburg-Platz, Tram M8
www.kaffeeburger.de

Kalkscheune
Einer der beliebtesten Veranstaltungsorte Berlins. Samstags steigen hier im Wechsel „die schöne Party" und die Ma Baker Party. Auch andere Partyreihen und Konzerte machen einen Besuch lohnenswert.
Johannisstr. 2
U6 Oranienburger Tor, S Oranienburger Str., Tram M1, M6
www.kalkscheune.de

keyser soze
Eine echte Eckkneipe und feste Institution in Berlins Mitte, nicht nur für die üblichen Verdächtigen, sondern auch zugezogene Seelen und Nachteulen auf der Durchreise. Ob Frühstück (7:35-18 Uhr!), zünftige deutsche Spezialitäten oder leckere Salate – die bewusst schlicht gehaltene Küche und die liebevoll zusammengestellte Weinkarte sind spitze. Neben all dem leckeren Essen ist das „Keyser" aber auch eine amtliche Bar. Hingehen und eintauchen!
Tucholskystr. 33
U6 Oranienburger Tor, S Oranienburger Str., Tram M1, M6
www.keyser-soze.de

Kilkenny Irish Pub

Direkt im S-Bahnhof Hackescher Markt liegt dieser Pub mit schönem Biergarten und traditioneller irischer Küche. Mi + Fr + Sa Live Musik. Toll, weil voll.

S-Bahn-Bögen Hackescher Markt,
Am Zwirngraben 17-20
S Hackescher Markt,
Tram M1, M4, M5, M6
www.kilkenny-pub.de

Kino International

Das denkmalgeschützte Kino aus DDR Zeiten ist heute viel gepriesener Partyort, Premierenkino und zur Berlinale ein Publikumsmagnet.

Karl-Marx-Allee 33
U5 Schillingstr.
www.klub-international.com

Mein Haus am See

Kein See weit und breit und trotzdem ist in diesem typischen Berliner Szenelokal Tag und Nacht was los: morgens bei Latte Macchiato und kostenlosem W-Lan, abends bei Cocktails und DJs.

Brunnenstr. 197
U8 Rosenthaler Platz
www.mein-haus-am-see.com

Muschi Obermaier

Die Ikone der 68er verleiht diesem beschwingten Absturzladen ihren Namen. Wenn ihr also mal feiern wollt wie erwachsene Kommunarden, in deren Zeichen sowohl stilistisch als musikalisch der Laden steht, dann mal los!

Torstr. 151
U8 Rosenthaler Platz, Tram M8
www.muschiobermaier.de

Roberta Bar

Ein Klassiker am schönen, gastrodichten Zionskirchplatz. Zur analogen Musik (Fr-Sa Live DJ's) schenkt euch das nette Personal kultiges Fassbier von der Weddinger Hausbrauerei Eschenbräu ein und eine Türe weiter kocht Roberta für den kleinen Kreis lecker wie bei Mutti.

Zionskirchstr. 7
U8 Rosenthaler Platz,
U8 Bernauer Str., Tram M1
www.roberta-bar.de

Sage Club

Direkt am Ein-/Ausgang des U-Bahnhofs befindet sich die Tür zum großen, etablierten Club mit dem feuersprühenden Drachen über dem Dragonfloor. Mehrere Bars, Chillout Areas und einem Swimmingpool. Jeden Donnerstag gibt es Rock at Sage (20h).

Köpenicker Str. 76
U8 Heinrich-Heine-Str.
www.sage-club.de

Schmittz

Wenn nicht gerade Fußball auf den Leinwänden läuft (jedes Bundesliga- und Champions-League-Spiel) wird Tischtennis gespielt, Rundlauf: Man nimmt sich einen Schläger aus dem Korb auf der Theke, Ball übers Netz schlagen, auf die andere Seite laufen. Wer daneben haut, scheidet aus. Wer am Ende übrig bleibt, ist der Sieger. Dopingmittel gibt's an der Theke.

Torstr. 90
U8 Rosenthaler Platz,
U2 + U8 Rosenthaler Platz,
Tram M1, M8
www.schmittz.de

Schokoladen

Juhu! Gerettet! Diese alternative Nachwendeinstitution war von Bauspekulanten bedroht und wurde in letzter Sekunde gerettet. Das Programm reicht von Parties, Filmen, Lesungen, Ausstellungen bis zur totalen Selbstinszenierung.

Ackerstr. 169
U8 Rosenthaler Platz,
Tram M8
www.schokoladen-mitte.de

Soho House Berlin

Nach London, New York und Hollywood gibt es diesen Private Member Club auch in Berlin. Hier trifft sich die internationale Kreativszene (manchmal sind es auch ganz gewöhnliche Promis wie Madonna oder George Clooney). Hotel, Restaurant, Bar, SPA… alles hübsch, und dann auch noch die Dachterrasse. Jetzt müsst Ihr nur noch etwas Geld in die Hand nehmen und Mitglied werden.

Torstr. 1
U2 Rosa-Luxemburg-Platz,
Tram M2, M8
www.sohohouseberlin.de

Strandbar Mitte / Monbijou-Theater

Die Mutter aller Strandbars trotzt dem Beachbarsterben und obwohl es lange schon keinen Sand mehr gibt, kommen die Leute wie Sand am Meer und genießen den Blick aufs Bode-Museum. Gleich nebenan spielt das Monbijou-Theater, im Sommer im hölzernen Amphitheater. In den lauen Sommernächten einer der schönsten Orte der Stadt, mit Gesellschaftstanz unterm Sternen-himmel. Für Anfänger gibt es Kurse in Swing, Chacha, Tango, Salsa… Die Zukunft ist leider etwas ungewiss weil sich die Eigentümer gestritten haben und der Bezirk auch nicht nur zufrieden ist.

Monbijoustr. 3b
S Hackescher Markt,
S Oranienburger Str., Tram M1, M6
www.strandbar-mitte.de

Tarantino's

Der Meister selbst und seine Eleven waren auch schon da. Obwohl hier nicht so viel Blut wie in den Filmen fließt ist der Eintritt erst ab 18.

Brunnenstr. 163
U8 Rosenthaler Platz,
U8 Bernauer Str.
www.tarantinos-bar.de

Tausend

Hinter der unbeleuchteten, silbernen Tür direkt unter den Gleisen am Bahnhof Friedrichstraße verbirgt sich diese klassisch-schöne Bar mit Live-Konzerten sowie DJs.

Schiffbauerdamm 11
U + S Friedrichstr., Tram M1
www.tausendberlin.com

The Reed

Mehr als ein Fitnessclub und mehr als ein Club-Restaurant. Seit 2018 trifft sich hier die Berliner Lifestyle-Szene und gibt sich dem JOHN REED Feeling hin. Ein Mix aus Musik und Digital Art in Verbindung mit Design, Food und Drinks. Wöchentlich gibt es Veranstaltungsreihen wie Breakfast Club, HipHop Brunch, Glanz & Tanz und Electro Lunch.

Karl-Liebknecht-Str. 13
S + U Alexanderplatz, Bus M48,
100, 200, Tram M2, M4, M5, M6
www.thereed.de

Tresor

Tanz um den Tresor und zwar den echten (ja, den aus der Leipziger Straße, wo vor 20 Jahren alles anfing mit dem bekanntesten Techno-Club der Welt) gibt's in den unteren Etagen des alten Heizkraftwerks Mitte.
Köpenicker Str. 59-71
U8 Heinrich-Heine-Str.
www.tresorberlin.de

Weekend Club

Schicker Club mit Mainfloor im 15. Stock des Haus des Reisens mit Dachterrasse und freiem Blick über den Alexanderplatz. Sehr szenig, manchmal auch mit entsprechendem Generve, ab 4 Uhr früh aber sehr amüsant. Sonntags trifft sich die schwule Szene beim GMF.
Alexanderstr. 7
U + S Alexanderplatz
www.houseofweekend.berlin

Weinerei

Das Konzept ist so einfach, wie genial: Feine Weine auf Spendenbasis in Selbstbedienung. Ihr schätzt einfach, was euch der Abend in sympathischer Runde wert war.
Veteranenstr. 14
U8 Rosenthaler Platz, Tram M8
www.weinerei.com

Werk9

Club, Theater, Musik gibt es in diesem etwas versteckt liegenden „Partywürfel", wo die Jugend gefördert (Theater-und Musikprojekte etc.) und euer Gehörgang gefordert (Schwerpunkt Indie, Crossover, Gothic-Wave) wird.
Markgrafenstr. 26
U2 + 6 Stadtmitte, Bus M48
www.werk9.de

Einkaufen

& other stories

Die Clubs und kleinen Cafés sind weg. Jetzt ist aus der einst so bunten Straße der H&M-Boulevard geworden. Eine Firma mit fünf verschiedene Marken, jeweils in Sichtweite: H&M, Weekday, COS und dann auch noch Monki und & other stories. Ist das das neue, erwachsene Berlin?
Neue Schönhauser Str. 15
U8 Weinmeister Str.,
Tram M1, M4, M5
www.stories.com

A.P.C.

Die Auswahl ist ein wenig kleiner als in der Zentrale in Paris, aber es lohnt sich diesen Laden während des Berlinaufenthalts zu besuchen. Es gibt auch noch andere nette kleine Läden und Galerien in der Mulackstr. zu entdecken. Eine schöne, kleine Straße im Herzen von Mitte.
Mulackstr. 36
U8 Weinmeisterstr.,
U8 Rosenthaler Platz, Tram M1, M8
www.apc.fr

Acne

Was mit ein paar Jeans begann, die Jonny Johansson für gute Freunde entwarf, wuchs zum Label für Hipster und Hollywoodstars heran. Im Flagshipstore, dem ersten Shop, den das schwedische Label außerhalb Skandinaviens eröffnete, findet man nicht nur die beliebten, schmal geschnittenen Jeans, sondern auch hochwertige Shirts, Jacken, Schuhe und Accessoires.
Weinmeisterstr. 2
U8 Weinmeisterstr., Tram M1
www.acnestudios.com

All Saints

Nehmt Euch Zeit zum Stöbern und Anprobieren in Deutschlands erstem All Saints Store.

Rosenthaler Str. 52
U8 Rosenthaler Platz, Tram M1
www.allsaints.com

Ampelmann Shop

Das Mekka der Ampelmann-Fans findet ihr an einem geschichtsträchtigen Ort: Unter den Linden Ecke Friedrichstraße wurde 1969 die erste DDR-Ampel mit den Ampelmännchen ausgestattet. Heute steht hier der AMPELMANN Flagship Store, einer von sechs Berliner Shops mit den kultigen Männchen.

Unter den Linden 35
S Friedrichstr., U6 Französische Str.
www.ampelmann.de

Antik- und Buchmarkt am Bode-Museum

Hochwertige Antiquitäten und Günstiges aus zweiter Hand kann man hier vor prächtiger Kulisse erwerben. Entlang der Spree vor der Museumsinsel ist dieser Markt aber auch ohne Kaufabsicht einen Besuch wert. Vorsicht vor Flohmarkt-Wucherern!

Am Kupfergraben
U + S Friedrichstr.,
Bus 100, 200, Tram M1
www.antik-buchmarkt.de

Atheist

Gottloses Schuhwerk. Und falls ihr doch schon mal heimlich in eine Kirche gegangen seid ist's auch nicht schlimm. Die Londoner Meaningful Shoe Company hat uns den Iren David Bonney in die Hauptstadt geschickt und jetzt wird alles gut - ihr müsst nur dran glauben.

Sophienstr, 8
U8 Weinmeisterstr.
www.atheistberlin.com

Buffalo

In den 90ern hat der halbhohe Plateauschuh die Marke bekannt gemacht. Heute steht das Label für stylische, qualitativ hochwertige Schuhe für jeden Anlass. Sandalen, Ballerinas, Sneaker, Pumps, Stiefel, Boots und und und... Eine riesige Auswahl für Sie und Ihn.

Rosenthaler Str. 46
U8 Weinmeisterstr., Tram M1, M8
www.buffalo.de

C'est tout

Ein Kleid. Eine Frau. Ein Lieblingsstück. Das ist alles. C'est tout zeigt sämtliche herrlichen Facetten eines Kleides.

Mulackstr. 26
U8 Weinmeisterstr., Tram M1
www.cesttout.de

Converse Store

Massig Chucks in allen Farben und Styles, netter Laden und die Qual der Wahl. Ein wahres Utopia für „All Star" Fetischisten.

Münzstr. 18
S Hackescher Markt,
Tram M1, M4, M5, M6
www.converse.de

do you read me?!

Blättern, Lesen, Recherchieren. Eine riesige Bandbreite der Gutenbergschen Errungenschaften in Soft- und Hardcover, als Magazin oder Fotoband. Thematisch von Mode bis Architektur, von Kunst bis Gesellschaft.

Auguststr. 28

U8 Rosenthaler Platz,
U8 Weinmeisterstr.
www.doyoureadme.de

Doob 3D-Store Berlin

Du hast Sie gerade kennengelernt, musst aber zurück nach NY. Was tun? Ab in den 3-D-Scanner und du kannst sie dir mitnehmen. Das Scannen der neuen Freundin oder der süßesten Katze der Welt dauert nur 0,01 Sek. Dann wird eine 3D-Figur in Farbe gedruckt, in verschiedenen Größen von 10 cm bis hin zur Lebensgröße.

Potsdamer Platz Arkaden
Alte Potsdamer Str. 7
U + S Potsdamer Platz,
Bus M48, M85, 200
www.doob-3d.com

Dussmann das KulturKaufhaus

Auf fünf Etagen findet ihr in diesem Medienkaufhaus ein breites Angebot an Büchern, Musik und Filmen, Spielen, Hörbüchern, Papeterieartikeln und Noten. Zum Reinlauschen gibt's Hörstationen, zum Reinschmökern gemütliche Leseecken.

Friedrichstr. 90
U + S Friedrichstr.,
Bus 100, 200
www.kulturkaufhaus.de

Edited – the label

Im Bermuda-Dreieck der Flagship Stores zwischen Alter und Neuer Schönhauser und Münzstraße geht ein erfolgreiches E-Commerce-Startup der Otto-Group offline. Hier könnt ihr die preiswerte, urbane Mode endlich anfassen und sogar kaufen.

Münzstr. 22
U8 Weinmeisterstr., Tram M2
www.edited.de

Erzgebirgskunst Original

Ganz in der Nähe der Hackeschen Höfe ist das ganze Jahr über Weihnachten. Nussknacker, Räuchermännchen und Scharen von Engeln verzaubern und erzählen von der faszinierenden Welt der Erzgebirgischen Holzkunst. Das Sortiment reicht von weihnachtlichen Klassikern wie Schwibbogen, Spieluhr und Pyramide bis hin zu frühlingshaften Blumenkindern, Osterhasen und Holzspielzeug. Wer echte Originale sucht, wird hier fündig: Alles ist selbstverständlich in Deutschland handgefertigt.

Sophienstr. 9
U8 Weinmeisterstr.,
S Hackescher Markt,
Tram M1, M4, M5, M6
www.dregeno.de

Freitag Fashion

Come rain, come shine. Bunte Regenmäntel in Hülle und Fülle in unverwechselbarem Design und die passenden Hüte dazu!

Rosenthaler Str. 40/41,
Hackesche Höfe Hof 5 und 8
U8 Weinmeisterstr.,
Tram M1, M4, M5
www.freitag-fashion.de

Fun Factory Store Berlin

Design trifft auf stilvolle Erotik! Der lichtdurchflutete Store direkt am Hackeschen Markt bietet auf zwei Etagen ein Shopping-Erlebnis für wirklich alle Sinne. Farbenfrohe Qualitäts-Toys, sexy Lingerie und erotische Accessoires laden Neugierige und Kenner gleichermaßen zum lustvollen Entdecken ein.

Oranienburger Str. 92
S Hackescher Markt,
U7 Weinmeister Str., Tram M4, M5
www.funfactory.com/de/stores/berlin

Galeries Lafayette

Die Dependance des berühmten Pariser Konsumtempels mit seinem imposanten Glaskegel lockt mit internationaler Mode und französischen Leckereien in der unteren Etage. Die Backwaren sind einfach göttlich.

Friedrichstr. 76-78
U6 Französische Str.,
Bus 100, 200
www.galerieslafayette.de

Happy Shop

Ein knallbunter Concept Store in der Torstraße. Sieht aus wie temporär, konnte aber bleiben, denn dieser Laden möchte uns tatsächlich glücklich machen.

Torstr. 67
U8 Rosenthaler Platz, Tram M8
makemehappy.happyshop-berlin.com

Hundt Hammer Stein

Ein Beispiel für die nette kleine Buchhandlung im Kiez, mit ausgesuchtem Sortiment und einem gebildeten Buchhändler der euch wirklich beraten kann.

Alte Schönhauser Str. 23/24
U8 Weinmeisterstr., U2
Rosa-Luxemburg-Platz
www.hundthammerstein.de

Kauf dich glücklich Flagshipstore

Das sympathische Glücksimperium hat sich ein brandneues Hauptquartier spendiert. Klamotten, Schuhe, Taschen, iPhone-Schnickschnack und last but not least Waffel Equipment für Zuhause. Neben all den tragbaren Glücksbringern gibt's im neuen Flagshipstore auch herrlich duftende Waffeln, den obligatorischen Latte (etwas den Berg hoch liegt schon Prenzlauer Berg) und viele Möglichkeiten sich ein bisschen Glück zum Mitnehmen zu kaufen.

Rosenthaler Str. 17
U8 Weinmeisterstr.
www.kaufdichglueckich.de

Kickz

Hier dreht sich alles um Sneaker und Streetwear. Alle großen Marken sind vertreten und solltet ihr vor lauter Schuhen den Überblick verlieren, das nette Team steht hilfreich zur Seite.

Torstr. 86
U8 Rosenthaler Platz
www.kickz.com/de/stores_berlin

Lala Berlin

Eines der erfolgreichsten Berliner Labels, in der Alten Schönhauser Str. 3. In dieser kleinen Seitenstraße häufen sich die schicken Boutiquen, aber bis mittags schlafen hier alle noch.

Wattstr. 11-13
U2 Rosa-Luxemburg-Platz,
U8 Weinmeisterstr., Tram M1, M8
www.lalaberlin.com

Lomography Berlin meets Lifesmyle

Ihr wollt raus aus der digitalen Welt, zurück zum spontanen, unperfekten Schnappschuss? Hier gibt's alles was der Lomograph braucht (Kameras, Filme…).

Friedrichstr. 133
U6 Oranienburger Tor,
U + S Friedrichstr., Tram M1
www.lomography.de

Muji

Mujirushi ryohin (Abkürzung: MUJI) bedeutet Qualitätsprodukte ohne Label: Zwei Labels bleiben trotzdem kleben: schlicht und japanisch.
Leipziger Platz 12
U2 Mohrenstr.
www.muji.de

NIX Mode-Design

Funktional, außergewöhnlich, vielseitig, klar, leger, bequem, robust, zeitlos, elegant - Transportverpackung für den modernen Großstadtmenschen.
Oranienburger Str. 32, in den Heckmann Höfen
S Oranienburger Str., Tram M1, M6
www.nix-berlin.de

No74 Berlin

Eigentlich sollte es nur ein temporäres Kunstprojekt für adidas werden, aber dann ging die Party weiter und jetzt findet ihr hier neben Klassikern wie den Stan Smith auch schicke Kollaborationen mit Stella McCartney, Yohji Yamamoto und Raf Simons.
Torstr. 74
U2 Rosa-Luxemburg-Platz,
U7 Rosenthaler Platz, Tram M8
www.facebook.com/No74Berlin

Ritter Sport Bunte Schokowelt

Schokolade sehen, riechen und schmecken ist schon nicht schlecht, aber im ersten Flagshipstore von Ritter Sport gibt es mehr: Groß und Klein können selber Schokolade herstellen, in der Schokowerkstatt, nur nach Voranmeldung.
Französische Str. 24

U + S Friedrichstr.,
U6 Französische Str.,
U2 + 6 Stadtmitte,
Bus 100, 147, 200
www.ritter-sport.de/berlin

Soma

Eine der ersten Shopping-Adressen für Insider. Soma ist (neben Huxleys Massendroge) auch der Körper einer Zelle und hier geht es um Körperhüllen. Im Sortiment sind Berliner Designer, junge Labels und Accessoires bis hin zu Unterwäsche.
Alte Schönhauser Str. 27
U8 Weinmeisterstr.
www.soma-berlin.de

The Store X Soho House Berlin

Superschöner Concept Store für Mode, Beauty, Design mit Café und DJ. Ins Soho-Haus kommt man nur als Mitglied des Clubs, aber George Clooney und andere Gäste kann man auch hier unten beim Shopping oder beim Lunch treffen.
Torstr. 1
U2 Rosa-Luxemburg-Platz,
Tram M2, M8
www.thestores.com

mehr in der App
Young Berlin
immer up to date

Die vielen originellen, kleinen Einkaufsmöglichkeiten findet ihr bei den jeweiligen Kiezen. Wer aber wirklich effizient Shoppen will, kommt an folgenden Adressen kaum vorbei:

Einkaufszentren

Alexa, U + S Alexanderplatz

Bikini Berlin, U + S Zoologischer Garten

Boulevard Berlin, U9 Schloßstr.

Designer Outlet Berlin, Auto oder Zug nach 14641 Wustermark

Dong Xuan Center, Tram M8

East Side Mall, U + S Warschauer Straße

Mall of Berlin, Leipziger Platz, U + S Potsdamer Platz

Schönhauser Allee Arkaden, U + S Schönhauser Allee

Einkaufsstraßen

Bergmannstraße, U6 + 7 Mehringdamm

Friedrichstraße, U + S Friedrichstr.

Kastanienallee, U2 Eberswalder Str.

Kurfürstendamm, U1 + 9 Kurfürstendamm

Tauentzienstraße, U1 + 2 + 3 Wittenbergplatz

Schloßstraße, U9 Schloßstr.

Wilmersdorfer Straße, U7 Wilmersdorfer Str.

Alte + Neue Schönhauser Straße, U8 Weinmeisterstr.

Kaufhäuser

Galeria Kaufhof Alexanderplatz, U + S Alexanderplatz

Galeries Lafayette, U6 Französische Str.

KaDeWe, U1 + 2 + 3 Wittenbergplatz

Karstadt, U7 + 8 Hermannplatz

Ausflüge

An den Rändern und drumrum

Stellt euch vor der Fernsehturm ist der große Zeiger einer Uhr und ihr habt in Berlin schon so ziemlich alles an angesagter Mitte gesehen, seid dem Geist der Zeit nach Neukölln gefolgt, und nun wollt ihr neue Territorien erobern. Na dann mal los, nach 12 Uhr und damit nach Pankow und Weißensee.

Wenn ihr mit dem Sonderzug (U2) in Pankow ankommt, steht ihr bald auf einem Dorfanger mit Kirche, Gemüsestand etc. Die Familienfreundlichkeit des Prenzlauer Berges breitet sich in alle Richtungen aus und vielleicht fühlt ihr euch gleich wie zu Hause in dieser netten, vor allem bei Neuberlinern ohne große Szeneambitionen beliebten Wohngegend. Für Kulturfreunde bietet sich das Schloss Schönhausen an, für Naturfreunde gibt es einen großen Park und Radler sind auf dem Panke-Radweg (Karower Teiche, Schlosspark Buch) bestens aufgehoben. Historie gibt's am Majakowskiring wo einst die DDR Politprominenz residierte.

Ganz im Norden von Pankow wird es dann wieder richtig interessant. Im **Gläsernen Labor** auf dem Campus Berlin-Buch können Schülerinnen und Schüler selbstständig in modernen Laboren wissenschaftlich experimentieren.

War euch das zu weit draußen? Dann versucht es mal Richtung 1 Uhr, in Weißensee! Hauptattraktion ist der See gleichen Namens und die privat betriebene Seebadeanstalt, die auch eine rührige Eventlocation ist. Im erfrischenden Wasser könnt ihr ein Bad nehmen und danach Cocktails schlürfen. Gegenüber liegt das **Milchhäuschen** – Ostalgie pur. Die Gegend um die Pistoriusstraße ist auch architektonisch interessant und am Antonplatz (Kino Toni) gibt es typisches Ostberliner Kiezleben. Die renommierte Kunsthochschule Weißensee sorgt für internationale Horizonte und spätestens wenn ihr am **Jüdischen Friedhof Weißensee** angekommen seid, wisst ihr warum sich der Ausflug Richtung Norden gelohnt hat. Der mit über 115.000 Grabstellen größte jüdische Friedhof Europas ist ein einzigartiges kulturhistorisches Denkmal und bemüht sich derzeit um den Weltkulturerbestatus der UNESCO.

Auf ca. 3 Uhr liegt der Bezirk Lichtenberg, dem immer mal wieder Chancen als Aufsteigerbezirk eingeräumt werden, der aber sein Image als Nazibezirk nicht wirklich los wird. Im Ortskern unweit des Ring Centers scheint der Hund begraben zu sein, wären da nicht das **Theater an der Parkaue** und der Stadtpark. Die ehem. Stasizentrale und heutige Gedenkstätte ist nicht weit und auch zum **Dong Xuan**

Center muss man nur die richtige Straßenbahn nehmen (M8 oder 21). Hier findet man alles was das Leben in Asien so schön bunt macht. An der Spree liegt der Ortsteil Rummelsburg, in dem exklusives Wohnen am Wasser dominiert, aber mit dem Paul-und-Paula-Ufer und dem ehemaligen DDR Untersuchungsknast gibt es hier auch zwei touristisch interessante Anlaufstellen. Auf der gegenüberliegenden Halbinsel Stralau findet das exklusive Wohnen seine Fortsetzung. Eine schöne Joggingstrecke, die Dorfkirche und ein lauschiger Platz am Südende mit hübscher Aussicht runden die Gediegenheit ab.

 Gegenüber (ungefähr 4 Uhr) liegt der **Treptower Park.** Die meisten Berliner und natürlich noch mehr die Gäste kennen in Treptow höchstens die Gegend um die Arena. Hier befindet sich eine Ansammlung angesagter Locations in unmittelbarer Wasserlage: **Badeschiff, Club der Visionäre, Festsaal Kreuzberg,** und in Sichtweite, am anderen Ufer (aber das ist eigentlich schon Kreuzberg), **Freischwimmer, Birgit & Bier, Burg Schnabel , Ipse** und **Chalet** … geht noch mehr? Keinesfalls versäumen sollte man den **Treptower Park** mit dem Hafen, dem **Sowjetischen Ehrenmal** und der **Archenhold Sternwarte,** der ältesten Deutschlands. Mit der **Insel** und der **Eierschale Zenner** stehen zwei äußerst unterschiedliche „Lokale" zur Auswahl.

Natürlich kann man sich hier auch auf dem Wasser amüsieren (**Rent a Boat**), auch auf die moderne Art,

mit der Trendsportart „Stand Up Paddling": Ihr stellt euch auf ein Surfbrett und weil es weder Wellen noch Wind gibt müsst ihr paddeln. Ganz schön anstrengend, aber was tut man nicht alles um cool zu sein.

Wanderlust bringt euch weiter Spree aufwärts durch den Plänterwald, mit den Überresten des DDR Freizeitparks **Spreepark Plänterwald,** der in naher Zukunft als Park für Kultur, Theater und Musik wieder auferstehen soll.

An der Fährstation Baumschulenweg könnt ihr übersetzen und ihr findet ein weiteres Highlight der ehemaligen DDR, das **Funkhaus Nalepastraße**. Es gibt Führungen, Konzerte und noch viel mehr. Etwas weiter südlich kommt ihr nach einer Pause im neuen **Weingarten der Reederei Riedel** in eine Gegend in der eine Aufbruchstimmung wie in den 90ern zu erleben ist: Oberschöneweide. Die Spreeclubs der Nuller-Jahre sind fast alle Geschichte, das einzige Gebiet wo sich entlang der Spree noch genügend Platz zum Feiern und Kreativsein finden lässt, ist im bisher eher verrufenen Oberschöneweide („Oberschweineöde"). Auf den ehemaligen Industriearealen (AEG; Kabelwerke) gibt es einen gewaltigen Aufschwung: Die Hochschule für Technik und Wirtschaft hat hier einen neuen Campus und sinniger Weise gibt es hier auch ein Museum für Industriekultur, den **Industriesalon Schöneweide**. Spannende Gegend, wäre da nur die schlechte Anbindung an das Zentrum nicht. Wer mehr Natur möchte, läuft weiter zur Wuhlheide, zum **FEZ** (Freizeit und Erholungszentrum), auch ein DDR-Relikt, das im Gegensatz zum verblichenen Staat sehr gut funktioniert, vor allem für ganz junge Leute. Für etwas ältere BMXLer und Artverwandte gibt's hier den weit über Berlin bekannten **Mellowpark** und für die etwas weniger sportlichen die **Kindl-Bühne** mit Musik und Bier und noch etwas weiter das Stadion des 1. FC Union an der alten Försterei Fußball mit Aufstiegstendenz.

Auf 6 Uhr liegt Tempelhof. Und das ist im Wesentlichen der **Flughafen Tempelhof** oder das was nach Ende des Flugbetriebs 2008 daraus geworden ist: das größte Baudenkmal Europas. Zur Zeit entsteht am Haupteingang ein Besucherzentrum, oben wird ab ca. 2019 das 1,2 Kilometer lange Dach wieder für alle geöffnet, mit Blick auf das **Tempelhofer Feld**. An den Rändern wird ein bisschen gebaut, aber in der Mitte bleibt hoffentlich noch sehr lange die riesige freie Fläche. Auf den Wiesen wird gegrillt und gechillt; im Herbst steigen die Drachen. Die ehemalige Landebahn sollte jeder Mal auf seine Art erkunden, mit Inline Skates, Fahrrädern, Segways, als Kitelandboarder oder

Tempelhofer Feld   ©juergend2, flickr.com

im Winter als Ski-Langläufer. Berlins größte und schönste Moschee, die **Sehitlik Moschee**, liegt übrigens auch nebenan.

Das sich im Westen anschließende Steglitz macht vor allem als Shoppingparadies von sich reden. Nirgends in der Stadt sind so viele und große Einkaufszentren so nahe beieinander wie in der Schloßstrasse. Das **Feuerbach** gilt als die Brunchadresse des Ortsteils und die beste Currywurst gibt's auch hier: **Zur Bratpfanne**. Nicht nur im Frühling und Sommer lockt der **Botanische Garten**, nein auch im Winter wenn es schneit, denn dann kann man im Tropenhaus dem garstigen Winter entfliehen. Nobler und stiller geht es in Dahlem zu, wäre da nicht die Freie Universität. Der einst revolutionäre Geist weht nicht mehr, dafür gibt es Wissenschaft auf höchstem Niveau und die schöne **Philologische Bibliothek**. Bodenständig im wahrsten Sinne geht es in der Domäne Dahlem zu, für den agrarwissenschaftlich interessierten Zeitgenossen eine pfiffige Besuchsidee.

Richtung Havel und damit bei 8 Uhr liegt der Grunewald mit dem **Jagdschloss Grunewald**. Ein bei Hundebesitzern beliebtes Ausflugsziel, denn hier am Grunewaldsee liegt die größte offizielle Hundebadestelle. Für Allergiker und Hundehasser verbietet sich also ein Besuch. Der Ortsteil Grunewald steht seit jeher für Reichtum und selbst wenn ihr nur mit dem Bus an einigen herrschaftlichen Villen vorbeifahrt, bekommt ihr einen Eindruck davon was man hier auf der hohen Kante hat. Apropos Bus: der M19 fährt von der City aus zum S-Bahnhof Grunewald, wo sich mit dem **Gleis 17** eine ergreifende Gedenkstätte der Judendeportation im 3. Reich befindet. Wer ein bisschen Boulevard sucht steigt in den M29 bis Roseneck, setzt sich mit einem Käsekuchen ins Wiener Café und bestaunt das gediegene Publikum. Das sind nicht nur die Wilmersdorfer Witwen, sondern manchmal auch richtig wichtige Prominente wie Frisör Udo Walz, der 86-jährige Playboy Rolf Eden, Glööckler... Sportlich Ambitionierte besteigen den **Teufelsberg**, Berlins höchste künstliche Erhebung (es sind aufgehäufte Kriegstrümmer), und schauen auf diese Stadt oder in den hier oft spektakulären Sonnenuntergang. Hier sieht man auch noch was der Vandalismus von den ehem. amerikanischen Abhöranlagen übrig gelassen hat. Inzwischen ist aus dem Trümmerhaufen eine Touristenattraktion geworden, mit Sport und Kulturevents. Wagt es nicht nach Hause zu kommen ohne ein Selfie von euch vor den alten Abhöranlagen.

 Wir haben kurz nach 9 Uhr und sehen schon das **ICC** vor uns. Das ehemalige Messezentrum ist asbestverseucht und soll seit vielen Jahren abgerissen oder restauriert werden, aber keiner weiß wie das gehen soll, wirtschaftlich sinnvoll und ohne am Autobahndreieck ein Verkehrschaos anzurichten. Deswegen blicken wir weiter, zum

Olympiastadion und den sportlichen Einrichtungen ringsum. Die Historie (Olympischen Spiele 1936) lässt sich im Rahmen einer Führung oder mit Audioguide erkunden. Nach Nordwesten liegen ruhige Wohngebiete. Auffallend sind die Türme des Heizkraftwerks „Ernst-Reuter" am Horizont, wo an klaren Wintertagen eine Wolkenfabrik zu stehen scheint. Dahinter liegt Spandau. Hauptattraktion ist die gigantische **Zitadelle Spandau** mit einer viel bestaunten Fledermauskolonie und dem sommerlichen Citadel Music Festival. Auch hier Altstadt mit Historie, Altstadtschenken und viele mögliche bemerkenswerte Abstecher: Johannesstift, Fort Hahneberg, Juliusturm, oder die populäre Badestelle namens Bürgerablage. Oder ihr fahrt einfach mit dem **Grill-Boot** raus zum Essen und Trinken.

Eine andere noble Wohngegend – das Westend – könnt ihr mit dem Bus 104 (▶ Stadterkundungen) erschließen. Die Siemensstadt veranschaulicht das Ideal einer Arbeiterwohnsiedlung zu Beginn des 20. Jahrhunderts. Die Jungfernheide in der Nähe ist eine der größten innerstädtischen Grünanlagen wo wirklich jeder seinen ruhigen Platz findet. Nördlich schließt sich der Riesenbezirk Reinickendorf an: grün, wasserreich und kontemplativ wie das Buddhistische Haus oder das Humboldtschlößchen. Beliebte Ausflugsziele sind die **Greenwich-promenade** (mit Flusskreuzfahrthafen), das urige Alt-Tegel (die Heimat von „Florida Eis"), die „Dicke Marie" (der älteste Baum der Stadt) und die Borsighallen (ein Shopping Center im ehemaligen Eisenbahnwerk).

Das Dauerprovisorium **Flughafen Tegel** wird es wohl noch eine Weile machen müssen. In der Nähe befindet sich auch die **Gedenkstätte Plötzensee**, in der zwischen 1933 und 1945 fast 3000 Menschen hingerichtet wurden und die **Gedenkkirche Maria Regina Martyrum**, ein architektonisch tief beeindruckendes Gotteshaus zum Gedächtnis der Blutzeugen für die Glaubens- und Gewissensfreiheit.

Der Uhrzeiger steht jetzt auf 10 oder 11 und wir wenden uns Richtung Moabit. Ein Ortsteil der an das Regierungsviertel angrenzt und doch so berlinerisch und unspektakulär ist, dass man es bei dieser Lage kaum glauben möchte. Viele Neuberliner die sich die Trendbezirke nicht leisten können oder wollen setzen vielversprechende Akzente. Ein kleiner Tipp ist die **Buchkantine**, eine Berliner Mischung wie sie wohl nur hier möglich ist, oder der aus dem Fernsehen hinreichend bekannte **Freddy Leck sein Waschsalon**. Das Gleiche gilt im Grunde für den Nachbarbezirk Wedding, der dem östlich davon gelegenen Prenzlauer Berg in Sachen Party und Kunst den Rang ablaufen möchte. Ein besonders netter Ort ist das **WG (Weine + Geflügel)**. Ungeschminkter als am Leopoldplatz und in der Müllerstraße ist Berlin kaum noch irgendwo zu erleben.

Zum Schluss noch zwei Ausflugstipps in ein ganz anderes Berlin:

Köpenick

Köpenick ist eine eigene Welt und älter als Berlin. Der bekannte Hauptmann von Köpenick hat hier zwischen Dahme, Spree und Katzengraben sein Possenstück aufgeführt. Man findet hier eine von Krieg und DDR-Abrissbirne weitgehend verschonte Kleinstadt mit Schloss, historischem Rathaus und zentralem Platz, an dem eine kleine Brauerei ihren Ausschank hat. Die Straße „Kietz" veranschaulicht die Vergangenheit, als Köpenick noch ein Fischerdorf war. Eine Kunst-Offensive hat der Altstadt neue Impulse gegeben.

Wenn ihr schon mal da seid, müsst ihr natürlich auch zum Müggelsee, Berlins größtem See, mit dem Hang sich maritim zu gebärden, sobald der Wind ein bisschen heftiger bläst. Dazu fahrt ihr bis zum S-Bhf. Friedrichshagen, einer ehemaligen Künstlerkolonie vor den Toren der Stadt. Gleich am Bahnhof liegt das **Kino Union** (im Sommer Open Air im Naturtheater). Geht die sehenswerte, liebevoll restaurierte Bölschestraße hinunter und ihr kommt an einem Brauereigelände vorbei, zu einem kleinen Park mit edlem Restaurant und Beach-Beton-Bar. Ihr spaziert durch das ziegelrote Dorf vom Anfang des 20. Jahrhunderts, das in Wirklichkeit Wasserwerk und heute zum Teil Museum ist. Dahinter erreicht ihr die wilden Badestellen am Nordufer und ein wenig weiter das frisch renovierte **Strandbad Müggelsee** und den **Müggelturm**. Nebenan liegt Die **Borke** mit Surf- und Segelschule wo ihr eure maritimen Lüste ausleben könnt, mit

allen neuen trendigen Wassersport-
angeboten (Stand up Paddling...).

Auch viele Berliner wissen nichts
von der Möglichkeit im Sommer mit
der Fähre zum BVG Tarif mit spe-
zieller Aussicht lauschige Plätze zu
erreichen.

Ihr könnt z. B. die F23 von Rahnsdorf
nach Neu-Helgoland nehmen (nur
im Sommer und nicht montags).
Hier gibt es zwei traditionelle Aus-
flugslokale. Anschließend könnt ihr
im Kleinen Müggelsee baden und
am Südufer des Großen Müggelsees
über die Ausflugsgaststätte **Rübe-
zahl** nach Friedrichshagen laufen.

Eine andere Möglichkeit ist es
zum S-Bahnhof Grünau zu fahren.
Im äußersten Südosten der Stadt
liegt ein Ausflugsziel an dem sich
Historie, Badespaß, Naturerlebnis,
Sport- und Einkehrmöglichkeiten
verbinden lassen. Vom S-Bahnhof
steigt ihr in die legendäre Wald-
straßenbahn 68 Richtung Schmöck-
witz, passiert die Regattastraße/
Sportpromenade. Hier wurde schon
zu Kaisers Zeiten gerudert und auch
bei den Olympischen Spielen 1936.
Ihr steigt am Strandbad aus, das
ihr aber nicht unbedingt besuchen
müsst, denn ringsum liegen viele
wilde Badestellen. Rechterhand liegt
das Naturschutzgebiet Krumme
Lake und vor euch auf der autofreien
Sportpromenade könnt ihr Skaten
und Radfahren. Einen günstigen,
schnellen Imbiss gibt's beim Ru-
derclub Sportlerdenkmal, einen etwas ausführlicheren beim **Western-
restaurant Richtershorn.** Beide mit
kostenfreiem Blick auf die Müggelberge und die Ruder-Regattastrecke.

Wenn es Sommer ist fahrt ihr jetzt
mit der schönen Uferbahn (Tram 68)
ein paar Stationen weiter bis zur
Haltestelle „Zum Seeblick" und setzt
mit der F21 zur Krampenburg über.
Dort findet ihr zunächst einen Cam-
pingplatz, der auf dem legendären
Zeltplatz „Kuhle Wampe" fußt. Wenn
ihr den Weg entlang des Langen
Sees nach Wendenschloss nehmt,
stoßt ihr ungefähr auf halber Strecke
auf die rührige Ausflugsgaststätte
Schmetterlingshorst. Wer noch
Kraft hat und einmal auf der höchsten natürlichen Erhebung Berlins
stehen möchte erklimme die Müggelberge und dann den Turm der so
lange gesperrt war - „Auferstanden
aus Ruinen" (so hieß die Natio-
nalhymne der DDR) – den gerade
renovierten **Müggelturm.** Von hier
oben hat man einen grandiosem
Rundumblick, und selbst die große
Baustelle am Horizont erscheint in
einem milden Licht: BER, der neue
Hauptstadtflughafen, der scheinbar
nie fertig will.

Wannsee

Vielleicht ebenso bekannt wie der
Hauptmann von Köpenick ist die
Badehose vom Wannsee, „Pack die
Badehose ein..." sangen die Berliner
in den 20er Jahren in der neuen
S-Bahn auf dem Weg ins „Jrüne".

Vom S-Bahnhof Nikolassee führt der
Wannseebadweg zum berühmten
Strandbad Wannsee, und, gleich
daneben, zum **Wassersportcenter,**
mit Privatstrand und allen Möglichkeiten sich auszutoben (Hier gibt es

sogar Kurse in SUP Polo). Auf dem Weg dahin passiert ihr die „Spinnerbrücke", den Bikertreff schlechthin, manchmal sieht man vor lauter Motorrädern die Straße nicht mehr. Ihr könnt aber auch auf der anderen Seite des S-Bahnhofs den Weg zum glasklaren Schlachtensee nehmen, ein bei den Berlinern äußerst beliebtes Badegewässer mit Ruderbootverleih und viel Schatten, an dessen anderem Ende die beliebte aber nicht billige **Fischerhütte** liegt. Oder ihr nehmt ab Wannseebadweg den Bus 218 und fahrt zur **Pfaueninsel**. Diese bietet nach kurzem Übersetzen per Fähre (!) neben Pfauen, ein Schloss und nachhaltigen Erholungswert. Wenn ihr nicht übersetzt, nehmt den Weg der westlich am Ufer der Havel entlang führt. Ihr erreicht die markante Kirche St. Peter und Paul und das **Blockhaus Nikolskoe**, wo solide Stärkungen serviert werden. Etwas weiter liegt das historische Wirtshaus Moorlake mit gutem Kuchen. So oder so gekräftigt geht es durch den Schlosspark Glienicke zur **Glienicker Brücke** mit fantastischem Panoramablick. Jetzt liegt Potsdam vor euch, welches wir euch im nächsten Kapitel näher bringen.

Zunächst noch zu Berlins populärster und meist überfüllter BVG-Fähre, der F10, die zwischen Wannsee und Kladow verkehrt. Von der Anlegestelle am S-Bahnhof Wannsee, zu jeder vollen Stunde, ist man nach wunderschönen 20 Minuten Überfahrt in der kleinen Marina von Alt-Kladow, wo sich zahlreiche Gaststätten ans Ufer drängeln. Wer in Wannsee Zeit zu überbrücken hat ist im Biergarten **Loretta** oder bei der Besichtigung des Kleistgrabes bestens beschäftigt. Und wer in Kladow Wanderlust bekommt, spaziere die Havel entlang nach Sacrow (ein Ortsteil von Potsdam) mit der allerliebsten **Heilandskirche**. Noch ein Badetipp gefällig? Nehmt den 218er Bus Richtung Messedamm/ICC. An der Haltestelle Havelchaussee kann man sich aus dem Bus gleich ins Wasser stürzen und anschließend den Tag in einer der zahlreichen Sandbuchten verbummeln. Nicht weit entfernt erhebt sich der **Grunewaldturm** über die Baumwipfel, mit grandioser Aussicht und Biergarten. Etwas makaber aber idyllisch gelegen ist ganz in der Nähe der „**Selbstmörderfriedhof**" auf dem auch Nico von Velvet Underground ihre letzte Ruhe fand.

Essen & Trinken

Arminiusmarkthalle

In der alten Moabiter Markhalle kann man ganz altmodisch einkaufen, an vielen kleinen Ständen, und es gibt die passenden Mittags- und Abendangebote: Bockwurst, Boulette, Backfisch, Erbsensuppe, Sauerkraut, … Modernere Ernährungsvarianten sind natürlich auchdabei: Spare ribs und pulled pork im „Pignut BBQ" und original québecker Poutine in „The Poutine Kitchen".
Arminiusstr. 2-4, Moabit
U9 Turmstr., Bus TXL, M27
www.arminiusmarkthalle.com

Blockhaus Nikolskoe

Eine prima Ausflugsempfehlung!
Blick auf Havel, Sacrow und Pfau-
eninsel und nur wenige hundert Me-
ter von der russisch angehauchten
Kirche St. Peter und Paul entfernt.
Gute regionale Küche.
Nikolskoer Weg 15, Zehlendorf
Bus 218
www.blockhaus-nikolskoe.de

Café Pförtner

In der Wüstenei des wilden Wedding
gibt es keinen schöneren Platz als
diese Kantine im alten BVG-Pförtner-
häuschens mit einem stillgelegten
Bus als Lounge. Die gute Küche und
die selbst für Berlin unschlagbar
günstigen Preise machen auch die
Anreise aus entfernten Kiezen lohnenswert.
Uferstr. 8-11, Wedding
U8 Pankstr.
www.pfoertner.co

Café Schöneweile

Im Pförtnerhäuschen des ehemaligen Fabrikgeländes tummeln sich
die Besucher des Industriesalons
Schöneweide und Studenten der
nahe gelegenen Hochschule für
Technik und Wirtschaft.
Reinbeckstr. 9, Oberschöneweide
Tram 27, 63, 67
www.facebook.com/Café-Schoeneweile-
382468688532295/

Die Borke

Direkt neben dem Strandbad
Müggelsee. Traumhafte Sonnenuntergänge mit Blick über den See,
Liegestühle, kleine Erfrischungen,
angenehme Musik – das perfekte Beach Bar Feeling mit Stand-up-Pad-

deling. Im Winter kann man sich
drinnen am Kamin wärmen.
Fürstenwalder Damm 838, Köpenick
Tram 61
www.surf-und-segelschule-mueggel-
see.de

Feuerbach

Das Feuerbach passt immer: zum
abwechslungsreichen Mittagsmenü, sonntags zum Brunch oder
einfach auf ein paar meist charmant
servierte Drinks. Im Sommer reißen
sich alle um die sonnigen Terras-
senplätze (ein rares Gut in diesem
Kiez). Wenn es draußen ungemütlich
ist, sorgen Interieur und Kamin für
Wohlfühlambiente.
Schöneberger Str. 14, Steglitz
S Feuerbachstr., U9
Walther-Schreiber-Platz

Fischerhütte am Schlachtensee

Beliebtes und traditionsreiches
Ausflugslokal im Grunewald mit
Biergarten und Gastronomie für
jeden Geschmack.
Fischerhüttenweg 136, Zehlendorf
U3 Krumme Lanke,
S Schlachtensee,
S Mexikoplatz
www.fischerhuette-berlin.de

Grill-Boot

Kleines rundes Boot für bis zu 10
Personen, in der Mitte ein Grill, und
los geht die Fahrt. Achtung: Die beliebten Grill-boote liegen nicht mehr
an der Spree, in der Rummelsburger
Bucht in Treptow, sondern jetzt neben der Spandauer See-Brücke bei
Eiswerder, an der Havel.
Pohleseestr. 1, Spandau
Bus 139, 236, X36
www.grill-boot.de

Hafenküche

Punktet vor allem durch die Lage direkt am Wasser und ist ein idealer Rastplatz wenn man per Rad unterwegs ist um die neu entstehenden Luxusquartiere an der Rummelsburger Bucht zu erkunden. Die Preise sind abends relativ happig, mittags aber auf Kantinenniveau.
Zur Alten Flussbadeanstalt 5, Rummelsburg mit dem Boot, oder S Rummelsburg, Tram 21
www.hafenküche.de

Insel Berlin

Stadtflucht at its best! Und dies ohne große Mühen, denn eingebettet in den citynahen Treptower Park liegt die Insel der Jugend. Chillen, ob im Biergarten, im Café oder rundum ist obligat. Buntes und vielfältiges Kultur- und Partyprogramm.
Alt-Treptow 6, Treptow
S Treptower Park und/oder Bus165, 166, 265
www.inselberlin.de

Klipper

Historischer Zweimastsegler mit einer großen Restaurant-Steganlage auf der Spree, mit Charterbootbetrieb und Grillbootverleih.
Bulgarische Str. 62, Treptow
S Treptower Park und/oder Busse 165, 166, 265
www.klipper-berlin.de

Loretta am Wannsee

Der große Biergarten mit Blick auf den Wannsee ist die erste Anlaufstelle beim Ausflug ins Grüne, direkt an der S-Bahn und ganz nah an den Anlegestellen der Schiffe.

Kronprinzessinnenweg 260, Wannsee
S Wannsee
www.loretta-berlin.de

Milchhäuschen

Ehemaliges DDR-Lokal das genau diesen Charme noch ausstrahlt. Deftige deutsche Küche gibt's am Kamin oder auf der Terrasse mit Blick auf den Weißensee.
Parkstr. 33 a, Weißensee
Tram M13, M4
www.milchhaeuschen-berlin.de

Mutter Fourage

Idealer Zwischenstopp beim Ausflug ins Grüne. Im idyllischen Hof einer ehemaligen Futterhandlung (frz. Fouge) finden wir Feinkostladen, Gartenhandlung, Bilderrahmenatelier, Galerie und dann das Hofcafé.
Chausseestr. 15a, Wannsee
Bus 316
www.mutter-fourage.de
www.hofcafe-berlin.de

Parkbühne Wuhlheide

Im Volkspark Wuhlheide, im unter Denkmalschutz stehenden Amphitheater, gibt es Programm mit Bier.
An der Wuhlheide 187, Oberschöneweide
S Wuhlheide
www.wuhlheide.de

Pignut BBQ

Spare ribs und pulled pork. Amerikanische Grillkultur zu Gast in Berlin, in der schönen, alten Arminiusmarkthalle in Moabit.
Arminiusstr. 2-4, Moabit
U9 Turmstr., Bus TXL, M27
www.pignut.de

Pound & Pence

In der Arminius-Markthalle gibt einen der besten Burger der Stadt. Lamm- oder Dry-Aged-Burger, den britischen Klassiker „Chicken Tikka"oder Ihr probiert es Mal vegetarisch: Neulich gab es einen „Nutty Sellerie": eine Scheibe gebackener Sellerie mit Rucola, Wildkräutern, karamellisierten Haselnüssen und einer Estragon-Mayonnaise.

Arminiusstr. 2-4, Moabit
U9 Turmstrasse, Bus TXL, M27
www.facebook.com/
Poundandpenceberlin

Rübezahl

Ein Tivoli am Rande der Stadt. Nichts was es hier nicht gibt: Frühlingsfest, Sommergarten, Oktoberfest und Eisbahn. Die DDR-Vorzeige-Ausflugsstätte gibt sich redlich Mühe, den Anschluss nicht zu verpassen.

Müggelheimer Damm 143, Köpenick
Bus X69
www.mueggelseeterrassen.de

Schmetterlingshorst

Eine der wenigen DDR-Ausflugsgaststätten, die wiederbelebt worden ist und wo es neben Kaffee und Kuchen, Bier und Wurst auch eine umfangreiche Schmetterlings- und Insektenausstellung gibt. Von Mai bis September Kunstausstellungen im Galerieraum. Unter altem Baumbestand direkt am Langen See, einfach wunderschön.

Am Langen See, Köpenick
Tram 62, dann 15 Min. Fußweg
www.schmetterlingshorst.de

Spreearche

Sich einmal fühlen wie Tom und Huck. Dafür lohnt sich der lange Weg, auch wenn die Spree nicht der Mississippi ist. Auf der linken Seite nach der Klingel suchen und sich übersetzen lassen auf dieses Blockhaus mitten im Fluss und dann im Sonnenuntergang eine Molle trinken. Besser jeht nüscht.

Müggelseeschlösschenweg, Köpenick
Bus 167, 269
Sa + So 12-16 Uhr, im Sommer öfter
aber sicherheitshalber anrufen:
0172-3042111
www.spreearche.de

Strandbad Weißensee / Übersee Bar

Palmen, Cocktails und Sonnenuntergänge in absoluter Stadtnähe sprechen für einen Besuch an einem warmen Tag. Abends kann für 1 € Eintritt auf eigene Gefahr immer noch gebadet werden. Weil das alles noch nicht genug ist gibt es außerdem noch Thai Chi, Reiki, Massagen, Yoga, Swing und Salsa Tanzabende.

Berliner Allee 155, Weißensee
Tram M4, M13
www.binbaden.com,
www.strandbadweissensee.de

The Poutine Kitchen

In der alten Moabiter Markthalle gibt es neben den vielen typischen Markthallenimbissen jetzt auch original quebecker Poutine: Pommes frites, Cheese curds und Bratensauce. Klingt scheußlich, kann aber ziemlich gut sein. Und weil Berlin ein internationales Pflaster ist gibt es natürlich auch trendige Streetfoodvarianten der Poutine, mit korean bacon, pulled pork etc.

Arminiusstraße 2-4, Moabit
U9 Turmstr., Bus TXL, M27
www.thepoutinekitchen.de

Weingarten der Reederei Riedel
Der Weingarten im Heimathafen der Reederei Riedel. Wenn ihr in Richtung Büros geht, gibt es zusätzlich umsonst draußen & drinnen Kunst zu sehen.
Nalepastr. 10-16, Treptow
www.reederei-riedel.de

Westernrestaurant „Richtershorn am See"
Traditionelle Ausflugsgaststätte am Langen See mit Blick auf die Müggelberge. Western Atmosphäre bei Square Dance und anständigem Beef garantiert. Streichelzoo, Blockhütte, etc.pp. – alles dabei.
Sportpromenade 15, Grünau
S Grünau, Tram 68
www.richtershorn.de

Zur Bratpfanne
Eine der beliebtesten Currywürste. Hier schmeckt die Currysoße eher italienisch, nach viel Tomatenmark.
Schloßstr. Ecke Kieler Str., Steglitz
U9 Rathaus Steglitz, Bus M48, M85
www.zurbratpfanne.de

Nachtleben

Chalet
Bis 2012 war hier das Heinz Minki, eine der beliebtesten Oasen unter Apfelbäumen, im Garten, am Wasser. Das gibt's jetzt nicht mehr, denn die Macher der legendären Bar 25 haben es gekauft und umgestaltet: Parties die nicht enden wollen – warum sollten sie auch. So können alle die die Nacht verschlafen haben sich auch beim Frühstück am Techno-Gewummer ergötzen.
Vor dem Schlesischen Tor 3, Treptow
U1 Schlesisches Tor
www.chalet-berlin.de

C-Halle
Die ursprüngliche Sporthalle der Alliierten ist heute einer der großen (Jugend-) Veranstaltungsorte der Stadt (3500 Pers.). Neben Konzerten namhafter Klangkünstler gibt es jede Art von Event, z. B. mehrtägige Festivals oder endlose Technoparties.
Columbiadamm 13-21, Tempelhof
U6 Platz der Luftbrücke
www.columbiahalle.berlin

Festsaal Kreuzberg
Dass der Festsaal Kreuzberg knapp hinter der Bezirksgrenze in Treptow ist, liegt daran, dass er in Kreuzberg abgebrannt ist und dass in Treptow das White Trash in Konkurs gegangen ist. Jetzt gibt es schmutzige Parties und ein Progamm wie im alten Festsaal auf Treptows großem Feierareal, neben Arena, Club der Visionäre…
Am Flutgraben 2, Treptow
U1 Schlesisches Tor,
S Treptower Park,
Bus 265
www.festsaal-kreuzberg.de

Kino Union
Historischer Kinosaal wo es außer bestaunenswerten Filmen erstaunlich viele, sehr beliebte Parties und Barabende gibt. Im Sommer lädt das Naturtheater im Kurpark zum Open-Air-Kino in die perfekte Idylle ein.
Bölschestr. 69, Köpenick
S Friedrichshagen
www.kino-union.de

sky.bar im andel's Hotel Berlin

Vom 14. Stock des schicken 4-Sterne-Designhotels gönnen wir uns hervorragende Cocktails und einen Blick über den Osten der Stadt.
Landsberger Allee 106, Lichtenberg
S Landsberger Alle,
Tram M5, M6, M8
www.andelsberlin.com

WG (Weine & Geflügel)

Sympathischer und kontaktfreudiger Laden mit fairen Preisen. Die flüssigste WG der Stadt: Mi WeinBar (jedes Glas Wein 2 €) Do Happy Hefe (jedes Weizen 2,50 €). Ausgedehnte Happy-Hour-Zeiten…
Malplaquetstr. 28, Wedding
U6 + 9 Leopoldplatz
www.weineundgefluegel.de

Einkaufen

Boulevard Berlin

Das vierte Einkaufszentrum in der Schloßstraße ist modern, großzügig und für den jungen Menschen stadtweit Anziehungspunkt. Dank Hollister, ihr wisst schon, der US-Store mit der Schlange vor der Tür, um für nen Fuffi ein x-beliebiges T-Shirt zu erstehen.
Schloßstr. 15, Steglitz
U9 Schloßstr.,
Bus M48, M85,186,282
www.boulevardberlin.de

Designer Outlet Berlin

Vor den Toren Berlins findet ihr mehr als 100 internationale Fashion- und Lifestyle Marken in über 85 Geschäften, und das zu Preisen, die 30-70% unter den unverbindlichen Preisempfehlungen der Hersteller liegen. Shuttle Bus immer freitags und samstags ab Berlin Kurfürstendamm/Rankestraße.
Alter Spandauer Weg 1,
14641 Wustermark OT Elstal
RE 4 bis Elstal, dann Bus 662
www.mcarthurglen.de

Dong Xuan Center

Lasst euch nicht von der Industriekulisse im fern wirkenden Lichtenberg abschrecken, denn zwischen euch und einem Abstecher nach Fernost liegt nur eine kurze Fahrt mit der Tram. Kost, Klamotten und Kultur direkt aus Vietnam.
Herzbergstr. 128, Lichtenberg
Tram M8, 21
www.dongxuan-berlin.de

Primark

Für alle, denen das Gepäckstück bei easyjet zu teuer ist gibt es jetzt eine Alternative: Berlin's erste Primark-Filiale. Billiger geht's nicht: Jeans für 7,90 € T-Shirts 3 €…
Schloss-Straßen-Center,
Walther-Schreiber-Platz 1, Steglitz
U9 Walther-Schreiber-Platz,
Bus M48, M76, M85
www.primark.de

mehr in der App
Young Berlin
immer up to date

Potsdam

Preußens Arkadien

Potsdams Geschichte reicht bis ins 8. Jhd. zurück, als Slawen die Siedlung Poztupimi errichteten. Erst im 17. Jhd. begann mit den Hohenzollern der Aufstieg Potsdams, als der Große Kurfürst Friedrich Wilhelm mit dem Edikt von Potsdam (1685) den französischen Hugenotten Zuflucht gewährte. Unter Kurfürst Friedrich III. wurde Potsdam 1701 dann königliche Residenzstadt. Die Stadt wurde erweitert durch das Holländische Viertel (1733-1742), mit dem den Handwerkern und Künstlern aus den Niederlanden das Leben in Preußen schmackhaft gemacht werden sollte, durch die Weberkolonie Nowawes (1751) oder später die Blockhäuser der **Russischen Kolonie Alexandrowka** (1826/27), die für Sänger des Kriegsgefangenenchors errichtet wurde.

Prächtige Schlösser und Parkanlagen wurden gebaut, und Potsdam wurde zur Stadt der Schlösser und Gärten. Große Künstler waren an den Bauten beteiligt, wie Georg Wenzeslaus von Knobelsdorff, Karl Friedrich Schinkel, Ludwig Persius, Carl Gotthard Langhans und der Gartenarchitekt Peter Joseph Lenné. Das Ensemble der preußischen Schlösser und Gärten gehört seit 1990 zum UNESCO Welterbe.

Die wichtigsten Ensembles sind:

① Schloss und Park Sanssouci und das Neue Palais
② Neuer Garten mit Cecilienhof und Marmorpalais
③ Schloss und Park Babelsberg
④ Schloss und Garten Sacrow

1744 entstand das berühmte, aber eher bescheidene Privatschloss Friedrichs des Großen (der mittlerweile auch daneben begraben liegt): **Schloss Sanssouci**. Ausgehend von den Weinbergsterrassen erstreckt sich entlang einer 2 km langen Hauptachse der Park Sanssouci, in dem man noch heute ohne Sorge – sans souci – wandeln kann und in dem sich zahlreiche weitere kleine Schlösser und Tempel befinden: die **Neuen Kammern**, das einstige Gästeschloss Friedrichs des Großen, die **Bildergalerie**, **Schloss Charlottenhof**, die **Römischen** **Bäder** und, am Ende der Allee, das Repräsentationsschloss: das **Neue Palais**. In die Communs des Neuen Palais, in denen damals die Angestellten wohnten, könnt ihr gerne einen Blick werfen; hier sind auch einige Fakultäten der Universität untergebracht.

Der **Neue Garten** wird eingerahmt durch den Jungfern- und den Heiligen See. Kronprinz Friedrich Wilhelm II. legte ihn im späten 18. Jhd. an. Das 1912-1917 im englischen Landhausstil erbaute **Schloss Cecilienhof** diente nicht nur der Kronprinzenfamilie als Wohnung, sondern war 1945 auch Austragungsort der Potsdamer Konferenz. Churchill, Truman und Stalin berieten hier über das weitere Schicksal Deutschlands und beschlossen die Aufteilung in die vier Sektoren, die eine Voraussetzung für die spätere Teilung des Landes und den Beginn des Kalten Krieges bildete. Direkt daneben, am Ufer, kann man im Biergarten der **Alten Meierei** einen wunderschönen Blick nach Sacrow, zur Berliner **Pfaueninsel** und auf die Villen der Berliner Vorstadt (wie die von Günther Jauch oder Wolfgang Joop) genießen. Das **Marmorpalais** wurde ab 1787 von C.G. Langhans, der auch das Berliner Brandenburger Tor gebaut hat, errichtet und nach neuester Mode eingerichtet. Die Innenräume sind prächtig ausgestattet und gehören zu den kostbarsten erhaltenen Beispielen des Frühklassizismus in Preußen.

Das **Schloss Glienicke** ⑤ (es liegt auf der Berliner Seite der Havel) wurde 1826 von Schinkel für Prinz Carl von Preußen zur Sommerresidenz im italienischen Landhausstil umgebaut. Der Park wurde von Lenné gestaltet. Verschlungene Spazierwege eröffnen einen Blick auf Potsdam, Schloss Babelsberg, Sacrow, die Pfaueninsel und die Havelseen.

Auf der **Glienicker Brücke** ⑥, die Berlin und Potsdam miteinander verbindet, wurden im Kalten Krieg Agenten ausgetauscht. Noch heute erkennt man den Verlauf der Grenze im Scheitelpunkt der Brücke, da der Stahl unterschiedlich gefärbt ist.

Das etwas bizarr anmutende, einer Ritterburg ähnelnde **Schloss Babelsberg** wurde 1833 für Prinz Wilhelm, den späteren Deutschen Kaiser Wilhelm I., als Sommerresidenz erbaut. Das englisch-neogotische Gebäude ist ein Gemeinschaftswerk Karl Friedrich Schinkels und der architekturbegeisterten Prinzessin Augusta. Das Schloss liegt in einer 124 Hektar großen Parklandschaft, die von Lenné und später von Fürst von Pückler-Muskau gestaltet wurde und auf jeden Fall einen ausgedehnten Spaziergang wert ist!

Im Schlosspark von Schloss Sacrow (1773 erbaut), der auch von Peter Joseph Lenné gestaltet wurde, steht direkt am Ufer des Jungfernsees, idyllisch auf einer Landzunge, die auffallende **Sacrower Heilandskirche**. Sie wurde 1843 von Persius in Form einer frühchristlichen Basilika mit Campanile erbaut. Lange Zeit war Sacrow Grenzgebiet (durch die Havel verlief die Grenze nach West-Berlin) und erst 1990 konnten Schloss und Kirche renoviert werden. Im Schloss finden im Sommer Kunstausstellungen statt. Es gibt noch eine ganze Reihe anderer Schlösser in und um Potsdam. Für die, die noch nicht genug haben, könnte man noch das Krongut Bornstedt, das **Belvedere auf dem Pfingstberg** ⑦ und Schloss Petzow nennen, und es gibt noch einige mehr.

Der Einzug des technischen Zeitalters und Ausbau als Wissenschaftsstandort hinterließen aber auch ihre Spuren in Potsdam. Ein sehenswertes Beispiel hierfür ist der Wissenschaftspark Albert Einstein auf dem Telegrafenberg mit verschiedenen astronomischen und meteorologischen Observatorien und dem bekannten **Einsteinturm**. Er wurde 1920 nach Plänen Mendelsohns erbaut, beherbergt ein 60-cm-Teleskop und wirkt noch heute wie ein utopisches Raumfahrzeug. Ein weiteres Beispiel ist der **Filmpark Babelsberg**. 1911 wurde hier der Grundstein für einen der größten Studiokomplexe der Welt gelegt, der von der UfA und der DEFA genutzt wurde. Heute wird hier auch noch gedreht und es ist ein Freizeitpark mit Stuntshows, alten Filmkulissen und anderen Attraktionen.

Der Jahrhundertschritt von Wolfgang Mattheuer, im Innenhof vom Museum Barberini *© Madeleine Schallock*

Potsdam heute

Potsdam geht es gut! Die Lebensqualität ist eine der höchsten in Deutschland, in Sachen Bildung und Kinderbetreuung belegt man erste Plätze, es gibt ein großes Bürgerengagement und viel Geld zur Stadtrekonstruktion. 2017 schenkte ein Mäzen, der bereits für den Wiederaufbau des Potsdamer Stadtschlosses gespendet und der Stadt das Hasso-Plattner-Institut geschenkt hat, der Stadt auch noch das **Museum Barberini** ⑧, ein Museum für Kunst der DDR und Kunst nach 1989. Hohe Arbeitslosenquote, Überalterung und sonstige Probleme ostdeutscher Kommunen sind in Potsdam außen vor, die Stadt entwickelt sich prächtig und ist ein Anziehungspunkt für Promis (Jauch, Joop...), Reichtum, Kultur und Wissenschaft.

Die Preise sind in der Innenstadt dementsprechend hoch, auch in der Gastronomie. Doch es gibt auch Nischen, die vor allem der lebendigen Studentenszene zu verdanken sind. Der Dreiklang zwischen Reichtum, Studenten und Parkwächtern der durch große Teile der Stadt hallt, kristallisiert sich am Heiligen See, dessen Nordufer eine der wenigen öffentlichen Badestellen ist. Am Ostufer entlang der Seestraße liegen die Villen der A-Prominenz. Auch sonst scheint die Stadt vornehmlich aus Villenvierteln zu bestehen, doch auch Potsdam zeigt Bausünden und hat seine Problemquartiere z. B. „Am Stern". Lohnend in diesem Zusammenhang die Besteigung des Pfingstberges mit dem **Belvedere** – so ein schöner Ort und die Aussicht!

Städtisches, kleinstädtisches Leben spielt sich rund um die Fußgängerzone Brandenburger Straße ab, wobei das Holländische Viertel sicherlich besonders sehenswert ist und mit dem **Café Heider** und dem **Café La Leander** zwei ganz besondere Cafés beherbergt.

Reichlich Straßencafés und Cocktailbars gibt's am Nauener Tor. Wir gehen erstmal auf einen Cocktail in die Bar **van Gogh**. Auch das **Hafthorn** ist sommers wie winters eine beliebte Anlaufstelle. Denn hier rührt sich auch abends noch etwas, ansonsten sind die Bürgersteige hier in den Abendstunden hochgeklappt.

Jugendliche, Studenten und Amüsiervolk treffen sich früher oder später auch in der Dortustraße oder der Charlottenstraße, in der **Bar Gelb** oder dem **11-Line** oder sie steuern gleich die abwechslungsreiche **Schiffbauergasse** an. Hier hat sich neben dem **Waschhaus** eine Kultur- und Partyszene etabliert. Im Winter geht's ins **T-Werk** oder **Hans Otto Theater**, im Sommer in die **Sandbar** oder **Waschbar**. Nehmt Euch nicht zu wenig Zeit für einen Abstecher ins **Freiland Potsdam** in der Nähe deU + S Hauptbahnhofs. Dieses weitläufige Areal ist eine Art Abenteuerspielplatz und unkonventionelle Eventlocation, die nun schon seit vielen Jahren. Jahr erfolgreich allerhand Musiker, Künstler und Amüsierfreudige anzieht. Weiter geht's Richtung Babelsberg. Der durch seine Filmstudios und die Hochschule für Film und Fernsehen (HFF) bekannte Stadtteil Babelsberg verfügt über eine rege Kneipenszene, z. B. an der Rudolf-Breitscheid-Straße (**Gleis 6**). Lauschig ist hier Nowawes, das Weberviertel mit seinen kleinen bunten Häusern mit kunsthandwerklich ausgerichteten Läden. Wenn ihr

Potsdam nun Richtung Berlin verlasst, dann macht ihr das entweder über den neuen Hauptbahnhof (mit Einkaufs-, Fast Food-Areal und einem großen UCI-Kino) oder über die ruhige Glienicker Brücke mit dem fabelhaften Blick auf die umliegende Parklandschaft.

Potsdamer Adressen

TMB Tourismus Marketing Brandenburg GmbH

Informations- und Buchungsservice Reiseland Brandenburg mit besonderen Angeboten für Jugendliche, Wassersport, Wellness, Natur u.v.m.
Am Neuen Markt 1
Tel. 0331-2004747
www.jugendreisen-brandenburg.de
www.reiseland-brandenburg.de

Tourist Information Potsdam

In der Tourist Information gibt es neben vielen Informationen über die Stadt auch Souvenirs, Tickets, Ausflugtipps und Wissenswertes über Geschichte und Zukunft der Landeshauptstadt Brandenburgs.
Tel. 0331-27558899
www.potsdamtourismus.de

Tourist Information Potsdam Hauptbahnhof

Bahnhofspassagen (neben Gleis 6),
Mo-Sa 9:30-18:30 h, Su 9:30-15:00 h

Tourist Information Potsdam Am Alten Markt

Humboldtstraße 1-2
Bus 606, 695, Tram 92, 96
Mo-Sa 9:30-18:30 h, Su 9:30-15:00 h

Schlösser und Gärten

Öffnungszeiten der Schlösser

Sommer 10-17:30 Uhr, Winter 10-16:30 Uhr

Das sind die „normalen" Öffnungszeiten. Es gibt aber so viele Abweichungen und wechselnde Besonderheiten, dass wir dringend empfehlen alles kurzfristig online zu prüfen www.spsg.de oder in unsrer App Young Berlin

Für einen Besuch von Schloss Charlottenburg in Berlin müsst ihr euch übrigens auch an die SPSG wenden (mehr dazu im Kapitel Kulturelles). Auskünfte zu den Schlössern erhaltet ihr unter Tel. 0331-9694-200.

Es lohnt sich aber auf jeden Fall auch, einfach nur durch einen der Parks zu schlendern. Die Besucher werden hier um einen „Freiwilligen Parkeintritt" von 2 € gebeten, um den Erhalt der historischen Gartenanlagen zu unterstützen. Dafür erhält man einen Park-Plan mit Übersichtskarte und Sightseeing-Tipps.

Noch eine Besonderheit: Zum Fotografieren – nur für private Nutzung, nicht zur Veröffentlichung – braucht ihr eine Erlaubnis und die müsst ihr kaufen, für 3 € pauschal für alle Schlösser, einen Tag, ohne Blitz, ohne Stativ.

Eintrittspreise:

Der Eintritt für ein einzelnes Schloss kostet oft 6-8 €, erm. 6-7 €, aber es gibt so viele Einzelpreise, Kombi-, Familien-, Gruppen- und sonstige Spezialtickets, dass es unmöglich ist die übersichtlich darzustellen.

Die folgenden zwei Optionen sind besonders beliebt:

Ticket Sanssouci +

19 € (erm. 14 €). Gültig für einen Tag, für einen Besuch in jedem Schloss (gilt nicht für Belvedere auf dem Pfingstberg, Schloss Sacrow und Jagdschloss Stern), inkl. feste Einlasszeit im Schloss Sanssouci.

Ticket Charlottenburg +

17 € (erm. 13 €). Gültig für Altes Schloss und Neuer Flügel, Neuer Pavillon, Belvedere und Mausoleum an einem Tag.

Die Tickets gibt's im **Besucherzentrum an der Historischen Mühle**, und im **Besucherzentrum am Neuen Palais**, Tel. 0331 - 9694-200, Fax 0331 - 9694-107, E-Mail: info@spsg.de

Schlosslandschaften

Besucherzentrum an der Historischen Mühle
An der Orangerie 1, 14469 Potsdam
1. Jan - 31. Mär und 1. Nov - 31. Dez
8:30-16:30 Uhr, 1. Apr - 31. Okt
8:30-17:30 Uhr
Montags geschlossen

Besucherzentrum am Neuen Palais
Am Neuen Palais 3,
14469 Potsdam
1. Jan - 31. Mär und
1. Nov - 31. Dez 10-16 Uhr,
1. Apr - 31. Okt 9-17:30 Uhr
Dienstags geschlossen

Park Sanssouci

Lustwandeln „ohne Sorgen", aber nur wenn Ihr Euch ein paar Stunden Zeit nehmt. Die braucht Ihr, auch wenn Ihr nicht jedes Schloss von innen sehen möchtet. Der Park ist wirklich sehr groß und sehr schön.
Bus 695, X 15 (nur am Wochenende)
Tel. 9694200
tägl. 6 Uhr bis Einbruch
der Dunkelheit
freiwilliger Parkeintritt 2 €
Parkführung: pauschal 130 €,
Schulklassen - 30 % (gilt nicht für
Universitäten oder Berufsschulen)
www.spsg.de

Schloss Sanssouci

Die Sommerresidenz Friedrichs des Großen, von Knobelsdorff 1745-47 erbaut, liegt an Weinbergterrassen. Passend ist die Fassade mit Bacchussymbolik versehen. In diesem Hauptwerk deutscher Rokokoarchitektur kann man neben prachtvoll gestalteten Räumen viele Meisterwerke der Malerei bewundern.

Schloss Neue Kammern

Friedrich der Große hat die ehemalige Orangerie 1771-1774 zum prächtigen Gästeschloss im Stil des friderizianischen Rokoko umbauen lassen.

Bildergalerie

Niederländische, italienische und französische Renaissance- und Barockmalerei kann hier betrachtet werden, u.a. Werke von Rubens, van Dyck und Caravaggio. Direkt neben Schloss Sanssouci.

Orangerieschloss

Meisterlich erbaut von Persius, Stüler und Hesse (1851-64) veranschaulicht die Italiensehnsucht Friedrich Wilhelms IV. Sehenswert sind der Raffaelsaal, die Schlossräume, die Turmgalerie und der Aussichtsturm, von wo aus sich eine schöne Aussicht eröffnet.

Historische Mühle

1787-1791 von van der Bosch erbaut und 1945 vollständig durch einen Brand vernichtet, wurde die historische Mühle nach dem Wiederaufbau seit Anfang der 80er Jahre 1993 anlässlich der 1000-Jahr-Feier Potsdams wieder eröffnet. Direkt gegenüber befindet sich ein Besucherzentrum der Stiftung Preußische Schlösser und Gärten Berlin-Brandenburg.

Chinesisches Haus

Wie kaum ein anderer Bau verkörpert das Chinesische Haus im Park Sanssouci die Vorliebe der Zeit für Chinoiserien. 1754 bis 1757 errichtet, vermittelt die elegante Architektur eine heitere Atmosphäre.

Belvedere auf dem Klausberg

Der schöne Blick auf Park Sanssouci, die hügelige, seenreiche Landschaft und die Stadt Potsdam.

Bus 695, 606
Tel. 9694206
www.spsg.de

Neues Palais

Friedrich der Große ließ das Neue Palais 1763 – 1769 errichten. Prächtige Festsäle, Galerien und fürstlich ausgestattete Appartements wie die Königswohnung sind herausragende Zeugnisse des friderizianischen Rokoko. In diesem Jahr gibt es mehr Veranstaltungen und Sonderführungen, zur Feier des zum 250. Geburtstags.

Schloss Charlottenhof

Eines der Hauptwerke Schinkels (Bau 1826-29) ist in seinen klassisch strengen Formen von antiken Landsitzen angeregt. Interessante Innenräume wie das Schreibkabinett des Kronprinzenpaares Friedrich Wilhelm IV. und Elisabeth sind erhalten.

Römische Bäder

Das romantische Ensemble wurde zwischen 1829 und 1840 im Stil italienischer Landhäuser errichtet. Das namensgebende Römische Bad, dessen Architektur auf antike Bäder Bezug nimmt, entstand zuletzt.

Neuer Garten

Dieser Park wurde ab 1787 am Heiligen See als erster englischer Landschaftsgarten in Preußen angelegt. Hier liegen das Marmorpalais, eine Orangerie und das Schloss Cecilienhof. Weitere Parkarchitekturen wie die Gotische Bibliothek, die Pyramide oder die Muschelgrotte sind erhalten geblieben.

Tram 92, 96, weiter mit Bus 603
Tel. 9694200
tägl. 8 Uhr bis Einbruch der Dunkelheit, freiwilliger Parkeintritt 2 €

Marmorpalais

Das schöne Palais wurde von 1787 bis 1791 von Gontard und Langhans erbaut. Es zeigt Intarsienkabinette und kostbare frühklassizistische Räume mit meist originaler Ausstattung.

Schloss Cecilienhof

1913-17 von Schultze-Naumburg erbaut wurde hier 1945 Nachkriegsgeschichte geschrieben. Vom 17. Juli - 2. August fand hier die Potsdamer Konferenz statt. Außerdem befinden sich hier die Wohnräume des letzten Kronprinzenpaares. Zum 75. Jahrestag der Potsdamer Konferenz wird eine Sonderausstellung die Standardausstellung ersetzen: „Potsdamer Konferenz 1945 – Die Neuordnung der Welt" (1. Mai - 1. November 2020).

Belvedere auf dem Pfingstberg

Das in der Mitte des 19. Jahrhunderts erbaute Schloss bietet vom restaurierten Westturm und Ostturm eine herrliche Aussicht über den Neuen Garten und Potsdam. Gleich daneben kann man den Pomonatempel beuschen, den ersten realisierten Bauentwurf des damaligen Star-Architekten Karl Friedrich Schinkel.

www.pfingstberg.de

Park Babelsberg

Schloss Babelsberg

Das Schloss über der Glienicker Lake entstand nach Plänen von Schinkel ab 1833 im englischen Tudorstil. 1844-49 fand unter Persius und Strack ein Umbau statt. Im von Lenné und Fürst Pückler im 19. Jh. gestalteten Park sind weite Blicke in die Potsdamer Kulturlandschaft möglich. Nahe dem Schloss befinden sich auch der Flatowturm, das Maschinenhaus und die Gerichtslaube.

Bus 694
Tel. 9694250
Wegen Sanierungsmaßnahmen
ist das Schloss Babelsberg bis auf
weiteres geschlossen.

Flatowturm

Schöne Aussichten nicht nur von den Zinnen des Turms aus, sondern auch in der gleichnamigen Dauerausstellung zur Geschichte des Babelsberger Parks.

Bus 694
Tel. 6009494
Mai-Okt Sa + So + feiertags 10-
18 Uhr (letzter Einlass 17:30 Uhr), 2 €

Potsdam heute

11-line

Café und Bar mit einem abwechslungsreichen Programm: Jamsessions, Sprachkurse, Tischtennis, Nähkurse, Tatort-Abende, Lesungen… Zu den 11-line-Filmabenden bringt jeder seinen Lieblingsfilm mit, mal rockt man die Bühne, ob lesend, singend, dichtend… Und am Wochenende wird gebruncht. Was will man mehr?

Charlottenstr. 119
Bus 614, 650, 692, 695
www.11-line.de

Abenteuerpark

Der Kletterwald für Berlin und Potsdam. Hier kann man durchgehend gesichert über 12 verschiedene Parcours in bis zu 12 Metern Höhe durch die Bäume klettern. Das Highlight des Parks ist eine 200 m lange Seilrutsche zwischen 2 Bäumen. Im schönen Waldbistro können auch Nichtkletterer die Seele baumeln lassen und den Tag bei einem Kaffee oder kühlen Bier genießen.

Albert-Einstein-Str. 49
S Potsdam Hbf
Tel. 0331-6264783
April - Oktober
10-24 €
www.abenteuerpark.de

Bar Gelb

In einem gemütlichen Hinterhof auf der Charlottenstraße ist wie der Name verspricht alles gelb und sonnig - einige Cocktails machen da eine Ausnahme. Obendrein locken allerhand Fassbierspezialitäten - und hin und wieder ein Kneipenquiz.

Charlottenstr. 29
Tram 92, 93, Bus 605, 650
www.bargelb.com

Beelitz-Heilstätten Baumkronenpfad

Der Baumkronenpfad (mehr als 300 Metern lang und bis zu 23 Meter hoch) führt über die Ruinen der ehemaligen Frauen-Lungenheilstätte. Nach dem Zweiten Weltkrieg, bis 1994, war hier das größte Militärhospital der sowjetischen Armee

außerhalb der Sowjetunion. Heute bieten Gebäudeführungen, u.a. in die alte Chirurgie, spannende Einblick in die Geschichte des Ortes.
Straße nach Fichtenwalde 13, 14547 Beelitz-Heilstätten
Regionalbahn Linie 7 Berlin – Dessau, Ausstieg "Bahnhof Beelitz – Heilstätten", mit dem Fahrrad: Europaradweg R1 (Calais, Frankreich - St. Petersburg, Russland)
Tel. 0331-634723
Apr-Okt tägl.10-19 Uhr,
Mrz tägl. 10-17,
Dez-Feb Sa + So 10-16 Uhr
9,50 €, erm. 8,50 €,
Kinder (7-14 J) 7,50 €
www.baumundzeit.de

Body Temple Potsdam
Seit 1997 nicht mehr aus Potsdam wegzudenken, der Tempel für bunte Haut und große Kunst. Feinste Tätowierungen ab 70 €, Permanent Makeup ab 450 €
Lindenstr. 14
Tram 92, 96
www.body-temple.de

Brahmstaedts
Feinste Pâtisserie im Holländischen Viertel. Lassen wir uns von den süßen Leckereien verführen! Macarons, Torten, Kuchen, Petit Fours, Tartelettes, Fudges, Pralinen…
Am Bassin 10
Tram 92,96, Bus 604, 609, 638
www.brahmstaedts.de

Brandenburger Tor Potsdam
Auch in Potsdam gibt es ein Brandenburger Tor. Es entstand 1770 nach Plänen von Gontard und Unger und sieht aus wie der Pariser Arc de Triomphe, nur in klein.
Luisenplatz
Bus 606, 692, Tram X5, 91, 94

Café Heider
In diesem schönen Café werden wunderschöne Mädchen für internationale Model-Karrieren entdeckt, bzw. wurden Frau Knuppe und Frau Auermann entdeckt. Bei klassischer Musik und gediegenem Ambiente kann man sich ins Potsdam des 19. Jahrhunderts zurückversetzen und sich ein Stück der köstlichen Kuchen & Torten gönnen.
Friedrich-Ebert-Str. 29
Tram 92, 96
Tel. 2705596
So-Do 9-22, Fr + Sa 9-23 Uhr
www.cafeheider.de

Café La Leander
Ein willkommener Schönheitsfleck im schmucken Holländischen Viertel. In dieser schwul-lesbischen Szenekneipe gibt es gute Drinks - der Caipi ist besonders empfehlenswert - und auch der gute Kuchen zu günstigen Preisen. Die Bedienung ist nett und unkompliziert. Passend zur 20er bis 40er Jahre Musik hängen hier Bilder von Zarah und anderen Stars aus dieser Zeit.
Benkertstr. 1
Tram 92, 96
www.facebook.com/laleander.potsdam

Craddock
Einrichtung und Freundlichkeit stehen hier nicht im Vordergrund, aber beim Essen (Burger, Salate, Sandwiches) stimmt das Preis-Leistungs-Verhältnis. Sonntag ist Pulled Pork Day: Burger + Pommes für 7,50 €.
Dortustr. 7
Bus 692, 695
www.burger-potsdam.de

Creperie La Madeleine

Wie fühlt sich eigentlich Gott in Frankreich? Vermutlich mindestens so gut wie wir, wenn wir diese bretonischen Spezialitäten genießen: Sündhaft gut sind hier nämlich Crêpes, Galettes, Quiche, Cidre... Wenn es das Wetter zulässt natürlich vorzugsweise auf der schönen Terrasse.
Lindenstr. 9
Bus 603
www.creperie-potsdam.de

Curry Wolf Potsdam

Ihr schlendert durch die Brandenburgische Straße und denkt ans Brandenburger Tor, aber nicht an das vor Euch, am Luisenplatz, sondern an das in Berlin. Was ist los? Heimweh nach der Hauptstadt? Nein, es ist der Duft dieser leckeren Currywurst, die Ihr gestern in Berlin probiert habt. Warum die scharfe Soße wohl Opium hieß?
Brandenburger Str. 27
Tram 92, 96, Bus 605
www.curry-wolf.de

Die Espressonisten

Im Café könnt ihr Kaffee-Kultur in Perfektion erleben - und sie sogar fürs Leben lernen, bei einem Barista-Workshop der Espressonisten. Oder Ihr kauft euch für zu Hause eine edle Siebträgermaschine samt Zubehör und besten Bohnen.
Gutenbergstr. 27
Tram 92, 96, Bus 605
www.espressonisten.de

Die Seerose

Ein Platz an der Sonne! Wenn es draußen ungemütlich ist, bietet die lichtdurchflutete Location einen wohltuenden Blick auf die Neustädter Havel. Sobald die Temperaturen steigen, könnt Ihr auch ans Wasser: Terrasse und ein Strand mit Holzliegen warten auf Euch. Die frische Luft macht hungrig? Probiert die erstklassigen Steaks und Burger.
Breite Str. 24
Bus 605, 606, 631, Tram 91
www.seerose-potsdam.de

Einstein Forum

Als Ort der intellektuellen Innovation außerhalb des universitären Rahmens ermöglicht das Einstein Forum den Austausch von Ideen über Fach- und geographische Grenzen hinweg. Veranstaltet werden Tagungen, Workshops und Vorträge zu vier allgemeine Themengebieten: Ethik und Gesellschaft, Geschichte als Gegenwart, Kunst und Wissen sowie Verständnis der Natur.
Am Neuen Markt 7
S Potsdam Hbf, Tram 92, 96
Tel. 0331-27178-0
www.einsteinforum.de

Einsteinturm

In diesem 50 Meter hohen, 1919-24 von Erich Mendelsohn im expressionistischen Stil erbauten Turm steckt ein Sonnenteleskop zur Prüfung der gravitativen Rotverschiebung im Sonnenspektrum (Relativitätstheorie). Der Beweis der Relativitätstheorie gelang hier zwar nie, aber das organisch anmutende Gebäude ist ein Muss für jeden Architektur Interessierten.
auf dem Telegrafenberg,
Nähe Albert-Einstein-Str.
Bus 691
Tel. 0331-291741

Führungen Sep–Mär, frühzeitige An-
meldung erforderlich 0331 / 291741
8 €, erm. 6 €
www.aip.de/einsteinturm

El Puerto
Der Spanier am modern angelegten
Potsdamer Hafen hat sich in Schale
geworfen und bietet reichlich Tapas,
Palmen, Strandkörbe, Sonnen-
schirme - und dank der Realisten
am Werke auch ein Zeltdach für die
'deutscheren' Sommernächte.
Lange Brücke 6
S-Potsdam Hbf, Bus 695, Tram 92, 96
Tel. 2759225
www.elpuerto.de

fabrik Potsdam
Ein Ort an dem zeitgenössischer Tanz
und Neue Musik in allen Formen
angeboten werden. Als Workshop,
Kurs und natürlich in Aufführungen.
Hier finden jährlich die Potsdamer
Tanztage statt.
Schiffbauergasse 10
Tram 93, 94, 99
Tel. 0331-2800314
www.fabrikpotsdam.de

Filmmuseum Potsdam
Im barocken Marstall des Potsdamer Schlosses verbirgt sich eine
abwechslungsreiche Ausstellung
zur 100 jährigen Geschichte des
Medienstandortes Babelsberg, die
von Wechselausstellungen zu (inter-)
nationalen Film- und Medienthe-
men ergänzt wird. Im hauseigenen
Kinosaal finden mehrmals täglich
Filmvorstellungen (ohne Werbung)
statt. Ein besonderes Filmerlebnis
sind die Stummfilmpräsentationen
mit Livemusik von der Kino-Orgel.

Marstall, Breite Str. 1A
S Potsdam Hbf, Bus 695
Tel. 0331-271810
Di-So 10-18 Uhr
5 €
www.filmmuseum-potsdam.de

Filmpark Babelsberg
Direkt vor den Toren Berlins lädt der Filmpark Babelsberg in die Welt von Kino und TV ein. Alles was zum Film gehört, ist hier für Besucher in Szene gesetzt: Kulissen, Requisiten, Kostüme und technisches Equipment. Das Live-Programm mit spektakulären Shows, Mitmachfernsehen, Erlebniskinos, riskanten Stunts, tierischen Stars und Filmhandwerk ist geballt und spannend. Über 20 Attraktionen laden zum Blick hinter die Kulissen ein – Action, Spaß und Entertainment garantiert!
Besuchereingang: Großbeerenstr. 200
S Potsdam Hauptbahnhof,
S Babelsberg,
weiter mit Bus 601, 690
Tel. 0331-7212750
tägl. 8. Apr - 30. Sep 10-18 Uhr,
1. Okt - 5. Nov 10-17 Uhr
22 €, erm. 18 €, Kinder 15 €
www.filmpark-babelsberg.de

Freiland Potsdam
…das sind 12.000 m² Platz zum Austoben! Auf dem Gelände in der Nähe des Potsdamer Hauptbahnhofs könnt ihr tanzen bis zum Morgengrauen, Konzerten & Lesungen lauschen und eurer Kreativität freien Lauf lassen. Auch Kunstschaffende mit Rang und Namen haben die Einladung angenommen und so fühlen sich auch Berliner Partyreihen in diesem Potsdamer Jugend- und Soziokulturzentrum zuhause.
Friedrich-Engels-Str. 22
Potsdam Hauptbahnhof,
Bus 601, 603, 619, 690
Tel. 0331-32539322
www.freiland-potsdam.de

Funfor4 Beachvolleyball
Beachvolleyball auf 8 Feldern, Beachsoccer, Beachbar... Wer sich hier nicht wie ein Beachboy oder Beachgirl fühlt, dem ist nicht zu helfen.
Georg-Hermann-Allee
Tram 96
Apr-Okt So-Fr 11-23, Sa 11-0 Uhr
www.funfor4.de

Gleis 6
Wer's typisch ‚kneipig' will ist hier genau richtig. Bier, einfache Snacks, ein Abteil für die Raucher und das Geplauder der fröhlich Versackenden oder sich warmtrinkenden Besucher gespickt mit dem beruhigenden Geratter der S-Bahn.
Karl-Liebknecht-Str. 4
S Babelsberg, Tram 94, 99
www.gleis-6.de

Gutenberg 100
Für jeden, der gern das Mikro schwingt ist's the place to be in Potsdam. Jeden Do steigen hier Karaoke-Gaudis. Fr + Sa gibt's Livemusik / DJs und So heißt's „Sing or Dance" - die Gruppentherapie für Sanges- & Tanzwütige.
Kurfürstenstr. 52
Tram 92, 96
www.gutenberg100.de

Hafthorn
Die Lieblingskneipe des Autors in der Potsdamer Innenstadt. Bis Mitternacht wird man hier gut und günstig

bekocht und von supernettem Personal mit Flüssigem versorgt (auch gutes Böhmisches Bier wird hier ausgeschenkt). Immer voll, immer stimmungsvoll. Einladender Biergarten im Hof.
Friedrich-Ebert-Str. 90
Tram 92, 96
www.hafthorn.de

Hans Otto Theater
Das Stadttheater der Landeshauptstadt Potsdam zeigt Bühnenstücke von der Antike bis zur Moderne, sowie aktuelle internationale Dramatik, musikalische Aufführungen, Gastspiele und Lesungen. Hauptspielstätte ist das Große Haus an der Schiffbauergasse, gespielt wird aber auch in der Reithalle, der kleineren Reithalle Box und auf der Open-Air-Sommerbühne am Tiefen See.
Schiffbauergasse 11
Tram 93, 94, 99
Tel. 0331-8k98118
www.hansottotheater.de

Happy Hour
Für die Aktiven Billard, Darts, Flipper, Air-hockey, diverse Unterhaltungsgeräte - und für die anderen eine Großbildleinwand. 2. Laden in der Kurfürstenstr. 52 in Potsdam.
Rudolph-Breitscheid-Str. 58,
Babelsberg
S Babelsberg, Tram 94, 99
www.happyhour-potsdam.de

Haus der Brandenburgisch-Preußischen Geschichte
Hier im Kutschstall des Stadtschlosses gibt es die ständige Ausstellung „Land und Leute. Geschichten aus Brandenburg-Preußen" zu sehen.

Im Obergeschoss finden wechselnde Ausstellungen statt.
Am Neuen Markt 9
Bus 606, 695, Tram 92, 96
Tel. 0331-6208550
Di-Do 10-17, Fr-So 10-18 Uhr
www.hbpg.de

Huckleberry Tours - Floßstation Potsdam
Kein Führerschein? Kein Problem! Hier könnt ihr auch ohne ein Floß mieten und mit bis zu 8 Leuten in See stechen. Ein paar Tage, die euer Leben verändern können.
Schiffbauergasse 9
Tram 93, 94, 99
Tel. 0331-960010
www.huckleberrys-tour.de

Katjes-Shop Potsdam
In der gläsernen Bonbonfabrik seht ihr auf welchen Bäumen Fruchtgummis, Lakritz, Ahoj Brause und Gummibärchen wachsen. Gleich nebenan im Werksverkauf könnt ihr sie dann kaufen.
Wetzlarer Str. 96 - 106
www.katjes.de

Kuze
Das Studentische Kulturzentrum Potsdam bietet nicht nur für Studierende viele Kulturveranstaltungen, Einrichtungen und natürlich Bier.
Hermann-Elflein-Str. 10
www.kuze-potsdam.de

Landtag Brandenburg
In Potsdam wurde das im Krieg zerstörte alte Stadtschloss rekonstruiert und mit neuem Inhalt befüllt: dem Landtag. Für Gästeplätze bei Parlamentssitzungen muss man sich anmelden. Einfacher kommt man

auf die Dachterrasse
mit Blick über die Stadt.
Alter Markt 1
Potsdam Hauptbahnhof
Tel. 0331-9660
Kantine 4. Etage Mo + Fr 8-14:30,
Di-Do 8-10 und 13-14:30 Uhr,
Dachterrasse Mo-Fr 8-10
und 13-18 Uhr
www.landtag.branden-
burg.de

Lindenpark

Potsdam ist berühmt für
seine Parks. Dieser hier
bringt „Kultur für alle und Kultur von allen" zu Gemüte, ganz ohne
friderizianischen Firlefanz. Konzerte,
Festivals, Open Airs, Kurse, Workshops, Projekte, Partys, Loungen auf
dem Areal und BMXen oder Skaten
bringen massiven Spaß.
Stahnsdorfer Str. 76-78, Griebnitzsee
S Griebnitzsee, RE Medienstadt,
Tram 94, Bus 616
www.lindenpark.de

Maison du Chocolat

Echte Schokolade, cremig-dickflüs-
sig mit Sahne und dazu ein ordent-
liches Stück Kuchen, was will man
mehr? Wer was Kräftigeres in den
Magen braucht ist mit französischer
Landhausküche bestens bedient.
Schönes Ambiente im Holländischen
Viertel, das seinen Preis hat.
Benkertstr. 20
Tram 92, 96
www.schokoladenhaus-potsdam.de

mea culpa

Große Portionen preiswerter spanischer Speisen (Tapas, Tortillas &
Co) und gute Weine. Nicht mehr und
nicht weniger.
Dortustr. 1
Bus 692, 695
www.meaculpa-potsdam.de

Museum Barberini

Potsdams wichtigster Mäzen Hasso
Plattner (SAP) hat der Stadt ein
Museum geschenkt und das im
Krieg zerstörte Palais Barberini am
Alten Markt mit historischer Fassade
und modernsten Innereien wieder
aufbauen lassen. Seit Januar 2017
lockt das Museum das internationale
Kunstpublikum in die Stadt.
Humboldtstr. 5-6
S Potsdam Hbf
Tel. 0331-97992185
Mo + Mi-So 11-19, Führungen tägl.
außer Di 11, 12, 15 Uhr, Do 17 Uhr
14 €, erm. 10 €, bis 18 Jahre frei,
Audioguide 2 €, Führung 3 € p. P. zzgl.
Eintritt
www.museum-barberini.com

museum FLUXUS +

Dieses Museum für moderne Kunst in
schönster Lage zeigt, was Fluxus war
(Wolf Vostell, Joseph Beuys, Emmett
Williams, Ben Patterson…) und dass
Fluxus lebt.
Schiffbauergasse 4f
Tram 93, 94, 99
Tel. 0331-6010890
Mi-So 13-18 Uhr
7,50 €, erm. 6€/3 €, bis 13 frei
www.fluxus-plus.de

Nikolaikirche Potsdam

Seit der Errichtung unter Friedrich Wilhelm VI. zwischen 1830-50
überstand dieses Gotteshaus viele
Brände und Umbauten und beeindruckt durch sein schönes Interieur.
Bauherren waren Schinkel, Persius
und Stüler. Die Aussichtsplattform
gewährt eine super Rundumblick
auf die hügelreiche Havellandschaft
sowie auf den neuen Landtag.

Am Alten Markt
Potsdam Hauptbahnhof
www.nikolai-potsdam.de

Peter Pane
Peter Pan will nicht erwachsen werden – braucht er auch gar nicht, solange er uns und den Nachbarn im Potsdamer Landtag diese leckeren Burger serviert.
Humboldtstraße 1-2
www.peterpane.de

Potsdam Museum - Forum für Kunst und Geschichte
Im Alten Rathaus am Alten Markt, neben dem Neuen Museum Barberini, führt uns die ständige Ausstellung „Potsdam. Eine Stadt macht Geschichte" durch mehr als 1000 Jahre Potsdam.
Am Alten Markt 9 (Altes Rathaus)
Potsdam Hauptbahnhof
Tel. 0331-2896868
Di, Mi, Fr 10-17, Do 10-19,
Sa + So 10-18 Uhr
5 €, bis 18 Jahre frei
www.potsdam-museum.de

potsdam per pedales
Alles, was man für eine Radtour benötigt, gibt es hier: Fahrräder (S-Bhf. Griebnitzsee und Hbf.), geführte Radtouren, Landkarten, Infos und jede Menge Service, wie z. B. Regencapes oder Lunchpakete. Fahrräder kosten 12 €, erm. 10 € pro Tag. Die geführte 20 km-Tour Potsdam Royal findet z. B. Sa (Ostern-September) um 10:30 Uhr ab Potsdam Hbf. statt. Natürlich gibt's es auch Touren per pedes und in Kanus oder Kajaks.
Bahnhof Griebnitzsee
S Griebnitzsee
Tel. 0331-7480057
Mo-Fr 9-18:30, Sa + So 9-19 Uhr
www.potsdam-per-pedales.de

Projektwerkstatt „Lindenstraße 54"
Gedenkstätte für die Opfer politischer Gewalt im 20. Jahrhundert im ehemaligen Untersuchungshaftgefängnis für politisch Verfolgte in der NS-Zeit, der SBZ und der DDR.
Lindenstr. 54
Tram 91, 94, 92, 96
Tel. 0331-2015714
Di-So 10-18 Uhr
2 €, erm. 1 €, mit Führung 3 €, erm. 2 €
www.gedenkstaette-lindenstrasse.de

Pub à la Pub
Studentenkneipe im sanierten Flach-Plattenbau mit ungezügelter Veranstaltungslust - Konzerte, Kinoabende, Karaoke etc. Schnitzel und so gibt's auch zu studentischem Tarif.
Breite Str.1
Bus X5, X15, 695, Tram 93
www.pubalapub.net

Russische Kolonie Alexandrowka
Die Kolonie Alexandrowka besteht aus 13 Holzhäusern im russischen Stil, die Friedrich Wilhelm III. 1826/27 als Heim für russische Sänger errichten ließ. Rein menschenfreundlich war dies allerdings nicht: die russischen Musikanten waren nicht freiwillig, sondern als Geschenk des Zaren am Potsdamer Hof geblieben. Ein Haus wurde als Museum ausgebaut. Im ehemaligen Aufseherhaus gibt es eine Russische Teestube mit Getränken und Speisen aus Russland und einem schönen Garten.
Alexandrowka 1-14
Tram 92, 96, Bus 604, 609, 629
Tel. 8170203
Do-Di 10-18 Uhr
3,50 €, erm. 3 €
www.alexandrowka.de

Sacrower Heilandskirche

Das jenseits der Havel gelegene Juwel von einer Kirche seht ihr z. B. schon von der Glienicker Brücke aus wie einen Diamanten funkeln. Mit Wassertaxi oder Fähre (komplizierte Busstrecke) übergesetzt und ihr betretet einen Schlosspark vom Feinsten. Restauration und Kunstauktionen im Schloss. Aber nicht nur Kirche, Park und Schloss lohnen sich, auch der Ort Sacrow ist bezaubernd und der gleichnamige See kristallklar.

Fährstr.
Bus 697, 316 plus Fähre
Tel. 0331-504375
Jan, Feb, Nov + Dez Sa + So 11-15:30,
Mär, Apr, Sep + Okt Di-Do 11-15:30,
Fr + So 11-16, Mai-Aug Di-Do 11-16,
Fr-So 11-17 Uhr
www.heilandskirche-sacrow.de

Schiffbauergasse

Das Areal der Schiffbauergasse bietet eigentlich alles was das Herz eines Kulturinteressierten höher schlagen lässt: Theater, Musik, Tanz, Kunst, und Essen und Trinken kann man auch noch.

Schiffbauergasse
Tram 93, 94, 99
Tel. 0331-6473-1691
www.schiffbauergasse.de

Schiffsrestaurant John Barnett

Am spannenden Areal der Schiffbauergasse darf ein gastlicher Kahn natürlich nicht fehlen, natürlich mit Innen- und Außenbereich. Ob morgens, mittags oder (spät) abends wird leichte, frische Küche serviert.

Schiffbauergasse 12a (am Kai)
Tram 93, 94, 99
www.john-barnett.de

Spartacus

In diesem Club auf dem Freiland-Gelände trifft man Potsdams Studenten am späteren Abend oder früheren Morgen.

Friedrich-Engels-Str. 22
Potsdam Hauptbahnhof, Bus 601, 603, 619, 690
spartacus-potsdam.de

Theaterschiff Potsdam

Ungewöhnliches Theater an einem ungewöhnlichen Ort… Theater, Theaterevents, Live-Konzerte, open stage und Partys im Laderaum eines alten Frachtschiffes.

Schiffbauergasse 9 b
Bus N16, Tram 93, 94, 99
Tel. 0331-2800100
www.theaterschiff-potsdam.de

T-Werk

Entstand 1997 als Zusammenschluss freier Theater und verfügt seit 2004 über eine eigene Spielstätte in der Schiffbauergasse. Wiederkehrende Highlights sind das Internationale Theaterfestival „UNIDRAM" und die „Langen Nächte im T-Werk".

Schiffbauergasse 4e
Tram 93, 94, 99
Tel. 0331-719139
www.t-werk.de

Unscheinbar

Der Schein trügt - wer einmal hier hinein gestolpert ist, wird es vermutlich gerne wieder tun. Das liegt an den entspannten Gästen, den guten, preiswerten Cocktails und an der stylisch gemütlichen Wohnzim-

meratmosphäre. Einige der retro
Schmuckstücke im Laden könnt ihr
sogar erwerben und es euch somit
zuhause ähnlich hübsch machen.
Friedrich-Ebertstr. 118
S Potsdam Hbf
www.unscheinbar-potsdam.de

Villa Schöningen

Direkt an der Glienicker Brücke, auf
der Potsdamer Seite, liegt ein kleines
feines deutsch-deutsches Museum.
Es geht um die Geschichte der
Brücke, kalten Krieg und Agenten-
austausch. Oben und im Garten gibt
es Wechselausstellungen zeitgenössischer Kunst, Kaffee und Kuchen
gibt's im Garten.
Berliner Str. 86
Bus 316, Tram 93
Tel. 0331-2001741
Do + Fr 11-18, Sa + So 10-18 Uhr
5 € erm. 3 €, bis 18 Jahre frei
www.villa-schoeningen.de

Waikiki Burger

Tiki Beef, Honolulu Pork… und zum
Waikiki Businesslunch gibt's täglich
wechselnde hawaiianische National-
gerichte mit einem 0,2 l Softdrink für
nur 7,50 €. Live the Aloah side of life!
Dortustr. 62
Tram 92, 96
www.waikiki-burger.de

WaschBar

Selbst wenn eure Klamotten keiner
Reinigung bedürfen lohnt ein Ab-
stecher hierher: Konzerte, Ausstel-
lungen, Parties, Frühstück, WLAN,
Drinks (günstiges Bier), hervorragen-
de Burger und das alles in witzigem
Ambiente.
Geschwister-Scholl-Str. 82
Bus 605, 606, 610, X 5 Tram 91, 94, 98
www.waschbar-pdm.de

Waschhaus

Im größten freien Kulturzentrum
Brandenburgs gibt ein vielfältiges
Programm: Konzerte, Club Kultur,
Lesungen, Kabarett und Comedy, Po-
etry Slams, Tanz und Kunst bis zum
Sommer Open Air Kino.
Schiffbauergasse 6
Tram 93, 94, 99
www.waschhaus.de

Weisse Flotte Potsdam

Reederei für Ausflüge, Touren rund
um Potsdam, ins Umland und nach
Berlin, Klassiker: die Schlösserrund-
fahrt. Es gibt auch ein Wassertaxi,
das von Ende April bis Anfang Oktober mehrfach am Tag zw. Glienicke,
Sacrow, Babelsberg, Schiffbauergasse, Potsdam Hbf und Templin
pendelt (je nach Strecke ab 3,50).
Lange Brücke 6
Bus 695, Tram 92, 96
Tel. 0331-2759210
Mo-Fr 8-17, Sa + So 8-15 Uhr
www.schifffahrt-in-potsdam.de

mehr in der App
Young Berlin
immer up to date

Die wichtigsten Großveranstaltungen

Januar

Grüne Woche
www.gruenewoche.de

Ultraschall - Festival für neue Musik www.ultraschallberlin.de

Februar

Internationale Filmfestspiele Berlin www.berlinale.de

Transmediale
www.transmediale.de

März

ITB, www.itb-berlin.de

MaerzMusik
www.berlinerfestspiele.de

April

achtung berlin - new berlin film award www.achtungberlin.de

Mai

Gallery Weekend
www.gallery-weekend-berlin.de

Karneval der Kulturen
www.karneval-berlin.de

Theatertreffen
www.berlinerfestspiele.de

Juni

48 Stunden Neukölln
www.48-stunden-neukoelln.de

Christopher Street Day
www.csd-berlin.de

Fête de la musique
www.fetedelamusique.de

Lange Nacht der Wissenschaften www.langenachtderwissenschaften.de

Juli

Fashion Week
www.fashion-week-berlin.com

August

Lange Nacht der Museen
www.lange-nacht-der-museen.de

Tanz im August
www.tanzimaugust.de

Young Euro Classics
www.young-euro-classic.de

September

Berlin Art Week
www.berlinartweek.de

Berlin-Marathon
www.bmw-berlin-marathon.com

Internationale Funkausstellung
www.ifa-berlin.de

Lollapalooza
www.lollapaloozade.com

Pop-Kultur
www.pop-kultur.berlin

Oktober

Festival of Lights / Berlin leuchtet
www.festival-of-lights.de
www.berlin-leuchtet.com

November

Jüdische Kulturtage
www.juedische-kulturtage.org

Jazzfest
www.berlinerfestspiele.de

Dezember

Silvesterparty am Brandenburger Tor
www.berliner-silvester.de

Wichtiges

Telefonnummern

*Den Notruf und die Vorwahl 0800 erreicht man kostenlos
aus dem deutschen Fest- und Mobilnetz. Rufnummern mit
der Vorwahl 0180× kosten je nach Netz bis zu 42 ct/Min.*

Ortsvorwahl von Berlin ... + 49-30

Notruf
Polizei 110
Feuerwehr und Notarzt 112

Hilfsdienste
Aids-Hilfe 01803-319411
Ärztlicher
Bereitschaftsdienst 116 117
Drogennotdienst 19237
Giftnotruf 19240
Jugendnotdienst 610062
Krisennotdienst 0800-1110444
Lara – Krisen- und Beratungs-
zentrum für vergewaltigte
Frauen 2168888
Mann-O-Meter
Informationszentrum
für Homosexuelle 2168008
Opfernotruf 01803-343434
Privatärztlicher
Notfalldienst...................... 89009100
Schwules Überfalltelefon 2163336
Telefonseelsorge
der Kirchen 0800-1110111
Zahnärztlicher
Notdienst 89004333

Reisen
Flughafeninfo 0180-5000 186
DB Reise Service 0180-5996633
ZOB – Zentraler Omnibus
Bahnhof 3010380
BVG-Kundendienst 19449

Taxen
Taxi Berlin 202020
Taxi Funk 443322
Würfelfunk 210101

Servicenummern
ACE Autoclub 01802-336677
ADAC Pannenhilfe 01802-222222
Camping Landes-
verband Berlin 2186071

Fundbüros
Zentrales Fundbüro 902773101
BVG 19449
Deutsche Bahn 0900-1990599
(59 ct/Min. aus dem dt. Festnetz)

EC / Kreditkarten Verlust
EC / Girocard 0180-5021021
American Express 069-97971000
Mastercard 0800-8191040
Visa Deutschland 0800-8118440
Diners Club 0180-5070704
Zentrale Nummer zum
Sperren von Kreditkarten,
Bank- und Handykarten 116116

Last Minute Theaterkarten
Hekticket 2309930

Aktuelle Infos über Berlin

Wichtige Web-Portale
rund um die Stadt sind:
www.berlin.de
www.berlinOnline.de
www.visitberlin.de
www.qiez.de
www.spreeblick.com
www.360berlin.net und natürlich
www.young-berlin.de

Diese Berlin-Blogs lohnen sich:
blog.visitberlin.de
www.ceecee.cc
www.hauptstadtblog.de
www.iheartberlin.de
www.slowtravelberlin.com
www.kreuzberged.com
www.needleberlin.com
www.stilinberlin.de
www.sugarhigh.de

Die Programmzeitschriften
Tip *www.tip-berlin.de* und
Zitty *www.zitty.de.*
Sie erscheinen 14-tägig im Wechsel
und sind überregional erhältlich,
z. B. am Bahnhofskiosk.

Wenn ihr schon in Berlin seid und
euch für Parties, Kneipen und Clubs
interessiert, holt euch den kosten-
losen Club- und Eventguide **fresh-
guide**, der in szenigen Kneipen,
Clubs, Klamotten- und Plattenläden
ausliegt. Das ebenfalls kostenlose
Stadtmagazin **[030]** *www.berlin030.
de* informiert über Veranstaltungen,
Parties, Konzerte u.v.m. Der schwul-
lesbischen Community empfehlen
wir die **Siegessäule** *www.sieges-
saeule.de.* Für englischsprachige
Berlinliebhaber erscheint monatlich
für 2 € der **ExBerliner** *www.exber-
liner.com*.

Alles Wichtige zum Öffentlichen
Nahverkehr gibt's unter
www.bvg.de oder *www.vbb.de*
(für Potsdam und Brandenburg).
An den Haltestellen gibt es QR-
Codes, die euch aktuelle Abfahrt-
infos inkl. Verspätungen oder
Umleitungen direkt live von der
Zentrale aufs Telefon bringen.

Unsere Empfehlungen für ein paar
Apps zur Stadt für eure schlauen
Telefone:
about berlin
berlinHistory
Die Berliner Mauer
BVG FahrInfo Berlin
Going Local Berlin
Jelb
komoot

Die besten Insider-Tipps
immer up to date
mit der neuen App
Young Berlin

www.young-berlin.de

Bewegung

Badeschiff
Mitte in der Partyzone zwischen Kreuzberg und Treptow liegt ein Schiff vor Anker, voll mit Wasser, als schwimmende Badeanstalt. Von hier aus habt ihr eine tolle Aussicht auf die Spree, die Oberbaumbrücke und den Fernsehturm, mit den Füßen im Sand und einem kühlen Drink in der Hand.
Eichenstr. 4, Treptow
S Treptower Park, Bus 147, 265
Tel. 5332030
im Sommer tägl. 8-23 Uhr
6,50 €, erm. 3,50 €, Kind (6-12 J.) 2 €,
bis 6 Jahre frei
www.arena.berlin/badeschiff

Base-Flying by Jochen Schweizer
Der Base Flyer ist eines der touristischen Highlights in Berlin und einzigartig in Europa. Früher war es nur beim Base-Jumping möglich von Hochhausdächern zu fliegen. Du kannst das jetzt auch. Beim Base Flying fliegst Du, angeseilt an eine Spezialkonstruktion, aus 125 Metern Höhe vom Dach des Hotels Park Inn Berlin-Alexanderplatz hinunter. Dabei erreichst Du beinahe Freifallgeschwindigkeit. Erlebe es selbst: das Gefühl zu fliegen!
Park Inn Hotel, Alexanderplatz, Mitte
U + S Alexanderplatz
Tel. 089- 4524455994
ab 69,90 €
www.base-flying.de

Beach 61
Eher was für die sportlichen Strandbesucher: 30 Beachvolleyballfelder und Platz für Badminton. Im westlichen Teil des neuen Parks am Gleisdreieck. Zugänge am U-Bahnhof Bülowstraße oder U-Bahnhof Gleisdreieck, Luckenwalder/Ecke Schöneberger Straße.
Bülowstr.68, Kreuzberg
U2 Bülowstr., U + S Yorckstr., Bus M19,
U1 + 2 Gleisdreieck
Tel. 0177-2322461
Mai-Sep, Mo-Fr 11:30-23:30,
Sa + So + feiertags 10-22 Uhr
12-17 € pro Std.
www.beach61.de

Beachvolleyball BeachMitte
Größte innerstädtische Beachsportanlage mit 50 Beachvolleyballcourts, Flutlichtanlage, großer Strand-Lounge mit Bar, Küche und ausreichend Duschen zum Abkühlen.
Caroline-Michaelis-Str. 8, Mitte
S Nordbahnhof, U6 Naturkundemuseum, Tram M6, M8
Tel. 41408888
Apr-Sep tägl. 10-22 Uhr
15-19,5 € pro Std.
www.beachberlin.de

BergWerk Berlin
Europas größter Indoor-Hochseilgarten. Auf diversen Parcours verschiedener Schwierigkeitsgrade kommt vom Kleinkind bis zum versierten Kletterexperten jeder garantiert voll auf seine Kosten. Kletterhöhen von 3 bis 25 Meter und immer perfektes Kletter-Wetter.
Stendaler Str. 25, Hellersdorf
U5 Hellersdorf, Tram M6, M 18,
Bus X54, 195, N5
Tel. 99274373
Sommer (1. Mai - 30.Sep): Di + Mi 10-18,
Do + Fr 14-19, Sa 10-20, So 10-19 Uhr,
Winter (1. Okt-30. Apr): Di + Mi 10-18,
Do + Fr 14-21, Sa 10-21, So 10-20 Uhr
23 €, erm. 21 €,
Kinder bis 12 Jahre 18 €
www.bergwerk.berlin

Berolina Bowling Lounge

Die älteste Bahn Berlins, aber keine Angst: alles ist frisch renoviert. Mit VIP-Lounge, LCD-Monitoren, Cocktails etc.

Kleiststr. 3-6, Schöneberg
U1 + 2 + 3 + 4 Nollendorfplatz,
Bus M19, M29
Tel. 21966643
tägl. ab 10 Uhr
www.berolina-bowling.de

Billardaire

12 x Pool, 3x Snooker und ein Extratisch für Karambolage. Gute Bar, nettes Ambiente - das wird ein schöner Abend.

Monumentenstr. 35, Schöneberg
U7 Kleistpark,
S Julius-Leber-Brücke
Tel. 7841177
Mo-Fr ab 16, Sa + So ab 14 Uhr
www.billardaire.de

Boulderklub Kreuzberg

Berlins zentral gelegene Boulderhalle ist ein wahres Kletterparadies. Ideal für Anfänger, Großgruppen und selbst Kinder: ein Piratenschiff zeichnet die 200 m² große Kinder-Boulderarena aus.

Ohlauer Str. 38, Kreuzberg
U8 Schönleinstr.
Tel. 513 021 81
Mo-Fr 8-22 Uhr, Sa + So 10–22 Uhr
www.boulderklub.de

Bouleplatz am Landwehrkanal

Ungefähr auf der Höhe der Hausnr. 8 treffen sich regelmäßig die Kreuzberger und Neuköllner Boule-Enthusiasten. Mitspielen kann jeder, der Boules dabei hat. Zahlreiche Cafés sorgen fürs leibliche Wohl.

Paul-Lincke-Ufer, Kreuzberg
U8 Schönleinstr.

Der Kegel

Kletterturm (In- und Outdoor) der mit einem tollen Ausblick belohnt. Von hier oben seht ihr auf die East Side Gallery und bis zum Fernsehturm.

Revaler Str. 99, Friedrichshain
U + S Warschauer Str.,
Tram M10, M13
Tel. 66766837
Mo-Fr 9-23,
Sa, So & Feiertage 10-23 Uhr
Tageskarte: 7 €, erm. 5,50 €,
Mo-Fr bis 15, Sa ab 19 Uhr 4 €
www.derkegel.de

Dockx

Am Tempelhofer Hafen gibt's was zu erleben: Indoorspielplatz, 3D Schwarzlicht Minigolf Anlage, eine Lasertag Arena und im Sommer auch eine Dachterrasse mit Blick auf den Hafen und das imposant-schöne Ullsteinhaus.

Ordensmeisterstr. 1-3, Tempelhof
U6 Kaiserin-Augusta-Str.,
U6 Ullsteinstr.
Tel. 72012228
www.dockx-berlin.de

Erlebnisregion Flaeming-Skate

Du magst Skate-Boards, Stepperbikes oder Skiroller? Für Inline-Skater, Radfahrer und auch für Rollstuhlfahrer gibt's bei Flaeming-Skate, dem auf 230 km ausgedehnten Streckennetz im brandenburgischen Landkreis Teltow-Fläming, perfekte Bedingungen. Das ist Freizeitvergnügen pur für alle auf Rollen und Rädern. Kommt auf Touren bei sportlichen Aktivitäten in ländlicher Idylle - allein, mit Familie oder in der Gruppe, als Tagesausflug, für ein Wochenende, zu sportlichen Trainingscamps oder während des

Urlaubs! Die Strecken sind ganzjährig kostenfrei nutzbar.
14943 Luckenwalde
RE Luckenwalde, Jüterbog, Oehna
Tel 03371-643540
frei
www.flaeming-skate.de

FEZ-Berlin Kinder-, Jugend- und Familienzentrum

Kreatives Spiel, Spaß und Erho-
lung für die ganze Familie auch in
den Ferien. Das FEZ bietet Bildung,
Erlebnis und Kultur: Raumfahrtzent-
rum orbitall, Astrid-Lindgren-Bühne,
Kindermuseum, Konzertsäle, FEZi-
no-Kino, Schwimmbad, Badesee,
Kletterturm, Halfpipe, Streetball-
Anlage u.v.m.
Straße zum FEZ 2, Köpenick
S Wuhlheide, Tram 27, 63, 67
Tel. 53071555
Di-Fr 9-22, Sa + So 12-18 Uhr (in
den Schulferien andere Zeiten)
www.fez-berlin.de

GoJump

Deinen Fallschirmsprung aus
2.500 m gibt es bereits für nur 159 €.
Ebenfalls gibt es Einsteiger- und
Lizenzkurse. Unsere Dropzone liegt
im Herzen Nord Brandenburgs, in
Gransee, nur 45 Autominuten von
Berlin entfernt!
Templiner Str. 12C, 16775 Gransee
Tel. 245 34 030
www.GoJump.de

Hamam Türkisches Bad für Frauen

Massagen, Peelings inkl. Einseifen,
Kosmetik und acht Marmorbecken
geflutet mit warmem und kaltem
Wasser. Männer bitten in diesem
Hamam vergeblich um Einlass.
Mariannenstr. 6, Kreuzberg

U1 Görlitzer Bhf., Bus M29
Tel. 6151464
Mo 14-23, Di-So 11-23 Uhr
19 € (3 Std.), Tagesbesuch 34 €
www.hamamberlin.de

Hochseilgarten MountMitte

Hier geht´s hoch her! Wer Abenteu-
er und Action im Herzen von Berlin
sucht, ist auf dem MountMitte genau
richtig! Neu sind die Attraktionen
SkyFall (aus 13 Metern in die Tiefe
springen!) und die Riesenschaukel
SkySwing für Adrenalin-Junkies.
Caroline-Michaelis-Str. 8, Mitte
U6 Naturkundemuseum,
S Nordbhf., Tram M6, M8
Tel. 555778922
Apr-Okt Mo-Fr ab 14, Sa + So ab 10 Uhr
bis zum Sonnenuntergang
21 €, erm. 18 €,
Kinder (bis 12 Jahre) 15 €
www.beachberlin.de

Horst-Dohm-Eisstadion Wilmersdorf
Die beliebteste Eisfläche der Stadt. Wer keine eigenen Kufen hat kann sich diese ausleihen. Betriebszeiten: Okt. bis Februar.
Fritz-Wildung-Str. 9, Wilmersdorf
S Hohenzollerndamm
Tel. 89732734
Mo-Fr 9-18 und 19:30-22,
Sa 9-22, So 10-18 Uhr
3,30 €, erm. 1,60 €
www.horst-dohm-eisstadion.de

Hurricane Factory Berlin
Am Stadtrand von Berlin gibt es Deutschlands größten Windkanal für Bodyflyer. Der bis zu 280 km/h schnelle Wind ermöglicht Dir freies Fliegen in einem ca. 5 Stockwerke hohen Flugzylinder. Und das Beste: Ob Erstflieger oder Fallschirmprofi, ob 5 oder 100 Jahre alt – es geht sofort los und fast jeder kann es.
Wassmannsdorfer Allee 3, Schönefeld
Bus 742, ab Eröffnung des Flughafens BER: S Wassmannsdorf
Tel. 3217380
Mo + Mi + Do 12-20 Uhr,
Fr-Sa 10-12, So 10-18:30 Uhr
www.hurricanefactory.com

Indoor Beach Center
Den Sommer zurückholen: Beachvolleyball und Strandfußball auf beheiztem Sand und anschließend in die Sauna oder im Strandkorb relaxen!
Königshorster Str. 11, Reinickendorf
U + S Wittenau, Bus M21
Tel. 41408888
tägl. 10-22 Uhr
ab 14 € Platz pro Std.
www.beachberlin.de

Jugendschiff „ReMiLi"
Jugendzentrum auf dem Wasser, gleich neben dem Kaisersteg der Ober- und Niederschöneweide (Treptow und Köpenick) verbindet. Hier gibt's viele sportliche Aktivitäten und auch einen gut ausgestatteten Proberaum.
Hasselwerderstr. 22a, Treptow
S Schöneweide, Bus M17
Tel. 63103883
Mo-Fr 14-20 Uhr
www.remili.de

Kartland
Grand-Prix-Fieber pur in der Boxengasse und auf der anspruchsvollen Strecke mit Rennasphalt. Heiße Karts mit formschönen Frontspoilern gehen hier ab wie Schmidts Katze.
Miraustr. 62-66, Reinickendorf
U6 Holzhauser Str.,
S Eichborndamm, Bus X33, 322
Tel. 43566841
Mo-Fr ab 15, Sa + So + feiertags ab 10 Uhr. Reservierung empfohlen.
ab 20 € (15 Min.)
www.kartland.de

Liquidrom
Ein Kleinod im Herzen Berlins. Edel und minimalistisch gibt sich die Architektur dieses Wohlfühltempels für großstadtgestresste Genießer. Im Salzwasser unter der Kuppel schweben, saunieren oder sich balinesisch massieren lassen. Probiert es aus!
Möckernstr. 10, Kreuzberg
S Anhalter Bhf., Bus M29, M41
Tel. 258007820
So-Do 9-0, Fr + Sa 9-1 Uhr
2 Std 20 €, Tageskarte 30 €
www.liquidrom-berlin.de

Lützow Sauna

Entspannung pur. Unweit des Kulturforums und dem Park am Gleisdreieck liegt diese Ruheoase - perfekt nach der anstrengenden Berlinerkundung. Entspannen könnt ihr im Schwimmbecken, der Sauna (stündliche Aufgüsse mit 100% biologisch natürlichen ätherischen Ölen) oder auch einer Massage. Schwimmbad und Sauna sind textilfrei (FKK).

Lützowstr. 106, Tiergarten
U1 Kurfürstenstr., U1 + 2 Gleisdreieck,
U2 Mendelssohn-Bartholdy-Park
Tel. 2622827
Mai-Aug Mi, Fr, Sa, So 16-23:30,
Mo 18-23:30 Uhr und
Sep-Apr Mi-So 16-0; Mo + Di 18-0 Uhr
ab 17 €
www.luetzow-sauna.de

Magic Mountain

15 Meter hoch ist die Kletterwand vom Magic Mountain. Von freeclimbing über Kletterkurse, Sauna und Fitnessbereich. Für alle, die einen kalten Regentag mal anders verbringen möchten.

Böttgerstr. 20, Wedding
U + S Gesundbrunnen
Tel. 88715790
Mo-Mi + Fr 13-23:30, Do 8-23:30,
Sa + So 10-22 Uhr
ab 16 €, Studenten 12 €, Schüler 9 €
www.magicmountain.de

Max-Schmeling-Halle

In dieser Arena, die je nach Veranstaltungsart bis zu 12.000 Gästen Platz bietet, spielt viel Musik und gleich zwei Vereine auf Bundesligaebene sind hier zu Hause: das Handball-Team der Berliner Füchse und das Volleyball-Team der BR Recyling Volleys. Neben Musik und Sport gibt es Shows, Meisterschaften und Events aller Art.

Falkplatz 1, Prenzlauer Berg
U + S Schönhauser Allee,
U2 Eberswalder Str., Tram M10
www.max-schmeling-halle.de

Mellowpark

Das Paradies für Skater, BMXler und Artverwandte. So mancher fährt weite Strecken um hier zu rollen.

An der Wuhlheide 250, Köpenick
Tram 27, 60, 61, 67
www.mellowpark.de

Mission Accepted – Escape Room

Ein mysteriöser Raum, ein kniffliger Fall und Ihr habt nur 60 Minuten Zeit – Nervenkitzel pur. Bei Mission Accepted betrittst Du mit Deinem Team (bis zu 9 Spieler) einen Dir unbekannten Raum. Schafft Ihr es, dem Zimmer alle Geheimnisse zu entlocken? Strengt Eure Gehirnzellen an und knackt die spannenden Rätsel. Spielt in fünf Themenräumen mit bis zu 30 Personen gleichzeitig.

Europa-Center, Tauentzienstr. 9-12,
Charlottenburg
U + S Zoologischer Garten
Tel. 24334497
Mo-Sa 10:30-21:15 Uhr,
So 12-18:15 Uhr
ab 19 € p. P.
www.mission-accepted.de

Prinzenbad (Sommerbad Kreuzberg)

Während andere Freibäder schließen müssen, wird hier die Saison je nach Wetter und Nachfrage verlängert und letztere ist immer riesig. Das Bad verfügt über zwei 50 Meter Becken, Plansch- und Spaßbereich, alle üblichen Einrichtungen und große Liegewiesen, die an heißen Tagen

trotzdem restlos überfüllt sind. Absoluter Kultstatus von dem auch die wichtigsten Trendlocations nur träumen können, insbesondere nach dem großen Kinoerfolg „Prinzessinnenbad".
Prinzenstr. 113-119, Kreuzberg
U1 Prinzenstr.
Tel. 22190011
5,50 €, erm. 3,50 €
www.berlinerbaeder.de

Rent a Boat Berlin
Bootsverleih in bester Lage, im Treptower Park. Nachdem Ihr Euch auf Tret-, Ruder- oder Motorbooten ausgetobt habt, geht's gleich nebenan auf der Insel der Jugend in den Biergärten.
An der Abteibrücke, Treptow
S Treptower Park, Bus 166
www.rent-a-boat-berlin.com

Saunafloss
Das kleine Floß ist tatsächlich eine schwimmende Sauna für bis zu 6 Personen. Je schlechter das Wetter ist, desto kuscheliger wird es innen drin.
Havelchaussee 107, Charlottenburg
S Pichelsberg, M49
Tel. 4890249
ab 210 €
www.saunafloss.info

Schwarzlicht Insel
Habt ihr schon mal in einer bunten Unterwasserwelt Minigolf gespielt? In der Schwarzlicht-Insel geht das sogar in 3D, mit der richtigen Brille. Ähnlich phantastische Erlebnisse bieten die Laserlight Mission und der 3D Crazy Bowler.
Goerzallee 190, Steglitz
Bus 285
Tel. 86203180

Mi-Do 14–19, Fr 14-22, Sa 10-22,
So 10-20 Uhr, Mo & Di geschlossen
3D Minigolf 9 €, Kinder (bis 14 J)
8 €, + 1 € 3D Brille
www.schwarzlicht-insel.de

Schwarzlicht Minigolf Berlin
Nicht nur bei schlechtem Wetter die Alternative im Görlitzer Park. In Schwarzlicht getaucht stehen 18 individuell gestaltete Minigolfbahnen für herrliche Fantasiereisen bereit. Fluoreszierendes Airhockey, Billard, Kicker, Flipper und im Erdgeschoss gibt's außerdem ein Familiencafé mit Bar, Strandterrasse und einen Indoorspielplatz.
im Görlitzer Park, Kreuzberg
U1 Görlitzer Bhf., Bus M29
Tel. 61621960
Mo-Do 14-22, Fr 14-0, Sa 10-0, So 10-
22 Uhr
7,50 €, erm. 6,50 €
www.indoorminigolf-berlin.de

Schwimm- und Sprunghalle im Europasportpark (SSE)
Die von dem französischen Architekten Perrault entworfene Schwimmhalle ist gigantisch und doch auch wie das Nachbargebäude Velodrom kaum zu sehen. Im Boden versteckt befinden sich die diversen Sport- und Freizeitbecken.
Paul-Heyse-Str. 26, Friedrichshain
S Landsberger Allee, Tram M5, M6, M8
Tel. 22190011
5,50 €, erm. 3,50 €
www.berlinerbaeder.de

Skatehalle Berlin
Deutschlands größte Indoor-Halfpipe mit 1600qm, ganzjährig nutzbare Street-Bereich in der Halle und die Bowl. Brauchen Skater mehr? Falls ja findet ihr alles auf dem riesigen

RAW-Gelände rings um die Halle. Langeweile kommt hier sicher nicht auf. Für Anfänger gibt's auch Workshops.

Revaler Str. 99, Friedrichshain
U + S Warschauer Str.,
Tram M10, M13
Tel. 29362966
Mo + Di + Do + So 14-20,
Mi + Fr 14-0, Sa 13-0 Uhr
Tagesticket 6 € , erm. 5 € pro Tag
www.skatehalle-berlin.de

Sommerbad Olympiastadion

1936 anlässlich der Olympischen Spiele gebaut und von Leni Riefenstahl in Szene gesetzt, atmet dieses Bad nicht nur viel Geschichte aus, sondern auch viel Sommerfrische ein. Berühmt ist der 10 Meter Turm.

Olympischer Platz 1, Charlottenburg
U + S Olympia Stadion
Tel. 22190011
5,50 € , erm. 3,50 €
www.berlinerbaeder.de

Sommerbad Wilmersdorf

Eines der größten Freibäder Berlins liegt idyllisch in den Schrebergärten: viel Spaß beim Planschen!

Forckenbeckstr. 14, Wilmersdorf
U + S Heidelberger Platz
Tel. 22190011
5,50 € , erm. 3,50 €
www.berlinerbaeder.de

Stadtbad Charlottenburg

Großes Sportbad mit „Alter Halle" und „Neuer Halle". In der „Alten Halle" zieht man seine Bahnen im 25m Becken des ersten städtischen Hallenbades, erbaut 1896-98.

Krumme Str. 9-10, Charlottenburg
U2 Deutsche Oper, Bus M45
Tel. 22190011

5,50 € , erm. 3,50 €
www.berlinerbaeder.de/baeder/
stadtbad-charlottenburg-alte-halle

Stadtbad Neukölln

Das 1914 nach dem Vorbild antiker Thermen gebaute Bad mit Travertinsäulen und Wandelgängen hat zwei wunderschöne Schwimmhallen, eine große und eine kleine. Das eigentliche Highlight ist aber die Saunalandschaft in antikem Stil mit Kräutersauna, Finnischer Sauna, Griechisch-Römischem Dampfbad, Caldarium, Sanarium mit Farblichtern, Massageangebot, Dachgarten, Cafeteria, Tauchbecken und Ruheräumen.

Ganghoferstr. 3, Neukölln
U7 Karl-Marx-Str., Bus M41
Tel. 22190011
5 € , erm. 3,50 €
www.berlinerbaeder.de

Stadtbad Oderberger Straße

Die 1902 in Anwesenheit Kaiser Wilhelms eröffnete Volksbadeanstalt sah Generationen von Schwimmfreudigen bzw. Waschwilligen – schließlich hatten die meisten Wohnungen keine Bäder. Nach umfangreichen Renovierungen kann man hier endlich wieder Schwimmen, in edlem griechisch-römischem Ambiente.

Oderberger Str. 57/59,
Prenzlauer Berg
U2 Eberswalder Str., Tram 12, M1
Tel. 818 280 7676
2 Std 6 €
www.stadtbad-oderberger.de

Stadtbad Schöneberg – Hans Rosenthal

Schönes Bad mit Außenschwimmbecken, Großrutsche und Solebecken. Den Namen verdankt es be-

liebten „Dalli-Dalli"-Quizmaster der hier 1950 mit 25 Jahren schwimmen lernte. Etwas spät, aber das könnte daran liegen, dass er als jüdisches Kind nicht in öffentliche Schwimmbäder durfte.
Hauptstr. 39, Schöneberg
S Schöneberg, Bus M46, M48, M85
Tel. 22190011
5,50 €, erm. 3,50 €
www.berlinerbaeder.de

Strandbad Müggelsee

Das größte Strandbad Ostberlins soll seit vielen Jahren in einen ganzjährig geöffneten Waldpark umgewandelt werden. Strand und etliche Badeeinrichtungen bleiben bei freiem Eintritt bestehen. Kosten- und meist textilfrei baden kann man auch westlich davon. Es gibt im Bezirk auch noch die Strandbäder Wendenschloss, Friedrichshagen und Grünau, sowie unzählige wilde Badestellen.
Fürstenwalder Damm 838, Köpenick
S Friedrichshagen, dann Tram 61

Strandbad Wannsee

Das traditionsreiche Strandbad liegt am Ostufer des Großen Wannsee und steht unter Denkmalschutz. „Pack die Badehose ein" oder lass es sein, denn es gibt auch ein großes FKK-Areal.
Wannseebadweg 25, Wannsee
S Nikolassee
Tel. 22190011
Apr-Sep 10-19 Uhr
5,50 €, erm. 3,50 €, Familienkarte 9 €
www.berlinerbaeder.de

Surf-und Segelschule Müggelsee

Ein richtig cooler Platz am Ende der Stadt. Biergarten, Bootsverleih und die Möglichkeit sich auszutoben, bevor man in den Moloch zurückkehrt.

Fürstenwalder Damm 838, Köpenick
S Friedrichshagen, dann Tram 61
Tel. 64169165
www.surf-und-segelschule-
mueggelsee.de

Take Off Fallschirmsport

Vom Tandemsprung aus 4000m bis zur Sprunglizenz. TAKE OFF bietet moderne Ausstattung, professionelle Instruktoren mit tausenden Sprüngen Erfahrung und ganz viel Erlebnis. Sprungbetrieb April bis Oktober. Mit dem Auto ganz einfach A24 Berlin-Hamburg, Abfahrt Fehrbellin. Mit dem Zug: ab Spandau Richtung Neuruppin, Zug in Wustrau-Radensleben verlassen; dort Pick up durch deren Shuttle. Anmeldung unter: 033932-72238
Flugplatzstr. 3, 16833 Fehrbellin
Tel 033932-72238
Preis für einen Tandemsprung
aus 4.000 m: 209 €
www.funjump.de

Velodrom

Das Velodrom ist eine von Berlins größten Veranstaltungshallen und beeindruckt mit dem futuristischen Design seines freitragenden Stahldachs. Das Dach hat einen Durchmesser von 142m, ragt jedoch nur 1m aus dem Boden, denn es ist 17m tief in die Erde gebaut. Bis zu 12.000 Gäste finden hier, je nach Veranstaltungsart, Platz.
Paul-Heyse-Str. 26, Prenzlauer Berg
S Landsberger Allee, Tram M5, M6, M8
www.velodrom.de

Waldhochseilgarten Jungfernheide

Lust auf Klettern in den Bäumen? Zwischen 3 und 17 Meter hoch? Hier gibt's drei Parcours für Kinder und

neun für Erwachsene, mit verschiedenen Schwierigkeitsgraden.
Heckerdamm 260, Charlottenburg
U Jakob-Kaiser-Platz, Bus 123
Tel. 34094818
www.waldhochseilgarten-
jungfernheide.de

Wassersportcenter
Pack die Badehose ein und ab an den Wannsee. Direkt neben dem Strandbad gibt es einen Privatstrand mit allem was Ihr für den schönen Sommertag auf dem Wasser braucht: Segel-, Tret-, Paddel- und Ruderboote, Surfboards fürs Windsurfen und SUP boards.
Wannseebadweg 25, Wannsee
S Nikolassee + 1,3 km zu Fuß
www.wassersportcenter-berlin.de

Wellenbad am Spreewaldplatz
Zieht eure Bahnen im 25 m Becken, anschließend ein doppelter Salto mit Schraube ins Tauch- und Sprungbecken und schließlich ins 28 Grad warme Wellenbad zu anderen Spielereien wie Wasserkaskaden, Rutsche, Sauna und Bistro. Ein großer Kinderbereich stellt auch die kleinen Geschwister zufrieden. Behindertengerecht.
Wiener Str. 59h, Kreuzberg
U1 + 3 Görlitzer Bhf., Bus M29
Tel. 22190011
ab 5,50 €, erm. 3,50 €
www.berlinerbaeder.de

Wellenwerk
Surfen in Berlin? Seit Frühjahr 2019 geht das auf einer 9 Meter breiten überdachten Citywave Surfwelle. Und gut essen kann man auch bald (ab Spätsommer), im Rosa Lisbert (das war bis Ende 2018 ein Highlight in der Arminiusmarkthalle in Moabit) und gut Trinken auch noch, in einem Ableger des Velvets (Bar des Jahres 2019).
Landsberger Allee 270, Lichtenberg
Tram M16
Tel. 20456226
tägl. 10-22 Uhr
eine Surf-Session (60 Minuten)
gibt es ab 41,90 € inkl. Leihmaterial
und Surf Coach
www.wellenwerk-berlin.de

Universitäten

Alice-Salomon-Hochschule für Sozialarbeit und Sozialpädagogik Berlin (ASH)
Alice-Salomon-Platz 5
Tel. 99245-0
www.asfh-berlin.de

Beuth-Hochschule für Technik Berlin
Luxemburger Straße 10
Tel. 4504-0
www.tfh-berlin.de

Charité – Universitätsmedizin Berlin
Charitéplatz 1
Tel. 450-50
www.charite.de

Evangelische Hochschule Berlin (EHB)
Teltower Damm 118-122
Tel. 84582-0
www.eh-berlin.de

Freie Universität Berlin
Kaiserswerther Straße 16/18
Tel. 838-1 und 838-70000
www.fu-berlin.de

Hochschule für Film und Fernsehen „Konrad Wolf"
Marlene-Dietrich-Allee 11, Potsdam
Tel. 0331-6202-0
www.hff-potsdam.de

Hochschule für Musik „Hanns Eisler"
Charlottenstraße 55
Tel. 90269-700
www.hfm-berlin.de

Hochschule für Schauspielkunst „Ernst Busch"
Schnellerstraße 104
Tel. 755417-0
www.hfs-berlin.de

Hochschule für Wirtschaft und Recht Berlin (HWR)
Badensche Straße 52
Tel. 30877-0
www.hwr-berlin.de

Hochschule für Technik und Wirtschaft Berlin (HTW)
Treskowallee 8
Tel. 5019-0
www.htw-berlin.de

Humboldt-Universität zu Berlin
Unter den Linden 6
Tel. 2093-0
www.hu-berlin.de

Katholische Hochschule für Sozialwesen Berlin (KHSB)
Köpenicker Allee 39-57
Tel. 501010-0
www.khsb-berlin.de

Kunsthochschule Berlin (Weißensee) – Hochschule für Gestaltung
Bühringstraße 20

Tel. 47705-222
www.kh-berlin.de

Technische Universität Berlin
Straße des 17. Juni 135
Tel. 314-0
www.tu-berlin.de

Touro College Berlin
Am Rupenhorn 5
Tel. 300686-0
www.touroberlin.de

Universität der Künste Berlin
Einsteinufer 43-53
Tel. 3185-0
www.udk-berlin.de

Universität Potsdam
Am Neuen Palais 10, Potsdam
Tel. 0331-977-0
www.uni-potsdam.de

Glaubensfragen

Evangelische Kirchen
Infotelefon der Evangelischen Kirche in Berlin-Brandenburg:
Tel. 2434421,
www.bb-evangelisch.de,
www.ekbo.de

Berliner Dom
Lustgarten, Mitte
U + S Alexanderplatz,
Bus 100, 200
Tel. 20269111,
www.berlinerdom.de

Epiphanien-Kirche
Knobelsdorffstr. 72-74,
Charlottenburg
U Kaiserdamm
Tel. 3011690,
www.epiphanien.de

Französische Friedrichstadt-kirche (Französischer Dom)

Gendarmenmarkt 5, Mitte
U Stadtmitte
Tel. 20649922
La messe en français:
dimanche 10:30 h
www.franzoesischer-dom.de

Kaiser-Wilhelm-Gedächtnis-Kirche

Breitscheidplatz, Charlottenburg
U + S Zoologischer Garten,
Bus M19, M29, M46, 100, 200
Tel. 2185023
www.gedaechtniskirche-berlin.de

Kirche zum Heiligen Kreuz

Zossener Str. 65, Kreuzberg
U Hallesches Tor, Bus M41
Tel. 6912007
www.heiligkreuzpassion.de

Sophien-Kirche

Große Hamburger Str. 29, Mitte
U Weinmeisterstr., Tram M1, M6
Tel. 3087920, www.sophien.de

St. Matthäus-Kirche

Matthäikirchplatz, Tiergarten
U + S Potsdamer Platz,
Bus M29, M48, M85, 200
Tel. 2621202
www.stiftung-stmatthaeus.de

St. Marien-Kirche

Karl-Liebknecht-Str, Mitte
U + S Alexanderplatz,
Bus M48, 200, Tram M4, M5, M6
Tel. 2424467
www.marienkirche-berlin.de

Katholische Kirchen

Pressestelle des Erzbistums Berlin

Niederwallstr. 8-9, Mitte
U Hausvogteiplatz, Bus M48
Tel. 32684136
www.erzbistumberlin.de

BDKJ (Bund der Deutschen Katholischen Jugend)

Waldemarstr. 8a, Kreuzberg
U Moritzplatz, Bus M29
Tel. 7569030
www.bdkj-berlin.de

Edith Stein – Katholische Studierendengemeinde

Dänenstr. 17-18, Prenzlauer Berg
U + S Schönhauser Allee, Tram M1
Tel. 44674960, www.ksg-berlin.de

Herz Jesu

Fehrbelliner Str. 98/99,
Prenzlauer Berg
U Rosa-Luxemburg-Platz, Tram M8
Tel. 4438940
www.herz-jesu-kirche.de

Jugendkirche St. Michael

Waldemarstr. 8-10, Kreuzberg
U Moritzplatz, Bus M29
Tel. 75690342
www.jugendkirche-sam.de

St. Bonifatius

Yorckstr. 88/89, Kreuzberg
U Mehringdamm, Bus M19
Tel. 7890560,
www.st-bonifatius-berlin.de

St. Canisius

Witzlebenstr. 30,
Charlottenburg
U Sophie-Charlotte-Platz, Bus M49
Tel. 3267130
www.st.canisius-berlin.de

St. Hedwigs-Kathedrale
Bebelplatz, Hinter der Katholischen
Kirche 3, Mitte
U Französische Str.,
Bus 100, 200
Tel. 2034810
www.hedwigs-kathedrale.de

St. Ludwig
Ludwigkirchplatz, Wilmersdorf
U Spichernstr.
Tel. 8859590
www.sanktludwig.de

St. Matthias
Goltzstr. 29 (Am Winterfeldtplatz),
Schöneberg
U Nollendorfplatz, Bus M19
Tel. 2163057
www.st-matthias-berlin.de

St. Mauritius
Mauritiuskirchstr. 1, Lichtenberg
U + S Frankfurter Allee, Tram M13
Tel. 5593183
www.st-mauritius-berlin.de

St. Paulus
Waldenserstr. 28, Moabit
U Turmstr., Bus M27
Tel. 39898715
www.st-paulusberlin.de

St. Thomas von Aquin
Hannoversche Str. 5, Mitte
U Oranienburger Tor, Tram M1, M6
Tel. 2830950

Moscheen

Islamische Föderation in Berlin
Boppstr. 4, Kreuzberg
U Schönleinstr., Bus M41
Tel. 6923872
www.if-berlin.de

Omar Ibn Al-Khattab Moschee
Wiener Str. 1-6, Kreuzberg
U Görlitzer Bhf., Bus M29
Tel. 6126961
www.ivwp.de

Sehitlik Moschee
Columbiadamm 128, Tempelhof
U Boddinstr., Bus 104
Tel. 6921118
www.sehitlik-camii.de

Synagogen

www.jg-berlin.org
www.berlin-judentum.de

Synagoge Pestalozzistr. 14-16
Charlottenburg
S Savignyplatz, Bus M49

Synagoge Rykestr. 53
Prenzlauer Berg,
U Senefelderplatz,
Tram M2

**Synagoge Münstersche Str. 6
(Chabad Lubawitsch)**
Chabad Community Center mit
eigenem Restaurant und Mikwe
Wilmersdorf;
U Konstanzer Str.
www.chabadberlin.de

Hotels & Hostels

A&O Hotels & Hostels
Köpenicker Str. 127-129, Mitte
www.aohostel.com

acama Hotel + Hostel
Tempelhofer Ufer 8/9, Kreuzberg
www.acamaberlin.com

Amstel House
Waldenserstr. 31, Tiergarten
www.amstelhouse.de

aletto Kudamm Hotel & Hostel
Hardenbergstr. 21, Charlottenburg
www.aletto.de

Alte Feuerwache – Tagungshaus
Axel-Springer-Str. 40-41, Kreuzberg
www.tagungshaus-af.de

andel's Hotel Berlin
Landsberger Allee 106, Lichtenberg
www.andelsberlin.com

baxpax
Chausseestr. 102, Mitte
www.baxpax.de

BDP-Gäste-Etage
Osloer Str. 12, Wedding
www.gaeste-etage.de

Circus the Hostel
Weinbergsweg 1a, Mitte
www.circus-berlin.de

Citystay Hostel
Rosenstr. 16, Mitte,
www.citystay-hostel.eu

EastSeven Berlin Hostel
Schwedter Str. 7, Prenzlauer Berg
www.eastseven.de

Gästehaus in der ufaFabrik
Viktoriastr. 10-18, Tempelhof
www.ufafabrik.de

Generator
Oranienburger Str. 65, Mitte
www.generatorhostels.com

Grand Hostel Berlin
Tempelhofer Ufer 14, Kreuzberg
www.grandhostel-berlin.de

Heart of Gold
Johannisstr. 11, Mitte
www.heartofgold-hostel.de

Hygge-Hotel
Potsdamer Str . 81, Schöneberg
www.guldsmedenhotels.com

Industriepalast
Warschauer Str. 43, Friedrichshain
www.ip-hostel.com

Jugendgästeetagen
Haus Pro-social
Blumberger Damm 12-14, Hellersdorf
www.pro-social.de

Jugendgästehaus Hauptbahnhof
Lehrter Str. 68, Mitte
www.jgh-hauptbahnhof.de

Jugendherberge Berlin
Kluckstr. 3, Tiergarten
www.jh-berlin-international.de

Lette'm sleep Hostel
Lettestr. 7, Prenzlauer Berg
www.backpackers.de

Meininger Hotels
Schönhauser Allee 19, Prenzlauer Berg
www.meininger-hotels.com

Michelberger Hotel
Warschauer Str. 39/40, Friedrichshain
www.michelbergerhotel.com

nhow Berlin
Stralauer Allee 3, Friedrichshain,
www.nhow-hotels.com/berlin

ONE80° Hostel Berlin
Otto-Braun-Str. 65, Mitte
www.one80hostels.com/berlin

St.-Michaels-Heim
Bismarckallee 23, Grunewald
www.st-michaels-heim.de

Three Little Pigs
Stresemannstr. 66, Kreuzberg
www.three-little-pigs.de

mehr in der App
Young Berlin
immer up to date

Index